电子竞技专业
系列教材

丛书主编 黄心渊

郑夺◎著

电子竞技概论
Introduction to E-sports

清华大学出版社
北京

内容简介

本书对电子竞技的概念、特点进行了规范化定义，提出了电子竞技产业架构的创新理论，重新梳理了电子竞技产业架构与产业运作模式，对电子竞技产业链的组织形式以及产业链上各环节的运作原理进行了模型化地阐述。在作者编制的电子竞技产业架构图中，电子竞技产业被划分为监管机构、游戏产业、知识产权授权、主办出资方、赛事组织、内容制作、宣传播出、商业化、相关产业、衍生产业、消费者几大模块，信息和资金在各个模块之间有序流动。

本书既可作为本、专科院校、职业院校电子竞技相关专业的教材，也可作为电子竞技爱好者和对电子竞技感兴趣的广大读者了解电子竞技行业的参考读物。

本书封面贴有清华大学出版社防伪标签，无标签者不得销售。
版权所有，侵权必究。举报：010-62782989，beiqinquan@tup.tsinghua.edu.cn。

图书在版编目（CIP）数据

电子竞技概论 / 郑夺著. —北京：清华大学出版社，2022.3（2025.2 重印）
电子竞技专业系列教材
ISBN 978-7-302-60169-2

Ⅰ. ①电… Ⅱ. ①郑… Ⅲ. ①电子游戏－运动竞赛－概论－高等职业教育－教材 Ⅳ. ① G898.3

中国版本图书馆 CIP 数据核字（2022）第 030449 号

责任编辑：谢 琛
封面设计：常雪影
责任校对：李建庄
责任印制：曹婉颖

出版发行：清华大学出版社
网　　址：https://www.tup.com.cn, https://www.wqxuetang.com
地　　址：北京清华大学学研大厦 A 座　　邮　编：100084
社 总 机：010-83470000　　邮　购：010-62786544
投稿与读者服务：010-62776969, c-service@tup.tsinghua.edu.cn
质量反馈：010-62772015, zhiliang@tup.tsinghua.edu.cn

印 装 者：三河市龙大印装有限公司
经　　销：全国新华书店
开　　本：185mm×260mm　　印　张：21.75　　字　数：460 千字
版　　次：2022 年 5 月第 1 版　　印　次：2025 年 2 月第 6 次印刷
定　　价：79.00 元

产品编号：093374-01

电子竞技专业系列教材编委会

主　任
黄心渊：教育部高等学校动画、数字媒体专业教学指导委员会　　　秘书长
　　　　全国高等院校计算机基础教育研究会　　　　　　　　　　　会长
　　　　中国传媒大学动画与数字艺术学院　　　　　　　　　　　　院长、二级教授

副主任
罗江林：吉林动画学院　　　　　　　　　　　　　　　　　　　　副校长
　　　　全国高等院校计算机基础教育研究会电子竞技专业委员会　　主任
郑　夺：英雄体育VSPN　　　　　　　　　　　　　　　　　　　　联合创始人、首席运营官
　　　　中国传媒大学动画与数字艺术学院　　　　　　　　　　　　客座教授
袁晓黎：南京传媒学院　　　　　　　　　　　　　　　　　　　　副校长、二级教授
王家福：四川传媒学院　　　　　　　　　　　　　　　　　　　　副校长、教授

委　员
陈京炜：中国传媒大学动画与数字艺术学院　　　　　　　　　　　副院长
王贤波：金陵科技学院动漫学院　　　　　　　　　　　　　　　　院长、教授
王　冰：洛阳科技职业学院电子商务学院　　　　　　　　　　　　院长、电子竞技专业学科带头人
万兴福：合肥信息技术职业学院　　　　　　　　　　　　　　　　教师
余日季：湖北大学艺术学院动画与数字媒体系　　　　　　　　　　系主任、教授
魏昀赟：北京交通大学　　　　　　　　　　　　　　　　　　　　副教授
李晨楠：四川电影电视学院新媒体学院电子竞技运动与管理教研室　负责人
于福海：黑龙江商业职业学院电子竞技运动与管理专业　　　　　　专业带头人
谢清风：中国电子视像行业协会数字影像创意委员会　　　　　　　秘书长
　　　　电子竞技专业委员会　　　　　　　　　　　　　　　　　秘书长

秘书长
谢　琛：清华大学出版社计算机与信息分社　　　　　　　　　　　编审

出版说明

近年来，电子竞技行业发展迅速，电子竞技的社会影响力与日俱增。电子竞技（Electronic Sports，简称电竞），是电子游戏比赛达到"竞技"层面的体育项目。电子竞技就是利用电子设备作为运动器械进行的、人与人之间的智力和体力结合的比拼。通过电子竞技，可以锻炼和提高参与者的思维能力、反应能力、四肢协调能力和意志力，培养团队精神，并且职业电子竞技对体力也有较高要求。电子竞技也是一种职业，和棋艺等非电子游戏比赛类似，2003年11月18日，国家体育总局正式批准，将电子竞技列为第99个正式体育竞赛项目。2008年，国家体育总局将电子竞技改批为第78号正式体育竞赛项目。2018年雅加达亚运会将电子竞技纳为表演项目，中国电子竞技战队在比赛中取得2枚金牌、1枚银牌的优异成绩。2021年11月6日，在英雄联盟S11总决赛中，中国LPL赛区战队EDG电子竞技俱乐部以3：2战胜韩国LCK赛区战队DK，获得2021年英雄联盟全球总决赛冠军，电子竞技也因此成为时下大热的一大话题。2022年，电子竞技将成为杭州亚运会的正式比赛项目。

电子竞技的用户群体庞大。据艾瑞咨询发布的《2020年中国电竞行业研究报告》，中国已有电子竞技用户4.7亿。电竞行业人才缺口巨大。2019年7月，国家人力资源和社会保障局发布的《新职业——电子竞技运营师就业景气现状分析报告》指出，目前电子竞技产业只有不到15%的岗位处于人力饱和的状态，预测未来五年电子竞技运营师人才需求量近150万人。电子竞技运营人才十分稀缺，整个人才市场基本处于空白状态。

中央电视台"发现之旅"频道历时几年拍摄了6集大型纪录片《电子竞技在中国》，北京、上海、成都等多个城市积极打造电子竞技城市名片，推出有利于电子竞技行业的政策，将电子竞技作为新的经济增长点。

电子竞技是下一个潜力非凡的行业，需要培养高等专业人才。中国传媒大学在2017年开设了全国第一个211院校电子竞技专业。目前开设电子竞技专业的本科、高职、中专院校已有40多所，但国内学术水平高、实践性强、契合高等教育教学需求的电子竞技专业性教材还十分稀缺，很多学校电子竞技专业面临无教材可用的情况。在经过充分调研和多次讨论之后，我们邀请了很多国内该领域的专家成立了"电子竞技专业系列教材"编委会，旨在建设电子竞技相关专业方向的教材。

本套教材以服务电子竞技教育为首要目标，内容涵盖本科教材、专科教材及职业教育教材，打造电子竞技教育领域的标杆。欢迎本领域专家、电子竞技游戏爱好者及广大读者积极建言，帮助我们不断完善、提高本套教材的出版工作。

联系人：谢琛

Email：xiech@tup.tsinghua.edu.cn

清华大学出版社

2022年3月

序

随着电子竞技产业的迅速发展，其人才缺口也越来越大，产业亟须复合型高素质人才。但是，目前高校电子竞技及相关专业的建设、教学还处于起步阶段，虽然部分本科院校、高职院校及中职院校已经积累了一定的电子竞技教育的实践经验，但总体来说，电子竞技教育人才和教材依旧较为稀缺。

中国传媒大学在几年前就注意到了电子竞技行业对专业人才的需求，在经过充分的调研和多次讨论之后，决定布局建设与电子竞技相关的新的专业方向，率先承担起专业电子竞技人才培养的教育使命。2017年，中国传媒大学动画与数字艺术学院与电子竞技行业的领先企业英雄体育VSPN联合设立数字媒体艺术——数字娱乐专业方向，并聘请英雄体育VSPN联合创始人兼首席运营官郑夺先生作为该专业的客座教授，开设了电子竞技概论、电竞赛事策划与制作、电竞赛事转播与执行等专业课程，发力培养电竞专业人才。

中国传媒大学作为国内首先开设电子竞技专业的重点院校，经过多年的教学实践探索，在电子竞技教育方面已具有得天独厚的优势。在电子竞技教育领域，一直缺少一套既具有学术研究价值又具有实践价值，并适合高校教学的、权威的电子竞技教材，因此，中国传媒大学发起组织了"电子竞技专业系列教材"编委会，旨在编写出一套这样的教材。

基于中国传媒大学的教学理论经验和郑夺先生多年的电竞实践经验的总结，"电子竞技专业系列教材"由"电子竞技产业基础"和"电子竞技核心执行工作及岗位"两大部分构成，并首先推出《电子竞技概论》《电子竞技赛事制作与转播》《电子竞技内容制作与传播》《电子竞技赛事组织与用户》《电子竞技商业化及衍生产业》五本"电子竞技产业基础"教材，从理论、宏观的层面讲解电子竞技产业整体结构、电子竞技核心产业结构，是本科电子竞技课程的核心教材；"电子竞技核心执行工作及岗位"包括《电子竞技赛事策划与艺术创意》《电子竞技赛事项目管理》等一系列教材，可作为本科教育的课外参考教材，也可以作为职业培训教材，帮助有志于从事电子竞技相关职业的人士快速了解电子竞技相关岗位的功能与职责。

我们殷切希望本套教材的出版能够在一定程度上促进电子竞技教育的发展，也希望得到全国电子竞技研究学术界的支持和补充。

黄心渊

教育部高等学校动画、数字媒体专业教学指导委员会秘书长

全国高等院校计算机基础教育研究会会长

中国传媒大学动画与数字艺术学院院长

自 序

本书是一本全面探讨电子竞技技术的书籍。

2008 年,北京大学软件工程硕士毕业后,我加入了埃森哲,成为一名咨询顾问。2012 年,在众多的怀疑声中,我在家人的支持下,辞去了工作,加入了当时并不被看好的电子竞技行业。我曾经是电子竞技赛事运营公司中学历最高的从业者。

受益于所学专业和工作背景,我不断将科学的管理方法引入电子竞技行业,将 IT 技术与传统的广电转播技术相结合,制作了很多著名的电子竞技赛事,组织发明了多项电子竞技行业的专利。之后,我被聘为中国传媒大学动画与数字艺术学院的客座教授,开发了 5 门与电子竞技相关的课程,开始了在中国传媒大学的教学工作。为电子竞技课程编写教材是我写本书的直接原因。

迄今为止,电子竞技行业缺少理论基础和系统性的阐述。本书将电子竞技视为一个整体来探讨,是为了让人们能够完整地了解电子竞技,形成对电子竞技广泛统一的认知,化解一些因为不了解和沟通不畅造成的社会和家庭问题。

与其他的新兴体育项目相比,社会大众似乎只对电子竞技存在强烈的争议和质疑。以"争议"作为研究起点,从科技进步影响体育形态的角度,本书将体育发展分为 5 个阶段:人本生理体育、简单器械体育、复杂机械体育、电子体育、融合体育。这是一种全新的分类方法,也是电子竞技存在和发展的理论基础。本书还提出了一种全新的电子竞技产业结构图,明确了电子竞技核心产业、电子竞技相关产业、电子竞技衍生产业等模块的定位和作用,系统性分析了整个电子竞技产业。最后,本书提出了对电子竞技未来健康可持续发展的设想。

之前,很多人好奇地问我,从北京大学毕业后为什么要做电子竞技?电子竞技让我经历了从被表扬到被质疑的奇妙切换,让我学会了换位思考,懂得了受到认可的珍贵。我既是传统教育的拥护者,也是新兴电子竞技产业的从业者,希望这种身份的融合能够为更多的人搭建认识电子竞技的沟通桥梁。希望本书能够成为电子竞技理论研究的先行探路者,也能够成为家长和孩子共同了解电子竞技的"攻略指南"。

郑 夺

2022 年春

目 录

第 1 章 电子竞技的概念与特点   1

- 1.1 新兴的充满争议的电子竞技   1
- 1.2 电子竞技的相关概念   2
  - 1.2.1 电子竞技的定义   2
  - 1.2.2 电子游戏：第九艺术   2
  - 1.2.3 电子竞技游戏及其特点   3
  - 1.2.4 电子游戏和电子竞技游戏的分类   4
  - 1.2.5 电子游戏、电子竞技游戏与电子竞技的关系   5
- 1.3 电子竞技的特点   6
  - 1.3.1 公平竞技性   6
  - 1.3.2 科技进步性   9
  - 1.3.3 虚拟延展性   10
  - 1.3.4 广泛参与性   11
  - 1.3.5 内容观赏性   13
  - 1.3.6 急速爆发性   17
  - 1.3.7 迭代传承性   18
  - 1.3.8 知识产权性   19
- 1.4 电子竞技与传统体育   20
  - 1.4.1 电子竞技与传统体育的共同点   21
  - 1.4.2 电子竞技与传统体育的区别   22
  - 1.4.3 大肌肉运动与小肌肉运动   23
- 1.5 科技进步与体育发展   23
  - 1.5.1 体育发展阶段的划分   23
  - 1.5.2 科技进步与新体育的诞生   25
  - 1.5.3 科技进步与体育发展的关系   26
- 1.6 本书对电子竞技的定义及扩展   26
  - 1.6.1 本书对电子竞技的定义   26
  - 1.6.2 电子竞技与新生事物   27
  - 1.6.3 电子体育未来的分类   28

第 2 章　电子竞技的发展历程　29

2.1　令人应接不暇的电子竞技发展　29
2.2　电子竞技的起源与发展　30
　　2.2.1　萌芽阶段（1972—1989年）　30
　　2.2.2　发展阶段（1990—1999年）　32
　　2.2.3　成熟阶段（2000年至今）　34
2.3　国外电子竞技的发展历程　36
　　2.3.1　韩国电子竞技的发展历程　36
　　2.3.2　美国电子竞技的发展历程　39
　　2.3.3　欧洲电子竞技的发展历程　41
　　2.3.4　其他地区的电子竞技发展历程　43
2.4　中国电子竞技的发展历程　45
　　2.4.1　青铜时代（1998—2008年）　46
　　2.4.2　白银时代（2009—2015年）　48
　　2.4.3　黄金时代（2016年至今）　50
2.5　电子竞技发展的科技驱动力　54
　　2.5.1　电子竞技发展的主要驱动力　54
　　2.5.2　PC电竞的驱动力：计算机与网络技术　54
　　2.5.3　移动电竞的驱动力：移动智能终端与移动通信技术　55
2.6　中国电子竞技发展的社会驱动力　55
　　2.6.1　爱好者自发时期　56
　　2.6.2　游戏厂商主导时期　56
　　2.6.3　社会化电竞时期　57
2.7　电子竞技项目的发展　58
　　2.7.1　电子竞技项目发展特点　58
　　2.7.2　电子竞技项目的运营思路　61
2.8　电子竞技急速发展的应对方法　62

第 3 章　中国电子竞技产业结构　63

3.1　比赛和选手只是电子竞技产业的冰山一角　63
3.2　中国电子竞技产业结构概述　64
　　3.2.1　电子竞技产业结构图　64
　　3.2.2　电子竞技监管机构　65
　　3.2.3　游戏产业　65
　　3.2.4　电子竞技授权出资机构　66
　　3.2.5　电子竞技核心产业　68
　　3.2.6　电子竞技相关产业　69
　　3.2.7　电子竞技衍生产业　69
　　3.2.8　电子竞技消费者　69

3.3 中国电子竞技产业运作模式　　70
 3.3.1 电子竞技产业的资金流向　　70
 3.3.2 电子竞技产业的信息流向　　71
3.4 电子竞技核心产业价值公式　　72
 3.4.1 内容公式　　72
 3.4.2 影响力公式　　73
 3.4.3 商业价值公式　　73
3.5 电子竞技产业与游戏产业　　73

第 4 章　电子竞技监管机构　　76

4.1 对电竞的认识决定监管电竞的方式　　76
4.2 电子竞技监管的定位与作用　　76
4.3 电子竞技的主要监管机构　　77
 4.3.1 国家体育总局　　77
 4.3.2 国家广播电视总局　　80
 4.3.3 国家新闻出版署　　81
 4.3.4 文化和旅游部　　84
 4.3.5 公安部门　　85
 4.3.6 消防部门　　89
 4.3.7 行业协会　　91
4.4 近期的电子竞技政策　　94
 4.4.1 电竞相关重大国家政策　　95
 4.4.2 北京电竞政策　　96
 4.4.3 上海电竞政策　　99
 4.4.4 成都电竞政策　　100
 4.4.5 西安电竞政策　　101
 4.4.6 广州电竞政策　　103
 4.4.7 武汉电竞政策　　104
 4.4.8 海南电竞政策　　104
4.5 电子竞技政策变化的分析　　106
 4.5.1 影响电子竞技政策的因素　　106
 4.5.2 电子竞技政策的发展规律　　107
 4.5.3 对电子竞技政策的建议　　107
 4.5.4 未成年人保护　　108

第 5 章　游戏产业及电子竞技授权出资机构　　109

5.1 游戏IP授权是电子竞技的发动机　　109
5.2 游戏产业及授权出资的定位与作用　　110
5.3 游戏产业　　110

5.3.1　游戏研发　110
　　　5.3.2　游戏发行及运营　112
　5.4　电子竞技游戏及赛事版权方　113
　　　5.4.1　电子竞技游戏版权方　113
　　　5.4.2　电子竞技赛事版权方　116
　5.5　电子竞技赛事主办方及出资方　118
　　　5.5.1　电子竞技赛事主办方　118
　　　5.5.2　电子竞技赛事出资方　119
　5.6　电子竞技赞助方　120
　　　5.6.1　电子竞技赞助方的赞助对象　120
　　　5.6.2　电子竞技赞助规模　121
　5.7　游戏公司布局电竞业务　122
　　　5.7.1　布局电竞业务的过程及原因　122
　　　5.7.2　深度介入电竞业务的结果　123
　　　5.7.3　游戏产品和电竞生态的关系　124
　　　5.7.4　未来电竞生态合作模式的探索　125

第 6 章　电子竞技市场与用户　128

　6.1　用户是电竞产业增长40年的决定力量　128
　6.2　电子竞技市场　129
　　　6.2.1　电子竞技市场相关概念　129
　　　6.2.2　电子竞技市场构成　130
　　　6.2.3　电子竞技市场规模　131
　6.3　电子竞技用户　133
　　　6.3.1　电子竞技用户的分类　133
　　　6.3.2　中国电子竞技用户画像　136
　　　6.3.3　电子竞技用户的未来　137
　6.4　电子竞技用户群体的拓展　138
　　　6.4.1　逐渐成熟的电竞用户群体　138
　　　6.4.2　认知贯通与体验断层　138
　　　6.4.3　转化电竞用户的方法　139

第 7 章　电子竞技核心产业：赛事组织　141

　7.1　职业选手的高光与游戏沉迷的负面　141
　7.2　电竞赛事简介　142
　　　7.2.1　电竞赛事在产业中的重要作用　142
　　　7.2.2　电竞赛事的类型　142
　　　7.2.3　重要电竞赛事简介　144
　7.3　赛事组织的定位与作用　146

	7.3.1　赛事组织的目标	146
	7.3.2　赛事组织的核心组成及业务	148
	7.3.3　赛事组织的关键产出	149
7.4	赛事组织：赛事联盟与组委会	**153**
	7.4.1　赛事组委会	153
	7.4.2　电竞赛事联盟及其类型	153
	7.4.3　联盟及组委会的业务	155
7.5	赛事组织：电竞战队与俱乐部	**160**
	7.5.1　电竞战队	160
	7.5.2　俱乐部的性质与架构	161
	7.5.3　俱乐部的业务	163
7.6	赛事组织：电子竞技选手	**167**
	7.6.1　电子竞技选手的选拔标准	167
	7.6.2　电子竞技选手的工作内容	168
7.7	电子竞技从业者与参与者	**169**
	7.7.1　电竞参与者、职业选手及从业者的区别	169
	7.7.2　电子竞技产业岗位种类	169
	7.7.3　慎重选择成为电竞职业选手	170

第 8 章　电子竞技核心产业：内容制作　　172

8.1	宏大的制作是为了造星	**172**
8.2	内容制作的定位与作用	**173**
	8.2.1　内容制作的目标	173
	8.2.2　内容制作的核心组成及业务	175
	8.2.3　内容制作的关键产出	177
8.3	赛事制作与转播	**177**
	8.3.1　赛事制作与转播的架构图	177
	8.3.2　创意策划	177
	8.3.3　项目管理	179
	8.3.4　赛事制作与执行	180
	8.3.5　技术支持与保障	182
	8.3.6　赛事制作与转播的标准	183
8.4	节目类内容制作	**183**
	8.4.1　节目类内容的分类	183
	8.4.2　赛事周边内容	183
	8.4.3　游戏技巧内容	187
	8.4.4　明星包装内容	188
	8.4.5　泛娱乐内容	188
8.5	艺人经纪	**190**
	8.5.1　艺人的分类	190

        8.5.2　艺人的来源　191
        8.5.3　艺人的特点　192
        8.5.4　艺人经纪的业务　193
        8.5.5　艺人经纪的发展方向　195
    8.6　电竞造星思路的探索　195
        8.6.1　明星的定位与标签　196
        8.6.2　舞台资源与曝光度　196
        8.6.3　社区内容运营　197
        8.6.4　跨界合作　197

第 9 章　电子竞技核心产业：宣传播出　199

    9.1　电竞影响力出圈难的原因　199
    9.2　宣传播出的定位与作用　200
        9.2.1　宣传播出的目标　200
        9.2.2　宣传播出的核心组成及业务　203
        9.2.3　宣传播出的关键产出　204
    9.3　宣传播出：品牌宣传　204
        9.3.1　产品与品牌　204
        9.3.2　电竞赛事品牌运营　205
        9.3.3　口碑管理及危机公关　206
    9.4　宣传播出：内容传播　207
        9.4.1　电竞赛事播出渠道　207
        9.4.2　电竞内容传播渠道　213
        9.4.3　电竞内容的传播周期　214
    9.5　宣传播出：内容矩阵及运营　217
        9.5.1　内容运营与内容矩阵　217
        9.5.2　电竞赛事内容运营　218
        9.5.3　短视频平台内容运营　219
    9.6　宣传模式的变革　220
        9.6.1　科技发展是变革的原因　220
        9.6.2　宣传模式的核心变化　220

第 10 章　电子竞技核心产业：商业化　224

    10.1　与影响力不符的电竞商业化价值　224
    10.2　商业化的定位与作用　225
        10.2.1　商业化的目标　225
        10.2.2　商业化的核心组成及业务　227
        10.2.3　商业化的关键产出　229
    10.3　电竞赞助与整合营销　230

10.3.1	电竞赛事赞助	230
10.3.2	电竞俱乐部赞助	233
10.3.3	线上线下多维度整合营销	236
10.3.4	多维度电竞全景整合营销	236
10.3.5	生态内容共创	238
10.3.6	以转化为核心诉求的尝试	238

10.4 赛事及内容版权 239
- 10.4.1 电竞赛事版权价值增长 239
- 10.4.2 电竞赛事版权分类 241

10.5 商业化的其他形式 242
- 10.5.1 明星艺人商业化 242
- 10.5.2 游戏电竞IP衍生品 243
- 10.5.3 线上及线下门票 243
- 10.5.4 线上虚拟道具收入 245
- 10.5.5 线下实体商业收入 246

10.6 电竞商业化增长的特点 248
- 10.6.1 市场存在与市场表达的不同步 248
- 10.6.2 阶梯式跳跃且保持阶段性稳步增长 249

第 11 章 电子竞技相关产业 251

11.1 电子竞技带动相关产业 251

11.2 电子竞技相关产业概述 252
- 11.2.1 电子竞技相关产业的定义 252
- 11.2.2 电子竞技相关产业的分类 252

11.3 电竞场馆及网吧行业 254
- 11.3.1 电竞与网吧行业 254
- 11.3.2 电竞场馆的特殊性 255
- 11.3.3 电竞场馆建设标准 256
- 11.3.4 顶级场馆助力上海电竞发展 257
- 11.3.5 电竞场馆的未来趋势 259

11.4 网络及网络设备行业 259
- 11.4.1 网络设备 259
- 11.4.2 网络及内容传输 260

11.5 游戏及电竞周边设备行业 261
- 11.5.1 PC设备及外设 262
- 11.5.2 移动设备 264
- 11.5.3 其他游戏设备 265
- 11.5.4 其他电竞周边设备 266

11.6 转播及内容制作设备行业 266
- 11.6.1 转播设备 266

	11.6.2 转播车	268
11.6.3 远程制作中心	268
11.7 酒店与餐饮行业	**270**
11.7.1 酒店行业	270
11.7.2 餐饮行业	271
11.8 基础设施与电子竞技发展	**271**
11.8.1 基础设施对电竞发展的意义	271
11.8.2 基础设施的范围和建设标准	272
11.8.3 电竞产业基础设施建设与地区发展	272

第 12 章 电子竞技衍生产业   274

12.1 合作共赢是社会化电竞发展的必由之路   **274**
12.2 电子竞技衍生产业概述   **275**
     12.2.1 电子竞技衍生产业的定义   275
     12.2.2 电子竞技衍生产业的分类   275
12.3 电竞与实体及电子商业   **277**
     12.3.1 电竞与电子商业   277
     12.3.2 电竞与实体商业   278
12.4 电竞教育   **278**
     12.4.1 电竞教育的背景   278
     12.4.2 电竞教育的现状   279
12.5 电竞地产   **281**
     12.5.1 电竞产业园   282
     12.5.2 电竞商圈   283
     12.5.3 电竞小镇   284
12.6 其他电竞衍生产业   **285**
     12.6.1 电竞旅游   285
     12.6.2 电竞文学   287
     12.6.3 电竞影视   287
     12.6.4 电竞综艺娱乐   290
     12.6.5 电竞动漫   291
     12.6.6 电竞互联网应用   292
12.7 不断拓展的电竞产业生态圈   **292**
     12.7.1 电竞商业化、相关产业与衍生产业的关系   293
     12.7.2 泛娱乐与新文创   293
     12.7.3 线上线下超级数字场景   294
     12.7.4 强强联合、深度融合是衍生行业发展的基础   295

第 13 章 电子竞技的未来   297

13.1 科技进步与人本精神   **297**

13.2 电子竞技的社会责任 — 298
  13.2.1 促进思维发展，维护身心健康 — 298
  13.2.2 形成规模产业，促进国民经济发展 — 298
  13.2.3 参与文化建设，增强民族文化自信 — 299
  13.2.4 提供新的应用场景，促进科技发展 — 300
  13.2.5 搭建新的竞技平台，弘扬公平竞技的精神 — 300

13.3 电子竞技的体育化 — 301
  13.3.1 早期电子竞技的体育历程 — 301
  13.3.2 电子竞技正式入亚 — 301
  13.3.3 电竞入奥第一步：成立GEF — 302
  13.3.4 电子竞技的大众化 — 302
  13.3.5 电子竞技的标准化 — 303

13.4 电子竞技的产业趋势 — 304
  13.4.1 赛事组织全球化 — 304
  13.4.2 产业资本化 — 305
  13.4.3 跨行业融合化 — 306

13.5 电子竞技与未来科技发展 — 307
  13.5.1 游戏科技的发展 — 307
  13.5.2 电竞赛事组织方式的发展 — 308
  13.5.3 电竞转播科技的发展 — 310
  13.5.4 AI电子竞技选手 — 313

13.6 电子竞技融入未来生产和生活 — 314
  13.6.1 电竞虚拟场景融入生活 — 314
  13.6.2 电竞在社会中的应用 — 314
  13.6.3 电子竞技助力体育强国 — 315

13.7 争议中的电竞产业的未来 — 316

第 14 章　后记 — 318

14.1 电子竞技研究的未来方向 — 318
  14.1.1 电竞选手独特能力和天赋的生物学证明 — 318
  14.1.2 女性电竞的案例研究 — 319
  14.1.3 从有限的学术资料中总结出结论和规律 — 320

14.2 电子竞技研究的新思考 — 321
  14.2.1 突破思考局限，力求理性客观 — 322
  14.2.2 科技进步对人类的影响 — 322
  14.2.3 真正可贵的竞技精神 — 324

参考文献 — 325

第 1 章

电子竞技的概念与特点

1.1 新兴的充满争议的电子竞技

北京时间 2020 年 12 月 16 日,亚奥理事会召开第 39 届全体代表大会。会上将电子竞技和霹雳舞正式列入 2022 年杭州亚运会竞赛项目。这个消息意味着电子竞技已经正式进入主流体育竞赛的行列,电子竞技选手、电子竞技从业者和电子竞技爱好者多年的努力获得了阶段性的认可。

虽然早在 2003 年国家体育总局就已经将电子竞技列为第 99 个体育项目,后又改为第 78 个体育项目,但是电子竞技在大众认知和社会认可方面仍然受到极大的挑战。早些年,电子游戏曾被认为是"电子鸦片",令人玩物丧志。家长们也对沉迷游戏的孩子的前途表示担忧。传统体育和其他行业的朋友也对电子竞技的体育身份产生了强烈的质疑。每次质疑都会引发广泛的社会讨论,与电竞相关的话题也总是成为社会关注的热点。在争议和质疑声中,电子竞技运动、电子竞技从业者以及电子竞技爱好者负重前行,曲折前进。

作为新兴的体育项目,电子竞技诞生初期受到一些不理解和质疑很正常。电子竞技受质疑的原因包括:电子竞技和传统体育在表现形式上差异太大,导致大众普遍不理解;很多人混淆了电子游戏和电子竞技的概念,有些电子游戏和玩法不属于电子竞技,绝大多数游戏水平也达不到电子竞技的高度;游戏和电子竞技成为了引发社会和家庭问题的导火索,进而被口诛笔伐,而导致这些问题的深层次原因却被忽视。这类普遍性的社会认知也许能够解释电子竞技受到质疑的原因,但它们却无法解释为什么只有电子竞技容易被误解和质疑,而其他新兴体育项目却很少受到强烈质疑。难道传统体育就不会致人上瘾,参加过多也不会影响学习成绩吗?毕竟,其他体育项目进入亚运会、奥运会也没有像电竞这样引发巨大争议。

在目前广泛的社会认知上,与其他体育项目相比,电竞一直被区别对待。这种现象是一个长期被忽视,但值得深入研究的问题。要弄清这个问题,恐怕只能从电竞的定义和特点中寻找本质原因。电子竞技的定义和特点中,哪些方面导致电竞比其他新兴体育更容易被误解和质疑,而又是哪些特点不可避免地将这些误解和质疑上升到了社会广泛讨论的层面?本章将对这些内容进行详细讨论。

1.2 电子竞技的相关概念

1.2.1 电子竞技的定义

2009年11月,时任国家体育总局信息中心副主任的杨英女士在接受人民网采访时,对电子竞技的定义作了如下解释:"电子竞技运动是利用高科技软硬件设备作为运动器械进行的、人与人之间的智力对抗运动。"这也是国内对电子竞技较为权威的定义。

维基百科关于电子竞技的定义是:"Esports (also known as electronic sports, e-sports, or eSports) is a form of sport competition using video games." 即"电子竞技(也称为电子体育)是一种利用电子游戏进行比拼的体育运动。"这个定义引用自芬兰坦佩雷大学信息科学学院游戏研究实验室教授 Juho Hamari 与研究员 Max Sjöblom 的论文。Juho Hamari 教授从事游戏及电子竞技相关学术研究,并发表了多篇电竞相关论文。

腾讯电竞关于电子竞技的定义是:"电竞是基于游戏又超越游戏的,集科技、竞技、娱乐、社交于一身的拥有独特商业属性与用户价值的数字娱乐文化体育产业。"

以上3种电子竞技的相关定义,是目前国内外关于电子竞技的定义中比较具有权威性的。综合3种定义可以看出,电子竞技的定义中有几个要素:电子游戏、高科技软硬件设备、智力对抗。电子游戏是电子竞技的运动载体,高科技软硬件设备是电子竞技的器械,而智力对抗(包括操作技巧、游戏策略等)是电子竞技的竞技本质。

1.2.2 电子游戏:第九艺术

最初,电子竞技是电子游戏(Video Games)的推广活动,随着其影响力在发展中不断增大,逐渐发展为相对独立的产业。在理解电子竞技的定义时,首先要理解电子游戏的概念,因为电子游戏是电子竞技的竞技载体,也是竞技活动发生的虚拟环境。

电子游戏是依托电子设备平台运行的交互游戏。根据电子游戏的载体来分类,电子游戏可分为街机游戏、主机游戏、掌机游戏、电脑游戏和手机游戏。未来随着新的科技终端不断产生,也会诞生更多在新的终端上运行的电子游戏。

电子游戏自出现以来就一直饱受争议,社会上有些人甚至认为电子游戏是"电子鸦片"。成长在计算机和互联网时代的年轻人通常都接触过一些电子游戏,其中也有被认为是游戏成瘾的问题少年。

　　游戏上瘾一度被视为精神疾病。但实际上，游戏成瘾的诊断标准是非常严苛的。2019年，在瑞士日内瓦举行的第72届世界卫生大会上，《国际疾病分类第11次修订本》（ICD-11）获得通过。其中，"游戏障碍"作为一种疾病，被纳入"由成瘾行为而导致的障碍"分类中。在ICD-11中，"游戏障碍"的认定主要包括3个行为模式：对游戏行为的控制力减弱；玩游戏的优先级高于日常生活和其他正常兴趣爱好；尽管出现了负面后果，仍继续游戏，对个人、家庭、社会、学习、工作或其他重要领域造成了严重损害。此外，上述行为模式需要持续至少12个月才能作为诊断依据。许多游戏爱好者将电子游戏当作竞技运动或像看电影一样的娱乐活动，但却被视为游戏上瘾，这实际上是对电子游戏的一种误解。争议和误解的本质其实是程度的问题，不只是电子游戏，任何形式的爱好和运动，如果过度沉迷，都会导致不良的结果。

　　电子游戏被反对者视为洪水猛兽，但有一些认识到电子游戏优点的人士很早就提出了"电子游戏是第九艺术"的观点。传统的八大艺术是指绘画、雕刻、建筑、音乐、文学、舞蹈、戏剧、电影。而电子游戏综合了绘画、音乐、文学、电影等多种艺术元素，某些制作精良的电子游戏在艺术上的造诣令人震撼。

　　在国内，"游戏是第九艺术"这个观点最早出现在20世纪90年代。1997年，吴冠军在《新潮电子》杂志上发表了《第九艺术》一文，在国内最早提出了"游戏是第九艺术"这一概念。随后，这篇文章被无数媒体转载，对整个游戏界产生了深远的影响。2000年11月24日，《人民日报》上刊登了《电脑游戏：第九艺术或电子海洛因》一文，文中指出："有人已经把电脑游戏称为青少年的第九艺术，有的指出它已经塑造了新一代人的精神结构"，更加强化了"电子游戏是第九艺术"的概念。曾经代理《魔兽世界》的互联网娱乐公司第九城市，其公司名称就来源于"电子游戏是第九艺术"这个概念，第九城市公司简介中提到，公司"致力于通过第九艺术——游戏艺术，为都市人创造一种全新的在线娱乐生活方式"。在第九城市的游戏中，"游戏是第九种艺术"这句标语总是和LOGO一起出现。

　　如今"电子游戏是第九艺术"的概念已经被越来越多的人认可，无数制作精良、剧情宏大、音乐动人、画面精美的电子游戏，一次又一次地诠释了第九艺术。

1.2.3　电子竞技游戏及其特点

　　电子竞技游戏，简称电竞游戏，是电子游戏中具有较强竞技性的一部分游戏。这部分强竞技性的游戏往往会很快在玩家中流行开来，有着巨大的用户群体，继而成为电子竞技运动的项目之一。与更广泛的电子游戏相比，电子竞技游戏的突出特点是具有实时对抗性、技巧策略性和公平竞技性。

　　电子竞技游戏的实时对抗性指游戏强调个人对抗或者团队对抗，在游戏中对抗和比拼是实时发生的，不可逆、不可复制。在很多游戏中，玩家可以通过存档备份来恢复游戏的各种数据。如果游戏过程不符合预期，可以通过读取之前的存档从某一阶段重新开始游戏。在电子竞技游戏中，玩家的游戏操作是不可撤销和更改的，所有的游戏操作都是实时发生且不可逆的。即使是在回合制的电竞游戏中，玩家轮流进行操作，这样的操作也是实时操作，无法撤销或更改，同样符合电子竞技游戏的实时对抗性。电子竞技游戏的实时对抗性让竞技结果充满偶然性和不可预测性，具有强烈的观赏性。

电子竞技游戏的技巧策略性指游戏注重操作技术、游戏策略和团队协作，玩家想要取胜，必须拥有熟练的操作技巧，并通过钻研游戏体系制订高超的游戏策略。游戏战术千变万化，即使使用相同的英雄和道具，也会产生多种多样的战局和结果。大多数电子竞技游戏都是易上手却难精通的。易上手指游戏入门的门槛比较低，大多数人都可以玩。难精通是游戏的深度较深和可玩性丰富，玩家的精彩操作需要天赋和刻苦训练，战术策略也千变万化。易上手和难精通的特点，促进了普通玩家对于高水平职业玩家的崇拜，使得职业选手高水平的竞技对其他人产生了巨大的影响力，为电子竞技形成独特的社会现象和商业模式提供了基础。

电子竞技游戏的公平竞技性指游戏中所有玩家只能依靠操作技术和游戏策略取胜，不能通过充值消费大幅度提升游戏实力。在某些游戏里，玩家可以通过充值消费获得强大的武器和技能，从而大幅提升实力，获得更畅快的游戏体验。在电子竞技游戏中，消费获得的英雄皮肤、铭文等道具只能够很小幅度地改变属性，对游戏结果的影响非常小。在电子竞技游戏中，玩家之间比拼的是游戏操作技巧和游戏策略思想，这也说明了电子竞技是基于人的操作能力和智力的公平竞技运动。

1.2.4　电子游戏和电子竞技游戏的分类

目前，电子游戏的分类并没有一个明确的标准，游戏的类型大多是在发展过程中约定俗成的。按照游戏内容和游戏方式，可将游戏分为如下类型：动作游戏、格斗游戏、冒险游戏、动作冒险游戏、角色扮演游戏、模拟游戏、战略游戏、射击游戏、竞速游戏、运动游戏、音乐游戏、益智游戏、战术竞技类游戏等。随着游戏玩法的创新和突破，未来也可能有新的品类产生。

在众多类型的电子游戏之中，有一部分类型的游戏由于具有实时对抗性、技巧策略性和公平竞技性，从而成为电子竞技游戏。目前主流电子竞技游戏的分类如表 1-1 所示。

电子竞技游戏是一个广泛的概念，与体育的含义类似。体育是跑步、游泳、足球、排球、篮球等所有运动的统称，电子竞技游戏也是统称，包括了前文提及的 RTS、FPS 等多种类型的游戏。电子竞技赛事的举办是基于某一款具体的电子竞技游戏产品。

表 1-1　目前主流电子竞技游戏的分类

游戏类型	简称	代表游戏
即时战略游戏（real-time strategy game）	RTS	《星际争霸》《魔兽争霸3》
第一人称射击游戏（first-person shooting game）	FPS	CS:GO、《穿越火线》、《使命召唤》、《守望先锋》、《逆战》、《穿越火线》手游
多人在线战术竞技游戏（multiplayer online battle arena）	MOBA	DOTA、DOTA2、《英雄联盟》、《王者荣耀》、《决战平安京》
体育竞技类游戏（sports game）	SPG	FIFA Online、NBA 2K Online
卡牌游戏（card game）	CAG	《炉石传说》《皇室战争》
战术竞技类游戏	—	《绝地求生》、《和平精英》、PUBG MOBILE
休闲游戏	—	《荒野乱斗》《球球大作战》
竞速游戏（racing）	RAC	《QQ飞车》《QQ飞车手游》
自走棋类游戏	—	《刀塔自走棋》《云顶之弈》《王者荣耀模拟战》
格斗游戏（fighting game）	FTG	《地下城与勇士》《拳皇》《街头霸王》

1.2.5 电子游戏、电子竞技游戏与电子竞技的关系

电子游戏、电子竞技游戏、电子竞技3个概念常常被混淆。

电子游戏指的是所有依托电子设备平台运行的交互游戏。电子竞技游戏是电子游戏中公平竞技属性较强的游戏。电子游戏、电子竞技游戏都是游戏，区别是游戏品类范围大小的不同。从电子游戏到电子竞技游戏，游戏品类和玩法是递减的。电子游戏的玩法体验丰富多彩，除了竞技性以外，玩家可以体验荡气回肠的剧情、放松休闲的娱乐、唯美动人的画面，获得各个方面不同层次的游戏和娱乐体验。电子竞技游戏是电子游戏中竞技性最强、最受竞技玩家欢迎的部分游戏，游戏体验注重公平竞技性。

电子竞技是利用电子竞技游戏的公平竞技特性而发展出的体育运动和新兴产业。电子竞技的影响力可以简单理解为，竞技水平达到绝对顶尖的选手产生的对其他人或社会的巨大影响力，类似于传统体育的明星运动员产生的影响力。电子竞技产生于电子游戏，但因其自身独特的属性和巨大的影响力，衍生出了超出游戏领域的其他内容产品和产业架构。

从电子竞技游戏到电子竞技，游戏的玩法、操作水平、策略得到极致化的开发与呈现。电子竞技将电子竞技游戏的玩法、策略、对局打造成兼具技巧性与观赏性的竞技娱乐内容，并且对其他游戏玩家产生巨大的影响力，因此在体育、内容、传媒、商业化方面都能够进行深度扩展，从而形成相对独立的电竞产业。电子竞技实际上是以竞技体育为核心的内容

产业。

电子游戏与电子竞技的区别有两点：第一，用户体验不同；第二，商业模式不同。电子游戏为用户提供普遍的游戏娱乐体验，而电子竞技为用户提供极致的竞技对抗体验。电子游戏主要提供产品体验，提供丰富多样的玩法体验，为玩家带来快乐——游戏的快乐、胜利的快乐、审美的快乐等。而电子竞技主要提供极致竞技和内容体验，提供高观赏性的电子竞技内容。电子游戏的商业模式是通过消费者为游戏付费实现盈利，电子竞技的商业模式则是通过优质内容吸引用户，以巨大的用户基础吸引赞助、开发内容版权和其他相关产业，从而实现盈利。

电子游戏、电子竞技游戏和电子竞技及产业之间的关系如图 1-1 所示。

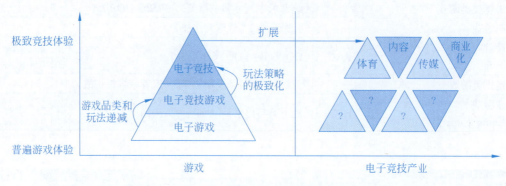

• 图 1-1　电子游戏、电子竞技游戏和电子竞技及产业之间的关系 •

1.3　电子竞技的特点

电子竞技运动是一项随着科技的进步和发展而兴起的新兴体育项目，与传统体育项目相比，电子竞技有着许多独有的特点。传统体育运动使用非智能的器械和机械，主要依靠体力和智力在现实空间里进行竞技对抗。而电子竞技运动使用计算机、手机、游戏主机等高科技智能电子设备，在局域网或互联网的支持下，主要依靠智力在游戏虚拟空间里进行竞技对抗。

电子竞技运动的八大特点是公平竞技性、科技进步性、虚拟延展性、广泛参与性、内容观赏性、急速爆发性、迭代传承性、知识产权性。

1.3.1　公平竞技性

公平竞技性是电子竞技运动的本质属性。

国际奥林匹克委员会在《奥林匹克宪章》中提出了奥林匹克的宗旨："奥林匹克运动

的宗旨是，通过没有任何歧视、具有奥林匹克精神——以友谊、团结和公平的精神相互了解的体育活动来教育青年，从而为建立一个和平的更美好的世界作出贡献。"

公平竞技的精神是奥林匹克精神的一部分，也是任何体育运动都必须贯彻的精神。公平竞技的原则保障了运动员的权益，同时也是体育运动观赏性、精彩度的保障。体育比赛在公平竞技规则下进行，且参赛选手的运动水平都达到较高的专业水平，才能够呈现出最精彩的高水平竞技。

"更高、更快、更强"的奥林匹克口号体现了人类渴望超越自己、超越他人的原始欲望，高水平运动员之间突破人类运动极限的比拼，才是真正精彩的比赛。在所有竞技体育中，最吸引人的看点就是高超的竞技水平、林立的强队、实力超群的明星、不可预测的比赛结果。电子竞技作为一项新兴的体育运动，公平竞技性是其核心特点，电子竞技运动必须遵循奥林匹克运动的宗旨，秉承公平竞赛的精神。

在传统体育中，对公平性影响最大的是兴奋剂。兴奋剂是运动员为提高竞技能力而使用的能暂时性改变身体条件和精神状态的药物。使用兴奋剂不仅损害奥林匹克精神，破坏运动竞赛的公平原则，而且严重危害运动员的健康。国际奥委会严禁运动员使用兴奋剂。

兴奋剂检查在传统体育比赛中是常规检查，但在电子竞技赛事中，兴奋剂检查还没有被列入赛前常规检查。在雅加达亚运会上，电子竞技运动员遵循综合体育运动会的规定进行兴奋剂的检查，而专门的电竞赛事中没有兴奋剂检查。电子竞技是偏重智力的运动，选手需要对局势进行准确的判断和选择策略，而目前的兴奋剂是暂时提升运动员身体机能的，关于兴奋剂能否提高电子竞技运动员成绩这个问题，目前还没有深入的研究。随着电子竞技运动影响力的不断提升，未来的电竞赛事中可能会引入兴奋剂检查或其他类似药物的检查。

影响电子竞技比赛竞技公平性的因素有竞赛环境、设备、软件、网络延迟、选手通话、场外信息泄露等。电子竞技的决定性时刻比传统体育短得多，在一场比赛中，甚至关键性的 0.1 秒就能够决定整个战局。因此，公平的竞赛环境对电子竞技来说至关重要。根据电子竞技赛事举办形式的不同，保障公平竞赛的规则也各不相同。

1. 线上电竞赛事

线上电竞赛事中，选手身处不同地区，使用的游戏设备、网络设备各不相同，在这种复杂的情况下，要对游戏作弊行为进行监管，难度非常高。线上赛事的公平性，一般是通过游戏内监察机制检测异常数据和游戏外设置裁判的方式来保障。

2020 年 LPL（英雄联盟职业联赛）春季赛由于处在新冠肺炎疫情防控的特殊时期，为避免人群聚集，该赛事改为线上比赛，通过网络技术和线下裁判对赛事公平进行双重保障。

网络技术方面，IT 工程师会全程保障比赛的稳定。比赛前，IT 工程师会提前对所有战队俱乐部进行设备和网络测试,针对不同的俱乐部做出相应的措施,提高网络的稳定性。比赛过程中,不允许使用英雄联盟客户端以外的软件。

线下裁判方面,每一场比赛,执行裁判都会亲自到俱乐部监督比赛。裁判会检查比赛用机、队伍名单、外设。比赛室安装了两个摄像头,如果遇到突发情况,主裁判可以通过摄像头远程对现场进行把控。

2. 线下电竞赛事

1)裁判体系

线下电竞赛事中,所有选手在同一场地,使用赛事方提供的游戏设备和同一网络,在现场裁判的严格监督下进行比赛,最大限度保障赛事的公平。

KPL(王者荣耀职业联赛)的裁判在比赛前需要检查游戏设备、外设、游戏软件等,确保从设备到游戏版本再到耳机等方面准确无误。比赛中,除了要关注选手的情况,也要关注场下的替补席。在电竞比赛中,严禁教练对本方比赛选手做出暗示、发出指令。此外,裁判还要确保替补席不给对方比赛选手带来干扰。在裁判的配置上,以 KPL 总决赛为例,单场比赛场上裁判多达 4 人,除了执行主裁判和比赛监督之外,每个参赛队伍还各设一个裁判。

在目前的 KPL 赛事中,120 秒被认为是暂停的极限时间,团队要在 120 秒内解决突发问题,而这依赖 KPL 的专业保障系统和裁判流程,放眼当下的各种电竞赛事,能够做到这一点的十分罕见。比赛暂停后,裁判团队会抓取设备出现问题的时间节点,将比赛进程调整到出现故障前的历史时间,让比赛双方可以公平地重新开始比赛。

2018 年,KPL 推出了行业首创的电竞裁判系统,所有的 KPL 裁判将有标准化、职业化的分级和晋升通道。这套标准化、流程化的电竞裁判体系也被"复制"到了 2018 年雅加达亚运会的电竞赛场,得到了亚组委的高度认可。

KPL 的裁判选拔和培养采取封闭培训的方式,课程包括电竞理论和实际的操作,考试时也分两部分,即笔试和实战演练。联盟会对裁判每场比赛的表现进行打分,分数高的裁判可以值裁高级别赛事,另外打分还会和裁判的收入挂钩。

从 2018 年 4 月开始,上海市电子竞技运动协会定期举办裁判培训班,邀请资深电竞裁判和电竞行业资深人士担任专业讲师,通过培训考核的学员将获得上海市电子竞技专业裁判员证书和执裁徽章,获得执裁资格。

2)延时 OB 系统

在电子竞技比赛中,有时观众看到的画面并非实时比赛画面,而是经过延时 OB 系统处理后、延迟了一定时间的画面。延迟展示比赛画面,也是保持公平竞技的措施。如果比赛画面是实时的,观众对比赛情况的反馈有可能将对方信息泄露给选手,从而影响赛事公平性。2019 年,在泰国举办的绝地求生 MET 亚洲系列赛中,由于未设置延时,观众能够看到实时比赛画面，并报点给选手，严重影响了比赛的公平性。

3）战局信息保密

为了保证比赛的公平性，防止选手听到对手赛场交流、解说现场讲解、观众呼喊暴露信息等，比赛现场还配备有隔音比赛房、干扰音响，选手需要戴上特殊的隔音耳机。

4）选手间通话监测

团队游戏中，选手作弊会集中地出现在比赛中的内部交流中。对于同一队伍选手间通话的监测，也能够帮助判断选手是否有作弊行为。在顶级电子竞技赛事中，每个战队都会配备语音裁判，以监听战队选手之间的通话，防止作弊行为发生。

5）时光回溯系统

时光回溯系统是指在比赛中发生无法解决的争议性问题时，双方停止比赛，一帧一帧地回溯争议时间段的比赛画面，最终由裁判做出令双方都信服的公平裁定。在比赛中途出现故障时，时光回溯系统可以使比赛回到特定的某个时间节点，双方可以回到这个时间点继续比赛。这个功能十分有利于职业赛场，大大减少了职业比赛中场外不可预知性因素对于比赛的影响，对电子竞技的公平性有了更多的保障。

1.3.2 科技进步性

科技进步性是指电子竞技运动使用高科技软硬件及智能电子设备进行对抗，电子竞技的形式随着科技的进步而发展。

电子竞技的形态随着科技发展而升级。从最早的 PC 电竞，到现在如火如荼地发展的移动电竞，再到萌芽阶段的 VR 电竞，电子竞技是先进科技发展在竞技性和娱乐性上的充分表达。

1972 年，世界上第一场有史可考的电竞比赛在斯坦福大学的人工智能实验室里举行，比赛项目是电脑游戏《太空大战》。这场电竞比赛的诞生，得益于计算机技术的发展。

电子计算机的发展经历了四个阶段：第一阶段，电子管计算机；第二阶段，晶体管计算机；第三阶段，集成电路计算机；第四阶段，大规模集成电路计算机。

在大规模集成电路计算机开始发展之际，世界上第一场电竞比赛就紧随科技发展的浪潮应运而生了，这印证了电子竞技的科技性。

20 世纪 70 年代开始，游戏主机技术也渐渐发展成熟。1972 年，雅达利 (Atari) 公司发售了一种平台式大型游戏机"乒乓"(PONG)，该游戏机风靡全美。1972 至 1983 年间，雅达利的游戏主机风靡一时，1980 年，雅达利举办了最早的大型视频游戏比赛"太空侵略者冠军赛"，在美国吸引了 10000 多名参赛者，将竞技游戏确立为主流爱好。

2014 年，4G 在中国正式商用。随着 4G 和智能手机的普及，移动电竞也在 2015 年开始流行。

QGC 是由 QQ 手游平台主办、国家体育总局体育信息中心电子竞技部指导支持的移动电竞赛事。2015 年 4 月，第一届 QGC 赛事首次将"轻电竞"这一概念引入大众视野，相比传统端游电竞的"重"体验模式，"轻电竞"是基于 QQ 手游平台的社交玩法生态系统衍生出的新型移动电竞模式。2016 年，《王者荣耀》职业联赛 KPL 开始举办，至今已成为全球移动电竞第一赛事。之后，《皇室战争》《和平精英》等风靡全球的手游职业联赛纷纷建立，吸引了无数观众。

2016 年开始，VR 技术的发展进入了爆发期。顶级 VR 设备和游戏开发商 Oculus、HTC、索尼等公司经过多年的探索，推出了内容体验与交互手段的 VR 智能设备，且价格更加亲民。自此之后，VR 游戏如雨后春笋般纷纷涌现。2017 年，英特尔、Oculus、ESL 共同推出了 VR 电子竞技大赛 VR League，赛事项目包含多个备受欢迎的 VR 游戏。

电子竞技的每一次发展都紧随科技发展的脚步，因此，可以说电子竞技是科技发展在娱乐领域的一个缩影。因此，科技进步性是电子竞技的核心属性。

1.3.3 虚拟延展性

虚拟延展性是电子竞技区别于传统体育项目的重要属性，分为虚拟性和延展性。传统体育项目大部分都是基于人类本身的体力和智力，在真实的世界中开展的竞技运动。

1. 电子竞技的虚拟性

电子竞技的虚拟性是指人们在进行电子竞技运动时，绝大多数情况下都是进入虚拟世界，在虚拟世界的规则下进行对抗。例如，电子竞技中的射击游戏、极限运动挑战等都是发生在虚拟的环境中，这类游戏和运动中的事件因为法律、安全性的原因，在现实世界中不会发生。

2. 电子竞技的延展性

电子竞技的延展性是指人类通过高科技设备，突破了自身体力和智力的局限，实现全新的突破，发展出了新的能力，这种新能力是人类体力和智力的延展。延展性包括虚拟延展性与现实延展性两方面。

（1）虚拟延展性是指，在游戏的虚拟环境中，人类根据想象力，创造出了全新的虚拟世界，在虚拟世界中拥有了现实世界中无法拥有的能力，例如创造魔幻生物、释放魔法和技能等。在即时战略游戏《星际争霸》和《魔兽争霸 3》中，玩家通过操纵不同的作战单位，在短时间内组建庞大军团，与对方军团进行对战。玩家在游戏中采集资源，生产兵力，并摧毁对手的所有建筑。通过敲击键盘和鼠标，构建庞大兵团进行对战的想法在虚拟世界中得以延伸实现，这也是电子竞技虚拟延展性的体现。《星际争霸》有着宏大的背景设定，描述了 26 世纪初期，位于银河系中心的三个种族在克普鲁星际空间中争夺霸权的故事。

三个种族分别是地球人的后裔人族（Terran），进化迅速的生物群体虫族（Zerg），以及高度文明并具有心灵力量的远古种族神族（Protoss）。《魔兽争霸3》的背景设定更加宏大复杂，讲述了人类、暗夜精灵、兽人、不死族等几大种族之间斗争与联合的故事。魔兽的背景故事不断更新与完善，形成了完整的魔兽世界编年史，目前魔兽世界官方剧情小说已经出版了20多本，构成了一个庞大而令人向往的魔幻世界。

（2）现实延展性是指，人类创造了全新的替代了人类体力和智力的工具设备，代替或辅助人类从事竞技或其他活动。现实延展性的一个生动的例子是F1赛车，虽然F1赛车目前没有被认为是电子竞技。人类可以通过跑步来竞速，跑步是基于人类自身体能的竞技。但是，随着汽车的诞生和发展，人类可以通过制造更快的汽车、练习驾驶技术，在新的模式下用全新的工具来竞速。

未来的电子竞技绝对不局限于虚拟延展性，也可能向现实延展性方向拓展。从目前的拳击比赛到未来可能发生的铁甲钢拳、人类操控机器人对抗，这些都是人类体力和智力的延伸。如果铁甲钢拳的技术实现了，可能另外一种新的电子竞技项目就诞生了。

加拿大原创媒介理论家、思想家马歇尔·麦克卢汉在《理解媒介：论人的延伸》提出了"媒介是人的延伸"的观点，游戏作为一种媒介，也是人的延伸。他在《游戏——人的延伸》一章中说道："任何游戏，正像任何信息媒介一样，是个人或群体的延伸。它对群体或个人的影响，是使群体或个人尚未如此延伸的部分实现重构。"

正如麦克卢汉理论所阐述的那样，游戏和电竞，正是人类不断追求极限的精神以及身体机能在虚拟世界中的延伸。

人类在竞技体育中，最大限度地挖掘和发挥个人或群体在体力、心理、智力等方面的潜力，攀登运动技术高峰，创造优异运动成绩。电子竞技作为一项竞技体育项目，运动员借助电子设备，也在虚拟世界中最大限度地发掘着自己的潜力。

1.3.4 广泛参与性

广泛参与性是指电子竞技入门难度低，对空间、设备的限制要求低，对身体条件要求低，因而更多人都可以广泛地参与其中。在绝大多数情况下，电子竞技只需要一台游戏设备就可以开展竞技活动，不像传统体育运动（例如篮球、游泳、滑雪）那样等受场地和运动装备的限制。

在运动参与方面，电子竞技运动比传统体育运动更加便捷、限制条件很少。

参与一场传统体育的竞技活动的限制条件相对比较多。以足球、篮球、乒乓球等普及性较高的大众运动为例，这些运动需要在足球场、篮球场、乒乓球馆等专业场馆进行，这是空间上的限制；除了空间限制之外，还必须准备好足球、篮球、乒乓球和乒乓球拍等运动设备，穿上适合运动的服装，这是设备上的限制；除了空间限制和设备限制外，运动者还需要具备良好的身体素质，如果身体条件较差、无法进行剧烈运动，则很多体育运动项目都无法参与。即使具备了合适的空间、设备、身体素质条件，要举办传统体育项目的比赛，还必须找到队友和对手一起参与运动。一场正规的篮球赛至少需要10人，而一场正规的足球赛至少需要22人，要找到这么多的人一起进行一场比赛，这在现代快节奏的生活中也是很难实现的一件事。

如果想要在PC电子竞技游戏中进行竞技运动，只需要网络和一台计算机，即可随时在线匹配队友，展开对战。即使没有个人计算机，遍及大街小巷的网吧也能够随时随地满足人们对PC电子竞技的需求。至于参加移动电竞活动，就更加方便了。如今智能手机的普及率很高，几乎人手一部智能手机，只须连接网络，每个人都可以随时随地进入移动电竞游戏中进行对战。并且，电子竞技运动是主要依赖智力的运动，身体素质较差的人甚至残疾人也可以参与其中，与正常人同场竞技。基本上，只要会使用计算机和智能手机，人人都可以参与电子竞技运动，这体现了电子竞技的广泛参与性。

案例1： 传统体育选手选拔与电子竞技选手选拔。

传统体育选手选拔

长期以来，传统体育项目选手要经过层层选拔才能够进入国家队。传统体育项目对运动员的身体素质要求极高，运动员必须进入专业团队接受专业训练。通过训练达到一定的水平后，如果在大运会等比赛获得优异成绩，则可以被收录入省队进行训练；在省队表现优异者，就有机会被国家队收录。

2018年1月，国家体育总局印发《国家体育总局关于进一步转变工作作风的若干意见》，提出各国家队、国家集训队应面向社会公开选拔运动员，运动员可以专业队、学校、社会组织、企业、俱乐部或个人名义自由报名参加。参与选拔的运动员在核实无犯罪和不良社会记录且通过政治审查和职业道德审核后，只以运动成绩作为是否入选的唯一标准，不得附带其他任何条件。

无论国家队是面向社会公开选拔还是从省队吸收运动员，要想进入国家队，必须在各项专业赛事中取得优异成绩，难度非常高。

电子竞技选手选拔

相比于传统体育，电子竞技选手的选拔条件相对比较宽松，只要游戏水平足够高，便有机会进入职业电子竞技俱乐部参加专业比赛。

电子竞技发展初期，没有专业的训练选拔体系。来自各行各业、不同背景的电竞游戏爱好者自发组成战队，成为电竞选手，自己组织训练，参加各种比赛。

近年来，电子竞技俱乐部和联盟体制逐渐完善，电竞选手的选拔以电竞俱乐部通过公开招聘方式选拔为主。电竞俱乐部主要以游戏成绩为标准来筛选应聘者。通过俱乐部的筛选和试训之后，便可以成为一名电竞职业选手，在电竞俱乐部接受正规的训练，有机会参加各级电竞比赛。

1.3.5 内容观赏性

根据人们观看体育项目情绪变化的情况，可以将体育分为热体育与冷体育。

调动情绪能力强的体育项目称为热体育，而调动情绪能力弱的体育项目则称为冷体育。人们在观看篮球、足球、排球运动时，经常会因为得分、失分而激动不已，会为支持的队伍激情呐喊、热情助威，因此这些运动属于热体育。而观看棋类运动的时候，心情较为平静，情绪激动地为选手呐喊助威的情况比较少，因此棋类运动属于冷体育。

电子竞技运动同篮球一样，也能够调动人们的情绪，使观众为之激动呐喊，属于热体育。电竞赛场上局势瞬息万变，刚开始领先的队伍可能会落败，而一开始处于劣势的队伍也有可能逆风翻盘，战术和技巧变化多样。高手林立的电竞赛场，不到最后一刻，胜负难以分晓。观众紧张地关注着赛事变化，为赢得比赛的选手欢呼呐喊，为处于劣势的选手大声加油。

观赏性是决定一项体育运动能否成为主流竞技项目的核心因素。足球、篮球、排球三大球之所以成为全世界流行的体育项目，是因为它们具有较高的观赏性。丰富的看点和极高的观赏性使得三大球运动风靡全世界。篮球比赛的精彩画面如图1-2所示。

· 图1-2 篮球比赛 ·

相比于三大球，棋类运动比较小众，这是因为棋类运动的身体对抗没有那么激烈，观赏门槛也比较高，要看懂棋类比赛必须具备足够多的棋类运动知识，才能体会到高水平棋类运动员之间较量的精彩之处。棋类运动（如图1-3所示）的观赛视角较为单一，与动态的球类运动相比，静态的棋类运动观赏性相对较低。

· 图 1-3　围棋比赛 ·

电子竞技运动之所以能够迅速成为世界范围内广受欢迎的体育项目，也是源于其极高的内容观赏性。首先，电子竞技游戏画面多彩绚丽，技能操作华丽炫目，极具吸引力。

其次，电子竞技赛事制作中大量运用 AR 技术、VR 技术等高科技技术，赛事舞台搭建、舞美设计与国际最高水平接轨，为观众呈现美轮美奂的视觉效果，如图 1-4 所示。

· 图 1-4　2019 英雄联盟全球总决赛 ·

案例 2：电竞赛事中的 AR 技术应用。

增强现实技术（Augmented Reality，AR）是一种实时地计算摄影机影像的位置及角度并加上相应图像、视频、3D 模型的技术，近年来在电视节目和电竞赛事直播中越来越常见。

2016 年 DOTA2 国际邀请赛 AR 表演

AR 技术首次应用在电竞赛事中，是在 2016 年美国西雅图举办的第 6 届 DOTA2 国际邀请赛（简称TI6）上。在英雄选择阶段，职业选手选择的英雄会通过AR技术呈现在舞台上。虚拟的游戏英雄一字排开，站在现实的舞台上，栩栩如生，虚拟世界与现实世界完美交融，给观众以震撼体验，如图1-5所示。

• 图 1-5　TI6 中的 AR 技术运用 •

2017 年英雄联盟全球总决赛 AR 表演

2017年英雄联盟全球总决赛（简称S7）开幕式中，屏幕前观看直播的观众可以看到，一条远古巨龙从天而降，盘旋一周后降落在舞台中央，如图1-6所示。这条远古巨龙是通过AR技术制作的，现场观众无法看到。

• 图 1-6　S7 中的 AR 远古巨龙 •

S7的AR表演获得了第39届体育艾美奖中的最佳直播画面设计奖。艾美奖是美国电视界的最高奖项，其重要性与奥斯卡奖之于电影界和格莱美奖之于音乐界一样。S7中的这段AR表演荣获艾美奖，证明了主流媒体对电子竞技的关注与重视。

2018 年王者荣耀职业联赛春季赛总决赛 AR 表演

2018年王者荣耀职业联赛春季赛总决赛（2018KPL）的开场表演中，知名电竞选手老帅与著名钢琴家郎朗钢琴合奏《王者战歌》，与此同时，由AR技术呈现的巨鲲在赛场的上空游动飞舞，大气优雅，如图1-7所示。

· 图1-7　2018KPL春季赛总决赛中的AR巨鲲 ·

案例3： 电竞舞台首次引入冰屏。

在由腾讯电竞主办，英雄体育VSPN承办的2019年王者荣耀职业联赛秋季赛总决赛中，为了令广大粉丝们能全身心投入紧张的对战氛围中，英雄体育VSPN在本次KPL总决赛舞美中引入40米×9米的升级版国际级舞美的"冰屏"，并以此冰屏为分界线，将中央舞台一分为二，使对战双方彼此背对、面向观众。冰屏是一种新型的透明LED显示屏，具有透明显示、广视角、侧发光、通透率高等特性。该技术曾在张艺谋执导的冬奥会《北京8分钟》中作为核心演出主体之一惊艳世界，而后往往被运用于《国家宝藏》、卫视春晚等大型电视节目，这是电竞行业中首次运用如此大的冰屏。这块静立时颜色如冰，动起来则透明度极高的LED屏幕，增强了整个开幕式的立体效果。另外，本次总决赛还运用光影对穿的手法，实现了视觉影像与真人同屏呈现。随着冰屏上游戏人物的动作，总决赛对战选手也以独特的方式亮相，冰屏配合现场灯光演绎出丰富的视觉交织的画面，为现场观众带来美轮美奂的立体式视觉冲击。

最后，电子竞技提供了令人耳目一新、意想不到的新奇看点，让观众能够持续获得新鲜的娱乐体验。电子竞技职业选手对游戏机制有着更加深入的理解，在电子竞技赛事中，职业选手常常能够创造出丰富多样的游戏战略和游戏玩法，令观众眼前一亮。在2016年KPL中，AG超玩会的选手梦泪使用英雄韩信，在没有兵线的情况下强行拆除敌方基地水晶，展现了史无前例的"无兵线偷水晶"操作。《王者荣耀》游戏制作方因此发现了水晶防御机制的漏洞，在这次比赛之后，游戏官方加强了水晶护盾，并增加了防御塔减伤机制，使得这样的"天秀"操作成为绝响。

综上所述,电子竞技的观赏性体现在美学层面、情绪调动和新奇看点层面,是电子竞技的重要属性,也是电子竞技能够广泛传播和商业化的重要原因。

1.3.6 急速爆发性

电子竞技的急速爆发性有下面两重含义。

(1) 从竞技水平提升角度来看,运动员从开始训练到成为世界冠军的速度快。

电子竞技运动员的训练重点是手脑眼的协调、战术策略以及团队的协作,训练时小规模地调动身体肌肉群,训练频率高可较快提升能力。

传统体育项目的运动员往往在童年时就开始进行训练,努力训练七八年甚至十几年后,才有机会拿到世界冠军。乒乓球运动员刘国梁 6 岁开始训练,19 岁获得世乒赛冠军,历时 13 年;排球运动员郎平 13 岁开始训练,22 岁获得世锦赛冠军,历时 9 年。

相比于传统体育运动的选手,电子竞技选手从开始职业生涯到获得世界冠军的时间则要短得多。2013 年 2 月,17 岁的韩国英雄联盟职业选手 Faker(李相赫)加入 SKT 战队,开始电子竞技职业生涯,同年 12 月,Faker 就赢得了英雄联盟全球总决赛 S3 的冠军。从成为职业选手到获得世界冠军,Faker 只用了 10 个月。中国英雄联盟职业选手 JackeyLove(喻文波)16 岁时成为一名职业选手,18 岁便作为 IG 战队的一员赢得英雄联盟全球总决赛 S8 的冠军。从成为职业选手到获得世界冠军,JackeyLove 只用了 2 年。

(2) 从用户积累以及社会影响力来看,电竞赛事的增长速度快。

电子竞技游戏往往有着庞大的用户基础,在还未电竞化之时就已经积累了大量游戏用户。电子游戏电竞化之后,游戏用户能够很快转化为电竞用户,并通过竞技及娱乐化的内容呈现吸引更多新的电竞用户。

DOTA2 国际邀请赛(即 TI)是电子竞技史上总奖金池最高的比赛。在 2011 年、2012 年举办的最初两届 TI 中,奖金池仅为 160 万美元。2013 年开始,*DOTA2* 推出了一种叫作"勇士令状"的虚拟道具,玩家每购买一次该道具,系统都会自动从中分出一部分收益加入奖金池中,TI 奖金池也因为玩家的热情日益水涨船高。

从 TI1 的 160 万美元总奖金池,到 2019 年的 3433 万美元总奖金池,9 年间 TI 总奖金池增长率达到 2046%,如表 1-2 所示,可见 TI 赛事增长速度之迅猛。

表 1-2 TI 历年总奖金池

赛　　事	时　　间	总奖金池/万美元
TI1	2011 年	160
TI2	2012 年	160
TI3	2013 年	287

续表

赛事	时间	总奖金池/万美元
TI4	2014 年	1093
TI5	2015 年	1843
TI6	2016 年	2075
TI7	2017 年	2467
TI8	2018 年	2553
TI9	2019 年	3433

英雄联盟全球总决赛的奖金增长速度同样可观。2011 年，S1 总奖金池为 10 万美元，2018 年，S8 总奖金池总额为 645 万美元，8 年间总奖金池增长率为 6350%，增长速度之快令人震撼，如表 1-3 所示。

表 1-3　S 赛历年总奖金池

赛事	时间	总奖金池/万美元
S1	2011 年	10
S2	2012 年	200
S3	2013 年	205
S4	2014 年	213
S5	2015 年	213
S6	2016 年	670
S7	2017 年	460
S8	2018 年	645

电子竞技运动员成长迅速，电子竞技赛事的规模、奖金、影响力飞速增长，这就是电子竞技的爆发性。

1.3.7　迭代传承性

电子竞技的迭代传承性分为迭代性和传承性。

1. 迭代性

传统体育项目大多具有悠久的历史，并且能够经历数年一直传承下去。以三大球运动为例，足球运动最早可以追溯至东周时期齐国的蹴鞠，是一项传承几千年的运动；而篮球运动和排球运动都起源于 19 世纪末期，距今已传承一百多年。

电子竞技运动具有迭代性，主流电竞项目随着爆款游戏的变化而更迭，同一款电竞游戏产品自身也会不断修改和迭代。从 2000 年至今，20 余年间主流电子竞技项目不停更换。电子竞技发展早期，《星际争霸》《魔兽争霸 3》等 RTS 游戏和 CS、CF 等 FPS 游戏是主流项目；随着 DOTA2、《英雄联盟》的问世，MOBA 游戏又成为了电子竞技主流项目；智能手机和移动游戏发展成熟后，《王者荣耀》《皇室战争》《和平精英》等移动游戏跻身主流电子竞技项目。

电子竞技主流项目的迭代，究其原因是电子竞技的科技进步性。电子竞技作为科学技术在竞技娱乐方面的缩影，自然会随着科学的不断发展而迭代更新。主流电竞项目的迭代，反映的是 PC 时代向移动时代过渡的科技趋势以及游戏制作技术和玩法的不断创新。

电子竞技游戏产品自身的迭代，主要体现在新英雄增加、新道具增加、新地图增加、新玩法增加、道具属性更改等，其目的是使游戏平衡性更好，游戏体验更佳。电子竞技游戏版本的迭代对游戏战略有着很大的影响，所谓"一代版本一代神"，正是玩家对这种情况的评价。

2. 传承性

电子竞技的迭代性促进了电子竞技的迅速进步，使其能够在短期内完成职业化和联盟化。通过电竞产品的更迭，新的电竞产品会修正之前的不足，促进电子竞技项目更好地发展。但由于电子竞技的迭代性，电子竞技也面临着竞技项目寿命短的质疑。然而，电子竞技的传承可以是 IP 的传承，而不仅是某一具体游戏产品的传承。

电子竞技的传承性大多体现在 IP 的传承上，虽然游戏的类型在发展和改变，但是不同的游戏可以使用同一个 IP。魔兽 IP 的传承就是电子竞技传承性的典型代表。魔兽的故事背景最早产生于暴雪推出的即时战略游戏《魔兽争霸 3》。随后，在暴雪出品的多人在线角色扮演游戏《魔兽世界》中，魔兽系列故事的背景与人物有了大规模的完善与丰富，随着《魔兽世界》资料片的更新，魔兽系列故事形成了宏大的世界观体系，"魔兽"也成为了经典 IP。随后，暴雪又使用魔兽 IP 制作了集换式卡牌游戏《炉石传说：魔兽英雄传》。《魔兽争霸 3》和《炉石传说》都是流行全世界的电竞项目，虽然它们现在已经不是最主流的电竞项目，但仍然活跃在电子竞技的舞台上。

1.3.8 知识产权性

电子竞技的知识产权性，是指电竞游戏的知识版权及 IP 归游戏开发商所有。举办游戏相关赛事必须获得版权方的授权。在权力分配和组织运作上，知识产权性是电竞与传统体育项目的核心区别。

传统体育项目是没有版权和 IP 的，例如，举办足球比赛、羽毛球比赛并不需要授权。因此，在传统体育赛事中，赛事联盟和出资方就成为了权力核心，决定了赛事的走向和发展。

在电子竞技赛事中，游戏开发商掌握着游戏版权和 IP，处于电竞赛事产业链的顶端。没有游戏开发商的授权，任何第三方都不能举办这款电竞游戏的比赛。游戏开发商大多自己组建赛事联盟，招商引资，对电竞赛事的发展和未来有着绝对的掌控地位。

在电子竞技发展初期,游戏厂商对游戏的知识版权和IP进行电竞开发,能够使电子竞技赛事得到更多的保护和支持,促进电子竞技产业的规范化。当电子竞技产业发展到一定规模时,大量资本的涌入、技术的飞速发展,能够催生更多高质量的电竞赛事,但如果没有游戏厂商的授权,即使拥有充足的资金和完备的技术,也无法举办电竞赛事。电子竞技的知识版权属性与产业发展模式关系密切,是电子竞技产业发展的重要影响因素。

未来,游戏厂商独立开发掌握电竞IP的模式或许会发生改变,游戏厂商可以采取与电竞运营商进行IP共建的方式,为电竞IP注入发展活力。在PEL(和平精英职业联赛)的运营中,腾讯游戏选择与PEL的电竞运营商英雄体育VSPN进行合作,共同建设开发PEL版权IP,共同享有电竞版权。游戏厂商通过IP共建,激发电竞运营商的潜力,使其提供更加专业、更加多样化的IP运营方案,能够最大化地扩大赛事IP影响力,使赛事IP产生更大的商业价值。

案例4: 暴雪与KeSPA的知识产权纠纷。

1997年,暴雪推出了即时战略游戏《星际争霸》,这项游戏在韩国风靡一时。韩国职业电子竞技协会(KeSPA)通过成功运作《星际争霸》赛事产业,收获了极高的利润,使得韩国电子竞技行业发展居世界领先地位。

2010年10月,暴雪在韩国召开新闻发布会,要求对电视台收取少量的《星际争霸》授权费,并使其承认知识产权。暴雪称:"KeSPA从2007年开始,以直播职业联赛的名义连续三年内收取了总计17亿韩元(约合人民币990万元)的直播费。它们没有这个权利收取这种费用。暴雪为开发《星际争霸》投入了大笔的资金。将其变为公共所有物,是公然蔑视和侵犯开发者的知识产权,这势必会减少以后对游戏创意的投资和开发信心与动力。"

为了维护《星际争霸》的知识产权,暴雪向MBCGame和OnGameNet发起了法律诉讼。2011年,暴雪与这两家公司达成了协议,暴雪许可电视频道转播《星际争霸》的比赛,同时收取版权费。两家公司同意在《星际争霸》赛事播出时挂出暴雪LOGO,并且每年向暴雪支付许可费用。

1.4 电子竞技与传统体育

从体育诞生开始,体育的内涵和形态就一直在不断地变化发展。从跑步、跳远等简单的体育运动,到帆船、围棋等借助其他器械进行的体育运动,体育的形式随着科学技术的发展不断丰富。电子竞技是随着科技发展而产生的一项年轻的体育项目，它和其他体育运动项目有着很多共同特征，也具有与大多数体育运动项目迥异的特点。

1.4.1　电子竞技与传统体育的共同点

电子竞技与传统体育的共同点有三点：第一，电子竞技与传统体育都是体育运动；第二，电子竞技与传统体育的核心精神都是公平竞技；第三，电子竞技与传统体育运动一样，受到亚运会等重要国际性体育赛事的认可。关于前两点，前文都已进行了论述。本节主要详细解释第三点。

国际奥委会近年来一直保持着对电子竞技的关注。

2018年7月21日，在洛桑电竞论坛上，国际奥委会和国际单项体育联合会宣布将成立一个新的电子竞技联络小组。2019年6月，首届电子竞技联络小组会议在美国洛杉矶召开，会议形成了国际奥委会对电子竞技未来发展的5大主要方向。

2019年11月，国际奥委会在瑞士洛桑召开电子竞技联络小组会议，主要议题包括：结合体育和游戏，鼓励青年参与体育项目和锻炼；模拟运动和在电子游戏中宣传体育运动；将游戏和电子竞技均衡融入生活；运动员支持；数字化介入。会议上还讨论了国际奥委会参与电子竞技发展的10项具体措施。

2019年12月6日，国际电子竞技联合会（Global Esports Federation，GEF）在新加坡正式成立。这是全球范围内成立的第一家国际电子竞技单项组织，GEF在成立后的第一份宣言中发出"用电竞连接世界"的呼吁。GEF的成立，意味着电子竞技向着成为奥运会正式项目的目标又迈出了一大步。

单项体育运动要想成为奥运会正式项目，必须满足以下3个关键条件。

（1）这个单项运动要拥有被证明的全球群众基础。《奥林匹克宪章》规定，运动大项要列入夏季奥运会的比赛项目，必须有公认的国际基础，至少要在75个国家和4大洲的男子中以及至少在40个国家和3大洲的女子中广泛开展运动项目，才可以列入夏季奥运会比赛项目。

（2）设立一个代表此单项运动的国际协会，并成功举办世界性综合比赛。GEF正是在全球范围内成立的国际电子竞技单项组织，这意味着电子竞技向正式进入奥运会的目标迈出了有力的一步。

（3）国际奥委会认可这一协会成为国际体育单项协会之一，并由协会申请项目加入奥运会。

GEF的成立对电子竞技而言具有重要的意义，使电子竞技作为一项体育运动向更专业、更深层次领域跨出重要一步，也能够引领全球范围内的电子竞技运动朝着正确和健康的方向发展。

现在,"电子竞技是体育运动"已经是毋庸置疑的事实。蓬勃发展中的电子竞技运动,终有一天也将登上奥运会的舞台,向全世界体育爱好者展示电子竞技运动的魅力。

1.4.2 电子竞技与传统体育的区别

电子竞技是科技发展的产物,其运动器械是高科技软硬件设备,这使得电子竞技与传统体育有着很大的区别。电子竞技与传统体育的区别,主要体现在入门要求、体力要求、运动空间、获得世界冠军所需时间4方面。

1. 入门要求

传统体育职业运动的入门要求很高,由于传统体育项目大多运动强度非常高,需要运动员具有很好的身体条件和身体素质,例如篮球运动一般需要身高较高的运动员,而体操运动则一般需要身材相对矮小、体重较轻的运动员。

电子竞技职业运动的入门条件相对比较宽松,几乎没有门槛,只要游戏水平足够高,无论什么年龄、什么职业,都有机会通过电子竞技俱乐部的招募成为职业选手。

2. 体力要求

传统体育属于重体力运动,对运动员的体力要求很高,需要进行高强度的体能训练。以游泳运动员的训练为例,菲尔普斯每周的训练量是8万米到10万米,每周训练7天,没有休息日。

电子竞技属于轻体力、重智力的运动,对运动员的反应能力和游戏技巧要求比较高。因此,身体有残疾的选手和身体健康的选手能够同台竞技。《魔兽争霸3》传奇级亡灵选手Space是一名受到粉丝们爱戴的韩国选手。他在11岁时被诊断患有肌肉萎缩症,除了脖子、手指之外,身体所有部位都失去了活动能力,但是他以顽强的意志成为职业选手,与身体健康的职业选手同场竞技,在《魔兽争霸3》职业比赛中贡献了无数精彩的场面。

3. 运动空间

传统体育运动在现实世界中进行,往往需要特殊的场地才能展开运动。受制于运动空间的特殊要求,某些传统体育项目无法在大众中普及。

电子竞技运动是发生于游戏虚拟空间中的竞技活动。如今,智能手机、个人电脑的普及度已经很高,只要有手机、电脑、网络,即可随时随地进入电子竞技游戏。电子竞技运动对空间几乎没有特殊要求,理论上,有网络的地方都可以开展电子竞技运动,这使得电子竞技能够很快在大众中普及开来。

4. 获得世界冠军所需时间

传统体育职业运动员要获得世界冠军,往往需要经过许多年的训练,难度比较高。电子竞技职业选手从开始训练到获得世界冠军，所需的时间相对较短。这一点在 1.3.6 节中已经有所介绍，此处不再赘述。

与传统体育运动相比，电子竞技是一项入门相对容易、对身体条件要求比较低、对运动场地没有特殊限制的体育运动，兼具普及性与休闲性。

1.4.3　大肌肉运动与小肌肉运动

传统体育运动大多是身体各部分肌肉协调的"大肌肉"运动，而目前，电子竞技主要是手、脑、眼协调的"小肌肉"运动。传统体育运动和电子竞技运动在肌肉群使用上有较大的差异，这是目前电子竞技在主流体育界没有受到普遍认可的主要原因之一。主流观点普遍认为，传统体育之所以能够称为体育，主要是因为它具有强身健体的功能。但是目前的电子竞技更加倾向于调用小肌肉群的智力型运动，类似于棋类运动，对于身体的大肌肉群没有起到锻炼效果，因而不被认为是严格意义上的传统体育运动。

基于电子竞技小肌肉运动的特点，要判断一个电子竞技运动员是否有天赋就比较困难。而判断传统体育运动的运动员是否有天赋，主要是评判其先天的身体素质和后期训练对于身体素质的加强，有时身高、身体平衡能力等先天因素直接决定了一个传统体育运动员的未来。而电子竞技的天赋既体现在对游戏的理解上，又体现在选手的战略战术能力、临场应变能力、团队配合能力等方面。总而言之，电子竞技的天赋是一种综合性的素质，因此除专业的电竞教练之外，其他人很难看出某一个运动员是否具有电子竞技天赋。

从人们的普遍认知来看，电子竞技对于神经系统和反应能力应具有一定的锻炼效果，但目前还没有充分的研究结果能够证明。未来随着科技的发展，尤其是 VR 技术的发展，电子竞技有可能会涉及像传统体育一样的大肌肉运动，到那时，关于"电子竞技是否是体育运动"的争议或许会消失。

1.5　科技进步与体育发展

1.5.1　体育发展阶段的划分

从古至今，体育的形态一直在发展变化。随着科技的进步，科学技术越来越多地被应用到体育运动中，体育项目的形式也从一开始人类体能的单纯比拼，发展出许多人与器械结合进行比拼的项目。图 1-8 展示了体育运动的发展阶段。

随着科学技术被越来越深入地应用到体育当中，体育运动的发展经历了人本生理体育、简单器械体育、复杂机械体育、电子体育这几个阶段。未来，体育运动的形态将发展为融

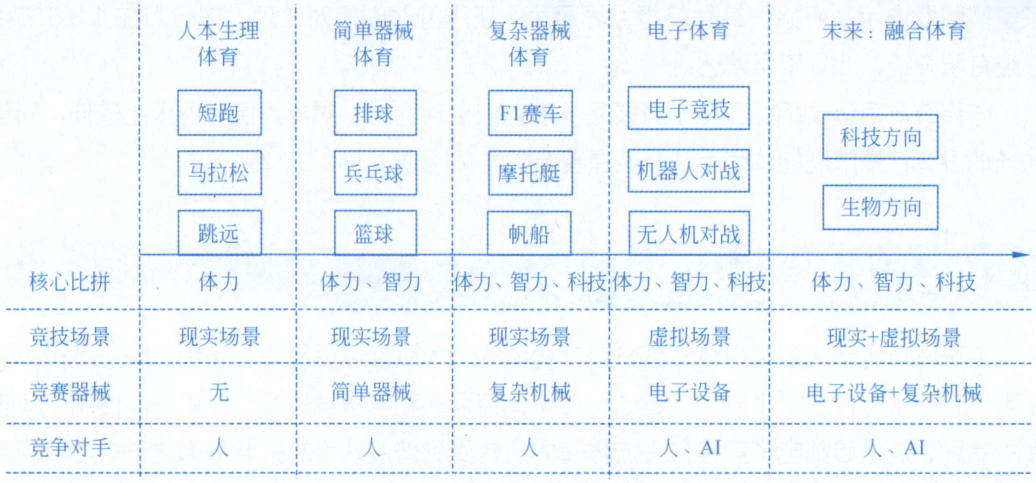

	人本生理体育	简单器械体育	复杂器械体育	电子体育	未来：融合体育
	短跑 马拉松 跳远	排球 乒乓球 篮球	F1赛车 摩托艇 帆船	电子竞技 机器人对战 无人机对战	科技方向 生物方向
核心比拼	体力	体力、智力	体力、智力、科技	体力、智力、科技	体力、智力、科技
竞技场景	现实场景	现实场景	现实场景	虚拟场景	现实+虚拟场景
竞赛器械	无	简单器械	复杂机械	电子设备	电子设备+复杂机械
竞争对手	人	人	人	人、AI	人、AI

• 图 1-8 体育运动的发展阶段 •

合体育。体育发展阶段中的各个阶段没有以明确的时间点进行划分，不同阶段产生的不同性质体育项目之间也很少发生绝对替代，更多的是共同存在和相互促进，满足人类的不同竞技需求。

1. 人本生理体育

人本生理体育是指人类不借助任何器械增强身体机能，依靠自身的体力和智力而展开的体育运动，例如跑步、跳远、游泳等运动。在人本生理体育中，也有人类和动物配合共同参与的体育项目，例如马术运动，在奥运会上马术选手和马一起领奖。

2. 简单器械体育

简单器械体育是指人类利用简单器械和自身的体力和智力而展开的体育运动，例如篮球、足球、排球、乒乓球等运动。简单器械是指结构简单、无法产生动力且对比赛结果不产生决定性影响的器械。在简单器械体育运动中，人类自身的体力和智力对比赛结果产生决定性的影响，运动器械对比赛结果的影响极小。例如篮球运动，要想赢得篮球比赛，篮球运动员必须拥有良好的体力和娴熟的技术，运动员的技术水平决定了比赛的成败，篮球的好坏对比赛结果并不会产生决定性影响。棋牌类运动是简单器械中偏重智力对抗的运动。

3. 复杂机械体育

复杂机械体育是指人类利用复杂机械和自身的体力和智力而展开的体育运动，例如F1赛车运动、摩托艇运动、帆船运动等。复杂机械是指结构复杂精密、对比赛结果产生重要影响的机械。

复杂机械是人的体力和智力在现实世界中的延伸，它能将人的能力放大，使人能够达到仅靠自身体能达不到的速度和高度。例如，在F1赛车运动中，人利用高科技赛车装备，放大了自己的身体机能，因而能够超越身体本身的限制而进行高速竞赛。

4. 电子体育

电子体育是指人类利用高科技电子软硬件设备和自身的体力和智力而展开的运动，例如电子竞技。

高科技电子设备能够使人的体力和智力在虚拟世界中延伸，让人在虚拟世界中做到在现实世界无法做到的事情，例如让人化身为拥有魔法的英雄或军团领袖，与"敌方"进行对抗。在电子体育阶段，人类的竞技空间首次从现实世界进入虚拟世界。人类的智力判断、反应速度和与智能设备的配合程度在竞技过程中起到了决定性作用。

5. 融合体育

融合体育是体育发展的未来，科技成果将更深入地融入体育运动，人类的体力和智力将与综合性虚拟现实设备结合，激发出无限潜力。人类对于先进科技设备的快速适应能力，或许也将在基因中进行传承。复杂机械体育和电子体育的出现，与科技的进步和机械电子产品的发明革新紧密相关。除去科技方面，融合体育的另一个发展方向是生物方向，即利用新技术对人的身体机能进行强化，然后进行体育竞赛。

1.5.2 科技进步与新体育的诞生

从表 1-4 中可以看到复杂机械体育、电子体育项目与科技进步的关系。

表 1-4 复杂机械体育、电子体育项目与科技进步的关系

运动项目	项目类型	运动器械	运动器械发明时间	第一次正规比赛时间	进入运动会情况
自行车	复杂机械体育	自行车	1790 年	1869 年	1896 年成为奥运会项目
赛车	复杂机械体育	汽车	1886 年	1894 年	
摩托车	复杂机械体育	摩托车	1885 年	1913 年	
摩托艇	复杂机械体育	摩托艇	1886 年	1903 年	
电子竞技	电子体育	电脑、游戏机、手机等	1946 年（电脑）	1972 年（电脑游戏比赛）	2018 年雅加达亚运会表演项目

新的机械产品或电子产品产生之后，往往需要十几年甚至几十年才会发展成为体育运动项目。新的产品在大众中普及需要时间，在拥有广泛的受众群体之后，才会逐步发展成为体育运动项目，举办体育比赛。

未来，随着科技的进步，体育的形式或许还会发生改变。5G 技术、VR 技术、AR 技术、AI 技术以及云技术等高科技技术将与体育运动进行结合，人的体力和智力将通过高科技设备进行无限的延伸，这种延伸会比现在的现实延伸和虚拟延伸都更加广阔，并且能够做到同时在虚拟世界和现实世界中延伸。

例如，动漫作品中出现的机械战士高达就是融合体育的一种展现形式。人类驾驭配备高科技系统的铁甲进行对抗，通过操作系统判断战斗情况，通过铁甲钢拳进行实际战斗，将科技与机械深度结合，人的体力和智力最大限度地进行延伸。VR版本的CS类游戏，也是融合体育的一种雏形。人穿戴VR智能设备进入虚拟游戏世界进行竞赛，同时也需要在现实场景进行动作以发动游戏内的动作，竞技场景是虚拟世界和现实世界的结合。

1.5.3 科技进步与体育发展的关系

当科技进步的成果进入体育中，体育形式就会产生新的变化，但需要一定的时间，这种新的变化才会被广泛认可。

1896年，第1届夏季奥运会举行时，比赛项目只有9个大项、43个小项；2016年，第31届夏季奥运会举行时，比赛项目已经增加到28个大项、304个小项。120年间，夏季奥运会增加了261个项目。一开始，奥运会只有田径、体操、游泳等纯粹依靠人类体能和智力的运动项目，随着科技进步的成果融入体育运动中，赛艇、帆船等运动也进入了奥运会。2020年东京奥运会上，滑板、轮滑等运动也成为了正式比赛项目。赛车运动、摩托车运动诞生之初，也是受众范围较小的新兴体育项目，但如今已经发展为受众广泛、影响力巨大的成熟体育运动。这在一定程度上反映了新兴体育项目发展的趋势和方向。

电子竞技是先进科技在体育竞技上的表现形式，但这项新兴体育要成为被大众广泛认可的体育运动，还需要更多时间。未来可能还会产生其他形式的体育运动，新的体育运动一开始也必然会受到质疑。即使现在认同电子竞技是体育运动的人，在科技发展更加先进的未来，或许会质疑另外一种新兴体育。

随着科技的发展，体育运动的形态必然会升级演化、不断进步。我们期待着未来全新的体育运动形式激发出人类更多的潜力，让"更高、更快、更强"的竞技精神长久流传。

1.6 本书对电子竞技的定义及扩展

1.6.1 本书对电子竞技的定义

本书对电子竞技的定义是：电子竞技是秉承公平竞技和探索极限的精神，以电子信息技术为核心，以高科技软硬件等为竞技工具、竞技空间和竞技对手，在统一规则下开展的人与人、人与机器、机器与机器的对抗运动。电子竞技利用高科技手段对人类智力和体力进行延展和突破，是科学技术深度融入竞技体育而产生的全新体育形式。

公平竞技和探索极限的精神是所有体育运动共同的精神内核，电子竞技作为一项新兴的体育项目，和其他所有的体育运动项目一样，遵循着"更高、更快、更强"的奥林匹克精神。

电子竞技的核心是电子信息技术，这是因为电子竞技运动是由于电子信息技术的发展而产生的体育运动项目。电子竞技运动所需的软件——游戏以及硬件——电脑、手机、VR设备等，本质上也是电子信息技术发展的产物。电子竞技以游戏、电脑、手机、VR设备等高科技软硬件设备作为竞技工具和竞技空间。

目前的电子竞技运动主要是人与人之间的对抗，但是人与机器之间的电子竞技对抗也已经有过尝试。在第7届DOTA2国际邀请赛（TI7）上，硅谷研究人工智能的组织OpenAI培训的AI选手，与顶级职业选手Dendi在DOTA2游戏中进行了比赛。Dendi是世界知名的DOTA 2职业选手、solo高手，玩法灵活，经常玩出神级操作，曾带领Navi战队拿下TI1的冠军和TI2、TI3的亚军。Open AI的AI选手在1V1比赛中以压倒性的优势战胜了Dendi，取得胜利。在第8届DOTA2国际邀请赛（TI8）上，OpenAI培训的5名AI选手组成了AI战队，与人类选手进行5V5对抗赛。在几千万直播观众和现场观众的见证下，最终人类以1:2的比分败给了AI战队。人工智能在这场比赛的表现直接证明其具有了与顶级玩家角逐的能力，在未来的电子竞技中，或许人工智能也能够加入电子竞技的赛场，成为选手。人与AI之间的比赛、AI与AI之间的比赛也有可能成为电子竞技运动的新形式，王者荣耀赛事对AI对战已经有所尝试，这也是科学技术的进步介入体育运动发展的一种表现。

1.6.2 电子竞技与新生事物

回顾本章开篇提出的问题——电子竞技是新兴的充满争议的体育项目，而且与其他体育项目相比，电子竞技一直被区别对待。电子竞技之所以被质疑，其根本原因是，电子竞技是科技介入体育后的产物。电子竞技的属性和表现形式与之前人们对于体育的理解有明显的不同。随着科技的发展，未来必然会有更多的新生事物产生。它们也会像电子竞技一样遭到质疑和挑战。换言之，电子竞技可能只是科技介入各个行业发展的一个代表。对于电子竞技属性和发展规律进行深入研究，可以帮助我们掌握应对其他新生事物的方法与能力。

首先，这些新生事物都有一个共同特点，即科学技术发展使得人类的体力和智力能够突破自身的局限，这与原先大家对于某个事物的认识产生了明显的偏差。其次，科技的发展并不是只带来新旧产品之间的简单替代，而是让人类有了更多的选择。无论什么时候，人类都需要锻炼身体，这是人的生理性需要。与其担心电子竞技取代传统体育，不如担心电子竞技更容易被其他更先进的竞技娱乐方式取代。再次，我们要在经过深入思考之后再来认知这些新生事物,要看它们的核心内涵和反映出的人本精神。最后,包容和接纳新事物往往是社会发展进步的动力,例如竹简、纸质书、电子书都是书,都承担着传递保存信息和知识的功能。新事物诞生时也一定会产生一些问题,需要人类充分认识,找出解决方案,使新事物更好地为人类服务。

但愿电子竞技在未来不要故步自封,而是勇于接纳更加先进的竞技方式。现在电子竞技的形态只是电子竞技的起点。

1.6.3 电子体育未来的分类

在现阶段的普遍概念中,电子竞技是基于电子竞技游戏的竞技运动。在更加宏观的角度,正如之前章节提出的电子体育的概念,电子竞技、机器人对战、无人机对战等项目都可以划分到电子体育的范畴。

根据竞技主体和竞技环境的不同,可以将电子体育的项目进行归类,并推测未来可能产生的竞技形式。例如电子竞技运动,竞技主体的双方都是人,而竞技环境是游戏虚拟环境。而机器人对战的竞技主体双方都是机器,竞技发生的环境是现实环境。在动漫作品中常见的机甲对战,由人装备高科技机甲并操纵机甲进行对战,竞技的主体双方是人,但竞技环境是虚拟环境+现实环境,人在机甲中操纵虚拟对战程序,机甲则在现实中完成对战动作。

电子体育未来的分类如表 1-5 所示。

表 1-5 电子体育未来的分类

竞技环境	人 VS 人	人 VS 机器	机器 VS 机器
虚拟环境	电子竞技(人操作虚拟角色)	电子竞技(人与AI对战)	电子竞技(AI与AI对战)
现实环境	无人机对战(人操作) 机器人对战(人操作)	围棋(人机对战)	机器人对战(AI自动控制)
虚拟环境+现实环境	人装备机甲对战		

随着科技的发展,电子体育还将会出现形式更加多样的项目,电子竞技只是电子体育的起点。

第 2 章

电子竞技的发展历程

2.1 令人应接不暇的电子竞技发展

在研究电子竞技理论和发展历程时，研究者通常会面临这样几个问题：电子竞技发展时间短，缺少理论基础和研究资料；近十年来，电子竞技发展很快，产生了很多新的电竞项目和竞技形式；行业内从业者对于同一概念和事物的认知标准也不统一。

在最近十年中，电竞项目从早期的 RTS 游戏和 FPS 游戏（如《星际争霸》《魔兽争霸 3》《反恐精英》等），发展到 DOTA、DOTA2、《英雄联盟》《王者荣耀》等 MOBA 类游戏，游戏终端也从电脑端扩展到了移动端。PC 电竞向移动电竞发展的过程是电竞行业发展演变的一个有趣的缩影。早些年，PC 电竞曾被传统体育者质疑其体育身份——坐在电脑前打游戏也能算体育？但在电竞行业内，人们还是一致认可 PC 电竞是体育项目。随着 4G 网络的发展和移动终端的普及，尤其是智能手机的普及，移动电竞应运而生。有趣的是，像之前传统体育者质疑 PC 电竞的体育身份一样，一些 PC 电竞的爱好者开始质疑移动电竞的电竞身份——搓手机也能算电竞？在一段时期内，移动电竞确实想证明自己也是电竞，但随着移动电竞用户群体的迅速崛起，PC 电竞玩家对移动电竞的质疑已经不重要了。

在外界人士尤其是传统体育者看来，这种现象是很奇怪的。传统体育尚且没有完全认可电竞，怎么电竞内部却相互质疑起来了。有些电竞人士也在慨叹，PC 电竞与移动电竞"本是同根生，相煎何太急"。随着 VR、AR 等技术的发展，新的终端一定会催生新的电竞产品。这些新生的 VR、AR 电竞也可能在未来被质疑不是电竞，而这个质疑的本身也很快就会变得不那么重要了。

电子竞技具有科技进步性的特点，像其他高科技产品一样，电竞的发展变化令人应接不暇。面对电子竞技的发展，从业者是否只能走一步看一步，完全由科技发展做主？在科技发展影响的因素之外，电竞不断迭代发展的过程是否有其他的规律可循？这是电竞产业和从业者始终需要关注的问题。对于电子竞技发展历程和发展驱动力的研究，也有助于人们横向对比研究其他高科技行业的发展规律。

2.2 电子竞技的起源与发展

电子竞技是一项蓬勃发展的新兴运动，因此现阶段对于电子竞技发展历程的描述，都只是基于本书写作时（2021年左右）对电竞发展历史的总结，很难反映电子竞技未来发展的全貌。一般来说，每过一两年的时间，电子竞技就会有全新的发展与进步。

2.2.1 萌芽阶段（1972—1989年）

在电子竞技发展的萌芽阶段，电子游戏和电子游戏比赛都是刚刚萌生的新鲜事物，小规模的电子游戏比赛为电子竞技的成长打下了坚实的基础。

1. 最早的电子游戏比赛

20世纪60年代至20世纪70年代，计算机技术有了很大发展，大规模集成电路计算机诞生，计算机的体积、重量、功耗进一步减小，运算速度、存储容量、可靠性都有了很大提高。计算机技术的进步为电子游戏的产生奠定了良好基础。

1962年，麻省理工学院的学生Steve Russell和几位同学一起设计了一款双人射击游戏SpaceWar，如图2-1所示，玩家使用各种武器设法击毁对方的太空船，它是世界上第一款真正意义上具有娱乐性质的双人电子射击游戏。

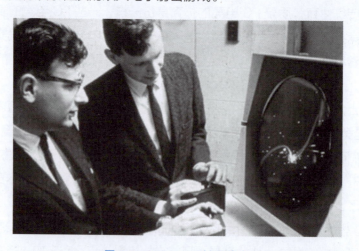

· 图2-1 SpaceWar 射击游戏 ·

世界上最早的电子游戏比赛诞生于1972年。1972年10月19日，SpaceWar游戏比赛在斯坦福大学举行，游戏的大奖是一年的《滚石》杂志。斯坦福大学的学生们参与了这次比赛。这是有史可循的第一场具有竞技性质的电子游戏比赛，是电子竞技赛事发展的萌芽。

2. 最早的大型游戏比赛

20世纪70年代至20世纪80年代，美国雅达利、日本任天堂出品的家用游戏主机和街机开始风靡，主机游戏比赛和街机游戏比赛也随之发展。1977年，雅达利2600游戏机问世，创造了游戏卡带运营的模式，引发轰动。在此之前，游戏都是绑定在游戏主机上，而且一台游戏主机上只有一个游戏，只能重复玩同一款游戏，想要玩新游戏就需要再买一台游戏主机。而卡带的出现，使得不同游戏都能够在一台游戏主机上运行，大大降低了游戏成本。《太空侵略者》《冒险》《战斗》《太空浩劫》《寻剑》等游戏，都是雅达利2600游戏机上的经典游戏。

1980年雅达利举办的《太空侵略者》锦标赛是最早的大型游戏比赛，在美国吸引了10 000多名参与者，正是从这场比赛开始，人们将竞技游戏确立为主流爱好。《太空侵略者》游戏界面如图2-2所示。

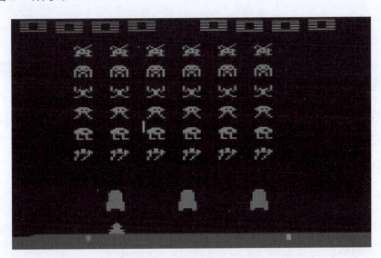

• 图2-2 《太空侵略者》游戏界面 •

3. 第一款电竞游戏

1988年，一款多人竞技的互联网计算机游戏出现了，名为 Netrek，最多可以容纳多达16名玩家联网对战，是实时策略游戏的鼻祖。Netrek 以《星际迷航》为游戏背景，玩家将接管联邦、克林贡人、罗慕兰人或猎户座的角色，并征服一个由40个行星组成的星系。

1993年，《连线》杂志将 Netrek 评为"第一款电竞游戏"。Netrek 的游戏界面如图2-3所示。

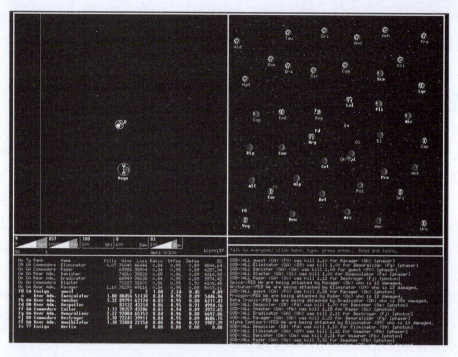

• 图 2-3　Netrek 游戏界面 •

2.2.2　发展阶段（1990—1999 年）

在电子竞技的发展阶段，区域性游戏巡回赛、大型赛事逐渐增多，许多因玩家兴趣驱动的电竞赛事诞生。在这一阶段，电子竞技还是游戏厂商推广游戏主机或者游戏的一种营销方式，游戏推广的需求和玩家的热爱是这一阶段电子竞技发展的两大动力。

1. 任天堂世界锦标赛

20 世纪 80 年代开始，任天堂的家用游戏机开始风靡世界，《魂斗罗》《超级玛丽》《坦克大战》等如雷贯耳的游戏都是任天堂游戏机上的经典游戏。

1990 年，任天堂为了推广其游戏主机，举办了首届任天堂世界锦标赛，锦标赛的 LOGO 如图 2-4 所示。这场比赛在美国 29 个城市举办，为了这次比赛，任天堂为特别制作了一个时限为 6 分 21 秒的特殊卡带，包含《超级马里奥兄弟》、Red Racer 和《俄罗斯方块》3 款游戏。

任天堂将玩家分为"11 岁及以下""12~17 岁""18 岁以上"3 个组别进行比赛。参赛者要先在所在城市进行预选赛，获得冠军的玩家将赢得一座奖杯、250 美元奖金以及决赛的入场券。由于洛杉矶连续进行了两周预选赛，因此共有 90 名

• 图 2-4　1990 年任天堂世界锦标赛 LOGO •

参赛者入围最终决赛。经过决赛中的激烈角逐，3个组的比赛冠军分别由Jeff Hansen、Thor Aeckerlund、Robert Whiteman获得。虽然官方没有举办3人之间的比赛，但据说3位冠军在比赛结束后私下进行了比试，最后由Thor Aeckerlund夺得第一名。

1990年之后，任天堂又举办了3届锦标赛，分别是2015年举办的第2届任天堂世界锦标赛、2017年举办的第3届任天堂世界锦标赛以及2019年举办的第4届任天堂世界锦标赛。任天堂举办世界锦标赛的主要目的是品牌推广营销，而不是建立职业化电子竞技赛事体系。

2. Evo

Evo（Evolution Championship Series）是世界最大级别的全球性格斗游戏电竞赛事，赛事采用双败淘汰制，每年举办一次，来自世界各地的格斗游戏爱好者都会参与比赛。

Evo创立于1996年，其创立者是Tom Cannon，他同时也是格斗游戏专业情报网站Shoryuken的创始人。1996年，首届Evo比赛在美国加利福尼亚州举行，有40人参加，比赛项目是《超级街霸2 Turbo》和《街霸Alpha2》。第一届赛事名为Battle by the Bay，到2002年正式更名为Evo。

Evo的参与人数增长迅速。1996年仅有40人参赛；到2009年，参赛人数已有1000多人；2019年，仅《任天堂明星大乱斗特别版》一个项目的参赛人数就有3492人，所有项目总参赛人数达到14 321人。

Evo的诞生源于格斗游戏玩家的热情，后来才逐渐发展成为专业的电竞赛事，由电竞运营商进行规范化运营，为格斗游戏爱好者提供格斗类电竞内容。

3. QuakeCon

Quakecon是北美最大的局域网赛事，也是世界上最大的免费局域网赛事，它是一个BYOC（自己带自己的电脑）性质的电脑游戏赛事，每年举办一次。Quakecon的名字是以Id Software的游戏《雷神之锤》命名的，赛事旨在庆祝推广Id Software游戏工作室的成功。

Quakecon几乎所有的工作人员，从赛事策划到执行人员全都是志愿者，每年有1000多名志愿者组成赛事工作组，为赛事服务。因此，Quakecon被称为"游戏界的伍德斯托克节"，或者"和平、友爱和战斗"的一周。

第1届Quakecon于1996年8月在美国得克萨斯州加兰市举办。得克萨斯州达拉斯的《雷神之锤》玩家吉米·艾尔森组织了一个达拉斯区域的游戏社群，在离Id Software的办公室只有1~2英里（1英里≈1.6千米）的旅馆里举行了这次比赛。有100多人带着自己的电脑来到举办赛事的旅馆，他们在旅馆的房间内搭建起了一个小型网络，一起进行《雷神之锤I》和《毁灭战士》的游戏比赛。第一天赛事，Id Software的全体工作人员来到赛场，编写了《毁灭战士》和《雷神之锤》的Id程序员约翰·卡马克与玩家进行了一个小时左右的座谈会，听取玩家对游戏的建议，这些意见中的一部分后来成为了《雷神之锤》的更新。

Quakecon 前几年的赛事主要由吉米·艾尔森策划组织，后来越来越多的玩家志愿参与到赛事组织中，分成不同的小组，调试赛事所用的设备和网络、解决各种问题。现在 Quakecon 除了举行比赛，各大公司也会前来展示最新游戏和硬件。

Quakecon 是玩家兴趣驱动而产生的电竞赛事，是电子竞技发展阶段的典型代表赛事。

2.2.3 成熟阶段（2000年至今）

电子竞技发展成熟阶段的显著特征是电竞活动全球化、电竞组织职业化以及电子竞技产业化。21 世纪，互联网技术有了很大进步，个人电脑和智能手机的普及率显著提高，这为全球化的电子竞技赛事奠定了基础。电子竞技的影响力遍及全球，世界各地区的电子竞技选手能够同场竞技，为全球观众展现电子竞技的巅峰对决。

这一阶段电子竞技赛事的形态，由第三方赛事林立的局面逐渐变为游戏厂商主导的职业化电竞赛事。

1. 第三方电竞赛事

21 世纪初期，出现了一些著名的第三方电竞赛事品牌，其中最受玩家推崇的是世界三大赛事——WCG、CPL、ESWC。

1）WCG

WCG（World Cyber Games）的中文名称是世界电子竞技大赛，创立于 2000 年，是一项全球性的电子竞技赛事，由韩国国际电子营销公司主办，由韩国三星集团提供主要赞助。WCG 以"Beyond the game"为口号，以推动电子竞技的全球发展为目标，被玩家称为"电子竞技的奥林匹克"。

2000 年，第 1 届 WCG 在韩国汉城（现首尔）举办，比赛邀请了 17 个国家和地区的电子竞技选手参赛，比赛项目有《星际争霸：母巢之战》、*Quake3:Arena*、《帝国时代 2》和 *FIFA2000*。中国有 6 名选手参赛，但并未取得成绩。

从 2000 年至 2012 年，WCG 连续举办 13 届，于 2013 年宣布停办。2010 年以前，WCG 的主要赞助商是三星显示器部门，三星集团为了世界性扩张，不计成本地宣传推广，将 WCG 作为市场推广的重点项目打造成世界级巅峰赛事。2010 年以后，WCG 的主要赞助商换成了三星手机部门，而 WCG 的游戏项目几乎都是 PC 游戏，无法为三星手机进行良好的市场推广。由此，耗资甚巨的 WCG 已经无法满足三星的市场营销需求，因此三星停止了赞助，WCG 宣布停办。

2019 年，由三星赞助的 WCG 再次举办，总决赛落户中国西安。然而，在职业化电竞成熟发展的今天，英雄联盟系列赛事等专业的顶级赛事已经占据了主流电竞市场，重启的 WCG 未能延续之前的辉煌。

中国电竞选手的元老们都曾征战 WCG 并取得非凡成绩。2001 年第 2 届 WCG，中国星际争霸选手马天元（MTY）和韦奇迪（DEEP）获得《星际争霸》2v2 项目冠军，这是中国的第一个知名电子竞技国际赛事冠军。2005 年 WCG，中国选手 Sky（李晓峰）赢得《魔兽争霸 3》项目冠军。2006 年 WCG，Sky 继续横扫世界顶级选手，卫冕了《魔兽争霸 3》项目的冠军，成为世界闻名的魔兽"人皇"，向全球电子竞技爱好者展示了中国电子竞技的超强实力。

2）CPL

CPL（Cyberathlete Professional League）的中文名称为职业电子竞技联盟，由美国股票经纪人及银行投资者 Angel Munoz 创立于 1997 年。Angel Munoz 敏锐地抓住了电竞这个新兴行业的商机，辞去了金融行业的工作，创立 CPL 并进行商业化运作。

1997 年 10 月 31 日，CPL 举办了第一次正式赛事，比赛项目为《雷神之锤》。随后，CPL 接连打造了《雷神之锤》系列赛事，逐步确立了夏季赛和冬季赛传统，并制定了许多沿用至今的电竞比赛规则。2000 年，CPL 引入 CS 项目，推动了 CS 在欧美地区的流行，将 CPL 赛事推向巅峰。2005 年，CPL 举办了百万美元赛事，如此巨额的奖金在当时首屈一指。

然而，为了迎合赞助商需求，CPL 放弃了一些主流游戏项目，2008 年 3 月 14 日，CPL 正式宣布停止运营；8 月，Angel Munoz 将 CPL 转让给阿联酋的投资公司。2011 年，CPL 回归，并在 2011—2013 年连续 3 年落户中国沈阳，比赛项目也由以 FPS 为主转为当时最流行的《星际争霸 2》《英雄联盟》和 DOTA。但是，纯挂名的新 CPL 吸引不到赞助商，CPL 于 2013 年停办。

CPL 作为美国电子竞技的先驱，总结了先进的电子竞技赛事执行方法，树立了专业电子竞技行业的标准，为电子竞技产业留下了宝贵的经验。

3）ESWC

ESWC（Electronic Sport World Cup）的中文名称是电子竞技世界杯，起源于法国，前身为欧洲传统电子竞技赛事 Lan Arena。ESWC 由包括中国在内的 11 个理事国发起，目前已成为超过 60 个合作伙伴共同参与的全球性电子竞技赛事。

2003 年，第一届 ESWC 在 Futuroscope 举办，ESWC 中国组委会选拔出了 7 名选手代表中国出征世界总决赛。

2004 年，ESWC 推广到了 49 个国家，比赛获得了极大的成功。共有 10 万名现场观看决赛的观众、150 万名在网上观看视频的观众、25 万欧元总奖金、5500 万次网页浏览量，这样的数据即使放在十几年后的现在也是一个很了不起的成绩。

2005 年，ESWC 总计有超过 60 个国家参赛，巩固了其行业领跑位置，ESWC 中国区预选赛在当时一举成为中国范围内举办的规模最大、水平最高的电子竞技盛会，有超过

1万名玩家报名参赛。

2006—2008年，由于经济危机的影响，ESWC多次拖欠选手奖金，最终于2008年宣布破产。之后，ESWC的版权多次易手，2012年Oxent正式宣布从GamesSolution公司手中购得ESWC所有权，并将ESWC重新带回法国，但影响力已经不如从前。

2. 职业化电竞赛事

伴随着第三方赛事品牌的辉煌相继落幕，游戏厂商纷纷入场电竞，开始建立职业化电竞赛事体系，逐渐在电子竞技产业中占据了主导地位，英雄联盟系列赛事是职业电竞赛事中的典型代表，王者荣耀赛事KPL、和平精英赛事PEL则是移动电竞的典型代表。下面以英雄联盟为例，简单介绍全球赛事体系的情况。

英雄联盟（简称LOL）是由美国拳头游戏（Riot Games）开发的游戏。英雄联盟打造了覆盖全世界的电子竞技赛事体系，由地区性联赛与三大世界级赛事——全球总决赛、季中冠军赛、All Star全明星赛组成，形成了自己独有的电子竞技赛事体系。

英雄联盟全球主要赛区分别是：中国大陆赛区LPL、韩国赛区LCK、欧洲赛区LEC、北美赛区LCS、东南亚赛区PCS、拉丁美洲赛区LLA、大洋洲LCO、独联体赛区LCL、土耳其赛区TCL、日本赛区LJL、巴西赛区CBLOL、越南赛区VCS。

英雄联盟全球总决赛（又称S赛）于每年10月至11月举办，参赛者是来自各大赛区最顶尖水平的战队，只有在每一年的职业联赛中表现最出色的战队才有资格参赛，每个赛区根据规模和水平决定其在总决赛当中的名额。2011年至2021年，英雄联盟全球总决赛已经连续举办了9年。

英雄联盟季中冠军赛创立于2015年，举办时间为每年5月，每个赛区春季赛（第一赛季）的季后赛冠军才能获邀参赛。

英雄联盟全明星赛于2013年开始举办，参赛选手均是由各赛区观众投票选出的明星选手，按照赛区组成明星队，进行比赛。赛事中，除了明星队的正赛较量外，还有诸如克隆模式、无限火力、双人共玩、SOLO赛等娱乐模式。

英雄联盟以其富有活力的赛事体系，收获了全球玩家的热爱，英雄联盟赛事也自然成为全世界最有影响力的顶级赛事之一。

2.3 国外电子竞技的发展历程

2.3.1 韩国电子竞技的发展历程

韩国的电子竞技产业在20世纪90年代就已经开始发展，在很长一段时间内，韩国都是领跑全球电子竞技产业的佼佼者。

韩国的电子竞技产业发展于20世纪末期。1997年，亚洲金融风暴使韩国经济遭受了空前的打击。此前韩国国民经济的支柱产业以出口为主，所以很容易受世界经济环境变化的影响。金融危机之后，韩国政府转变了经济发展的模式，开始大力扶持一批不太受资源、土地等因素制约的新兴产业，例如电影电视产业和电子竞技产业。在政府的大力扶持下，韩国电子竞技产业开始迅速崛起。

1. 发展背景与产业模式

早期韩国的电子竞技产业模式是政府、产业协会、电视台共同协作，近几年直播平台兴起，游戏厂商在电竞方面不断发力，韩国电子竞技产业形成了汇集游戏厂商、电竞联赛、直播平台、电竞战队、职业选手、赞助品牌、观众的电竞产业价值链。

1998年，暴雪公司推出了风靡全球的即时战略游戏《星际争霸》，这款游戏在韩国的销量尤为突出。1999年，韩国正式启动宽带加速计划，大规模建设全国范围的互联网高速接入，韩国由此成为了世界上网速最快的国家。与此同时，韩国政府也在积极推动全国网吧建设，发展网吧文化。基础通信业的发达与网吧的普及，使电子竞技游戏成为一种低廉且大众化的娱乐消费。于是，韩国迅速建立起了以《星际争霸》为核心的电子竞技产业链。

1999年，韩国文化部赞助成立韩国游戏推广协会（KPA）；2000年，KPA更名为KeSPA（Korea eSports Association），专门负责管理电子竞技行业，是韩国电子竞技高速发展的坚实后盾。KeSPA负责管理选手的注册、转会、培训，并定期发布选手排名。

KeSPA对韩国《星际争霸》电子竞技的发展起到了重要的推动作用。作为管理者，KeSPA拥有良好的赛事运作能力以及优秀的战队选手管理能力，这使得韩国电子竞技职业化越来越完善，韩国《星际争霸》能够在世界进行长达数十年的统治，KeSPA功不可没。

早期，韩国电视媒体是最主要的电竞内容传播渠道。1999年初，专业游戏电视台OGN成立，以电竞职业化为目标，率先发起了星际争霸职业联赛OSL。随后，MBC Game电视台也发起了自己的星际争霸职业联赛MSL。从OSL和MSL中，诞生了许多明星职业选手，其中人气最高的一些选手会像娱乐明星一样出演热门综艺，成为广告商的宠儿，受到的追捧不亚于韩国当红偶像。

随着早期个别职业选手的明星效应凸显，职业俱乐部应运而生。韩国的电竞职业俱乐部拥有不同等级的赞助商，俱乐部负责管理选手的训练及生活，并支付选手工资。选手通过职业联赛获得的奖金也会与俱乐部分成。此外，由于职业选手的社会影响力较大，他们还会经常出席各种社会活动。

韩国的职业训练系统格外注重对于选手心理素质的培养，以保证他们在赛场竞技时发挥出良好水平。因此，即便处于下风，很多韩国电竞选手依旧能够做出冷静的判断，从容应对。除了俱乐部，在新赛季开赛前，韩国电竞协会还会面向职业选手进行素养教育。素养教育往往围绕 3 个主题：电竞反舞弊教育、退役后的出路、坐姿矫正及自我诊断。可以说，韩国的电竞教育和训练产业十分完善。在这种环境下，电竞选手的综合素养普遍较高。

在电竞场馆建设方面，韩国政府也投入巨大。2001 年，韩国建立了三星电竞馆。2005 年，韩国建造了第一个大型电竞场馆——首尔龙山电竞馆。随着时代的发展与电竞及游戏人口的增加，韩国政府认为电竞馆需要不断升级。首尔市政府、韩国文化体育观光部、首尔产业振兴院、CJ E&M 公司共同出资 600 亿韩元（约合人民币 3.4 亿元），建设了首尔 OGN 电竞体育馆，场馆于 2016 年 4 月开业。除此之外，首尔市内还建有多家大型专业电竞体育馆，例如英雄联盟公园、上岩竞技场、NEXON ARENA，以及由中国电竞企业英雄体育 VSPN 建设的电竞体育馆 V.SPACE。

韩国国民对电子竞技有着高度认可。在韩国人看来，电子竞技是竞争激烈的严肃体育赛事。这个行业不仅每年给韩国带来巨大的经济收益，还培养了大批收入丰厚、形象健康的职业选手。许多韩国年轻人梦想进入电竞行业，成为下一个体育明星、全民偶像。

2. 代表性赛事

1）OSL 与 MSL

OSL（OnGameNet Star League）是韩国 OGN 电视台主办的顶级星际争霸个人联赛，始于 1999 年 10 月 2 日，是最早的电竞职业联赛。OSL 每年举办 3 届，分别在 4 月、8 月、12 月开赛，持续时间为 2~3 个月。2012 年，OSL 取消了《星际争霸 1》项目，改为《星际争霸 2》项目。

2）MSL

MSL（MBC Star League）是韩国 MBC Game 电视台主办的顶级星际争霸个人联赛，首届比赛于 2002 年举办，到 2012 年停办。

MSL 参赛选手共 16 人，由上届 MSL 的前 8 名与 MSL Survivor 出线的 8 人组成。MSL 采用双败赛制，负者进入败者组，两负的人将被淘汰。一般第一轮是单败，其他的都是至少 bo3 淘汰，进入 4 强后开始 bo5 淘汰。

3）LCK

LCK（LoL Champions Korea）是英雄联盟在韩国地区的顶级联赛，其前身为 OGN 冠军联（杯）赛（OGN Champions），由 OnGameNet（简称 OGN）主办，在 2015 夏季赛后追加了 eSportsTV（简称 SPOTV）主办，2019 年后由 Riot Games 制作。LCK 是韩国赛区通往每年季中冠军赛、洲际系列赛和全球总决赛的唯一渠道。

LCK 的每个季赛都分为两个阶段：常规赛和季后赛。常规赛排名前 5 名的队伍进入季后赛，角逐韩国地区联赛冠军。

3. 代表性组织机构——OGN

OGN（OnGameNet）是 CJ E&M 旗下的一个韩国电子竞技与游戏电视频道，于

2000 年 7 月 24 日建台，是世界上第一个 24 小时"专业游戏放送台"。OGN 主办或承接了《星际争霸》《星际争霸 2》《英雄联盟》《绝地求生》等多个项目的电子竞技赛事。

OGN 是领先世界的电竞组织，开创了许多电子竞技历史上的先河。2001 年 9 月，OGN 举办了电竞史上第一次在露天体育馆进行的比赛——"可口可乐 OSL"，11 月，OGN 开始提供世界上第一个实时播放游戏内容的互联网服务 Ongamenet.com。2003 年 3 月，OGN 播放了韩国国内第一个由职业战队参加的比赛 Ongamenet Proleague。2004 年 7 月，OGN 在广安里举办了 SKY Proleague2004 露天决赛，10 万观众云集，这是电竞历史上首个大型露天比赛。2005 年 4 月，OGN 启动 DMB 卫星播放；同年 7 月，SKY Proleague 2005 再次于广安里举行露天决赛，聚集了 12 万名观众，是历史上观众最多的电竞赛事；同年 12 月，OGN 在龙山的专用电竞馆开始营业。2006 年，WCG 世界总决赛在意大利蒙扎举办，OGN 使用了卫星直播，是电竞转播史上第一个使用卫星转播的卫视。2007 年 4 月，OGN 的有线电视接通了 1296 万个家庭。2009 年，OGN 陆续启动了 IPTV 播放和卫星 TV 放映，并在 9 月创立了在线互动 TV——Ongamenet Online。

OGN 制作的赛事、游戏节目开创了电子竞技的历史，使韩国在很长一段时间成为领先世界的电子竞技第一大国，也使韩国至今都处于世界电子竞技发展的前沿地位。

2.3.2 美国电子竞技的发展历程

美国电子竞技职业化的先驱是 CPL，CPL 树立了美国职业电子竞技的标准。CPL 停办之后，美国电子竞技参考 NBA、NFL 等传统体育职业联赛的成功经验，按照传统体育的运营方式来运营电子竞技赛事，使美国电子竞技真正进入职业化和产业化阶段。

1. 发展背景与产业模式

2011 年，直播平台 Twitch 的出现极大地促进了电竞游戏的流行和普及。在这之前，竞技游戏和赛事影响的主要是游戏玩家，Twitch 将世界各地的电竞赛事转播给所有观众。美国 Valve 公司开发的游戏 DOTA2 和美国 Riot 公司开发的游戏《英雄联盟》风靡世界，这两个游戏的相关内容也是 Twitch 平台上最受欢迎的，为 Twitch 带来了 100 多万的独立观看人数。

游戏取得成功之后，Valve 和 Riot 也主导建立了 DOTA2 和英雄联盟职业赛事体系。2011 年，第 1 届 DOTA2 国际邀请赛在德国科隆举行，第 1 届英雄联盟全球总决赛在瑞典举行，这两项全球顶级的国际赛事吸引了无数观众。随着赛事奖金和收视率的不断提高，DOTA2 国际邀请赛更是创造了历史，成为世界上奖金池最高的比赛，电子竞技的商业价值得到了更多的认可。

2016年，暴雪娱乐公司发行了《守望先锋》，这款游戏获得了巨大成功，受到全世界玩家的热爱。暴雪公司在《守望先锋》的电竞化上完全复制了传统体育联盟的运作模式，聘请了来自美国职业篮球联赛NBA（National Basketball Association）、美国职业橄榄球大联盟NFL（National Football League）的高管，来运营守望先锋职业联盟OWL。OWL仿照NBA建立了选秀机制、主客场制，战队的收益分成模式也基本参照NBA，成熟的运营模式使OWL迅速成为世界上商业化运营比较成功的电竞联盟之一。

传统体育从业者在看到电竞的商机之后，开始布局电竞，NBA联盟的俱乐部纷纷组建了自己的电竞战队。2018年，NBA和Take-Two（游戏NBA2K的发行公司）联合成立了电子竞技联盟NBA2K联盟。在NBA2K联赛的选秀大会上，102名出色选手从72 000名选手中脱颖而出，组成了17支球队，参加这项赛事。NBA2K联赛在首个赛季设立100万美元奖金池，联赛一共持续17周，从5月开始，到8月结束，其中有12周是每周例行的常规赛，赛季中有3周为锦标赛，季后赛为期2周。

NCAA篮球联赛是NBA球星的摇篮。"飞人"乔丹来自北卡罗来纳大学，"大鲨鱼"奥尼尔来自路易斯安那州立大学，"禅师"菲尔·杰克逊则来自北达科他大学……很多球星从NCAA出道，然后成为了顶级篮球赛事的运动员。

从2014年开始，电竞在美国高校开始模仿美国全国大学体育协会（National Collegiate Athletic Association，NCAA）的模式，也逐渐受到一些学校的认同。目前，美国已经有数百所大学参与了电竞赛事，越来越多的大学开始用实际行动支持电竞，许多学校还专门在大学里修建电竞馆。NCAA的入局对于美国高校电竞最大的好处是可以使电竞赛事更加规范化。作为具有百年历史的体育联盟，NCAA在传统体育领域上的成功，为其在电竞方面的发展做了良好的铺垫。

美国还建立了成熟的高校电子竞技联赛体系，高校赛事成为向电子竞技行业输送人才的重要途径。美国有40多所高校在电竞上投入奖学金，以罗伯特莫里斯大学为例，这所大学参与了7项电竞赛事（包括英雄联盟、守望先锋等项目），每年有90人可以在电竞上获得奖学金，每个人能够获得的奖学金从9000美元到18 000美元不等，奖学金总额为135万美元。

美国多所大学也相继成立电子竞技相关专业。加州大学尔湾分校早在2015年就开设了电子竞技专业，而2016年，学校已经拥有了自己的电竞馆，还为学生颁发英雄联盟奖学金。俄亥俄州立大学工程教育学院在2018年开设了电子竞技专业。

美国顶尖的游戏产业是电竞发展的坚实后盾，EA、暴雪、Riot、Valve等世界知名游戏公司均是美国公司，全球最大的游戏发售平台Steam同样是美国的游戏企业，为美国带来了海量的游戏玩家。

美国电竞俱乐部的商业化程度也是全世界领先的。在福布斯公布的2019年福布斯最有价值战队TOP12榜单中，8个战队是美国战队。这些头部战队均完成了多笔千万级美元以上的融资，并且每年的收入也是千万美元级别的。

顶级的游戏产业和传统体育发展模式为美国电子竞技的职业化和商业化奠定了良好的基础，使美国成为全球电竞收入第一的电竞强国。

2. 代表性赛事——OWL

OWL 即全称为守望先锋职业联赛，是全球首个以城市战队为单位的大型电竞联赛，于 2016 年 11 月 4 日成立，由来自全球各个城市的 20 支战队组成，是《守望先锋》电子竞技的最高殿堂。

来自世界各地的顶尖职业选手享有稳定的薪金与福利，并且可以在贯穿全年的比赛中追逐守望先锋联赛冠军的荣誉，以及数百万美元的奖金。

守望先锋联赛共有 20 支战队参赛，分为太平洋赛区以及大西洋赛区，每个赛区由 10 支战队组成。

OWL 的赛事包括季前赛、常规赛、季后赛、全明星周末。

3. 代表性组织机构——暴雪娱乐公司

暴雪娱乐公司是美国著名的游戏制作和发行公司，制作发行了多款风靡全世界的经典游戏，包括《魔兽争霸》系列、《星际争霸》系列、《暗黑破坏神》系列、《魔兽世界》、《炉石传说》、《风暴英雄》以及《守望先锋》，几乎所有游戏都成为了流行的电竞项目。

暴雪娱乐公司建立了美国商业化最为成熟的职业联盟 OWL，仿照 NBA、NFL 的运营模式，使 OWL 成为盈利丰厚的电竞职业联盟典范。

2.3.3 欧洲电子竞技的发展历程

1. 发展背景与产业模式

欧洲的电子竞技产业以德国和波兰为中心，在世界著名的电竞组织者、电竞内容提供商 ESL 的领导下，跻身世界电竞产业前列。

1）德国

德国科隆拥有世界上著名的电子竞技赛事主办方 ESL。自从 2000 年成立以来，ESL 一直在为电子竞技产业的发展而努力，长期聚焦于电子竞技社区和整个生态系统的发展。在它们的努力下，不少德国传统体育俱乐部也开始投资电竞产业，例如，来自德甲联赛的沙尔克 04 俱乐部就建立了自己的英雄联盟 LEC 赛区战队。

2017 年 11 月 27 日，德国电子竞技协会（简称 ESBD）正式宣布诞生。这个协会由 21 个业余或专业的电子竞技队伍组成。与其他国家的电竞协会一样，ESBD 的主要目的也是将电子竞技在本国发展成为一项正式的体育项目。

德国国家数字化部长 Dorothee Bar 曾在社交网络上公开支持这个新兴的产业，并承认电子竞技是体育运动。2018 年初，德国总理默克尔倾听年轻人的声音，选择承认电竞是一种体育项目，并推出了"承认电竞、扶持入奥"的口号。同年 2 月，德国宣布电子竞技成为正式体育项目。

2018 年 11 月 11 日，德国政府为了推动电竞产业的发展，计划斥资 5000 万欧元（约合人民币 3.9 亿元）建立游戏基金，由联邦运输和数字基础设施部来进行管理。这是德国首次从政府层面进行电子游戏产业的投资，该政策得到了德国各个党派的支持。

2）波兰

卡托维兹是波兰第十大城市，人口数量仅有约 30 万。过去，这座小城以工业和艺术场景闻名于世；但在近几年，它却成了电竞职业选手和游戏爱好者的聚集地。

2013 年 1 月 17 日，卡托维兹第一次举办英特尔极限大师赛（IEM）。尽管严寒刺骨，却依然有 1 万名观众在飞碟形状的 Spodek 体育馆外排队等候。也正是从那时起，卡托维兹成为世界上最大的电子竞技赛事中心。如今，这项运动已经在一个周末内吸引了超过 10 万名观众，这几乎是卡托维兹每年游客总数的四分之一。IEM 第五赛季时，卡托维兹城市内已经聚集了大量的职业选手和粉丝，核心赛事让这座城市在全球电子竞技的崛起中扮演了关键角色。

2. 代表性赛事——IEM

IEM 即英特尔极限大师赛，创立于 2006 年，是由 Intel 德国公司与 ESL 合作举办、以欧洲为基地打造的全球性电竞精英锦标赛。IEM 由 Intel 独家冠名赞助，比赛项目包括 CS:GO、《魔兽争霸 3》《星际争霸 2》《雷神之锤》《英雄联盟》《绝地求生》等。

IEM 邀请全球各个赛区的顶级战队参加比赛，每年下半年遴选全球少数城市举办分站赛，次年春天在德国举办欧洲总决赛和世界总决赛。目前，IEM 的足迹已遍布全球，中国、美国、韩国、加拿大、瑞典、新加坡、阿联酋等国家都曾举办过 IEM。

3. 代表性组织机构——ESL

ESL（Electronic Sports League）是世界著名的电竞赛事组织者和电竞内容提供商，拥有 ESL Pro League、IEM、ESL One、EMS One 等多项世界闻名的大型赛事品牌。

ESL 总部位于德国科隆，由德国 SK 战队创始人 Ralf Reichart 于 1997 年创办。ESL 最初通过承办 CPL 旗下欧洲区的一些比赛踏入了电竞赛事组织的行业。而 CPL 由于经营不善最后倒闭，ESL 接过了 CPL 的大旗，直到今天发展成为世界顶级电竞组织。ESL 在德国、俄罗斯、法国、波兰、西班牙、中国和北美等电竞市场繁荣的地区都设有办公室。

2015 年 4 月，瑞典传媒巨头 Modern Times Group（MTG）集团以 7800 万欧元（约合 5.8 亿人民币）收购 ESL 74% 的股份成为控股股东。

2.3.4 其他地区的电子竞技发展历程

1. 日本

日本的电竞产业还处于需要破冰的阶段，政策法律多导致电竞发展所受的限制较多，但近两年，日本已经成立了全国性的电竞组织，推进电竞运动向好发展。

日本的电竞用户渗透率较低的一个主要原因是，游戏发展史和审美差异使日本大部分玩家被隔绝于世界主流电竞游戏之外。日本作为游戏大国，拥有任天堂、索尼、世嘉、科纳美、万代、卡普空、SE 等国际知名游戏公司，但数十年来日本却没有出现知名的电竞选手。日本的主流游戏都是使用专门的游戏硬件进行的，例如 PS4、PSV、NDS、3DS 等，而且在日本，游戏一般是作为家庭娱乐和社交而存在的。日本用户对竞技类游戏并没有其他国家的玩家那么感兴趣，游戏在他们看来主要是用于娱乐和消遣，并不会过度在意游戏的胜负。

政策法律的限制也是日本电竞发展的阻碍。在日本，如果游戏开发商出资举办比赛，奖金会被视为"企业为了产品促销而准备的活动奖品"，法律规定这笔奖金额度不能高于 10 万日元（人民币 6472 元）。因此，在日本很难举办奖励丰厚的职业电竞赛事。

2018 年初，日本成立日本电竞联合协会（JeSU）以监管并推动电竞发展。2018 年雅加达亚运会上，日本电竞队夺得《实况足球》项目金牌，这也使得资本对日本电竞有了信心，一定程度上解决了日本电竞发展的资金问题。

2. 巴西

巴西是拉丁美洲电竞行业代表国家，其电竞用户占拉丁美洲用户总量的一半。巴西用户对电竞的热情和认可度很高，也拥有很多优秀的职业选手。根据 Newzoo 2019 年《全球电竞市场报告》显示，巴西在全球电子竞技支持者数量上排名第三，拥有高达 920 万电竞粉丝，仅次于中国和美国。

巴西电竞市场发展迅猛，所有的付费电视体育频道都设有专门的电子竞技电视节目和直播节目，对相关的赛事和锦标赛进行报道和评论。巴西最大的媒体集团 Globo 在其免费频道上也设有专门的游戏节目。

在线上平台方面，根据 2020 年巴西电子游戏行业普查（Pesquisa Game Brasil 2020），巴西市场最受偏爱的线上平台是 YouTube，68.6% 的巴西人选择 YouTube 观看电竞相关内容。同时，巴西人均每年游戏消费达到 37.22 美元，这个数据在全球排行前列。

巴西市场对于电竞认可程度在全球排名第一，据《2019 全球电竞运动行业发展报告》显示，巴西对于"电竞是一种体育项目"的认可程度达到 53%，而中国的这项数据仅为 35%。

巴西对电子竞技项目保持着极高的接受度，这使得巴西在本土没有知名游戏厂商的情况下，电竞市场依旧保持着健康发展的趋势。截至 2019 年，巴西市场催生了近千名排名优秀的电竞选手，其中包括 FalleN、TACO 这样的顶尖选手。

巴西电竞市场是一个正在拓宽，且有巨大潜力的市场，或许在未来电竞将成为巴西在足球之外的另一个标签。

3. 东南亚

东南亚的电竞发展还处于起步阶段，相比于中国、美国等电竞发展领先的地区，东南亚的电竞生态落后许多。

根据全球游戏和电竞市场分析公司 Newzoo 的数据，尽管东南亚国家众多，但是主要六国（新加坡、印度尼西亚、泰国、马来西亚、菲律宾、越南）的电竞收入可达整个地区电竞收入的 98%。其中，印度尼西亚、泰国和越南由于有着可观的人口数量，能够支持电竞规模化发展的移动设备，以及呈现良好势头的经济增长，正成为电竞在东南亚落地不可忽视的地区。

受经济发展的限制，东南亚地区的 PC 普及率并不是很高，这也是 PC 电竞没能在这一地区大力发展的重要原因。手机是东南亚地区最重要的游戏设备，移动智能终端的大规模普及降低了游戏和电竞的参与门槛，加快了东南亚的电竞发展进程。由于东南亚的移动互联网环境，这里是全球手游增速最快的市场，并且近 90% 的手游玩家参与电竞。据 AIS 的报告，东南亚是全球电子竞技用户增长最快的地区。

东南亚游戏公司 Garena 的 Free Fire、沐瞳科技的《无尽对决》以及腾讯的 PUBG MOBILE 这 3 款游戏在东南亚地区风靡，与之相伴而生的是游戏的电竞化。2017 年，沐瞳科技在东南亚人口最多的城市雅加达举办了第一场 MPL 联赛。这场比赛落脚在雅加达的一家商场里，观看赛事的观众人山人海。2020 年年初，MPL 联赛举办，最高同时在线观看人数达到 116 万，这一流量在全球都是头部水平。

英雄体育 VSPN 也在东南亚地区进行了电竞业务布局。2019 年，英雄体育 VSPN 海外业务的重心就放在了东南亚，并在当地设立办公室。由于腾讯是其战略投资方，英雄体育 VSPN 在东南亚的业务布局从腾讯在 2018 年推出的《绝地求生》手游海外版切入。2019 年，在 PMCO（PUBG MOBILE Club Open）联赛的全球 10 个区域里，东南亚赛区 PMCO-SEA（PUBG MOBILE Club Open Southeast Asia）是唯一的职业联赛地区，并且赛事的持续时间最长。

东南亚电竞的逐渐火热，吸引了重量级的赞助商入场。新加坡电信运营商 Singtel，泰国电信运营商 Truemove H、Advanced Info Service 等都对当地的相关赛事进行赞助。OPPO 在国内一直是《英雄联盟》赛事的赞助商，曾经是 OPPO 海外子品牌 Realme（现已脱离 OPPO 独立运营），也是《无尽对决》联赛等的赞助商。

2018年，电竞作为表演赛项目登上雅加达亚运会的舞台，使得东南亚吸引了全球电竞用户的目光。2020年，就在新冠肺炎疫情使全球经济萎靡之际，新加坡最大的电信公司Singtel、韩国最大的移动通信运营商SK Telecom，还有泰国最大的移动通信运营商AIS共同成立了一家游戏合资公司。这家合资公司提供游戏社交网络和媒体内容服务，还将在未来用VR播报电竞赛事，制作职业电竞玩家的相关视频。

东南亚已经成为全球电竞市场中潜力最大的市场之一。

4. 中东

据Statista的统计，2017年中东地区视频游戏产业的收入估值约为30亿美元，其中包括土耳其、沙特阿拉伯和阿联酋等游戏市场。由于中东地区仍然被认为是一个年轻的市场，所以电竞产业发展潜力巨大。

但由于技术和基础设施的落后，中东许多地区的电竞发展还比较落后。互联网延迟和玩家设备与游戏服务器之间的连接问题是影响中东电竞发展的技术性因素，除此之外，电子竞技的发展还需要游戏开发商和由国家支持的第三方数据中心的巨额投资。阿联酋和沙特阿拉伯的电竞发展在中东处于领先地位，推动了整个中东地区的电竞发展。

根据Newzoo的报告，沙特阿拉伯的ARPPU（平均每付费用户收益）是全世界最高的，达到270美元，而中国的ARPPU则为32美元。沙特阿拉伯拥有世界顶尖的电竞战队。2018年，在受到全球电子竞技爱好者密切关注的国际足联世界杯FIFA视频游戏决赛上，冠军由一支来自沙特阿拉伯的战队获得。

近年来，阿联酋对电竞感兴趣和了解的人数大大增加。2018年，迪拜宣布要建立中东地区第一个专门用于电子竞技的舞台，这将成为举办地区和全球视频游戏活动的中心。2018年11月，由三星Galaxy Note9冠名赞助、英雄体育VSPN承办的PUBG MOBILE首个全球性赛事PUBG MOBILE名人挑战赛（Star Challenge）全球总决赛（PMSC）在迪拜正式开赛。2019年，国际电子竞技联盟（IESF）宣布将其全球总部迁往迪拜。IESF还计划在迪拜组织一系列顶级活动，包括其年度会议，该会议将在一个共同的平台上交流想法，创造协同效应，并就如何发展电子竞技达成共识。

拥有巨大潜力的中东电竞市场或许将会在未来释放出更多能量。

2.4 中国电子竞技的发展历程

中国电子竞技的历史开始于20世纪90年代，《雷神之锤》《星际争霸》《魔兽争霸3》《反恐精英》等游戏是当时最主要的电竞项目。腾讯将中国电子竞技的发展历程大致分为3个阶段：青铜时代（1998—2008年）、白银时代（2009—2015年）、黄金时代（2016

年至今）。本节将沿用这样的历史分期，对每个时期中国电子竞技的特点和主流电竞项目进行简要介绍。

2.4.1 青铜时代（1998—2008年）

1. 特点

1998年左右，个人电脑和宽带的普及率很低，网吧成为了游戏爱好者的大本营，同时也是电子竞技发展初期各类电竞赛事的举办场所。

这一时期我国电子竞技的特点是：

（1）很多电竞赛事由爱好者自发组织；

（2）电竞赛事以网吧赛等小型比赛为主，组织比较混乱，缺乏监管；

（3）电竞赛事、职业选手缺乏资金和赞助，主要是个人爱好者出资赞助职业选手；

（4）职业选手的从业环境艰苦，职业生涯没有明确的出路。

在这个时期，电子竞技这一新兴事物还未被社会正确认知，游戏更是常被人们视为洪水猛兽。

2002年7月28日，旅游卫视推出了一档名为《游戏东西》的节目，节目内容主要是电子游戏信息、攻略及电子竞技。开播半年后，《游戏东西》收视率上升，与《娱乐任我行》并列成为当时旅游卫视的两大节目。节目拥有4000万有着固定收视习惯的观众，每天固定收看的观众人数达到500多万。2003年年底，网星艾尼克斯、新浪等网游厂商相继签下《游戏东西》2004年度广告投放及赞助方案，盛大网络集团决定投资该节目。

中央电视台也曾创办过一档以体育类电子竞技游戏为主要节目内容的电视周播栏目《电子竞技世界》，节目开播于2003年4月4日，这是中央电视台首次播出以电子游戏为内容平台的电视栏目。栏目以资讯言论、人物、赛事为主要切入点，及时捕捉国内外产业发展的最新动态、分析产业发展的现状和规律、展现业内精英的思想见地、组织国内国际范围的体育电子竞技赛事，以此在青少年中倡导健康积极的电子娱乐方式，促进中国电子竞技产业的发展。该节目深受广大电子竞技玩家的喜爱。

2004年4月12日，国家广电总局正式下发《关于禁止播出电脑网络游戏类节目的通知》，指出某些广播电视机构播出网络游戏节目，给未成年人的成长造成不利影响，因此决定各级广播电视机构不得播出网络游戏节目。从此以后，《电子竞技世界》《游戏东西》等电子游戏类节目在电视台永久停播了。

广电总局的禁播令使处于萌芽阶段的电子竞技产业的发展受到了极大阻碍。中国电子竞技产业失去了电竞发展早期最重要的盈利渠道——转播权出售，电子竞技在很长一段时间内都未能形成可持续盈利的产业链，职业选手也面临着巨大的生存压力。选手从比赛奖金获得的收入并不稳定，当时没有稳定的职业联赛，各种比赛的背景参差不齐，甚至有许多赛事主办公司会骗走赞助商的资金，不给选手发放奖金。在广电总局禁播令的同时，电视端上的一些数字频道还是得到了广电总局播出游戏类和电竞类节目的授权，例如，游戏风云、GTV游戏竞技频道等。但这些频道因为覆盖率和商业模式没有实现突破，发展受限。

在这段电竞发展的艰难时期，中国最早的电竞人以顽强的毅力克服了种种困难，在国际赛事中取得了骄人的成绩，展示了中国电竞的强劲实力。

2. 主流电竞项目

这一时期的主流电竞项目是FPS游戏和RTS游戏，以FPS游戏《反恐精英》《雷神之锤》和RTS游戏《星际争霸》《魔兽争霸3》为代表。

1)《反恐精英》

《反恐精英》(Counter-Strike, CS) 是美国Valve公司于1999年夏天开发的射击系列游戏。《反恐精英》将玩家分为"反恐精英"(Counter Terrorists) 阵营与"恐怖分子"(Terrorists) 阵营两队，每个队伍必须在一个地图上进行多回合的战斗。赢得回合的方法是达到该地图要求的目标，或者完全消灭敌方玩家。

这一时期，wNv战队是中国CS项目的杰出代表。wNv战队在CS项目拿到了两个世界冠军，分别是2005年WEG第三赛季CS项目世界冠军、2006年WEGMaster大师杯赛CS项目世界冠军。卞正伟（游戏ID为Alex）作为wNv战队的指挥，带领战队获得了世界冠军，个人也取得了无数冠军，被誉为"中国CS指挥第一人"。

2)《雷神之锤》

《雷神之锤》是由Id Software开发的一款射击类电脑客户端游戏，至今共推出4代，1996年5月31日发布的是此系列的第一款游戏。玩家在游戏中扮演一名士兵，去阻止敌人的进攻。

孟阳是这一时期雷神之锤职业选手的代表，游戏ID是RocketBoy，ID的由来是因为他在所有第一视角射击游戏中都非常擅长使用火箭发射器作为主战武器，并拥有令人难以置信的强大攻击力。他是中国第一个获得电子竞技世界冠军的人，并且深深地激发了许多电子竞技选手奋发向上的斗志，被业界授予"电子竞技精神领袖"的称号。

3)《星际争霸》

《星际争霸》是暴雪娱乐公司制作发行的一款即时战略游戏，于1998年3月31日正式发行。游戏描述了26世纪初期，位于银河系中心的人族（Terran）、虫族（Zerg）、神族（Protoss）3个种族在克普鲁星际空间中争夺霸权的故事。游戏提供了一个战场，在这个游戏战场中，玩家可以操纵任何一个种族，在特定的地图上采集资源，生产兵力，并摧毁对手的所有建筑取得胜利。

这一时期，中国著名的星际争霸职业选手以孙一峰为代表。孙一峰的ID是F91，是著名的星际争霸虫族选手，多次获得全国冠军，曾代表中国参加 WCG 世界总决赛，被誉为"中国虫王"。

4)《魔兽争霸 3》

《魔兽争霸》是美国的暴雪娱乐公司制作的一款即时战略题材单机游戏，最受欢迎的官方资料片为《魔兽争霸 3：冰封王座》。玩家可以选择在《魔兽争霸 3》中操控 4 个种族，其中人类（Human）和兽人（Orc）在其前作《魔兽争霸 2：黑潮》中就已出现，另外两个是新增的种族，即暗夜精灵（NightElf）和不死亡灵（Undead）。

《魔兽争霸 3》的代表性职业选手是 Sky（李晓峰）。李晓峰被称为魔兽"人皇"，是卫冕 WCG《魔兽争霸 3》项目的世界第一人。他获得过《魔兽争霸 3》项目的多个世界性比赛冠军，3 次做客央视访谈节目，并在 2008 年担任奥运火炬手。Sky 是第一次让五星红旗飘扬在全球电子竞技最高峰的电竞选手，是中国电子竞技的一面旗帜和一个里程碑。

2.4.2 白银时代（2009—2015 年）

1. 特点

中国电子竞技发展的白银时代，互联网和个人电脑逐渐普及，网络游戏成为越来越多人的娱乐休闲方式。DOTA2、《英雄联盟》、《穿越火线》等网络游戏风靡，游戏厂商为了推广游戏，也开始投入资金举办电竞比赛，促使中国电子竞技的发展逐渐步入正轨。

这一时期电子竞技的特点如下：

（1）电子竞技职业赛事体系在探索中逐渐形成稳定的体系；

（2）电子竞技职业联盟经历过坎坷的探索，有了成熟的经验；

（3）电子竞技职业俱乐部的运营与管理逐渐规范化，电竞选手的职业环境和条件大幅度提升。

电子竞技行业在这一时期取得巨大进步，得益于游戏厂商投入大量资金推动电竞赛事体系建设，以及直播行业的兴起。广电总局的禁播令一直是中国电子竞技行业发展的掣肘，由于缺乏传播和商业变现渠道，在很长一段时间内，电子竞技的影响力和普及程度都非常有限。

2014 年左右，直播平台如雨后春笋般纷纷成立，使得每个人都能够轻松地看到电竞游戏直播和电竞赛事转播，电竞游戏和电竞比赛的影响力大幅度提升。2014 年，斗鱼直播、虎牙直播、战旗直播成立；2015 年，龙珠直播、熊猫直播成立；2016 年，企鹅电竞成立。早期一批游戏电竞主播，如 2009、海涛、Miss、小苍、PDD、大司马等，在电竞游戏和电竞赛事的大众化普及方面起到了重要的作用。

直播平台为电竞赛事提供了稳定且受众广泛的传播渠道，使中国的电竞用户大幅度增长，并且能够持续地吸引新用户。

2. 主流电竞项目

这一时期的主流电竞项目是 MOBA 游戏和 FPS 游戏，MOBA 游戏受到了中国乃至世界玩家的广泛欢迎，直到今天仍然是世界最流行的电竞项目。

1）《穿越火线》

《穿越火线》是一款由韩国 Smile Gate 开发，由腾讯游戏代理运营的第一人称射击游戏。游戏讲述了全球两大佣兵集团 Global Risk 和 Black List 间的对决，玩家可选择以潜伏者或保卫者的角色进行游戏。游戏有团队模式、战队赛、爆破模式、幽灵模式等多种模式。引进了"缺人补充"形式的即时加入系统。

2008 年《穿越火线》在国内公测之后，立刻成为了当时最火爆的游戏之一，风靡全国。2012 年，国内第一个正规的职业联赛——穿越火线职业联赛（CFPL）建立，成为中国电竞职业联赛的标杆和里程碑。

2）DOTA

DOTA 是由暴雪娱乐公司出品的即时战略游戏《魔兽争霸 3》的一款多人即时对战。DOTA 可自定义地图，支持 10 个人同时连线游戏，是暴雪娱乐公司官方认可的魔兽争霸的 RPG 地图。游戏分为两个阵营，玩家需要操作英雄，通过摧毁对方遗迹建筑来获取最终胜利。这种多人在线竞技模式后来被称为"DOTA 类游戏"，对之后的多个竞技类游戏产生了深远的影响。

3）DOTA2

DOTA2 是由 DOTA 地图核心制作者 IceFrog（冰蛙）联手美国 Valve 公司研发的一款 MOBA 游戏，于 2013 年 4 月 28 日开始测试。DOTA2 的世界由天辉和夜魇两个阵营所辖区域组成，由上、中、下 3 条主要的作战道路相连接，中间以河流为界。每个阵营分别由 5 位玩家所扮演的英雄担任守护者，他们以守护己方远古遗迹并摧毁敌方远古遗迹为使命，通过提升等级、赚取金钱、购买装备和击杀敌方英雄等手段达成胜利。

4）《英雄联盟》

《英雄联盟》是由美国拳头游戏（Riot Games）开发，中国大陆地区由腾讯游戏代理运营，并于 2011 年公测。

2013 年，中国英雄联盟职业联赛 LPL 建立，通过卓有成效的运营，LPL 诞生了 Uzi 等众多电竞明星，LPL 也成为了中国价值最高的电竞赛事品牌。2017 年 12 月 21 日，体育赛事风向标——2018 中国最具赞助价值体育赛事 TOP100 榜单正式发布，LPL 位列前十，在 2018 中国最具赞助价值体育赛事榜单中排名第九，力压中国足球协会超级杯、中国排球超级联赛和中国羽毛球大师赛等赛事。

2017 年开始，LPL 效仿 NBA 开展联盟化运营和主客场制度，取消降级制度。腾讯和拳头共同建立腾竞体育独立运营 LPL，高效服务 LPL 的商业化运作。

3. 重要事件——CFPL

穿越火线职业联盟电视联赛（简称 CFPL）是由腾讯游戏主办、GTV 游戏竞技频道承办的大型专业级落地电视联赛，于 2012 年开始举办，赛事标语（Slogan）是"可以触摸的电竞梦想"。这是中国第一个大型专业的职业联盟电视联赛，使得电竞赛事在赛事制作、联盟运营、明星打造方面的水平有了质的飞跃，是中国电竞发展史上的一个重要里程碑。

在当时，这一顶级赛事以其自身所具备的"俱乐部运作""明星打造""专业赛制体系""职业化直播渠道"等特点吸引着包括网游业界、电竞业界以及媒体的强烈关注。

到 2021 年，CFPL 已经经历了 18 个赛季，在赛事制作上也有了更多的创新。2020 年 3 月，CFPL-S15 总决赛运用了虚拟演播厅技术，可以在直播画面中实现让主持人、解说或选手全程置身完整的演播厅合成的特定场景中，带来的视觉冲击效果更强，其代入感和临场感也会更加突出。另一方面，运用虚拟演播厅技术，可以将画面呈现得更全面和立体，不同画面的切换也可以更自然，使观众在观赛过程有更具深度的沉浸感，观赛体验更流畅。CFPL-S15 总决赛的虚拟演播厅如图 2-5 所示。

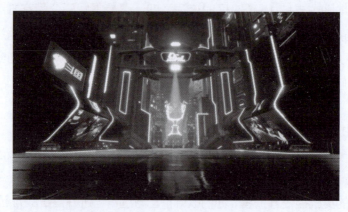

• 图 2-5　CFPL-S15 总决赛虚拟演播厅 •

作为中国举办时间最长的职业联赛，CFPL 一直以充满活力的姿态迎接着挑战，时至今日，CFPL 仍然是中国最受欢迎的电竞赛事之一。

2.4.3　黄金时代（2016 年至今）

1. 特点

电子竞技产业是一项文化产业，国家政策对于产业发展的影响非常大。2016 年开始，国家接连发布有利于电子竞技发展的政策，中国电子竞技的发展由此进入黄金时代。

2016 年 4 月 15 日，国家发改委发布《关于印发促进消费带动转型升级行动方案的通知》。通知明确指出："在做好知识产权保护和对青少年引导的前提下，以企业为主体，举办全国性或国际性电子竞技游戏游艺赛事活动"。

2016年7月13日,国家体育总局发布《体育产业发展"十三五"规划》,指出"以冰雪、山地户外、水上、汽摩、航空、电竞等运动项目为重点,引导具有消费引领性的健身休闲项目发展"。

2016年9月,教育部发布《普通高等学校高等职业教育(专科)专业目录》,增补了"电子竞技运动与管理"专业。

2016年9月,文化部26号文件提出了鼓励游戏游艺设备生产企业积极引入体感、多维特效、虚拟现实、增强现实等技术;支持打造区域性、全国性乃至国际性游戏游艺竞技赛事,带动行业发展;全面放开游戏游艺设备的生产和销售,全面取消游艺娱乐场所总量和布局要求。

2016年10月14日,国务院总理李克强主持召开了国务院常务会议。会议指出"要出台加快发展健身休闲产业指导意见,因地制宜发展冰雪、山地、水上、汽摩、航空等户外运动和电子竞技等"。

2016年10月28日,国务院办公厅印发《关于加快发展健身休闲产业的指导意见》,曾明确指出要推动电子竞技、极限运动等时尚运动项目健康发展,培养相关专业培训市场。

这些有利于电子竞技发展的国家政策发布之后,各地方政府也纷纷出台政策促进电子竞技的发展。上海提出了打造全球电竞之都的计划,2017年12月,中共上海市委、上海市人民政府印发《关于加快本市文化创意产业创新发展的若干意见》(简称上海文创50条),指出将上海建设成为全球电竞之都。四川成都也计划将成都打造成"中国电竞第一城",2017年,成都市印发《成都市"十三五"文化产业发展规划》,文件中指出:"推动以'电竞+数字创意内容''电竞+电竞赛事馆群与电竞人才培养''电竞+文化旅游''电竞+版权交易''电竞+双创平台''电竞+装备制造与衍生品研制'等为核心的电竞产业链的'电竞+模式',同时打造有区域优势的电竞产业链,构建成都市电竞产业格局,将成都建设成为具有国际影响力的国际电竞之都和中国电竞第一城"。

政策的保驾护航使中国电子竞技的发展进入了高速轨道,这一时期的电子竞技的特点是:

(1)各个电竞项目形成了成熟规范的赛事体系;

(2)电子竞技职业联盟运作成熟,探索出商业化运营的正确道路;

(3)电子竞技选手职业体系完善,职业环境越来越好,选手的职业生涯和退役后的职业选择都有了更清晰的规划;

(4)电子竞技传播渠道更加丰富,电竞赛事在直播平台、电视平台、短视频平台全面传播,影响更多人群;

(5)电子竞技的社会认可度越来越高,电子竞技被国家认定为新行业,2018年雅加达亚运会将电子竞技作为表演项目;

（6）电子竞技发展迅速，吸引了大量资本涌入，电竞赛事赞助规模不断升级，电子竞技俱乐部获得的投资也稳步提升。

在赛事体系上，职业联赛、总决赛、全球总决赛、次级联赛、杯赛的赛事体系，已成为各大电竞项目广泛采用的规范赛事体系。

在职业联盟运作上，LPL联盟、KPL联盟纷纷效仿NBA联盟进行改革，实行主客场制，学习传统体育商业化运作的成功经验，大大提升了联盟的品牌价值。

在电子竞技职业体系和职业环境方面，电竞选手的职业道路和晋升通道都变得清晰透明。"参加电子竞技俱乐部的选手招募→试训→成为职业选手→在俱乐部接受训练→征战职业联赛和国内外各种比赛"，这成为了现如今大部分普通人成为电竞选手的流程。在比赛之外，电子竞技俱乐部还会开展多元商业活动，将职业选手打造成明星，除了固定工资和赛事奖金，电竞选手可以通过直播、代言等活动获得更高的曝光率和收入。

电子竞技的传播渠道随着新媒介的产生而变得更加丰富。微信公众号、短视频等新的自媒体媒介诞生，促使电竞内容在更加广泛的人群中传播。

电子竞技的社会认可度近几年有了显著提高。2019年4月13日，中华人民共和国人力资源和社会保障部发布了13个新职业，其中电子竞技员、电子竞技运营师赫然在列，电子竞技成为国家认定的正规职业。中央电视台发现之旅频道制作了大型系列纪录片《电子竞技在中国》，向公众展示电子竞技文化的魅力。

电子竞技的蓬勃发展也赢得了资本的关注，电竞赛事的赞助规模、电竞企业吸引的投资金额都在不断提高。电竞赞助从20世纪90年代的几千元、几万元，发展到现在的几千万元、上亿元，一场赛事的赞助品牌可覆盖外设、快消、零食、餐饮、服饰等各个行业。电竞赛事强大的影响力和电竞用户强大的消费能力，使电子竞技成为了强有力的广告营销方式之一。

2. 主流电竞项目

这一时期，电子竞技项目变得更加丰富，FPS、MOBA、竞速、休闲等各个品类游戏百花齐放，主流电竞项目如表2-1所示。

表2-1 主流电竞项目

品 类	电竞项目	品 类	电竞项目
MOBA	DOTA2	竞速	《QQ飞车手游》
	《英雄联盟》	卡牌策略	《炉石传说》
	《王者荣耀》		《皇室战争》
FPS	《穿越火线》		《刀塔自走棋》
	CS:GO		《王者荣耀模拟战》
	《守望先锋》	格斗	DNF

续表

品　　类	电竞项目	品　　类	电竞项目
战术竞技类	《绝地求生》	体育	FIFA Online
	《和平精英》		NBA2K Online
	PUBG MOBILE	休闲	《球球大作战》
	《堡垒之夜》		《荒野乱斗》
	《Apex 英雄》		
RTS	《魔兽争霸 3》		
	《星际争霸 2》		

3. 重要事件

1）移动电竞崛起

在移动网络和智能手机没有发展起来之前，手机游戏寥寥无几，人们心中的电子竞技就等同于 PC 电子竞技。2016 年，《王者荣耀》《皇室战争》这两款移动游戏流行开来，并迅速进行了电竞化。很快，王者荣耀职业联赛 KPL 就成为了国内最火爆的移动电竞项目，吸引了大量用户。KPL 从 2016 年开始举办，到 2021 年已经连续举办 10 届，联赛体系发展成熟，形成了国际化的职业联赛 + 杯赛体系。

KPL 作为全球范围内移动电竞的领导者，在国际化、地域化、赛制创新和文化输出上都有着重要贡献。KPL 实行主客场制，从一开始的上海、成都双城主客场，到现在发展为战队落户各个城市建立主场，吸引观众线下观赛，形成城市新的娱乐中心。在赛制创新方面，为了打破阵容固定化的局面，KPL 启用了全局 BP 制和决胜局的"巅峰对决"模式，让玩家产生前所未有的期待感和兴奋感。《王者荣耀》作为中国制作的游戏，既融合了中国传统文化的精髓又融入了西方游戏文化中包容和开放的精神，堪称中西结合的典范。游戏内的英雄、皮肤以及比赛舞台上的各种元素都有浓浓的中国风，通过赛事的国际化将中国传统文化输出到世界各地。

2）电子竞技成亚运会正式项目

第 18 届亚洲运动会于 2018 年 8 月 18 日至 2018 年 9 月 2 日在印度尼西亚雅加达举行，6 个电子竞技项目作为表演项目登上了亚运会的舞台，这 6 个电竞项目分别为《英雄联盟》、PES 2018、《皇室战争》《炉石传说》《星际争霸》以及 Arena of Valor（王者荣耀国际版）。

中国组建了电子竞技国家队，参加了这次亚运会的《英雄联盟》、Arena of Valor 和《皇室战争》项目。中国队在《英雄联盟》、Arena of Valor 项目取得金牌，在《皇室战争》项目取得银牌，在电竞大类项目的总奖牌数位居第一。

中央电视台制作的大型纪录片《电子竞技在中国——亚运特辑》，展示了中国电竞健儿征战雅加达亚运会的历程。而 2022 年杭州亚运会将电子竞技列为正式比赛项目，是电子竞技体育化道路上的又一重大进步。

3）国际顶级赛事落户中国

2017 年，英雄联盟全球总决赛 S7 落户中国，在北京国家体育场"鸟巢"举办总决赛。2019 年，DOTA2 国际邀请赛落户中国，在上海梅赛德斯奔驰文化中心举办总决赛。2020 年，英雄联盟全球总决赛又落户中国上海。

连续承办多场顶级国际赛事，无疑展示了中国电竞强国的地位和蓬勃发展的电竞文化。

2.5 电子竞技发展的科技驱动力

2.5.1 电子竞技发展的主要驱动力

电子竞技发展的主要驱动力包括科学技术的进步、主要投入方的变化、电子竞技用户人群规模的变化以及电子竞技社会认可度的变化。在主要驱动力之中，科学技术的进步是电竞发展最重要的驱动力。

电子竞技的一个核心特点就是科技进步性。电子竞技运动本身就是科学技术的发展参与体育发展而产生的新兴运动项目，科学进步的发展也必然会推动着电子竞技进行变革。纵观电子竞技的发展历史，随着计算机技术的发展、互联网技术的普及、智能移动终端的普及、移动互联网技术的发展、虚拟现实技术的发展，电子竞技产生了越来越多的新形式，从 PC 电竞、主机电竞、移动电竞到 VR 电竞，每一次的技术变革，都催生了电子竞技的全新形态。

2.5 节将着重讲述科技作为驱动力在电子竞技发展中产生的作用，电子竞技发展的其他驱动力将在 2.6 节展开讲述。

2.5.2 PC 电竞的驱动力：计算机与网络技术

本书 1.3.2 节曾提到，正是由于第四代计算机的诞生，计算机的运算速度不断提升，为电子游戏的诞生提供了硬件条件。而网络技术的发展，则进一步推动了 PC 电子竞技的出现。

网络技术是从 20 世纪 90 年代中期发展起来的新技术，它把互联网上分散的资源融为有机整体，实现资源的全面共享和有机协作，使人们能够透明地使用资源整体，并按需获取信息。网络可以构造地区性的网络、企事业内部网络、局域网网络、家庭网络和个人网络，如今，全球性的互联网通信已经成为现实。

PC 电竞的诞生与网络技术的发展息息相关。随着网络技术日趋成熟，局域网内的电子竞技和全球互联网范围内的电子竞技也应运而生。1996 年，北美最大的局域网赛事 Quakecon 诞生；1998 年，即时战略游戏《星际争霸》诞生；2003 年，即时战略游戏《魔兽争霸 3》诞生，这两款游戏的电竞赛事在世界范围内如火如荼地展开，是 PC 电竞发展史上的重要里程碑。其后，随着计算机技术和网络技术的发展，形式更加多样、制作更加精良的网络电子竞技游戏不断诞生，电子竞技项目也发展出了 RTS、FPS、MOBA、竞速、休闲等越来越多的品类。

2.5.3 移动电竞的驱动力：移动智能终端与移动通信技术

PC 电竞发展日益成熟的同时，在移动智能终端与移动通信技术的发展下，移动电竞也随之诞生了。

移动通信经历了 1G、2G、3G、4G 的发展，如今进入了 5G 时代。其中，对移动电竞发展具有重要影响力的是 4G 技术。

第四代移动通信技术简称 4G。4G 将 WLAN 技术和 3G 通信技术进行了很好的结合，使图像的传输速度更快，让传输的图像看起来更加清晰。在智能通信设备中应用 4G 通信技术使得用户的上网速度更加迅速，速度高达 100Mbps。2014 年，4G 在中国正式商用。

随着 4G 和智能手机迅速普及，移动电竞也在 2015 年开始爆发。皇室战争职业联赛、王者荣耀职业联赛 KPL、和平精英职业联赛 PEL 等具有广泛影响力的移动电竞赛事开始蓬勃发展。可以推测，已经到来的 5G 技术也会促进新的电竞游戏产品的诞生，提升电子竞技的竞技体验。

由此可以看出，科学技术是电子竞技最重要的驱动力。技术的进步催生了电子竞技，也推动着电子竞技不断进化，这是由电子竞技的科技进步性所决定的。

2.6 中国电子竞技发展的社会驱动力

除了科技发展的驱动力，中国电子竞技发展的另一个主要驱动力是社会驱动力。社会驱动力主要包括电子竞技行业主要投入方、电子竞技用户人群规模、电子竞技社会认可度。从电子竞技社会驱动力变化的视角，根据电子竞技主要投入方、用户人群规模及社会认可度的不同，我们可以将中国电子竞技发展的历程分为 3 个主要阶段：爱好者自发时期；游戏厂商主导时期；社会化电竞时期。

2.6.1 爱好者自发时期

1. 主要投入方

中国电子竞技发展初期是爱好者自发参与电竞的时期。这一时期电子竞技产业的主要投入方是电子竞技的爱好者,他们因志同道合而组建战队,自发地建立全国性或地方性的电子竞技组织并举办比赛。由于缺乏盈利模式和商业投资,这些爱好者没有稳定的收入来源,只是因为对于电子竞技的热爱才一直坚持从事电子竞技工作,是中国电子竞技的先驱。这个时期虽然也有一些游戏厂商和公司投入,但整体上规模不大。在这一时期也有一些第三方举办的大型赛事,例如 WCG、游戏风云的 G 联赛等。

2. 用户人群

爱好者自发时期,个人电脑和家庭网络都尚未普及,只有少数人有机会接触到电子游戏和电子竞技,电子竞技的用户仅局限于少部分电竞游戏玩家。这一时期,网吧成为了电子竞技活动扩大影响力的重要场所。网吧电竞游戏用户及拥有个人电脑网络的电竞游戏用户,构成了这一时期的用户人群主体。

3. 社会认可度

这一时期,电子竞技的社会认可度比较低。许多人将电子竞技与"打游戏"混为一谈,觉得它不是正规职业,也没有好的发展前景。但这一时期,以 Sky 为代表的中国电子竞技选手在国际电竞赛事上频频取得冠军,Sky 还参与了 2008 年奥运圣火传递,出演了央视的访谈节目。随着越来越多的电竞选手在国际舞台上为中国赢得荣誉,主流媒体也开始关注电子竞技运动员的成就。

2.6.2 游戏厂商主导时期

1. 主要投入方

游戏厂商主导时期,电子竞技的主要投入方是游戏厂商。游戏厂商注意到了电竞赛事产生的影响力,将电竞赛事当作游戏的推广宣传方式,投入资金举办电竞赛事。电竞赛事的奖金和举办资金主要由游戏厂商提供,由于这一时期电子竞技的影响力得到了迅速提升,大规模的第三方赞助开始进入电竞行业。

2. 用户人群

这一时期,电子竞技的用户群体有所扩展,从部分电子游戏爱好者扩大到整个游戏玩家群体中。游戏厂商以举办电竞赛事的方式来不断推广游戏,游戏与电子竞技紧密结合,因此电子竞技的影响力也逐渐遍及整个玩家群体。

3. 社会认可度

在游戏厂商主导时期,电竞赛事作为游戏厂商推广游戏的一种方式,尚未形成规范化的行业标准和竞技准则,电子竞技产业也还没有持续性的盈利模式,基本上是作为电子游戏产业的附属而存在的。这一时期,以 Uzi 为代表的中国电竞选手,凭借着超强的实力在国际电竞赛事中赢得了许多荣誉,通过个人魅力将电竞文化普及到更广泛的人群中。在 2019 "微博之夜"年度人物评选中,Uzi 以第一名的票数力压众多娱乐明星获得微博年度人物的称号,电子竞技与电竞明星的影响力有了很大提升。

这一时期,社会及主流媒体对电子竞技的印象有所改观,电子竞技是能够为国家赢得荣誉的正规体育项目,这一概念正在渐渐地深入人们心中。

2.6.3 社会化电竞时期

1. 主要投入方

社会化电竞时期,电子竞技的主要投入方是各种社会力量,包括游戏厂商、赞助商、版权平台、俱乐部、经纪公司及各级政府等。电子竞技影响力的与日俱增,用户规模不断扩大,电子竞技产业也迅速发展,赞助商通过赞助电子竞技能够获得持续性的收益,政府通过发展电子竞技产业为地方经济找到了新的经济增长点。游戏厂商持续对电子竞技加大投入,电竞赞助的规模从一开始的几万元,发展到单个赞助商的赞助规模达到千万元级别。赞助商通过赞助电竞赛事、电竞选手、电竞俱乐部,为品牌赢得巨大的曝光量,增加产品销量和大众对品牌的好感度,因此银行、汽车、零食、快消、餐饮等企业纷纷入场赞助电竞。上海、成都、武汉、西安等多个城市纷纷出台促进电竞产业发展的政策,建立电竞产业园,引进电竞赛事和电竞企业,甚至出资建立电子竞技俱乐部。越来越多的地方政府将电子竞技打造为新的城市名片,通过发展电子竞技产业带动了其他产业的发展,找到了新的经济增长模式。

2. 用户人群

这一时期,电子竞技的播出渠道和内容传播渠道更加多元化,电子竞技的影响力能够触达各个用户群体,迅速吸引了大批用户。根据企鹅智酷发布的《2020 全球电竞运动行业发展报告》,2020 年中国电子竞技用户达到 4 亿,占全国总人口的 28%。电子竞技赛事和电竞周边内容构成了集专业体育竞技与娱乐体验于一体的内容产业,吸引了众多游戏玩家以外的用户。电子竞技的用户群体也发展成为由核心竞技用户、普通游戏用户、追星娱乐用户、周边消费用户构成的多元化群体。

3. 社会认可度

社会化电竞时期，电子竞技产业步入正轨，已经形成了行业规范和产业标准，并发展成为一个由多个关键环节组成的庞大产业链。

王者荣耀职业联赛 KPL 未来的规划是开创全民电竞时代。KPL 在 2021 年春季赛增设两个临时席位，这两个席位既能保护已有俱乐部的利益，同时给 KPL 之外的所有人一个进入 KPL 的机会。同时，KPL 将进一步定制赛事，拓宽授权范围，为女性玩家搭建电竞舞台。未来，从全国大赛、从民间到 KPL 职业的路径将被打通，会有越来越多的人参与到电子竞技中。一系列的赛事升级将使得玩家们可以很方便地进行王者荣耀比赛，并通过全国大赛进入职业比赛，让各大层级的联赛之间有了足够的交流和上升渠道，让全民追逐电竞梦成为可能。

2.7 电子竞技项目的发展

整个电子竞技产业的发展是由多个电子竞技项目的发展组成的。电竞项目的迭代和发展、项目间的相互作用构成了整个电竞产业的发展历程，也形成了电子竞技产业令人应接不暇的发展特点。电子竞技项目的发展大多呈现出生命周期相对较短、爆发力强、与游戏生命周期互相影响等特点。这也为人们更加科学地运营电竞项目提供了思路。本节主要针对单一电竞项目的特点进行阐述。

2.7.1 电子竞技项目发展特点

1. 生命周期相对较短

每一项电子竞技项目都起源于某款游戏产品。总体来说，电子竞技项目的生命周期与其游戏的生命周期基本吻合。研究电竞项目的生命周期，首先要确定它基于的电子竞技游戏。

某一款电子竞技游戏是指玩家在某个阶段普遍认知的一款游戏产品，包含产品版本的迭代更新。但基于同一游戏品牌的不同代际或不同游戏端的产品，往往会引发游戏玩法、游戏体验或游戏表现力的巨大变化，这样的产品被视为不同的游戏产品。这些变化会导致职业电竞选手的操作技能和竞技水平无法普遍性地平移到另一款游戏上，因此也被视为不同的电竞项目。例如，*DOTA* 和 *DOTA2* 就是不同的电子竞技游戏，基于这两款游戏的电子竞技项目也是不同的电子竞技项目。《英雄联盟》和《英雄联盟手游》也是不同的游戏产品和电竞项目。

相对于传统体育行业，由于科学技术的迅速发展，电子竞技游戏和电子竞技项目更新十分频繁。电竞项目生命周期较短是无法改变的客观事实，也是部分传统体育者质疑电子竞技的主要方面。在相对短的生命周期中，如何系统地培养选手？如果参照传统体育的方式去培养选手，可能培养出选手后，这个电竞项目已经不存在了。因此可以确定，传统体育培养运动员的方式不适合培养电竞选手。

但电子竞技从来不缺少职业选手。电子竞技选手能够不断涌现的原因包括：电子竞技这种"小肌肉运动"消耗体能少，能够支持长时间训练；平时的游戏就是实战训练，训练频次高；互联网和高科技设备的普及降低了电竞参与的门槛，电竞用户群体基数大；游戏内普遍拥有排名系统，高水平玩家容易被发现和选拔。

2. 爆发力强

与传统体育相比，电子竞技项目的发展呈现出爆发力强的特点。以电竞赛事的观赛人数为例，顶级电竞赛事的观赛人数已经直追甚至超过顶级传统体育赛事的观赛人数。2016年，《英雄联盟》世界总决赛观战人数达到4300万，力压NBA总决赛第7场的3100万观众人数。作为一个发展只有不到10年的电竞赛事，其观赛人数就能够与NBA比肩，这种爆发力在之前的体育发展历史上实属罕见。《王者荣耀》、PUBG等很多顶级的电竞项目都呈现出这样爆发式发展的特点。某个经典的传统体育项目逐渐积累，具有长时间的巨大影响力，电子竞技通过不同电竞项目相对短暂的爆发力，在年轻人群中有着不亚于传统体育的影响力。

电子竞技游戏和电子竞技项目爆发力强主要得益于互联网和各种应用平台的发展。一款优秀的游戏作品通过互联网和应用平台能够快速推广，并在短时间内积累大量的玩家。当玩家的积累达到一定规模，自然会产生出高水平玩家并成为职业选手，电子竞技赛事就开始运作。同时，互联网视频平台、直播平台、短视频平台等传播平台也为游戏和电竞的推广提供了便捷的渠道。

3. 与游戏生命周期互相影响

电子竞技项目的生命周期与其游戏的生命周期基本吻合。游戏产生和发展之后才能开始电竞比赛。游戏停止运营后，电竞也成了无根之萍，随之消失。电竞生命周期与游戏生命周期类似，大致可以分为早期、中期、后期、末期。电竞与游戏的生命周期在各时期相互呼应，但是会呈现出一些不同的特点。

在游戏发展的早期，大多数玩家将体验游戏作为主要的诉求和乐趣，对于电子竞技的关注较少。早期的游戏推广和宣传多以增加和活跃游戏用户为主。通过互联网平台的市场宣传和玩家的口碑效应，游戏早期能够迅速积累大量用户。著名电竞产品早期都存在一个增长的爆发期，在这个阶段大量用户进入游戏，甚至形成一定的社会效应。随着用户数量的增长，自然会产生很多高端玩家。他们的游戏天赋较高，操作精妙，对游戏理解比较深，这些高端玩家就是电子竞技的早期用户和初期的职业选手。电子竞技职业战队或俱乐部对有影响力的电竞项目会格外关注，甚至在比赛正式启动前，就开始预先投入资源，组建职业战队。由于市场宣传、游戏推广的需要，电子竞技的正式比赛也会在这一时期开始举办。

在游戏发展的中期，游戏和电竞的人群持续增长。游戏用户的积累度过了早期的爆发式增长阶段，进入了一个相对缓和的增长阶段。在这个阶段，游戏继续深度运营已经积累的用户，并持续增加新的用户。由于电竞比赛的不断举办，这个阶段会产生大量的明星战队、明星选手、令人激动和难忘的精彩竞技时刻，这些元素增加了用户和游戏的联系纽带，使游戏玩家和游戏的联系变得丰富起来。提起某款游戏，玩家不再只想到单纯的游戏，会想到自己喜欢的战队、选手、精彩瞬间。玩家对于职业选手的喜爱有时已经上升到崇拜和追星的程度，与传统体育和传统娱乐的追星文化没有本质差别。电竞爱好者之间经常性地进行关于电子竞技话题的讨论，电竞爱好者也会推荐自己的朋友观看电竞比赛，从而扩大电竞的用户群体。同时，由于地域化和国际化的发展，电子竞技会上升到为国争光的高度，进一步吸引大量用户的关注和参与。在这个阶段，电子竞技的用户大量增加，玩家、游戏和电竞三者的情感连接不断增强。

在游戏发展的后期，游戏玩家开始逐渐流失。玩家（用户）流失的原因可能包括：出现其他用户更感兴趣的游戏；用户的游戏时间被其他事情占用；游戏版本更新迟缓导致用户没有新鲜感；游戏版本更新导致玩法发生变化或用户体验变差等。但是在这个阶段会产生一种特殊的现象，在游戏用户数量减少的同时，观看电竞比赛的观众数量反而增加。电子竞技作为一种内容型产品，其内容观赏性在这个阶段得到突出的彰显。因为游戏用户数量逐渐萎缩，常规推广和运营手段效果欠佳，游戏版本更新带来的用户回流和电竞比赛引发的关注将成为游戏运营的核心手段。在这种情况下，之前电子竞技为游戏积累的品牌和影响力，成为延长游戏生命周期的重要手段，电子竞技"反哺"游戏的阶段已经开始。游戏可以利用这段时间推出新的版本，或者将游戏IP进行其他方式的延续。这种"看得多，玩得少"的现象在传统体育中也经常出现，很多观看足球、篮球赛事的爱好者本身并不频繁踢足球或打篮球。

在游戏发展的末期，游戏用户与电竞用户同时减少，因为大量玩家的流失，电子竞技的赛事逐步停办，最终只剩下一些最忠实的游戏玩家仍然在玩这款游戏。这款游戏和电竞会成为大多数玩家的精神记忆，这样的精神记忆会伴随玩家一生，成为游戏和电竞的代际效应，即一代人有一代人的游戏和电竞。这些经典游戏的怀旧版、重制版，或者改编的影视作品也会不断地引发这代人的关注和回忆。

电子竞技项目与其游戏的生命周期相联系，主要是游戏玩家与观看游戏直播的观众相互作用和联系的过程。

游戏与电竞生命周期的关系如图 2-6 所示。

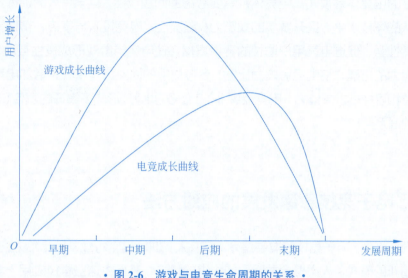

• 图 2-6　游戏与电竞生命周期的关系 •

2.7.2　电子竞技项目的运营思路

目前电子游戏的运营思路和方法已经逐渐成熟，原因主要包括：电子游戏运营已经积累了很多经验并有充分的理论总结；电子游戏的运营水平与游戏收入直接相关；电子游戏的运营有着大量的、可测量的数据指标作为依据。与电子游戏运营相比，电子竞技项目的运营还处于相对初级的阶段，原因主要包括：电子竞技发展时间较短，经验和积累不足；电竞收入规模低，商业模式还在探索；电竞对于游戏营收的帮助仅存在于感性的认知层面，缺少直接有效的数据证明。电子竞技的运营可以从游戏产品和电竞产品的性质上寻找思路和方法。

首先，要充分认识和利用游戏和电竞的爆发力，争取让二者相互促进，形成更大的爆发效果。应该充分利用游戏用户增长的爆发期，更早一些举办赛事，有效利用游戏用户增长的红利期。同时，早期的电竞用户培养和增长，也可以更早、更好地帮助游戏稳定大盘用户。

其次，有意愿成为具有巨大影响力的电竞游戏，要更早将电子竞技作为一项体育项目和内容型产品来打造，而不是单纯地为了帮助游戏获得关注和导入游戏用户。这两种思路差别很大，前者的关键是建立与游戏产品影响力相对应的电竞体育生态和内容矩阵，建立与用户多维度的情感连接；后者的关键仅是堆积推广资源，寻找话题和打造热点，完成一次次市场活动。同时，在打造电子竞技体系时，要明确体系的应用范围，是构建全球的统一电竞体系，还是某个国家或地区的电竞体系。体系范围的大小最终决定电竞的影响力大小。

最后，要综合学习传统体育和其他成功电竞产品的优势，反复迭代自身的电竞体系，选择最适合的电竞体系模式。电竞体系需要考虑的问题包括：科学有效的训练方式，提升选手和战队的竞技水平，提升赛事的观赏力；爆发性的电竞投入与宣传，精良的赛事制作水准，观赏性强、促进电竞用户增长的赛事直播，使电竞与游戏形成良性互动；全球电竞体系和影响力的搭建，使电竞影响力出圈；参考成熟的商业运作模式，增加电竞生态参与伙伴的收益和可持续发展能力；电竞品牌IP和文化的培养，形成多渠道的宣传和内容矩阵，更加紧密地联系用户。

2.8　电子竞技急速发展的应对方法

本章开头提到，电子竞技的发展是令人应接不暇的，这个行业不断带给人们新的产品、新的技术和新的模式。人类总会发明更加先进的科技，并且将这些科技应用于竞赛和娱乐中去。

本章也提到，电子竞技产业会因为核心投入方和人群的变化，未来最终发展为社会化电竞。社会化电竞是电竞产业运作和应用模式的新高度，它体现的是全社会参与电竞和享受电竞的过程，以及大量社会资源流入电竞产业造成的电竞影响力提升和文化的进化。就像一项科技成果的推广，电子竞技也会经历相应的过程。而这项科技成果又因为科技的进一步发展，在推广的过程中不断变化。

电子竞技和其他高科技关联的事物类似，从发展之初就注定具有急速变化性，而且这种变化不可避免。传统体育和之前经验虽然可以借鉴，但电子竞技并不能全部照搬，需要持续动态分析电竞产品和电竞现象来应对电竞发展中的新变化。这就需要用创新的方式解决电竞发展遇到的问题。

解决对应问题的总体思路是以迅速的、创新的调整来应对急速的变化。这种"以快打快"的能力是很多产业未来发展需要的重要能力。就科技相关产品而言，科技的发展、市场的变化、人们观念的转变已经很难允许人们制订完美的长期计划了，更加实用的做法是制订短期计划，迅速尝试和迭代调整。类似于软件开发中的敏捷开发，对于科技和互联网创新下的很多应用场景和商业模式，绝大多数都是通过反复尝试，快速迭代不断进步的。面对层出不穷的新事物，"试一试，看一下"可能是比充分研究更好的研究方式。这种以实践为主导的认知方式，与传统的计划、实践、总结经验没有矛盾之处，只不过是将认知的过程缩短，将实践的频次提高。

第 3 章

中国电子竞技产业结构

3.1 比赛和选手只是电子竞技产业的冰山一角

2021 年 1 月 27 日，一个名为"首批电竞本科生几乎没人从业电竞"的话题冲上微博热搜，排名甚至到了热搜榜的第 4 名。这个话题在两天内实现了 3.6 亿次阅读和近 7000 次讨论。争论的焦点主要包括：打游戏的专业没有前途，不该开设；中国传媒大学这个专业不是电竞专业，教的也不是打游戏；毕业生进入游戏公司工作是专业对口。总之，据理力争者有之，起哄"吃瓜"者亦有之，电竞相关的话题又一次成为社会讨论的热点。

2021 年 1 月 30 日，中国新闻网采访中国传媒大学动画与数字艺术学院副院长陈京炜的报道澄清了事实。报道说明：该专业的名称是"数字媒体艺术（数字娱乐方向）"；课程主要包含游戏设计、电竞管理等，电竞只是一方面；该专业并不培养电竞选手、电竞教练、解说主播等方面的人才；电竞产业链很长，但很多人只对电竞选手、俱乐部、电竞主播解说有直接认知；根据目前的统计，该专业已有 6 人签约游戏大厂，还有些学生的就业方向并不确定。此外，陈院长表示，作为本科教育，学校更希望学生能够拥有比较好的综合素质，在产业链中根据自己的能力发挥自身特色，而非给学生指定一个特别窄的发展方向。

除了"蹭热度"以外，电竞相关的话题之所以能够屡次成为社会热点，主要是因为社会大众对电竞理解不深，信息不对称导致了严重的认知冲突；广泛存在的"游戏、电竞导致了很多社会和家庭问题"的主观判断更对激烈的社会讨论起到了推波助澜的作用。人们多以自己对于电竞赛事、电竞选手的直观感受来理解整个产业，以偏概全地认为打游戏就是电竞。而且由于电竞产业发展时间短，变化频繁，缺少理论研究，行业内尚未形成对于电子竞技概念以及产业范围的统一认知。以上原因促成了目前这种"大家都在讨论电竞，但彼此讨论不同电竞"的社会现象。

用户和玩家直接感受到的绚丽的比赛和追捧的知名选手是电子竞技，但这只是大家看到的电子竞技，在这背后还有很多观众和玩家看不到的部分。为了呈现精彩的比赛，展现选手的竞技水平和竞技精神，很多幕后的电竞从业者通力协作，形成了电子竞技复杂的运作体系和产业结构。对于整个电竞产业而言，比赛和选手只是其中最亮眼的冰山一角。

3.2 中国电子竞技产业结构概述

3.2.1 电子竞技产业结构图

对于中国电子竞技的产业结构，在本书之前已有其他产业报告、电竞教材进行过总结。本书根据电竞产业发展现状和产业运行方式，以及产业中各主体发挥的不同功能和作用，提出了一种全新的、简明清晰的电子竞技产业结构，如图 3-1 所示。

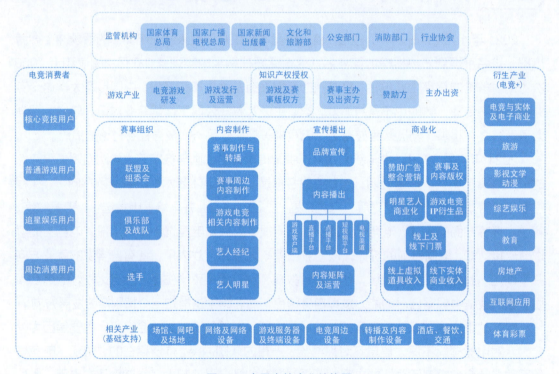

• 图 3-1 电子竞技产业结构图 •

本书将电子竞技产业分为 6 大模块：

（1）监管机构；

（2）游戏产业、主办出资机构；

（3）核心产业（包括赛事组织、内容制作、宣传播出、商业化）；

（4）相关产业（基础支持）；

（5）衍生产业（电竞+）；

（6）电竞消费者。

电子竞技监管机构处于电子竞技产业结构的最上层，电子竞技产业能否持续发展、电子竞技赛事活动能否进行，都与监管机构的决策直接关联。

游戏产业及电子竞技授权出资机构在电子竞技核心产业之上，电子竞技监管机构之下。在监管机构允许的情况下，电子竞技赛事的举办还必须获得游戏公司的授权和充足的资金。

电子竞技核心产业模块是电子竞技产业结构的主体。从赛事组织模块到商业化模块的线性流程，反映了电子竞技产业利润产生的过程，每个模块内部又有着更具体的细分模块，包含了因电竞赛事而产生的各个岗位。

电子竞技相关产业是对电子竞技核心产业提供基础支持的产业。电竞赛事的举办，需要相关产业提供设备和空间上的支持，而相关产业的发展由电子竞技核心产业带动和促进。

电子竞技衍生产业，也可以称之为"电竞+"产业，是电子竞技产业和其他产业融合而成的新产业。电竞衍生产业的发展尚处于早期，其中的一些产业需要电竞行业进一步规范。

电子竞技的消费者是电子竞技的用户，通过对电子竞技赛事及相关产品的购买活动使电子竞技产业盈利。

3.2.2 电子竞技监管机构

电子竞技产业是一项新兴的文化产业，其核心产业是电竞赛事产业。电竞赛事从组织、比赛到播出的一系列环节，都受到国家相关机构的监管。电子竞技的监管机构有国家体育总局、国家新闻出版广电总局、文化和旅游部、公安部门、消防部门、行业协会。

电子竞技监管机构的详细内容会在本书第4章集中介绍。

3.2.3 游戏产业

电子竞技产业诞生于游戏产业，最初是作为游戏产业的一部分，直到具有了一定的规模和市场，才从游戏产业分离出来，成为一个相对的独立产业。

游戏产业中，与电子竞技紧密相关的是电子竞技游戏研发和电子竞技游戏发行及运营。

电子竞技游戏研发是电子竞技运动发展的基础，没有优秀的电子竞技游戏项目，电子竞技运动便无法开展。游戏研发部门不断研发新的竞技游戏，为电子竞技运动提供品类不同、玩法各异的游戏项目。

游戏发行及运营部门负责将研发完成的电子竞技游戏向市场推广，通过宣传和运营，不断扩大游戏知名度，获取大量游戏用户，为游戏的电竞化奠定基础。

游戏产业的详细内容将在本书第5章集中介绍。

3.2.4 电子竞技授权出资机构

电子竞技授权出资机构的产业定位是电子竞技产业的版权所有者和出资者,其主要功能如下:

(1)提供游戏及赛事的知识产权授权;
(2)确定赛事 IP 的所有权和主办方、明确赛事举办的目标、运作模式及基本准则;
(3)为赛事提供资金源支持;
(4)通过赛事举办、赛事赞助达成本机构的核心目的。

电子竞技授权出资机构包括游戏及赛事版权方、赛事主办及出资方、赞助方。目前大部分电竞赛事中,游戏公司既是赛事版权方,又是赛事主办及出资方。电竞赛事的出资方主要是游戏公司和赛事赞助方。未来,随着电子竞技产业升级,产业细分更加深入,赛事版权方和赛事主办方及出资方的职能或许将不再集中于游戏公司。

1. 游戏公司

目前,大部分电竞游戏版权及赛事版权集中于头部游戏公司。游戏公司掌握着游戏版权和赛事版权,投入资金自主建立电竞赛事体系、举办电竞赛事,对赛事 IP 进行商业化开发,参与电子竞技赛事产业链的全过程,在电子竞技产业生态中占据至关重要的地位。头部游戏公司主要有腾讯、Riot、Valve、暴雪、网易等。

1)腾讯

腾讯是中国拥有电竞游戏和电竞赛事版权最多的游戏公司。

腾讯的电竞游戏包括《英雄联盟》(中国大陆地区代理运营)、《穿越火线》(中国大陆地区代理运营)、FIFA Online4(中国大陆地区代理运营)、DNF(中国大陆地区代理运营)、《QQ 飞车端游》、《王者荣耀》、《QQ 飞车手游》、《和平精英》、PUBG MOBILE 等。

腾讯旗下的电竞赛事包括以下几个系列。

(1)《英雄联盟》系列赛事:LPL(英雄联盟职业联赛)、LDL(英雄联盟发展联赛)、英雄联盟高校赛。

(2)《王者荣耀》系列赛事:KPL(王者荣耀职业联赛)、KCC(王者荣耀冠军杯)、KGL(王者荣耀甲级职业联赛)、王者荣耀城市联赛、王者荣耀高校联赛。

(3)《和平精英》系列赛事:PEL(和平精英职业联赛)、PEC(和平精英国际冠军杯)。

(4)《穿越火线》系列赛事:CFPL/CFML(穿越火线双端职业联赛)、CFS(穿越火线世界总决赛)、穿越火线百城联赛。

(5)《QQ 飞车手游》系列赛事:QQ 飞车手游 S 联赛及赏金赛、QQ 飞车手游亚洲杯、QQ 飞车手游高校联赛、QQ 飞车手游城市挑战赛。

（6）《QQ飞车端游》系列赛事：QQ飞车端游谁是车王、QQ飞车端游全国公开赛、QQ飞车端游超级联赛。

（7）《皇室战争》系列赛事：CRL（皇室战争职业联赛）。

（8）FIFA系列赛事：FSL（FIFA Online4职业联赛）、FCC（FIFA Online4职业冠军杯）。

（9）DNF系列赛事：DPL（DNF职业联赛）、F1国际天王赛、DNF全国挑战赛。

（10）腾讯棋牌系列赛事：腾讯斗地主锦标赛、欢乐全民赛。

（11）TGA腾讯电竞运动会。

2）网易

网易是中国知名游戏开发商，旗下拥有《梦幻西游》《天下3》《逆水寒》等多款自主开发游戏，并代理运营《魔兽世界》《守望先锋》《炉石传说》等多款游戏。

网易的电竞游戏包括《守望先锋》（中国大陆地区代理运营）、《炉石传说》（中国大陆地区代理运营）、《风暴英雄》（中国大陆地区代理运营）、《星际争霸2》（中国大陆地区代理运营）、《魔兽争霸》（中国大陆地区代理运营）、《第五人格》等。

网易旗下的电竞赛事包括以下几个系列。

（1）《炉石传说》黄金系列赛事：炉石传说黄金公开赛、炉石传说黄金战队联赛、炉石传说高校星联赛。

（2）《风暴英雄》黄金系列赛事：风暴英雄黄金风暴联赛、风暴英雄高校星联赛。

（3）《守望先锋》黄金系列赛事：守望先锋世界杯、守望先锋高校星联赛。

（4）《星际争霸2》黄金系列赛事：星际争霸2黄金锦标赛、星际争霸2高校星联赛。

（5）《魔兽争霸3》黄金系列赛事：魔兽争霸3黄金战队联赛、魔兽争霸3黄金联赛、魔兽争霸3高校星联赛。

（6）《第五人格》系列赛事：IVL（第五人格职业联赛）、COA（第五人格全球总决赛）。

（7）NeXT（网易电竞X系列赛）。

3）完美世界

完美世界是中国知名游戏公司，开发了《诛仙3》《完美世界》等游戏，代理了 *DOTA2*、*CS:GO* 等游戏。

完美世界的电竞游戏包括 *DOTA2*（中国大陆地区代理运营）、*CS:GO*（中国大陆地区代理运营）等。完美世界旗下的电竞赛事包括DOTA2亚洲邀请赛、PAL（CS:GO亚洲职业联赛）等。

4）暴雪

暴雪是美国游戏开发商，开发了《星际争霸》《魔兽世界》《暗黑破坏神》《守望先锋》等多款世界知名游戏。暴雪授权全球各地区的运营商在当地代理运营旗下游戏及其官方赛事。

暴雪的电竞游戏包括《星际争霸》《星际争霸2》《魔兽争霸3》《炉石传说》《风暴英雄》等。暴雪旗下最重要的电竞赛事是OWL（守望先锋职业联赛）。

5）Riot

Riot是美国游戏开发商，制作发行了全球最流行的MOBA游戏之一《英雄联盟》。Riot授权全球各地区的运营商在当地代理运营《英雄联盟》及其官方赛事。

Riot的电竞游戏有《英雄联盟》和Valorant。Riot最重要的电竞赛事是《英雄联盟》系列赛事。

6）Valve

Valve是美国游戏开发商，代表作品有 CS:GO、《求生之路》、DOTA2、《军团要塞》等。Valve授权全球各地区的运营商在当地代理运营旗下游戏及其官方赛事。

Valve的电竞游戏有CS:GO、DOTA2等。Valve旗下的电竞赛事主要是DOTA2系列赛事和CS:GO系列赛事。DOTA2系列赛事包括DOTA2国际邀请赛、DOTA2 Major、DOTA2 Minor等；CS:GO系列赛事包括CS:GO Major、CS:GO Minor等。

2. 赛事主办及出资方

赛事主办及出资方，是指电子竞技赛事的主办方以及为电子竞技提供资金的其他组织。赛事主办方可能是游戏开发公司，也可能是第三方组织、第三方公司、地方政府等；赛事的出资方则包括游戏开发公司、品牌赞助商、地方政府等不同的组织和机构。赛事主办方和出资方可以是同一个机构或组织，也可以是不同的机构或组织。

3. 赞助商

赞助商电竞产业营收的主要来源之一，品牌通过赞助电竞赛事、电竞俱乐部、电竞选手、电竞直播平台等进行营销，为电竞产业的发展提供了坚实的资金基础。

中国电子竞技发展的早期，电竞赛事的赞助商多是电脑厂商、硬件厂商等。现如今中国电竞用户的数量已经突破4亿，电竞赛事的影响力可触达4亿甚至更多用户，电竞营销已经成为了品牌营销推广的新阵地。电脑、外设、手机、服饰、零食、快消、餐饮、汽车、银行都已经成为电竞赞助商。赞助金额也从最早的几万元发展到了目前的几千万元、上亿元。

3.2.5 电子竞技核心产业

电子竞技核心产业是电子竞技产业的核心价值创造者，是电竞产值的主要贡献者和电竞产业生态有效运作的核心。

电子竞技核心产业分为4大模块：赛事组织、内容制作、宣传播出、商业化。

（1）赛事组织。

赛事组织模块的主要构成是：联盟及组委会、俱乐部及战队、选手。

（2）内容制作。

内容制作模块的主要构成是：赛事制作与转播、赛事周边内容制作、游戏电竞相关内容制作、艺人经纪、艺人明星。

（3）宣传播出。

宣传播出模块的主要构成是：品牌宣传、内容播出、内容矩阵及运营。

（4）商业化。

商业化的主要构成是：赞助广告整合营销、赛事及内容版权、明星艺人商业化、游戏电竞 IP 衍生品、线上及线下门票、线上虚拟道具收入、线下实体商业收入。

电子竞技的核心产业将在本书第 7 章～第 10 章进行详细介绍。

3.2.6　电子竞技相关产业

电子竞技相关产业包括：电子竞技场馆业、网吧及其他场地行业，网络及网络设备行业，游戏服务器及终端设备行业，电子竞技周边设备行业，转播及内容制作设备行业、酒店业、餐饮业、交通业。

电子竞技相关产业的发展与电子竞技核心产业的发展息息相关，电子竞技核心产业能够促进带动相关产业的发展。

电子竞技相关产业将在本书第 11 章进行详细介绍。

3.2.7　电子竞技衍生产业

电子竞技衍生产业主要包括电竞与实体及电子商业、电竞旅游、电竞影视文学动漫、电竞综艺娱乐、电竞教育、电竞地产、电竞互联网应用、电竞体育彩票等。在这些衍生产业中，有的产业已经开始探索并取得了初步的成效，有些只是对电子竞技未来发展方向可能性的推测。目前电子竞技行业还有待进一步的规范化，还需要在政策的监管和引导下长期持续地健康发展，很多衍生产业并不具备开展的条件。

目前电竞衍生产业还未发展成熟，处于探索阶段，是电竞产业未来新的发展方向。

电子竞技衍生产业将在本书第 12 章进行详细介绍。

3.2.8　电子竞技消费者

电子竞技消费者是电竞赛事及其相关内容、产品的消费者。满足以下条件的，在本书中均称为电子竞技消费者：

（1）广泛地喜欢游戏及电子竞技运动；

（2）因为某种特殊的理由关注电子竞技；

（3）对电子竞技有自己的核心需求；

（4）对电竞IP、电竞活动、电竞相关商品有广泛的关注；

（5）曾经为电子竞技相关产品进行付费。

根据电子竞技消费者对电竞关注点的不同，本书将电子竞技消费者大致分为4类：核心竞技用户、普通游戏用户、追星娱乐用户、周边消费用户。其具体说明详见本书6.3.1节。

3.3 中国电子竞技产业运作模式

电子竞技产业结构图中的6大模块，通过资金和信息的流动紧密地联系在一起。通过分析电子竞技产业的资金流向和信息流向，可以清晰明了地理解电子竞技产业的运作模式。

3.3.1 电子竞技产业的资金流向

电子竞技产业的资金流向如图3-2所示。

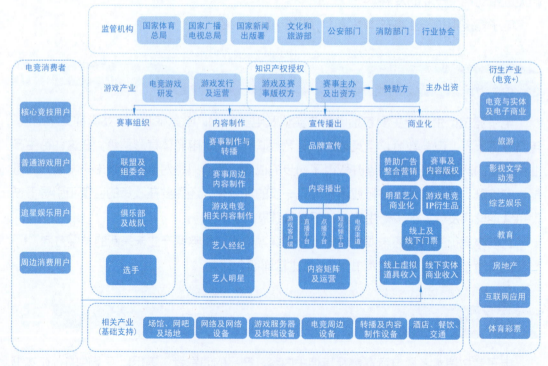

• 图3-2 电子竞技产业的资金流向 •

（1）电子竞技产业的资金流向主要有两条：一条是由游戏产业和授权出资模块流向核

心产业模块;另一条是由消费者流向核心产业模块。

(2)在游戏产业和授权出资模块流向核心产业模块的资金流向上,起点是游戏产业和授权出资模块,终点是核心产业的4大模块。

(3)资金汇聚到赛事主办方,然后开始流动。游戏厂商或者赛事版权方会提供一部分赛事资金给赛事主办方,赛事赞助方也会将资金提供给赛事主办方,赛事主办方有时也会自己出资。

(4)赛事主办方会根据需要,将赛事资金分别投入赛事组织、内容制作、宣传播出、商业化模块。

(5)在消费者流向核心产业模块的资金流向上,消费者是起点,授权出资模块是终点。

(6)消费者通过消费电子竞技商业化过程中提供的各种电子竞技文化精神和实体产品,使得电子竞技赛事产生利润,游戏版权方、赛事主办方、赞助方都会获取一部分利润。

3.3.2 电子竞技产业的信息流向

电子竞技产业的信息流向如图3-3所示。

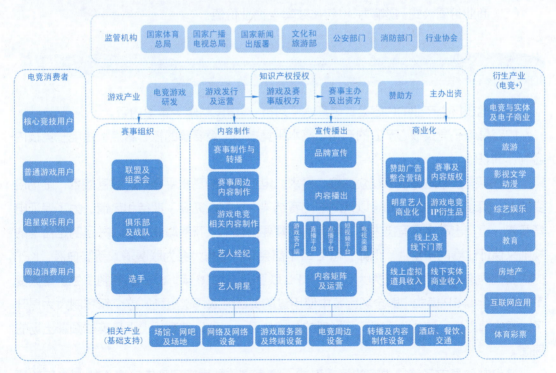

• 图3-3 电子竞技产业的信息流向 •

(1)电子竞技产业的信息流向是从游戏产业模块和授权出资模块流向核心产业模块,

再从核心产业模块流向消费者。

（2）游戏产业模块和授权出资模块是信息的源头，这一模块决定了电竞赛事的规模、奖金池、组织形式、制作方式、商业化运营方式等。

（3）电竞赛事相关信息经由赛事主办方传递到核心产业模块，主办方将赛事信息传递到赛事组织、内容制作、宣传播出、商业化各个模块，各模块根据赛事授权出资方的核心要求，对电竞赛事进行商业化制作。

（4）在电竞赛事制作举办的过程中，赛事相关信息又会通过联盟、俱乐部、选手、赛事制作方、解说、赛事市场宣传方、赞助方的广告等各种渠道，全方位地传递给消费者。

3.4 电子竞技核心产业价值公式

电子竞技核心产业创造价值的方式，可以通过下面 3 个价值公式来理解。
（1）内容公式：高水平对抗 × 精良制作 = 精彩内容。
（2）影响力公式：精彩内容 × 广泛传播渠道 = 行业及社会影响力。
（3）商业价值公式：影响力 × 转化效率 = 商业价值。

3.4.1 内容公式

电子竞技核心产业的内容公式是高水平对抗 × 精良制作 = 精彩内容。

内容是电子竞技核心产业的产品。高水平竞技是电竞赛事的核心看点，是电子竞技内容制作的基础。

高水平竞技是电竞赛事观众的核心需求，电竞选手的高水平操作、缜密战术、临场应变能力、瞬息万变的战局和难以预测的比赛结果，让观众充满了期待和热情。为了保证电竞赛事一直产出高水平竞技内容，电竞赛事需要持续输入新的职业选手，并且制定合理的规则来保证比赛的丰富性。例如，KPL 每年都会举行选秀大会为联赛输入新鲜血液，KPL 的许多优秀选手都是通过选秀大会进入 KPL 联赛的。2019 年，KPL 的赛制发生了重大变革，采用全局 BP 模式，即全场比赛中使用过的英雄无法再次出场。这个新赛制大大提升了比赛的精彩性，使战队不得不开发新的战术体系，一改以往赛场上强势英雄频繁出场的局面。

精良制作是电子竞技内容的呈现形式，将高科技技术运用到电竞赛事的制作和转播当中，借助精美的赛事包装、AI 智能数据展现、AR 虚拟现实制作技术等提升观众观赛体验。

3.4.2 影响力公式

电子竞技核心产业的影响力公式是精彩内容 × 广泛传播渠道 = 行业及社会影响力。

制作精良的电竞内容,必须通过传播渠道触达受众才能产生影响力。

此前,中国电子竞技的发展长期停滞不前,就是受制于有限的传播渠道。2004年左右,家用网络和个人计算机并没有普及开来,大众接触信息的主要渠道就是电视和广播,电子竞技相关内容被国家广电总局禁止播出后,电竞产业长期处于发展停滞状态。在很长一段时间内,电子竞技只是在爱好者中小范围传播,未能触达更多受众。直到网络直播平台兴起,个人电脑、智能手机普及,人人都有机会接触到电子游戏和电子竞技内容,电子竞技才借由网络渠道和社交媒体吸引了数量可观的观众。

3.4.3 商业价值公式

电子竞技核心产业的商业价值公式是影响力 × 转化效率 = 商业价值。

电子竞技核心产业的盈利是通过商业化实现的。转化效率是指将电子竞技观众转化成为电子竞技付费的用户的效率。电竞产品通过多种渠道触达赛事观众之后,必须将观众转化为电子竞技用户,促进用户为电子竞技内容及产品付费,才能够创造商业价值。例如,观众购买电竞赛事线下门票或线上门票、购买电竞赛事赞助商产品、购买电竞赛事相关游戏道具等,都属于电子竞技付费行为。将普通观众转化为付费观众,是电子竞技创造商业价值的关键所在。

3.5 电子竞技产业与游戏产业

本书第1章介绍了电子游戏、电子竞技游戏与电子竞技的区别和联系。本章的内容,尤其是对电子竞技产业结构的分析,更加说明了电子竞技产业与游戏产业是不同的产业。因为这两个产业具有高度的相似性和紧密的关联性,所以它们很容易被社会大众混淆。

电竞产业与游戏产业具有高度的相似性,主要是因为两个产业的外在表现形式都与玩游戏相关。

电子竞技产业是游戏产业IP的衍生产业。没有电子竞技游戏,电竞赛事无法举办,电子竞技产业也无从谈起。电子竞技产业也是游戏产业宣传和推广的升级方式。电子竞技不仅宣传了游戏产品,而且搭建了一套基于游戏产品的体育竞赛体系、内容生产体系和具有带动和融合其他产业作用的商业体系。电子竞技产业是游戏产业的外延和拓展，有助于提升游戏产业的整体形象。

尽管电竞产业与游戏产业具有高度的相似性和紧密的关联性，但这两个产业仍然存在一定的区别。

首先，两个产业涉及的游戏产品数量和范围不同。游戏产业涉及所有品类的游戏产品，而电子竞技产业只涉及电子竞技游戏产品类型。并不是所有类型的游戏都适合发展电子竞技产业，只有那些具有公平竞技属性且对抗性强的电竞游戏才能用于发展电子竞技产业。开发其他类型游戏和普遍性的发展游戏产业并不一定能够促进电子竞技产业的发展。

其次，两个产业的商业模式不同。游戏产业的商业模式的重点是游戏产品，以研发、发行和运营优秀游戏产品为核心。游戏产业发展的核心关键点是游戏产品好玩，用户愿意付费。电竞产业发展的核心关键点是电竞赛事好看、品牌及内容影响力变现。电子竞技核心产业的3个价值公式说明了生产内容、打造影响力和实现商业价值的完整过程。

最后，两个产业的发展基础和发展方式不同。游戏产业的发展基础是游戏产品的研发、发行和运营能力，发展游戏产业需要这些环节的专业人才。电子竞技产业的发展需要游戏产业的IP授权，还需要赛事组织、内容制作、宣传播出、商业化等更加综合的人才和能力，也需要场馆、网络及各种硬件的基础支持。在产业组织形式上，电子竞技产业组成更加丰富多样，多种类型的公司和参与者构成完整的产业生态。电竞产业综合性强且产业链条长，使上海这样多元化的国际大都市在建设全球电竞之都的发展策略上具有先天的优势。

职业电子竞技和游戏沉迷的表现相似，所以非常容易被社会大众混淆。下面着重分析从事职业电竞与游戏沉迷的区别。

职业电子竞技选手每天花费大量的时间来进行专业电竞训练，提升自己的游戏理解和操作水平，有时候到了废寝忘食的程度，职业电竞训练的表现形式是用很多时间来玩游戏。游戏沉迷的人们每天也耗费大量的时间在打游戏，有时甚至到了脱离和逃避现实的程度，游戏沉迷的表现形式也是用很多时间来玩游戏。因此，两者的外在表现和给外界的感觉基本相同。但是以质疑和否定的角度去批判电子竞技选手的游戏竞技追求就是沉迷游戏并不恰当，这就和说篮球运动员沉迷篮球，足球运动员沉迷足球一样。

为了明确两者之间的差异，解决社会上的问题，可以从游戏目的、游戏品类、游戏天赋和水平、职业发展、是否脱离现实5方面来分析职业电子竞技与游戏沉迷的区别。

（1）两者玩游戏的目的明显不同。游戏沉迷的人们玩游戏的目的是获得游戏的享受，脱离现实的烦恼，或其他不健康的目的。职业电子竞技选手玩游戏的目的是提升自己的游戏理解和游戏水平，从而在电竞赛场上击败对手，夺得冠军，实现人生的目标和追求。职业电子竞技的竞技精神与传统体育的竞技精神一致。

（2）两者涉及的游戏品类不同。游戏沉迷可以是任何品类的电子游戏，任何品类的电子游戏都可能有人沉迷其中。但职业电子竞技只涉及电子竞技游戏。

（3）两者需要的游戏天赋和水平差异巨大。游戏沉迷不需要特别的游戏天赋和游戏水平，只要长期在玩游戏，都可以算作游戏沉迷。绝大多数人即使在游戏中耗费极长的游戏时间，刻苦努力，反复训练，也不可能达到职业电子竞技的水平。但职业电子竞技需要极高的游戏天赋和游戏水平。

（4）职业电子竞技运动员是一个职业，而且是一个对天赋和努力要求非常高的职业。它像传统体育一样，有着明确的职业目标和稳定的收入来源。而游戏沉迷只是获得了沉迷游戏的人所要获得的游戏满足，并不是一个受到认可的正规职业。职业和非职业在任何行业都有很大的差距，像职业选手那样每天以训练提高的方式来玩游戏，对于很多喜爱游戏的人来说也并不好玩。

（5）职业电子竞技选手并没有脱离现实世界。他们被职业俱乐部或战队发现、选拔和培养，不断提升自己的专业技能，同时与队友密切配合，养成了良好的团队精神和合作意识。在赛场上，他们与其他选手和队伍同场竞技，展现出令人惊叹的游戏技能和竞技水平。而游戏沉迷则会使人脱离现实，沉迷游戏的人们一般完全沉溺于虚拟世界，与现实生活脱节，造成了许多家庭和社会问题。脱离现实的原因可能是虚拟世界的成就带来的满足感超越了现实生活，或者是不想面对现实，逃避真实的客观世界。

第 4 章 电子竞技监管机构

4.1 对电竞的认识决定监管电竞的方式

从全球电竞发展的角度来看,在很长一段时间内,韩国电竞一直引领全球电竞产业的发展,将电子竞技文化输出到全球。在1998年亚洲金融危机后,韩国将电子竞技视为经济发展的增长点。2003年,时任汉城市(现首尔市)市长的韩国前总统李明博曾经在WCG现场与星际争霸选手Ogogo进行了一场表演赛。政府的引导、政策的全面支持、网络基础设施的便利等条件促使韩国成为电竞强国。

政策一直是所有产业发展的基础保障,对游戏和电子竞技这种新兴行业尤其如此。政府对于电子竞技的认识和全社会对于电子竞技的看法,构成了一个国家电子竞技政策制定的基础。任何电竞政策都不是独立存在的,它必然产生于一定的社会背景,以应对当时面临的问题。

近些年,政府和社会对于电子竞技的认识逐步上升到新兴产业的高度。这与电子竞技能够对其他产业带来拉动效应的普惠性相关,也与电子竞技是融合产业的本质相关。电子竞技跨越了互联网、游戏、体育、传媒、文化等多个领域。融合的属性为明确电子竞技的监管归属权带来了一定的难度,涉及的监管部门太多,各地电子竞技政策制定和发布部门也不尽相同。完全明确电子竞技的主管部门,由主管部门制定管理原则和协调相应的社会资源尚需时日。

总体来说,政府对电子竞技的认识不断深入,对电竞产业的规划逐渐明晰。未来会有更多管理和促进电子竞技产业发展的政策出台。社会对电子竞技的理解也愈加开放和包容,这也为电竞政策的出台提供了广泛的社会基础。

4.2 电子竞技监管的定位与作用

电子竞技监管在电竞产业发展中起到指引方向、市场准入、监督管理和规范行业的作用,是电竞产业发展的核心政策保障。电竞监管的主要工作包括:制定游戏和电子竞技产业政策,促进行业健康有序发展;监督和管理电子竞技各参与方的行为;制定各项行业发展的制度及标准。电子竞技监管机构在电子竞技产业架构图中的位置如图 4-1 所示。

・图 4-1 电子竞技监管机构在产业架构图中的位置・

4.3 电子竞技的主要监管机构

电子竞技作为一项体育运动，电子竞技产业作为文化内容产业，受到多个监管机构的监管，这些监管机构包括国家体育总局、国家新闻出版广电总局、文化和旅游部、公安部门、消防部门、行业协会等。

电子竞技的监管是从中央到地方的监管。国家机关发布电子竞技相关宏观政策，各地在执行国家宏观政策要求的同时，也会根据当地实际情况制定具体政策，对电子竞技的监管也由各地的相应政府部门负责。

4.3.1 国家体育总局

1. 简介

国家体育总局前身是 1952 年 11 月成立的中央人民政府体育运动委员会，1998 年 3 月 24 日改组为国家体育总局。

1952年11月15日，中央人民政府委员会第19次会议通过成立中央人民政府体育运动委员会，并任命贺龙为中央人民政府体育运动委员会主任。1954年，该委员会改称为"中华人民共和国体育运动委员会"。

国家体育总局由国家体委改组而成。为了规范国务院行政机构的设置，加强编制管理，提高行政效率，1998年3月24日，国务院第一次全体会议讨论通过了《国务院机构设置和调整国务院议事协调机构方案》，将国务院体育行政部门的名称确定为"国家体育总局"，列入国务院行政机构的第三序列——国务院直属机构（原来的国家体委属国务院行政机构第二序列）。1998年4月6日，国家体育总局转发了《国务院办公厅关于启动国家体育总局印章的通知》，并宣布新印章自发文之日起启用。同日上午，国家体育总局举行了挂牌仪式。从此，国家体育总局正式登上历史舞台。

国家体育总局都致力于"发展体育运动，增强人民体质"，在普及群众体育的同时，大力发展竞技体育，大大提高了我国的运动技术水平，推动了我国体育事业的蓬勃发展。

国家体育总局的主要职责如下。

（1）研究体育发展战略，协调区域性体育发展，负责推动多元化体育服务体系建设，推进体育公共服务和体育体制改革。

（2）拟定体育事业发展规划和政策，起草有关法律法规草案并督促实施。

（3）统筹规划群众体育发展，负责推行全民健身计划，监督实施国家体育锻炼标准，推动国民体质监测和社会体育指导工作队伍制度建设，指导公共体育设施的建设，负责对公共体育设施进行监督管理。

（4）统筹规划竞技体育发展，设置体育运动项目，指导协调体育训练和体育竞赛，指导运动队伍建设，协调运动员的社会保障工作。

（5）统筹规划青少年体育发展，指导和推进青少年体育工作。

（6）拟定体育产业发展规划、政策，规范体育服务管理，推动体育标准化建设，负责体育彩票发行管理。

（7）指导、管理体育外事有关工作，组织开展与其他国家和与港澳台地区的体育交流与合作。

（8）组织开展体育领域重大科技研究、技术攻关和成果推广。

（9）负责组织、协调、监督体育运动中的反兴奋剂工作。

（10）承办国务院交办的其他事项。

2. 对电子竞技的监管

国家体育总局作为体育相关事项的最高管理机构，同样也是电子竞技运动的最高管理机构。2009年，国家体育总局信息中心被明确确认为电子竞技主管部门，成立了电子竞技项目部，开始正式接管中国电子竞技项目的管理工作。

国家体育总局信息中心电子竞技项目部负责电子竞技运动的管理，制定电子竞技运动发展规划、行业标准等。

电子竞技项目部的主要职责如下。

（1）负责我国电子竞技运动的业务管理，研究制定电子竞技运动的发展规划、工作计划以及项目的立项标准与条件、比赛规则与规程。

（2）负责全国性电子竞技比赛的组织实施，规范电子竞技赛事的管理，推动电子竞技运动的普及和发展。

（3）负责国内电子竞技运动员的注册、交流和运动员、教练员、裁判员技术等级评定工作，负责教练员、裁判员的业务培训，指导电子竞技项目俱乐部的建设与发展。

（4）开展电子竞技项目的国际交流与合作，组织国家队参加国际赛事。

（5）负责筹建中国电子竞技运动协会，推进各级电子竞技协会建设。

（6）组织开展电子竞技运动的宣传与科研工作。

（7）负责电子竞技项目的市场开发工作，推进相关产业的健康发展。

国家体育总局是电子竞技项目的直接主管单位，电子竞技相关活动必须遵守国家体育总局的相关政策和规定。

国家体育总局认可电子竞技为正式体育项目，对电子竞技来说意义重大。在此之前，电子竞技曾被误解为不务正业、沉迷游戏，得到国家体育总局的认可后，从事电子竞技运动的选手们终于拥有了体育运动员这个职业身份。2006年9月，中华全国体育总会在国家体育总局201会议室召开新闻发布会，向社会发布《电子竞技运动项目的管理规定》；2008年，国家体育总局将电子竞技正式纳入体育竞技的范围内，并且开始组织举办不同规模的电子竞技赛事，组织电子竞技国家队参与国际比赛。电子竞技项目的发展，从此有了国家体育总局的指导和监督。

2007年10月，第2届亚洲室内运动会包含电子竞技运动项目，这是电子竞技运动第一次被纳入国际综合性体育运动会。国家体育总局组织人员建立了中国电子竞技队，中国队在 NBA Live 2006、PES5 以及 NFS:Underground 2 这3个项目中获得全部3枚金牌，为中国代表团排名金牌总数第一位做出了积极的贡献。

2009年国家体育总局信息中心被明确认为电子竞技主管部门后，包含电子竞技项目的国际综合性体育赛事须由国家体育总局批准方可参加。国家体育总局负责筛选优秀电子竞技运动员并组建电子竞技国家队，前往参加国际综合性体育赛事。2009年10月，经国家体育总局批准，中国电子竞技队作为中国体育代表团成员之一，赴越南参加第3届亚洲室内运动会电子竞技项目的比赛。这也是国家体育总局体育信息中心接管电子竞技项目以后，中国选手首次参加国际大赛。2013年3月，国家体育总局成立一支17人的电子竞技国家队，出战第4届亚洲室内和武道运动会，获得2银1铜的好成绩。本次亚室会中国电子竞技队参加了《星际争霸2》、FIFA13和《英雄联盟》3个项目，均取得奖牌。2018

年8月，电子竞技成为雅加达亚运会的表演项目。国家体育总局批准组建电子竞技国家队，前往雅加达亚运会参与比赛。中国队摘下亚运会历史上首块电竞金牌，总成绩2金1银，展现了国家在电子竞技项目上的强大实力。

在国家体育总局的组织与领导下，中国电子竞技选手代表国家取得了一个又一个荣耀，以强大的凝聚力不断为祖国赢取荣誉。

4.3.2 国家广播电视总局

1. 简介

国家广播电视总局是国务院直属机构之一，主要职责是贯彻党的宣传方针政策，拟订广播电视管理的政策措施并督促落实，统筹规划和指导协调广播电视事业、产业发展，推进广播电视领域的体制机制改革，监管、审查广播电视与网络视听节目内容和质量，负责广播电视节目的进口、收录和管理，协调推动广播电视领域"走出去"工作等。

2013年，为统筹新闻出版广播影视资源，国务院将国家新闻出版署、国家广播电影电视总局的职责整合，组建了国家新闻出版广电总局，同时国家新闻出版广电总局加挂国家版权局牌子。2018年，受国务院委托，国务委员王勇在十三届全国人大一次会议上做了关于国务院机构改革方案的说明。方案提出，组建国家广播电视总局；为加强新闻舆论工作，加强对重要宣传阵地的管理，充分发挥广播电视媒体的作用；在国家新闻出版广电总局广播电视管理职责的基础上组建国家广播电视总局，作为国务院直属机构。

2. 对电子竞技的监管

国家广播电视总局负责研究起草广播电视、网络视听节目服务管理的重大政策、法律法规草案和规章，以及监督管理并审查广播电视、网络视听节目的内容。电子竞技产业是内容产业，产出优质的电子竞技赛事及其相关内容并进行广泛传播，是产业发展的基础。电子竞技的内容生产需要符合国家广播电视总局制定的政策法规，电子竞技内容需要通过电视、广播、网络等多个渠道传播。因此，电子竞技也受到国家广播电视总局的监管。

电子竞技赛事内容的制作、转播与播出，电子竞技相关节目内容的制作与传播，需要遵守国家广播电视总局的相关规定，其内容需接受国家广播电视总局的审核。电子竞技赛事通过网络直播平台、IPTV等渠道播出，电子竞技相关综艺节目、娱乐视频也会通过视频点播网站、IPTV、网络广播电视、手机视听节目等渠道进行播出。因此，电子竞技内容的播出宣传，首先需要遵守国家广播电视总局制定的基本政策；其次要遵循国家广播电视总局法规司的相关规定，注重知识产权的保护，不得出现内容侵权行为；还应当遵循国家广播电视总局宣传管理司的宣传规范。电子竞技内容通过电视、网络渠道播出时，还应当遵循网络视听节目管理司的相关规定。

电子竞技产业的基础是内容，因此国家广电总局的政策对电子竞技产业的发展有着至关重要的影响。

2004年4月12日，国家广播电视总局下发《关于禁止播出电脑网络游戏类节目的通知》，规定各级广播电视播出机构一律不得开设电脑网络游戏类栏目，不得播出电脑网络游戏节目。在当时，许多人认为播出游戏类节目会使青少年沉迷游戏，对青少年的健康成长带来负面影响。因此，国家广播电视总局发布了这份禁播令，电子竞技赛事及周边内容也在禁播的范围之内。这份禁播令给正处于发展起步阶段的电子竞技产业带来了重创。

当时，韩国已经通过政府、产业协会、电视台的共同协作，探索出了成熟的电子竞技产业链。韩国电视台不遗余力地播出与宣传电子竞技赛事与相关节目，很快吸引了大量电子竞技用户，提升了电子竞技赛事品牌价值。韩国电竞产业通过赛事版权收入和赞助收入，实现了巨大盈利，成为韩国的重要产业之一。

2004年左右，互联网和个人电脑的普及率还不高，电视是视频内容的主要传播渠道，人群覆盖率比较高。由于国家广播电视总局禁播令的限制，电子竞技赛事和相关节目内容无法在电视上播出，导致电子竞技内容在很长一段时间内都在小众范围内传播，失去了通过电视传播渠道吸引大量用户的机会。由于电子竞技的影响力和用户数量都比较有限，因此也无法获得数额较大的赞助。并且，电子竞技赛事及内容无法通过向电视台出售转播权获得版权收入，电子竞技产业陷入了缺乏盈利模式的尴尬境地。直到2014年左右直播平台兴起，电子竞技内容才有了稳定的传播渠道，从而接触到大量用户，迅速提升了影响力，并通过版权出售和越来越高的电竞赞助实现盈利。

由此可见，国家广播电视总局的政策对电子竞技产业发展有着极其重要的影响。

4.3.3 国家新闻出版署

1. 简介

国家新闻出版署（国家版权局）在中央宣传部加挂牌子，由中央宣传部承担相关职责，是国务院直属机构之一，主管全国新闻出版事业与著作权管理工作。中华人民共和国国家版权局是中华人民共和国最高的著作权行政管理部门，也是最高的著作权行政执法机关。

国家新闻出版署的主要职责是贯彻落实党的宣传工作方针，拟定新闻出版业的管理政策并督促落实，管理新闻出版行政事务，统筹规划和指导协调新闻出版事业、产业发展，监督管理出版物内容和质量，监督管理印刷业，管理著作权，管理出版物进口等。

由国家新闻出版署进行行政审批的事项如下。

（1）设立出版单位审批。

（2）出版单位变更名称、主办单位或者其主管机关、业务范围、资本结构，合并或者分立，设立分支机构审批。

（3）出版新的报纸、期刊、连续型电子出版物或者报纸、期刊、连续型电子出版物变更名称审批。

（4）图书、音像、电子出版物、期刊出版机构重大选题备案核准。

（5）中学小学教科书出版资质审批。

（6）中学小学教科书发行资质审批。

（7）设立出版物进口经营单位审批。

（8）出版物进口经营单位变更名称、业务范围、资本结构、主办单位或者其主管机关，合并或者分立，设立分支机构审批。

（9）接受境外机构或个人赠送出版物审批。

（10）进口用于出版的音像制品及音像制品成品审批。

（11）出版物进口单位进口电子出版物制成品审批。

（12）进口出版物目录备案核准。

（13）境外出版机构在境内设立办事机构审批。

（14）出版境外著作权人授权的电子出版物（含互联网游戏作品）审批。

（15）新闻出版中外合作项目审批。

（16）新闻记者证核发。

（17）著作权集体管理组织及分支机构设立审批。

（18）举办境外出版物展览审批。

（19）订户订购境外出版物审批。

（20）出版国产网络游戏作品审批。

2. 对电子竞技的监管

1）游戏版号的概念

电子竞技游戏在发行之前，必须经过国家新闻出版署的审核，并获得国家新闻出版署发放的游戏版号。

一款游戏要正式上线运营，需获得版权认证号、审查批准文号和网络游戏出版物号。版权认证号指国家新闻出版署发放的计算机软件著作权登记证书号；审查批准文号和网络游戏出版物号（ISBN号）是游戏版号的一部分。游戏申请版号过程中，先由出版单位提交材料到地方新闻出版局，地方新闻出版局审批通过之后下发批文（审查批准号），出版单位将批文连同申报材料提交至国家新闻出版总署，总署审批通过之后出具同意备案的函，之后出版单位才可以配发游戏出版物。

游戏版号申请也被称为游戏出版备案。游戏出版备案其实是国家新闻出版总署批准相关游戏出版上线运营的批准文件，全称为《网络游戏电子出版物前置审批》。游戏版号是在游戏上线运营之前申办的，申报材料中，著作权证书以及 ICP 证书是必须条件。游戏除进行出版备案以外，还要进行游戏运营备案。要求游戏在上线运营后的 30 日内到文化和旅游部进行游戏运营备案。办理运营备案必须具备"网络文化经营许可证（文网文）"。

2）游戏版号的作用

游戏版号的作用主要有两点：①避免法律纠纷，保护游戏作品和公司的知识产权；②国家直接面对市场进行监管。

游戏版号是对游戏名称的保护，著作证书可以保护游戏的代码，游戏名字的登记可以重复；而游戏备案登记的作品名称是根据著作权证书的名称（可以简称）而来的，不可以重复。

国家对于市场的审查力度正在逐步加大，手游也不例外，其游戏版号更是重点审查的对象，没有游戏版号的手游有可能面临强制下线的可能。下线会造成商家信誉下降和用户丢失等一系列的问题。随着相关的法律法规不断地完善，游戏市场会受到全面监管。

3）游戏版号的审批流程

申请版号的游戏，游戏运营公司必须具备 ICP 证，游戏必须办理软件著作权，并且须进行游戏实名认证并加入防沉迷系统。

游戏版号的审批流程是：向出版单位提交申请资料——省级出版署审核——国家新闻出版署审批。

游戏公司将游戏材料和游戏内容提交出版单位后，出版单位审核材料，对游戏提出修改建议，确认无误后将申请材料提交至所在地省出版署。省出版署收到出版单位申请材料后，一般 30 个工作日左右下发批文，得到下发批文后出版单位将资料报国家新闻出版署审批。申请材料递交国家新闻出版署之后进行排队，排队过后国家新闻出版署会提出对游戏的修改、初审意见，直至游戏获得版号。因此，游戏申请版号的时间一般需要 60~100 个工作日（不含游戏修改时间）。

根据国家新闻出版署官网上发布的《出版国产网络游戏作品审批》中的有关规定，为了符合有关总量、结构、布局规划要求，游戏版号发放有数量限制。这意味着，即使游戏具备了全部版号许可条件，由于版号发放数量有限，申请后可能不会顺利拿到版号。

4）游戏版号对电子竞技的影响

没有获得游戏版号的国产游戏是无法上线运营的，也不可能举办电子竞技赛事。没有获得版号的国外游戏，无法在中国地区进行游戏运营，也无法面向观众举办正式的线下电竞赛事。一款游戏要做到大规模的电竞化，并对该游戏的赛事品牌及相关电竞活动进行商业化运营，形成可持续盈利的赛事产业链，必须具备国家新闻出版署发放的游戏版号。

因此，任何一款游戏，如果想要在中国形成可持续发展的电竞赛事产业链，进行完全的电竞化开发，必须通过国家新闻出版署审核，获得其发放的游戏版号。获得游戏版号，是对电子竞技游戏进行电竞化运营极其重要的前提条件。

4.3.4 文化和旅游部

1. 简介

中华人民共和国文化和旅游部是根据党的十九届三中全会审议通过的《中共中央关于深化党和国家机构改革的决定》《深化党和国家机构改革方案》和第十三届全国人民代表大会第一次会议批准的《国务院机构改革方案》设立。

为增强和彰显文化自信，统筹文化事业、文化产业发展和旅游资源开发，提高国家文化软实力和中华文化影响力，推动文化事业、文化产业和旅游业融合发展，方案提出，将文化部、国家旅游局的职责整合，组建文化和旅游部，作为国务院组成部门。不再保留文化部、国家旅游局。

十三届全国人大一次会议表决通过了关于国务院机构改革方案的决定，批准设立中华人民共和国文化和旅游部。2018年3月，中华人民共和国文化和旅游部批准设立。文化和旅游部是国务院组成部门，为正部级。

文化和旅游部的主要职责是贯彻落实党的文化工作方针政策，研究拟定文化和旅游政策措施，起草文化和旅游法律法规草案、统筹规划文化事业、文化产业和旅游业发展，拟订发展规划并组织实施、推进文化和旅游融合发展、推进文化和旅游体制机制改革等。

2. 对电子竞技的监管

电子竞技正在成为承载中国文化"走出去"的新型文化载体。通过本土电子竞技游戏及相关电竞赛事的出海，中国的历史文化能够在全世界近十亿电竞用户中传播。中国作为电子竞技强国，在国际赛事上取得了诸多荣耀，在电竞赛事主办方面的经验与水平也位居世界前列。世界顶级的赛事频频落地中国，英雄联盟全球总决赛于2017年、2020年分别落地北京、上海，DOTA2国际邀请赛于2019年落地上海。来自全世界的电竞观众汇集中国观赛，电子竞技赛事已成为国际文化交流的载体。电子竞技产业迅速发展的同时，其衍生产业电竞旅游业也逐渐成长起来。因此，电子竞技在文化和旅游相关活动中都受到文化和旅游部的监管，应当遵循文化和旅游部制定的政策规定。

2018年3月22日，《国务院办公厅关于促进全域旅游发展的指导意见》中指出："推动旅游与城镇化、工业化和商贸业融合发展。建设美丽宜居村庄、旅游小镇等。"文化和旅游部响应国务院的意见，积极推进特色旅游小镇的建设。在文化和旅游部的政策支持下，运动休闲特色小镇的新模式电子竞技小镇应运而生。各地区纷纷建设电子竞技特色小镇，以电子竞技赛事及相关活动吸引年轻群体前来观赛旅游，从而带动当地经济发展。2018年8月，国家体育总局官网发布的《体育总局办公厅关于公布第一批运动休闲特色小镇试点项目名单的通知》中，全国96个特色小镇上榜，太仓市天镜湖电子竞技小镇也位列其中，是名单中唯一的电子竞技小镇。

太仓市天镜湖电子竞技小镇地处太仓、昆山、嘉定三城交汇的太仓市科教新城，以打国家级电子竞技特色小镇、国际化运动休闲文旅特色小镇为目标。电竞小镇规划总面积为 3.55 平方千米，主要由海运堤电竞综合体验区、天镜湖电竞文化展示区、大学科技园电竞创意产业区三大功能区域构成，形成"一轴两核三区多点"的空间布局。

从 2011 年引入第一家电竞企业到现在，太仓电竞小镇已经聚集电竞核心企业四十多家，集聚电竞从业人员千余名。不仅如此，多项具有行业影响力的职业电竞赛事也已经落户小镇。例如穿越火线职业联赛（CFPL）、穿越火线：枪战王者职业联赛（CFML）、TGA 大奖赛、中国足球电竞联赛（CEFL）、FIFA Online 3 职业联赛（FSL）等。

未来，太仓电竞小镇的目标是打造长三角电竞体验旅游首选地、中国顶级电子竞技赛事首选地、中国电子竞技产业生态集聚区，最终建成具有全球影响的电子竞技特色小镇。

除了太仓，浙江杭州、重庆忠县、安徽芜湖等多个地区也在发力建设电子竞技特色小镇。在文化和旅游部的支持和引导下，电竞旅游产业正在焕发出勃勃生机。

4.3.5 公安部门

1. 简介

中华人民共和国公安部是国务院组成部门，是全国公安工作的最高领导机关和指挥机关。

各省、自治区设公安厅，直辖市设公安局；各市（地、自治州、盟）设公安局（处）；市辖区设公安分局，接受上级公安机关直接领导；各县（市、旗）设公安局，分别接受同级人民政府和上级公安机关领导。县（市、区、旗）公安局下设公安派出所，由县（市、区、旗）公安机关直接领导和管理。

公安部下辖各地区公安机关的职责是：预防、制止和侦查违法犯罪活动；防范、打击恐怖活动；维护社会治安秩序，制止危害社会治安秩序的行为；管理交通、消防、危险物品；管理户口、居民身份证、国籍、出入境事务和外国人在中国境内居留、旅行的有关事务；维护国（边）境地区的治安秩序；警卫国家规定的特定人员、守卫重要场所和设施；管理集会、游行和示威活动；监督管理公共信息网络的安全监察工作；指导和监督国家机关、社会团体、企业事业组织和重点建设工程的治安保卫工作，指导治安保卫委员会等群众性治安保卫组织的治安防范工作。

2. 对电子竞技的监管

大型线下电竞赛事参与人数众多，属于大型群众性活动。大型群众性活动在准备阶段必须向当地公安部门进行报批。

针对举办大型活动的管理，依据的是 2007 年国务院颁发的第 505 号《大型群众性活动安全管理条例》（以下简称 505 号文）。505 号文比较明确地界定了"大型群众性活动"的概念，是指法人或者其他组织面向社会公众举办的每场次预计参加人数达到 1000 人以上的活动，如体育比赛、演唱会、音乐会等文艺演出、展览、展销等。预计参加人数（针对商业活动，参加人数就是可售票数量）在 1000 人以上的活动，就需要活动承办方向公安机关申请安全许可。

505 号文同时明确举办大型群众性活动应"坚持承办者负责、政府监管的原则"，承办者应当制订大型群众性活动安全工作方案。大型群众性活动安全工作方案包括下列内容。

（1）活动的时间、地点、内容及组织方式。
（2）安全工作人员的数量、任务分配和识别标识。
（3）活动场所消防安全措施。
（4）活动场所可容纳的人员数量以及活动预计参加人数。
（5）治安缓冲区域的设定及其标识。
（6）入场人员的票证查验和安全检查措施。
（7）车辆停放、疏导措施。
（8）现场秩序维护、人员疏导措施。
（9）应急救援预案。

在进行公安报批时，需要向公安部门提交的材料主要包括以下内容。

1)《大型群众性活动安全许可申请表》

该表格一般由各地公安机关提供模板，如图 4-2 所示，承办者应当就活动基本概况，如活动时间、地点、内容等如实填写。同时明确活动承办方、舞台搭建方、安保安检提供

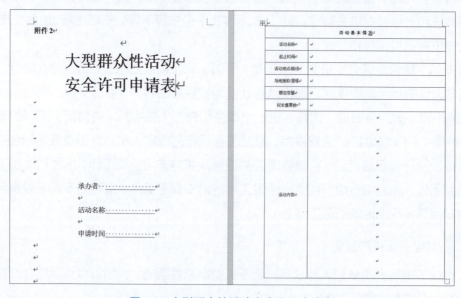

· 图 4-2　大型群众性活动安全许可申请表 ·

方、场地提供方、票务公司的主要负责人及项目负责人联系方式及职责范围，由各单位负责人签字并加盖公章。同时，出具正式委托书，委托承办公司专员负责办理相关手续，为报批材料的真实性承担责任。

2）承办者合法成立的证明及安全责任人的身份证明

（1）承办者营业执照复印件。

（2）承办者的公司法人及安全责任人（报审专员）身份证件复印件。

（3）由两个或两个以上承办者共同举办活动的，应当提交联合承办协议及上述各自相关证明，以及职责范围。

3）其他资质、资格证明

举办大型体育赛事、演唱会等大型群众性活动，应当依照有关法律、法规的规定，提交有关主管部门的批准或同意举办文件。

如文艺演出应提交市文广局行政许可书正本，进行外语演出的外籍演员应附经文化和旅游部审核通过的演出项目详表；体育比赛应提交国家体育总局相关部门或省、市级以上体育部门批准文件或证明函。

4）活动场所管理者同意提供活动场所的证明

（1）提供场所租赁协议或场地确认函，明确场地租赁方法人主体、场地方营业执照，使用该场所的时间、范围、包含设施等基本情况，附场所及活动平面图等，加盖承办者公章。

（2）新建场所应提供消防部门出具的消防安全检查验收证明文件，含场所消防安全验收合格文件、经消防部门核定通过的该场所活动人员容量设计方案等。

5）大型群众性活动方案

说明活动举办的日期及具体时间段，场地所处的位置，具体内容和组织形式，预计参加人数、演艺人员、参赛队伍、参展单位人数、其他安排等情况的活动方案。涉及当红明星及运动员的，还应提供航班号和入住酒店，并做好相应预案，以减少机场或酒店大量粉丝的无序聚集可能性。

6）进行活动场所搭建的相关证明

搭建临时舞台、看台的，应当提交搭建公司的以下证明材料。

（1）搭建公司的营业执照和资质认证材料复印件。

（2）搭建公司的法人代表身份证件复印件。

（3）搭建公司与承办方的搭建协议。

（4）明确舞台、看台及灯光、音响等设施的搭建平面图（平面图应以CAD格式套在场地平面图中）、剖面图和效果图，并附搭建示意图和使用材料说明，并由承办者和搭建公司有关负责人签字、加盖公章。

（5）对可能的特效及特殊舞台机械进行说明。

7）票务销售方案

（1）票务公司的营业执照和资质认证材料复印件。

（2）票务公司的法人代表身份证件复印件。

（3）票务公司与承办方的票务合作协议。

（4）对社会公开售票的活动，应当提供票券样张、防伪措施、线上及线下票务销售渠道及方案。

（5）应当提供标明具体票务销售数量及场所内座位分布情况详图（该图应套在场馆平面图中，并在关键位置进行距离标注，如舞台台口至第一排座位、内场行距、安全通道等）。

（6）在座位图上对摄像机位、视线受阻位、安全预留座位等进行明确标注。

8）大型群众性活动安全工作方案

（1）安保、安检公司的营业执照和资质认证材料复印件。

（2）安保、安检公司的法人代表身份证件复印件。

（3）安保、安检公司与承办方的合作协议。

（4）活动的时间、地点、内容及组织方式。

应当说明活动举办日期以及具体的时间段，场地所处的位置，活动的具体内容，活动以何种方式组织等。

（5）安全工作人员的数量、任务分配和识别标识。

提供承办方与安全工作人员提供方（有资质的安保、安检公司）的合作协议。同时说明安全工作人员基本情况，安全工作人员主要包括承办者的安全工作人员以及专门从事大型群众性活动安保（安检）工作的保安队伍。方案中明确保安（安检）人员数量、岗位安排、点位图、工作职责和安检设备配置情况等。安全工作人员应当佩戴统一、规范、便于识别的标识。

（6）活动预计参加人数。

应当说明活动各个分区的详细容量，在考虑核定容量留有余地的基础上，预计参加活动的人数。

（7）治安缓冲区域的设定及其标识。

应当根据公安机关的要求，设置相应的人群缓冲区域，以及设置明显的引导标识。要对该情况做出说明。

（8）入场人员的票证查验和安全检查措施。

票证应当有防伪措施。票证查验应当由专人负责，必要时配备专用设施。应当根据公安机关要求，配备专业安检设备、器材，对入场人员进行安检。对于一些特殊活动，还应在材料中明确，哪些器材是不允许带入活动现场的。

（9）车辆停放、疏导措施。

应当说明机动车、非机动车停车场地设置和疏导标识设置情况，并配备相应的停车证样张。

（10）现场秩序维护、人员疏导措施。

进出场高峰、活动高峰等重要时段，应在出入口、舞台前、楼梯口等重要地点安排安全工作人员及设施设备，加强秩序维护和人群疏导。要对该情况做出说明，明确工作职责。

9）大型群众性活动消防安全工作方案

应当制订灭火和应急疏散预案，说明活动场所内消防设施、器材配备、消防安全标识设置、疏散通道、安全出口通道等情况。

10）大型群众性活动突发事件应急预案

应当说明在发生人群拥挤踩踏等突发事件情况下，应急救援的指挥关系、力量调动和工作措施。

11）演员承诺书

活动中有境外演员的，应当提交其承诺遵守我国法律、法规的签字保证书；如为外籍演员，应提交中英文对照版本的保证书。

在举办观众数量超过 1000 人的大型线下电竞赛事或者电竞活动时，都需要按照规定向公安部门提交以上材料。地方公安机关会对电竞活动项目提交的材料进行严格审核，并在活动开始前检查活动场地，查看安全标识、安全器材、疏散通道标识等是否安排妥当。公安机关对电子竞技的监管确保了电子竞技线下活动的安全，使得电子竞技产业能够规范有序地向前发展。

4.3.6 消防部门

 1. 简介

中华人民共和国应急管理部消防救援局是中华人民共和国应急管理部下设单位，承担灭火救援和其他应急救援工作。

中国的消防部队之前由公安部管理。2018 年 3 月，中央印发《深化党和国家机构改革方案》，公安消防部队不再列武警部队序列，全部退出现役。公安消防部队转到地方后，现役编制全部转为行政编制，成建制划归应急管理部，承担灭火救援和其他应急救援工作，充分发挥应急救援主力军和国家队的作用。2018 年 10 月 9 日 10 时，"公安消防部队移交应急管理部交接仪式"举行，持续 53 年的消防部队成为历史。

中国消防力量主要由公安消防队伍和地方政府专职消防队、企业专职消防队组成，公安消防部队为主体力量。公安消防部队是公安机关行政执法和刑事司法力量的组成部分，是在公安机关领导下同火灾做斗争的一支实行军事化管理的部队，执行解放军的三大条令和兵役制度，纳入武警序列。实行公安机关领导，条块结合，分级管理的管理体制。

各省、自治区、直辖市设消防总队，总队下设司、政、后、防4个部门；各地、市、州、盟和直辖市城区设消防支队，支队下设消防大队（科）、中队。

中华人民共和国应急管理部消防救援局的主要职责是组织指导城乡综合性消防救援工作、负责指挥调度相关灾害事故救援行动、参与起草消防法律法规和规章草案等。

2. 对电子竞技的监管

电子竞技赛事的举办，需要搭建电竞舞台、表演舞台以及临时功能区。根据《中华人民共和国消防条例》规定，凡新建、扩建、改建、装修工程和搭建临时工棚、排棚等均须向公安消防部门报建审批。

大型线下赛事属于人群密集的大型群众活动，根据公安部发布的《消防监督检查规定》第十二条、第十三条规定，在大型群众性活动举办前应对活动现场进行消防安全检查，对大型的人员密集场所和其他特殊建设工程的施工现场进行消防监督检查。

《消防监督检查规定》第十二条规定，在大型群众性活动举办前对活动现场进行消防安全检查，应当重点检查下列内容。

（1）室内活动使用的建筑物（场所）是否依法通过消防验收或者进行竣工验收消防备案，公众聚集场所是否通过使用、营业前的消防安全检查。

（2）临时搭建的建筑物是否符合消防安全要求。

（3）是否制定灭火和应急疏散预案并组织演练。

（4）是否明确消防安全责任分工并确定消防安全管理人员。

（5）活动现场消防设施、器材是否配备齐全并完好有效。

（6）活动现场的疏散通道、安全出口和消防车通道是否畅通。

（7）活动现场的疏散指示标识和应急照明是否符合消防技术标准并完好有效。

《消防监督检查规定》第十三条指出，对大型的人员密集场所和其他特殊建设工程的施工现场进行消防监督检查，应当重点检查施工单位履行下列消防安全职责的情况。

（1）是否明确施工现场消防安全管理人员，是否制定施工现场消防安全制度、灭火和应急疏散预案。

（2）在建工程内是否设置人员住宿、可燃材料及易燃易爆危险品储存等场所。

（3）是否设置临时消防给水系统、临时消防应急照明，是否配备消防器材，并确保器材完好有效。

（4）是否设有消防车通道并畅通。

（5）是否组织员工消防安全教育培训和消防演练。

（6）施工现场人员宿舍、办公用房的建筑构件燃烧性能、安全疏散是否符合消防技术标准。

电子竞技赛事发展至今，已经不仅是单纯的体育比赛，逐渐发展成为融合了表演和艺术的视听盛宴。通过高科技技术的引入和复杂精巧的舞台装置，为观众呈现美轮美奂的视觉体验。典型的案例如 2019 年王者荣耀职业联赛 KPL 中引入的冰屏，如图 4-3 和图 4-4 所示。

· 图 4-3　中央舞台被冰屏一分为二 ·

· 图 4-4　选手在冰屏后亮相 ·

这样复杂华丽的舞台，已经越来越多地出现在电竞赛事当中。为保证电竞赛事参赛人员、工作人员及观众的安全，电竞比赛舞台、表演舞台及临时区域在搭建施工阶段必须严格遵守消防安全规定，向消防部门进行消防报批，并接受消防部门的消防安全检查。

4.3.7　行业协会

1. 简介

行业协会是介于政府、企业之间，商品生产者与经营者之间，并为其服务、咨询、沟通、监督、公正、自律、协调的社会中介组织。行业协会是一种民间性组织，它不属于政府的管理机构系列，而是政府与企业的桥梁和纽带。行业协会属于中国《民法》规定的社团法人，是中国民间组织社会团体的一种，即国际上统称的非政府机构（又称NGO），属非营利性机构。

行业协会的主要职能有以下7点。

（1）沟通。

作为政府与企业之间的桥梁，向政府传达企业的共同要求，同时协助政府制定和实施行业发展规划、产业政策、行政法规和有关法律。

（2）协调。

制定并执行行规行约和各类标准，协调本行业企业之间的经营行为。

（3）监督。

对本行业产品和服务质量、竞争手段、经营作风进行严格监督，维护行业信誉，鼓励公平竞争，打击违法、违规行为。

（4）公正。

受政府委托，进行资格审查、签发证照、如市场准入资格认证，发放产地证、质量检验证、生产许可证和进出口许可证等。

（5）统计。

对本行业的基本情况进行统计、分析，并发布结果。

（6）研究。

开展对本国行业国内外发展情况的基础调查，研究本行业面临的问题，提出建议，出版刊物，供企业和政府参考。

（7）狭义服务。

如信息服务、教育与培训服务、咨询服务、举办展览、组织会议等。

2. 对电子竞技的监管

电子竞技行业中，电子竞技行业协会在电竞产业的发展和规范中发挥着重要的作用。各地方电子竞技产业协会通过行业平台搭建，圈层协作交流，专业竞赛表演，学术技术交流，教学，资格评估和认证等活动，不断促进电子竞技产业的发展。

下面以成都电子竞技产业协会为例。成都电子竞技产业协会成立于2016年，是由成都地区从事电子竞技的相关产业的企业、单位、机构自愿结成的行业性非营利性社会组织。

成都电子竞技产业协会业务范围如下。

（1）根据国家的方针和政策，宣传和发展成都电子竞技及相关产业。普及电子竞技知识和理念，扩大优质受众。

（2）策划、组织并实施电子竞技及相关产业相关交流活动，包括但不限于行业竞赛、学术交流、相关产业开发、产业样本调查、学术考察等活动。加强各会员之间的联系和互动，对电子竞技及相关产业有效扶持。

（3）开展与项目相关的非经营性活动，为电子竞技及相关产业的发展筹集资金。

（4）编辑出版电子竞技及相关产业教材、刊物及技术著作，建立和宣传电子竞技的系统体系。

（5）为电竞线上平台团队、电竞场馆管理团队、电竞项目创意团队、电竞游戏制作团队、电竞推广团队等匹配资源，包括孵化资源、活动资源、项目资源等。

（6）成立产业研究专家团。按照产业发展和行业细分，定期发布成果和动态信息、专题报告和编制成都电子竞技产业年度报告及发展对策建议。

在促进成都电子竞技产业发展方面，成都电子竞技产业协会提出了两个发展思路：一是打造电子竞技平台；二是规范建立行业标准。

1）打造电子竞技平台

（1）创建品牌赛事。

2016年11月，成都电子竞技产业协会、成都华潇文化传播有限公司联合创办了成都电子竞技超级联赛，这是面向成都电子竞技专业运动员和爱好者们而打造的专业电子竞技行业本土品牌赛事。赛事具有辐射面广、比赛时间长、奖金额度高的特点，同时赛事整合了多年参与赛事组织和WCG赛事运营的团队人员，计划通过3~5年的分级别、分赛季的长期打造，将成都电子竞技超级联赛作为立足成都、覆盖西南，整合全国和境外电竞资源的平台。

（2）建立专业电竞俱乐部。

以超级联赛为核心，着力培养一批高水平的电子竞技选手和专业电竞俱乐部，规范选手及俱乐部的管理，提升赛事的观赏性和对抗性，同时也提升本地选手的竞技水平，为以后参与更高级别的赛事培养后备人才。

（3）电竞场馆资源整合。

为有效整合电子竞技场馆，组织规范化、专业化、国际化、市场化的竞赛，协会已推出《成都电子竞技产业协会电子竞技场馆星级评定办法》。

（4）电子竞技项目开发。

电子竞技项目研发作为协会中长期发展目标之一，包括软件和硬件两方面：软件方面指以竞技为核心，开发更适合市场、更具竞技含量的电子竞技项目；硬件方面指与大的厂商合作，着力打造更适合专业电竞比赛的外设设备，例如手柄、键盘、鼠标等。

（5）电子竞技创新创业培训。

着手打造电子竞技研发、电竞平台运营、赛事策划、执裁、网络直播、传媒、俱乐部乃至AR/VR技术开发等囊括电竞产业多方向的专业人才培养路径。缩短具有双创特色的高科技人才培养周期，探索人才培养的新型模式，并以市场需求为导向，以应用能力和基本素质培养为目标，实现人才培养与社会、市场、企业接轨。

成都电子竞技产业协会已与成都各大高校联合策划和布局开展电子竞技专业、选修、讲座及裁判员培训课程。今后协会还将面向社会开展教育培训，招募更多专业人员，为电子竞技产业输出优秀人才。

协会着手推广电子竞技产业的人才认证，并建立完善规范的认证服务体系。通过严格的过程管理，让社会、企业信任认证资格的权威性；通过与国内知名高校、业内知名企业合作，逐步提升认证资格的含金量。获得认证的学员可被视为具有电子竞技从业资格（初级认证），或电子竞技产业资深专业人士（高级认证）。

2）规范建立行业标准

成都电子竞技产业协会已推出《成都市电子竞技志愿者管理办法》《成都市电子竞技会员单位实施细则》《成都市电子竞技场馆星级评定办法》《成都市电子竞技裁判员管理办法》《成都市电子竞技赛事纪律处罚办法》《成都市电子竞技竞赛管理办法》《成都市电子竞技运动员及注册管理办法》等制度，完善行业管理，推动电子竞技产业健康发展。

电子竞技行业协会制定产业标准并监管电子竞技产业，同时搭建了功能强大的产业协作平台，整合区域内电子竞技资源，提升区域电子竞技产业实力。一个地区电子竞技产业的发展与进步，与当地电子竞技行业协会的努力息息相关。

4.4 近期的电子竞技政策

电子竞技产业是内容文化产业，且受到多个部门的监管。国家政策法规对于电子竞技产业的发展有着至关重要的影响，决定着电子竞技发展的进程。

2021 年 8 月 3 日早晨 7 时左右，新华通讯社主办的《经济参考报》刊登了《网络游戏长成数千亿产业》一文。该文将网络游戏定性为"精神鸦片"，文章称，"任何一个产业、一项竞技都不能以毁掉一代人的方式来发展"，并同时呼吁"处罚的力度要同步跟上"。这篇文章在短时间内被广泛传播，而港股游戏股股价也随之剧烈下跌。与此相对应，港股各游戏股呈现剧烈下跌态势。腾讯开盘价 468.8 港元，5 分钟后跌至 432.40 港元，最低达到 423.60 港元，跌幅达 9.64%，市值一度蒸发 4339 亿港元。网易开盘价 157.00 港元，跌至本日最低价 133.40 港元，跌幅达 15.03%，市值蒸发 46.5 亿港元。13 时左右，该文章从《经济参考报》官网和微信公众号上消失，港股游戏板块迎来反弹。截至 8 月 3 日 16 点收盘，相较于本日最低点，腾讯股价回弹 4.7%、网易股价回弹 7.9%。随后，该文章修改了部分措辞后又再次发出。

新华社社论在一定程度上能够反映国家政策的倾向，其发布的关于游戏和电竞的社评，对于游戏和电竞市场具有巨大的影响力。电子竞技产业与游戏产业紧密相连，其发展态势也被国家政策深深地影响着。

4.4.1 电竞相关重大国家政策

在很长一段时间内，电子竞技的社会认可度较低，促进电子竞技发展的政策也比较少。在 2016 年以前，中国电子竞技产业的发展一直较为缓慢。2016 年，国家相继发布了数条有利于电子竞技产业发展的重大国家政策，各地方政府也纷纷响应，颁布了促进于电竞产业发展的政策，中国电子竞技产业的发展进入了黄金阶段。

2016 年发布的电子竞技相关重大国家政策如下。

（1）国家发改委政策。

2016 年 4 月 15 日，国家发改委发布《关于印发促进消费带动转型升级行动方案的通知》。通知明确指出，"在做好知识产权保护和对青少年引导的前提下，以企业为主体，举办全国性或国际性电子竞技游戏游艺赛事活动。"

（2）国家体育总局政策。

2016 年 7 月 13 日，国家体育总局发布《体育产业发展"十三五"规划》，指出"以冰雪、山地户外、水上、汽摩、航空、电竞等运动项目为重点，引导具有消费引领性的健身休闲项目发展"。

（3）教育部政策。

2016 年 9 月，教育部发布《普通高等学校高等职业教育（专科）专业目录》，增补了"电子竞技运动与管理"专业。

（4）文化部政策。

2016 年 9 月，文化部 26 号文件提出了鼓励游戏游艺设备生产企业积极引入体感、多维特效、虚拟现实、增强现实等技术；支持打造区域性、全国性乃至国际性游戏游艺竞技赛事，带动行业发展；全面放开游戏游艺设备的生产和销售，全面取消游艺娱乐场所总量和布局要求。

（5）李克强总理在国务院会议上的指导意见。

2016 年 10 月 14 日，国务院总理李克强主持召开了国务院常务会议。会议指出"要出台加快发展健身休闲产业指导意见，因地制宜发展冰雪、山地、水上、汽摩、航空等户外运动和电子竞技等"。

（6）国务院政策。

2016 年 10 月 28 日，国务院办公厅印发《关于加快发展健身休闲产业的指导意见》，曾明确指出要推动电子竞技、极限运动等时尚运动项目健康发展，培养相关专业培训市场。

上述国家政策表明，国家已经注意到了迅速发展的电子竞技产业所具有的潜能，以及电子竞技产业能够带来的经济效益和社会效益，因此发布了国家层面的政策，鼓励电子竞技产业的发展。国家政策的指引是经济发展的风向标，因此各地区纷纷响应中央政策的号召，也相继发布了促进电子竞技产业发展的地方政策。在多重有利政策的指引下，电子竞技产业自 2016 年起开始爆发式发展，电子竞技赛事规模不断扩大、电子竞技赞助金额屡创新高、电子竞技产业链不断扩展。经过几年的发展，电子竞技产业已经形成了拥有完整产业链、拥有一百多个不同工种的成熟产业，在产生巨大经济效益的同时也提供了大量岗位。

2019 年，国家相关部门又发布了数条有利于电子竞技发展的政策。

（1）人力资源社会保障部、国家市场监管总局、国家统计局政策。

2019 年 4 月，人力资源社会保障部、国家市场监管总局、国家统计局发布了 13 个新职业，其中包含"电子竞技运营师"和"电子竞技员"。

（2）国家统计局政策。

2019 年 4 月，国家统计局公布最新的《体育产业统计分类（2019）》，电子竞技被列入 02 大类体育竞技表演活动。

（3）人力资源社会保障部政策。

2019 年 6 月 28 日，人社部发布新职业"电子竞技员"的就业分析报告中提到了就业前景和现状分析报告，电子竞技行业有 50 万从业者，并且未来 5 年存在近 200 万人的人才缺口。

新职业是指经济社会发展中已经存在一定规模的从业人员，具有相对独立成熟的职业技能，且未收录在《中华人民共和国职业分类大典》中的职业。国家部门将电子竞技产业岗位纳入新职业，充分说明电子竞技产业已经有了一定规模的从业人员，且从业人员具备独立成熟的职业技能。国家统计局首次将电子竞技列入《体育产业统计分类（2019）》02 大类体育竞技表演活动，这意味着电子竞技产业所产生的经济收入已经具备一定规模，为国民经济的发展做出了贡献。

电子竞技相关国家政策的发布，表明了电子竞技产业已经是一个相对成熟、能够产生较好的经济效益并且能够为社会提供大量工作岗位的产业，和其他产业一同为经济发展和社会进步而贡献力量。国家政策的支持，能够有效改变社会对于电子竞技的误解，提高电子竞技的社会认可度和大众影响力，使"电子竞技是体育运动""电子竞技从业者是国家认可的新职业"这样的观念逐步深入人心。

在国家发布了促进电竞产业发展的政策后，北京市、上海市、四川省成都市等多地纷纷出台了有利于电竞产业发展的政策。

4.4.2 北京电竞政策

北京市作为中国的政治经济中心和文化中心，政府对于其电子竞技产业发展也给予了政策方面的支持。

2018年7月，中共北京市委、北京市人民政府印发《关于推进文化创意产业创新发展的意见》，支持举办高品质、国际性的电子竞技大赛，促进电竞直播等网络游戏产业健康发展。

2019年11月，首届中关村文化产业五十人研讨会上，北京市海淀区发布《北京市海淀区支持数字文化产业发展（电竞产业篇）》。海淀区将对院校开设电竞管理、游戏设计、电竞商业化等专业及课程给予适度补贴。支持企业、高校、机构开展电竞理论研究与教材编纂，对于正式出版并纳入教材的，奖励金额不超过50万元。海淀区将支持区内本科、高职高专对注册登记的退役电竞选手进行再教育，提升退役电竞选手学历层次和再就业能力，并根据实际效果，给予院校资金支持。在集聚游戏企业及电竞俱乐部方面，海淀区将支持国际影响力巨大的龙头游戏企业、俱乐部落户。支持国内一流游戏研发企业落户，建设数字文化产业集聚区，吸引企业聚集，对入驻海淀区数字文化产业集聚区的企业，按照第一年不超过50%，第二年不超过30%，第三年不超过20%的方式对房租进行补贴。同时，奖励优秀俱乐部，在重要赛事中取得优异成绩的俱乐部，最高奖励不超过200万元。将加强金融资本支撑，引导社会资本推动游戏及电竞产业发展，将游戏研发企业纳入海淀区"龙门计划"范围，助推企业上市。在支持电竞场馆建设和赛事举办方面，按照北京市老旧厂房改造政策，将区内老旧厂房空间、业态调整空间转型升级为电竞场馆，对达标电竞场馆建设进行补贴，最高不超过1000万元。未来，海淀区将支持企业及机构在区内举办电竞赛事，鼓励电竞赛事与传统业务结合促进大众消费，设立绿色审批通道，奖励原则上不超过500万元。

2019年12月，北京市推进全国文化中心建设领导小组印发《关于推动北京游戏产业健康发展的若干意见》，提出打造电竞产业集群，加快研究出台电竞产业发展规划和配套政策，构建和完善电竞产业链条，吸引世界顶级电竞赛事、平台企业、研发团队、俱乐部等落户北京，给予政策、审批、宣传、资金等方面支持。鼓励精品电竞游戏产品研发，支持人工智能、沉浸式体验等新技术在电竞领域的应用，提升国际竞争力。支持有条件的地区围绕电竞赛事、电竞活动、电竞文创产品等打造主题园区，形成各具特色的电竞产业集聚空间。鼓励创办具有北京特色的电竞全民赛、社区赛、校园赛、商圈赛等，倡导积极健康的电竞理念，营造浓郁的电竞文化氛围。推动建设"北京电竞产业品牌中心"，举办北京国际电竞创新发展大会，搭建集成果展示、行业交流、互动体验等功能于一体的产业平台。

2020年4月9日，北京市发布《北京市推进全国文化中心建设中长期规划（2019—2035年）》，明确首都建设网络游戏之都的发展定位，建设网络游戏中心。提出坚持以网络游戏高质量发展为统领，以内容建设、技术创新、社会应用、理论研究、品牌培育为抓手，以网络游戏精品研发中心、新技术应用中心、游戏社会化推进中心、游戏理论研究中心、电子竞技产业品牌中心为支撑,加快建成产业体系健全、要素市场完善、营商环境一流、产业链条完备的网络游戏之都。建设一批在内容研发、发行推广、科技应用、消费体验、电竞赛事等方面具有明显优势的主题园区,举办北京国际电竞创新发展大会、电竞品牌赛事和国际网络游戏节展活动,搭建及成果展示、行业交流、互动体验等功能于一体的产业平台,提升品牌影响力。

2020年6月11日,中共北京市委、市人民政府发布《关于加快培育壮大新业态新模式促进北京经济高质量发展的若干意见》,提出《北京市加快新型基础设施建设行动方案(2020—2022年)》,强调建设新型网络基础设施,深入推进"一五五一"工程,推动5G+VR/AR虚拟购物、5G+直播、5G+电竞等系列应用场景建设,为电竞产业的网络设施建设提供意见指导。

在北京市的政策支持下,多个顶级国际赛事落户北京。2017年11月4日,顶级国际赛事英雄联盟全球总决赛在鸟巢(国家体育场)举行。鸟巢曾是2008年奥运会的主办场地,S7总决赛能够在鸟巢举办,展现了北京市对电子竞技这项新兴体育的巨大认可,也是中国电子竞技史上的一个里程碑。

2020年2月19日,北京市委宣传部、市政府新闻办等多部门召开新闻发布会,联合《关于应对新冠肺炎疫情影响促进文化企业健康发展的若干措施》。其中,针对电子竞技产业,北京市委宣传部提出推动北京市精品游戏研发基地、网络游戏科技应用中心、云游戏发行平台、电竞场馆等项目建设,举办"电竞北京2020系列活动",推动国外网络游戏企业发行业务或平台落户北京,加快游戏审批流程等一系列指导意见。同时将协助电竞企业在危机中寻找新机遇,举办首届国际电竞创新大会,电竞之光展览交易会等活动。与腾讯公司、腾讯电竞联合举办王者荣耀世界冠军杯总决赛,为首都建设电竞科技消费体验区,积极培育电竞消费场景做出努力,从而推动北京电竞产业高质量发展,共同促进首都文化消费。

"电竞北京2020"系列活动的三大重磅活动是"一会一展一赛"。其中"一赛"指2020年王者荣耀世界冠军杯总决赛,于8月16日晚在凯迪拉克中心举行。作为王者荣耀最高规格赛事,此次总决赛秉承东方美学,推动技术创新,弘扬体育精神,传播中国文化,首次将电影级置景搬上电竞赛事舞台,依托全息特效及数字化模拟应援等技术手段,增强"云观赛"背景下观众的参与感与临场感,全平台直播观众数达到3.5亿人次。

中国顶级的电子竞技俱乐部也相继选择北京作为主场城市,落户北京。2018年4月28日,中国著名电子竞技俱乐部RNG宣布将首都北京作为自己的主场,并将在北京体育地标性建筑华熙LIVE·五棵松建成主场场馆。顶级战队落户北京,是新型体育运动与历史古都的碰撞,也是电竞体育化的重要一步。2019年1月,京东集团投资成立的JDG电子竞技俱乐部在北京落户。1月27日,JDG京东电子竞技俱乐部在北京24H·齿轮场举行了主场开幕仪式,并将主场命名为"拯救者JDG电子竞技中心(Legion JDG Arena)"。这也是第二支选择北京作为主场城市的电竞俱乐部。

4.4.3　上海电竞政策

上海市电竞产业链布局完整，从游戏厂商到赛事运营商、俱乐部、内容制作公司，以及直播平台、周边产品，全都集聚上海。上海市静安区灵石路因为聚集了英雄体育 VSPN、Neo TV、Imba TV、EDG 俱乐部、超竞集团等众多电竞企业，被称为"宇宙电竞中心"。2017 年起，上海市连续发布了多项促进电子竞技发展的政策。

2017 年 12 月，中共上海市委、上海市人民政府印发《关于加快本市文化创意产业创新发展的若干意见》(简称上海文创"50 条")，指出将上海建设成为全球电竞之都。

2018 年 11 月 28 日，上海打造全球电竞之都·浦东电竞重点项目签约仪式在浦东新区梅赛德斯-奔驰文化中心举行。上海市文化和旅游局发布全球电竞之都建设相关工作规划；上海市率先出台《上海市电子竞技运动员注册管理办法》。上海市人民政府副市长翁铁慧与市委常委、浦东新区区委书记翁祖亮共同启动宣布 TI9 赛事落户浦东。

2019 年 1 月，上海市静安区发布《静安区电竞产业发展规划》和《关于促进电竞产业发展的扶持政策》。政策扶持措施具体包括 5 方面。

(1) 支持电竞产业集聚发展。

主要是促进国内外电竞企业和优秀人才落户静安，加快推进区域电竞产业集聚发展，打造上海电竞产业发展集聚区。为此，静安区将给予经认定的企业购租房补贴及装修补贴、对俱乐部的战队培训费用给予支持，并针对电竞的优秀人才落实相关人才优惠政策。

(2) 支持电竞企业提升原创能力。

主要是通过项目资助的方式大力支持企业原创游戏、直播平台、运营平台、公共技术服务平台等开发项目，强化电竞产业原创内容创作，支持打造电竞产业原创中心。扶持的项目资助比例为开发投资额的 30%，支持金额最高不超过 500 万元，重大项目的支持金额最高不超过 1000 万元。

(3) 支持电竞场馆建设和运营。

静安区将对新建和改建电竞赛事场馆给予项目资助，对电竞场馆的运营参照市场租金给予一定比例的补助，旨在深入挖掘可利用载体和资源，支持企业电竞场馆建设和运营，打造具有全球影响力的电竞赛事中心。

(4) 支持承办和参与电竞赛事等活动。

支持企业在本区承办、参与电竞赛事，积极吸引国际顶级赛事落户静安区，打造静安区电竞赛事品牌。为此，静安区对承办规模以上国际国内电竞赛事的企业给予一次性补贴，对在重大赛事中获得前三名的俱乐部给予一定奖励，对业内举办的重大活动给予补贴。

(5) 支持对接多层次资本市场。

对成功在主板、中小板、创业板、科技创新板及海外上市的电竞企业，以及成功在新三板挂牌的电竞企业，给予不超过 200 万元的补贴。

2019 年 6 月，上海市出台了《促进电子竞技产业健康发展 20 条意见》，力争在 3~5 年全面建成"全球电竞之都"。

2019 年 7 月，上海市杨浦区举行促进"电竞＋影视网络视听"产业发展政策发布会，正式发布了杨浦区促进电子竞技产业发展"23 条"政策。

4.4.4 成都电竞政策

四川省成都市也是中国电子竞技产业发展较好的地区之一。早在 2009 年，顶级赛事 WCG 世界总决赛就已经落地成都举办，著名的 OMG 俱乐部和 AG 俱乐部也都是在成都建立。2018 年，LPL 实行主客场制，OMG 战队选择成都作为主场城市，再次回归。同年，KPL 也开始实行东西主客场制，成都与上海分别成为 KPL 西部赛区、东部赛区主场。2020 年 KPL 主客场制继续深化，AG 俱乐部选择成都作为俱乐部主场。

有着浓厚电竞文化氛围的成都市，在 2017 年明确颁布了促进电子竞技产业发展的政策。具体政策在 2.4.3 节中已做了详细介绍，此处不再赘述。

成都市与英雄体育 VSPN 进行深度合作，积极布局线下电竞场馆，以电竞赛事为核心提升商圈活力。成都市锦江区引进了英雄体育 VSPN 旗下的量子光电竞馆，如图 4-5 所示。量子光电竞馆坐落于春熙路太古里，位于成都市核心商圈 1 千米范围内，日客流量 100 万人，是西南地区顶级商圈。量子光电竞馆项目整体面积 6000 平方米，场馆内部赛场面积达 2050 平方米，为 15 米超高无柱空间，可容纳 1500 人同时观赛。场馆内设置伸缩活动座椅，可满足赛事、演出、展览、发布、交流等各类活动需求。与此同时，量子光电竞馆还规划了完整的工作区域，配备转播技术区、媒体采访区、选手休息室、化妆室等，满

· 图 4-5 成都量子光电竞馆 ·

足电竞赛事现场执行工作的所有需求。转播技术区配备顶级转播设备，能够制作超高清赛事信号。目前，量子光电竞馆已连续承办多届王者荣耀职业联赛春季赛、王者荣耀职业联赛秋季赛，还承办了"天工开物·匠意心传"国际工匠艺术巡展、"2018百事校园最强音"全国总决赛等大型活动80余场。成都量子光电竞馆已经成为锦江区的文化标志之一，通过电竞赛事及活动与成都乃至全国的年轻人紧密连接。

成都市成华区正根据成都市推进"电竞+"产业发展导向，加速制定有关支持电子竞技产业发展的相关政策，加快构建完整的电竞产业链及相关衍生文创产业发展生态。成华区与英雄体育VSPN合作，打造成华量子界数字文化双创产业园。英雄体育VSPN西南制作中心成功落户成华量子界数字文化双创产业园，还将引入游戏研发、赛事运营、直转播、云技术等相关产业入驻，推动游戏联盟、电竞俱乐部和人气赛事落地，打造全球顶尖数娱内容制作中心及体育产品销售基地，构建完整的生态链。

4.4.5　西安电竞政策

西安市有着深厚的电竞基因。西安市高校林立，拥有很多热爱电竞的大学生。早在2003年,37所西安高校就成立了西安电子竞技高校联盟,每年举办赛事。2000年左右开始，西安多次作为WCG分赛区,承办WCG赛事。西安还孕育了著名的电竞俱乐部WE俱乐部。

近年来，西安市对于电竞产业在政策方面给予大力支持。2018年8月，西安市政府印发了《西安市电竞游戏产业发展规划（2018—2021年）》，西安曲江新区出台《关于支持电竞游戏产业发展的若干政策》，支持从事电竞、游戏、"文化+互联网"产业相关业务的企业，包括原创游戏开发、电竞俱乐部、赛事运营、电竞媒体、电竞教育、培训和服务等，给予办公用房、游戏开发、承办赛事、俱乐部落户、宽带资费、人才公寓租金、高级管理人员购房等补贴，并对增值税、所得税、自主游戏开发上线、独角兽企业、赛事获奖等奖励补贴，全面激发电竞产业活力。2019年，西安市曲江新区推出了《曲江新区电子竞技产业发展规划（2019—2030）》，进一步明确了电子竞技产业发展方向。2020年1月15日，陕西省第十三届人民代表大会第三次会议开幕，时任陕西省政府省长刘国中作政府工作报告。报告中提出，推进服务业高质量发展。推进文化旅游融合发展，培育文化创意、数字娱乐、电子竞技等新业态，支持一批领军企业。这是电竞首次被列入陕西省政府报告。

西安市对电竞产业的政策扶持吸引了众多电竞知名企业，国内龙头赛事运营公司英雄体育VSPN、中国老牌电竞俱乐部WE等优秀企业纷纷来到西安。2018年，西安量子晨双创产业园在曲江新区开工建设，位于西影路与曲江大道十字西南角，在太阳锅巴厂原址上，通过极富创造性的改造，打造出街区形态的极致娱乐综合商业体。项目规划建设约4000平方米的数字娱乐中心（其中含1500座专业电竞场馆），约10 000平方米的K.work众创空间，约700平方米的艺术空间，约2000平方米的电竞主题酒店，着力打造西安数字娱乐新经济产业社区。项目以电竞及电音作为双核驱动，涵盖数字娱乐及全方位潮流体验配套，定位为极致娱乐综合商业街区，主营业态包括热血电竞、震撼电音、设计酒店、世界美食、潮品购物、音乐现场、联合办公等。

作为西安量子晨里的电竞旗帜，VSPN 电竞馆建筑面积约 4000 平方米，最多可同时容纳 1500 名观众现场观赛。2019 年，西安量子晨电竞馆建设完成，如图 4-6 所示，和平精英职业联赛 PEL 便入驻量子晨，PEL 赛事与西安携手合作，通过发展电竞事业，打造全新的城市电竞名片。

· 图 4-6　西安量子晨电竞馆 ·

2005 年，WE 俱乐部在西安成立，2008 年迁往上海。经过多年发展，WE 俱乐部成为国内顶级电竞俱乐部之一。2017 年，西安市曲江新区与 WE 俱乐部达成合作，WE 俱乐部回到西安，将西安作为其 LPL 主场。2017 年 5 月 25 日晚，西安南门举行了盛大的入城欢迎仪式，迎接中国电竞老牌战队 WE "回家"，如图 4-7 所示。曲江新区管委会希望通过 WE 的名片让更多年轻人来到西安。

(a)　　　　　　　　　　　　　(b)

· 图 4-7　WE 俱乐部入城欢迎仪式 ·

近年来，西安相继举办了 2018 英雄联盟德杯西安站、2019KPL 王者荣耀春季总决赛、2019LPL 英雄联盟春夏季赛以及 WCG2019 世界总决赛、和平精英职业联赛 PEL、和平精英国际冠军杯 PEC 等，以浓厚的电竞氛围吸引了越来越多的年轻人来到西安观赛、就业。

4.4.6 广州电竞政策

广州市对电子竞技产业的发展也有很多支持性政策。2018 年 12 月 28 日，广州市人民政府办公厅印发《关于加快文化产业创新发展的实施意见》，其中提出支持电子竞技类游戏发展，培育全国电子竞技中心。

2019 年 8 月 29 日，广州市委宣传部、广州市文广旅局、广州市体育局与广州市文化体制改革与文化产业发展领导小组办公室联合印发《广州市促进电竞产业发展三年行动方案（2019—2021 年）》，提出未来 3 年的广州电竞产业发展目标：发挥广州动漫游戏、新一代信息技术、网络文化、游艺装备、互联网新型消费以及 4K/8K 超高清视频等产业发展优势，优化电竞产业发展营商环境，加强产业链高端布局，拓展电竞周边产业，打造较完善的电竞产业生态圈，培育一批具有国际影响力的龙头电竞企业，开发一批有国际影响力的社会效益和经济效益相统一的电竞游戏产品，培育和引进一批国内外顶尖的电竞团队和电竞赛事，建设 3 个以上规模较大的国内一流电竞竞赛场馆设施，发展 3~5 个以上电竞综合产业园，力争到 2021 年基本建成"全国电竞产业中心"。《方案》明确的十项主要任务包括：做大做强电竞产业主体；鼓励电竞游戏原创作品研发；加强电竞企业研发能力建设；培育和引入国际顶级电竞赛事；加强电竞媒体建设；大力推进电竞场馆建设；推进电竞产业集聚发展；支持电竞产业新型消费探索和创新；鼓励和支持电竞企业拓展国内外市场；推动粤港澳大湾区电竞产业联动发展。

在政策支持下，顶级电竞赛事、电子竞技俱乐部以及一系列电竞文化活动纷纷在广州落地开花。2017 年 10 月 19 日至 10 月 22 日，广州承办了英雄联盟全球总决赛八强淘汰赛，向全球电竞爱好者展现了广州这座城市的魅力，促进了广州电竞产业的发展。2019 年 1 月 4 日，王者荣耀冬季冠军杯总决赛在广州体育馆成功举行。现场观赛人数超过 5000 人，全球线上观赛人次过亿。比赛的承办，让广州办赛水平得到业内与观众的高度赞赏。2020 年 5 月 18 日，在天河区委、区政府的大力支持下，TT 电竞品牌旗下 TTG.XQ 战队主场落户广州市天河区。这是广州地区第一支也是唯一一支拥有顶级职业席位的电竞战队，这很大程度上弥补了广州缺乏出色战队的空白，进一步活跃了广州电竞产业的氛围，促进了广州电竞产业的联动发展。其中，在 2020 年 10 月 9 日，广州 TTG 王者荣耀战队（广州 TTG）主场启动仪式暨主场首场职业联赛也在广州市天河区文化艺术中心举行。活动中，广州市委宣传部正式授予广州 TTG 战队"广州城市形象传播使者"称号，以鼓励其用自身积极正能量的形象，向年轻一代传递广州城市文化。

4.4.7 武汉电竞政策

武汉市作为中国电竞最早的起步地之一,拥有众多电竞赛事资源,有非常好的群众电竞基础。武汉市政府发布多项相关政策促进电子竞技产业的发展。

2019年10月21日,武汉市东湖高新区出台《关于推进文化科技产业融合发展的实施意见》,简称"新文科政策"。新政共有9条,提出在未来5年,每年将拿出约5000万元专项资金,用于支持相关企业做大做强,支持文化产业高质量发展。在光谷打造电竞馆等新文化场景,一次性补贴固定资产投资额5%,最高可支持500万元;在光谷举办电竞、设计等重大文化科技产业活动,最高支持500万元。

2020年7月16日,武汉市人民政府印发《武汉市促进线上经济发展实施方案》,提出大力发展电竞产业,支持电竞产品原创开发,着力招引一批具有国际影响力的龙头游戏企业、俱乐部,鼓励老旧厂房、业态调整空间转型升级为电竞场馆,支持策划举办武汉自有品牌的特色电竞赛事,大力引进国内外顶级电竞赛事落户,打造"电竞之都"。

2015年、2016年,德玛西亚杯连续两年在武汉举办。2017年9月23日至10月15日,2017英雄联盟全球总决赛入围赛和小组赛在武汉举办,武汉成为全球总决赛举办以来单站举行比赛场次最多的城市。2019年12月14日,2019王者荣耀KPL职业联赛秋季赛总决赛在武汉光谷国际网球中心举办。这场总决赛在武汉的举办,是武汉旅游发展投资集团有限公司联手腾讯在城市宣传和文旅融合上的新尝试,是武汉与电竞企业在电竞运动产业、助推城市旅游发展等方面展开合作,共同打造武汉文创的新标杆。

2019年8月22日,中国知名电子竞技俱乐部eStar落户武汉暨与武汉旅游发展投资集团签约新闻发布会在武汉举行,推动电竞产业与文创经济共生。这是"旅游+电竞"的跨界合作,更是一次国资战略入股知名电竞企业的有益探索,力求传播电竞正能量,将eStar打造为武汉城市新名片。eStar移动电竞城市主场及知名赛事的举办能够弥补中部地区电竞赛事的空白,也能以"年轻、潮流、国际化"等元素为标签,打造出一个具有武汉地域特色的新城市文化旅游IP。

4.4.8 海南电竞政策

近几年,海南省也开始大力建设电子竞技产业,包括引进英雄联盟全明星赛等重大电竞赛事与活动、与腾讯联合打造"海南国际电竞港"等,并且出台了许多有利电竞发展的政策。

2018年4月11日,《中共中央国务院关于支持海南全面深化改革开放的指导意见》发布,其中明确指出"要大力发展动漫游戏、网络文化、数字内容等新兴文化消费",指明了电竞产业发展的方向。

2019年6月20日,海南省政府颁布了"建基金、引人才、低税率、免签证、简审批、建窗口"六条电竞产业专项支持政策(以下简称"海六条"),海南电竞产业迎来发展的全新机遇。

在资金支持方面,海南生态软件园计划设立10亿元电竞产业专项基金,覆盖产业全生命周期,用于支持电竞龙头企业做大做强、孵化电竞中小企业创新发展;基金还提供赛事及俱乐部落地补贴,对于顶级国际职业赛事落地海南将给予大幅度补贴。

在人才方面,海南省研究制定海南电竞人才"千人计划",对于国内和洲际大赛中表现突出的运动员和行业精英人士,参照国家体育总局标准和海南省人才引入计划,提供落户、购房、优秀运动员免试入学高等职业教育等相关政策。

在税收方面,对地方财政税收有突出贡献的企业,海南省将给予奖励;此外,海南正在探索的自贸港税收优惠政策,也将优先用于旅游、文化、体育等现代服务业。

在出入境方面,海南自2018年5月起已执行了59国人员入境旅游免签政策,未来还将逐步扩大免签国家范围,进一步简化出入境手续,为国际电竞参赛选手提供更大的便利。

在赛事举办方面,海南省将极大简化相关审批流程,举办场地的数量也非常充足,为国际重大赛事的高效举办提供重大保障。

在赛事转播方面,将逐步探索拓展网络之外的直播渠道,让海南成为电竞文化交流之窗。

2020年6月15日,中国共产党海南省第七届委员会第八次全体会议通过关于贯彻落实《海南自由贸易港建设总体方案》的决定,其中明确指出"支持电子竞技、在线服务等新业态发展,大力发展数字经济"。

在政策的支持下,重量级电子竞技赛事与活动纷纷落户海南。

2019年6月21日,以"竞在此刻"为主题的2019全球电竞运动领袖峰会暨腾讯电竞年度发布会在海南博鳌亚洲论坛国际会议中心举行。会上宣布加快建设海南国际电竞港,并首次发布海南专项支持电竞产业发展的六条政策。同时,腾讯企鹅智库联合腾讯电竞与《电子竞技》杂志,共同发布《世界与中国:2019年全球电竞运动行业发展报告》。

2019年11月29日至12月22日,腾讯电竞旗下的综合性赛事——TGA腾讯电竞运动会冬季总决赛在海南省海口市举办。赛事全程包含21个比赛日,25款电竞项目,并在虎牙、斗鱼和企鹅电竞三大直播平台和腾讯视频官方平台全程播出。除比赛外,活动还会包含开幕式、文体明星表演等精彩环节。

2019年11月30日至12月1日,LPL全明星周末在海口市举办,活动汇聚LPL全明星阵容,核心赛事选手由粉丝投票选出。活动共进行两天,11月30日为"荣耀日",包括红毯仪式、年度颁奖盛典和LPL Solo King系列赛。12月1日则为"对决日",包括了娱乐表演赛、新生挑战赛、传奇对决赛和 LPL 全明星周末正赛。

4.5 电子竞技政策变化的分析

4.5.1 影响电子竞技政策的因素

近期，国家和地方政府出台了很多支持电子竞技产业发展的政策，这些政策促进了电子竞技的进一步发展。影响电子竞技政策的因素主要有以下几点。

（1）国际上对于电子竞技的普遍认可。

不仅在中国，全球范围内电子竞技运动都在迅速发展，电子竞技受到广大年轻群体的喜爱。很多跨国家、跨地区的电子竞技赛事频繁举办，在电竞爱好者中具有广泛的影响力，电竞正在成为全球年轻人的共同语言。中国正在以更快的速度融入全世界，对于电子竞技的看法会更加开放。

（2）政府对于电子竞技的认识不断深入，对电竞产业的规划增强。

越来越多的地方政府将电子竞技视为新兴的体育产业，而不是简单的打游戏。如果要在未来将电子竞技视为具备与世界杯、NBA 等赛事同等影响力的新体育，那么有关电子竞技的战略就应该提前开始布局。

（3）电子竞技用户群体和影响力的扩大。

随着年龄的增长，对电子竞技有较深理解的 80 后已经逐步成为社会的中坚力量。随着科技产品，尤其是移动终端的普及，未来的人群基本上都会接触到电竞和游戏，从理论上来说，他们都将是电竞群体。

（4）电子竞技产业和其他产业的融合程度及带动效应。

作为新兴的文化体育类产品，电子竞技打破了游戏产业链相对封闭的情况，能够更加方便地与房地产、旅游、教育以及其他泛娱乐文创产业进行融合。电子竞技能够对其他产业起到拉动作用，具有更强的普惠性。

（5）电子竞技的文化和体育属性突显。

电子竞技未来将作为文化载体，更多地承担向全球输出中国文化的责任。在"电竞北京 2020 系列活动"中，中共中央宣传部副部长傅华在致辞中表示，电子竞技成为了中华文化"走出去"的使者。同时，电子竞技的体育属性更加突显，能够展现电子竞技选手的竞技精神和竞技水平，促进体育交流。

（6）游戏和电子竞技的产值增加，社会影响力增强。

游戏和电子竞技的产值一直呈现高速增长的态势，产业在提供就业、提升国家经济实力方面的贡献不断增加。面对游戏和电子竞技影响力越来越大的客观情况，政府一定会制定相应的政策引导产业健康发展。

（7）随着电子竞技研究的深入，对电子竞技认识更加客观全面。

电子竞技是新生事物，对于电子竞技本质和特点，发展情况和优缺点的正确认识需要一段时间。随着对于电子竞技研究的不断深入，社会对电竞的认知水平会总体提升，政策制定也会更加有的放矢，精准有效。尤其是对于防止游戏沉迷和未成年人保护方法的研究和实施，对于游戏和电竞行业的健康发展将有着决定性的影响。

4.5.2 电子竞技政策的发展规律

电子竞技政策的发展变化规律类似一个新生科技类产品的发展规律，从最开始的谨慎到逐步了解后试点应用，最后发展为完全了解之后的普及推广。

新生事物在诞生之初，其本质特性没有被社会充分的认知和了解，社会上大部分人会采取谨慎的态度来面对新生的事物。一方面是由于对未知事物的担心和恐惧，另一方面也是因为新生事物往往带来一些观念和理解上的冲突。游戏和电竞的早期都经历过类似的不理解。社会上对游戏和电竞的极端案例的态度往往会变成对这些新生事物的定性判断。

随着对电竞了解的加深和电竞群体的扩大，人们对于电子竞技的理解和认识开始变得开放。这个过程既因为用户人群对于电子竞技的认识更加客观全面，也因为电子竞技自身不断发展积累了正面形象。总之，这是一个电子竞技自身发展和社会氛围共同作用的过程。

如今，人们对于电子竞技的了解更加全面和客观，全社会对于电子竞技的认识达到新的高度，这时，人们自然会思考对于电子竞技如何扬长避短，更加理智和公正地分析和决策电子竞技的利弊。这时，电子竞技也进入了广泛的推广和普及阶段。

4.5.3 对电子竞技政策的建议

电子竞技政策是电子竞技产业发展的基础保障，电子竞技产业的发展离不开政策的支持。电子竞技政策的出台能够为电子竞技产业发展提供新的契机，是产业发展的强心剂。在鼓励电竞产业发展的同时，电竞政策可能带来一些产业过热和跟风的现象。电子竞技产业近年来一直是资本追逐的热点，就是最直观的证明。电子竞技相关商业模式和概念不断产生，新的尝试不断开启。

各地在根据自身基础条件和优势特点制定电竞政策时，不仅要考虑到政策对于电竞产业的促进作用和可能带来的过热现象，也要充分考虑到电子竞技产业的独特性。首先，电子竞技产业是一个融合产业。电子竞技融合了互联网、游戏、体育、传媒、文化等多个产业，是一个典型的交叉产业。只针对某个领域制定的政策可能起不到明显的效果，必须综合考虑电子竞技全面发展的必要因素。其次，要充分考虑到电子竞技是高科技应用的典型场景，它可以是高科技应用在大众竞技和娱乐方面的普及和试点。未来的 5G、AR、VR 等高科技技术都可以利用电子竞技提供的应用场景来不断完善自身的技术体验。最后，电子竞技政策的制定需要客观公正，要在充分调研的基础上，制定符合一般产业发展规律的电竞政策。对于电子竞技，不宜捧得太高，也不宜踩得太狠。

4.5.4 未成年人保护

近年来，未成年人沉迷网络游戏问题引起社会广泛关注，一些青少年沉迷网络游戏严重影响了正常的学习生活和身心健康，甚至导致一系列社会问题。为了保护和正确引导未成年人，国家出台了相关政策。

2021 年 8 月，国家新闻出版署下发《关于进一步严格管理切实防止未成年人沉迷网络游戏的通知》。《通知》提出，所有网络游戏企业仅可在周五、周六、周日和法定节假日每日 20 时至 21 时向未成年人提供 1 小时服务，其他时间均不得以任何形式向未成年人提供网络游戏服务；严格落实网络游戏用户账号实名注册和登录要求；对未严格落实的网络游戏企业，依法依规严肃处理等要求。

电子竞技也应当积极响应国家政策，对未成年人进行保护和正确的引导。

电子竞技是一项严肃的体育运动，电子竞技职业选手需要付出艰辛的努力才能够取得好的成绩。电子竞技职业选手的训练和日常生活是极其枯燥和艰苦的，每天十几个小时的训练，对于选手的毅力和体力都是巨大的考验，只有对竞技有着卓越追求，对赢得冠军有着强烈信念，才能够日复一日地坚持下来。

电子竞技在赛事组织方面，应当积极响应国家新闻出版署的政策，对参赛选手的年龄进行严格的审核，调整参赛年龄的下限，禁止未成年人上场比赛。电子竞技俱乐部在组织未成年人进行青训时，也需要注重对未成年运动员进行文化素质、身体素质等综合培养。

在电子竞技运动员的选拔方面，电子竞技行业应当尽快建立完善的运动员选拔机制和培养机制，使电子竞技运动员的选拔和培养体系规范化、标准化，避免未成年人以电子竞技为借口沉迷游戏。让真正热爱电子竞技、有志于从事电子竞技的人能够通过透明健康的选拔机制成为电子竞技运动员，接受科学、正确的专业训练，树立正确的价值观。

社会上有部分青少年看到某些电子竞技选手获得高昂的奖金，误以为电子竞技就是通过打游戏一夜暴富的捷径，这种观念是极其错误的。电子竞技在进行相关宣传时，应当避免夸大物质和金钱的成果，而要着重弘扬电子竞技运动员的正确价值观、为国争光的荣誉感和使命感、为了梦想执着努力的顽强毅力、在赛场上克服伤病顽强拼搏的精神，引导未成年人树立正确的价值观，学习运动员顽强拼搏、不断攀高的精神。

第5章 游戏产业及电子竞技授权出资机构

5.1 游戏IP授权是电子竞技的发动机

2020年12月31日,韩国电竞电视台OGN正式停播。在电子竞技发展如火如荼的时刻,世界首个电子竞技频道的关闭令人唏嘘。运营了20年的OGN,伴随着电子竞技的诞生和发展,曾经一度成为高端电竞赛事及内容的代名词,向全球输出电竞文化,在电竞玩家心中具有举足轻重的地位。OGN在电竞发展的历史上做出过巨大的贡献,而今它却成为了电竞历史的一部分。

表面上,新冠肺炎疫情是导致OGN停止运营的直接原因。但导致一家电视台倒闭的核心原因始终是内容的缺失和收视率的惨淡,而导致这些问题的终极原因恰好是游戏的版权。因为游戏版权的问题,OGN陷入了与游戏厂商的谈判和冲突之中。因为无法得到版权和赛事授权,OGN无法举办有影响力的赛事,也无法制作精良的内容,空有一身本领,最终惨淡收场。在OGN黯然退出的同时,游戏厂商主办的官方赛事在全球范围内获得了巨大的影响力,两者形成了鲜明的对比。

OGN的退场也引发了中国电竞行业从业者的深入思考。中国电竞行业从业者普遍受到OGN赛事和内容的影响,有很多资深导演都是"看着OGN的节目长大的"。中国电子竞技赛事的制作和转播,也是从学习OGN的赛事制作开始的。OGN的电竞商业模式是制作第三方赛事,提升赛事的品牌和影响力,通过赛事赞助广告获利。这种模式曾经被中国同行认为是电竞商业模式的优秀代表。国内的电视频道由于无法做商业广告,在商业模式上先天不足,一度苦苦挣扎。OGN的实践结论证明,如果缺少游戏版权,即使有了传媒广告的商业模式也是行不通的。

OGN缺少游戏版权,就好像一辆汽车缺少发动机,虽然其他零件都性能良好,但就是无法启动。而有着"发动机"的游戏厂商都在打造自己的电竞赛事,这又与OGN的赛事形成直接冲突。最终,拥有游戏IP和赛事版权的游戏厂商完全胜出,电子竞技进入"游戏厂商主导时代",OGN作为自办第三方赛事的典型代表而落幕退场。

第三方机构、第三方赛事都会受到游戏 IP 授权的影响。电子竞技和传统体育的重要区别也是游戏 IP 的授权。传统体育不需要授权就能够举办比赛，而电子竞技必须得到授权。游戏 IP 授权就是电子竞技的发动机，引领电竞产业的前进方向。

5.2 游戏产业及授权出资的定位与作用

游戏产业及授权出资为电子竞技产业提供知识产权授权和资金资源，是电子竞技赛事举办的前提条件。获得游戏及赛事授权和必要的启动资金是赛事主办方必须完成的工作。赞助方可以根据自身的需要赞助电子竞技产业的各个环节，为电子竞技产业提供资金和资源的支持。授权与出资主要内容包括：提供游戏及赛事的授权；确认赛事的目标、形式和权益归属；为赛事提供各种资金和资源；通过赛事达成和满足各方的核心诉求。游戏产业及授权出资在电子竞技产业架构图中的位置如图 5-1 所示。

5.3 游戏产业

游戏产业是涉及电子游戏开发、市场营销和销售的产业。游戏产业为电子竞技产业持续提供优质的电子竞技游戏产品。电子竞技在早期曾附属于游戏产业，是电子游戏营销推广的一种方式；随后，电子竞技迅速发展壮大，拥有了庞大的市场，成为一个相对独立的产业。尽管电子竞技已经是一个相对独立的产业了，但与游戏产业的关系仍旧十分紧密，游戏产业的发展状况也影响着电子竞技产业。游戏产业中，与电子竞技产业直接相关的部分是游戏研发与游戏发行及运营。

5.3.1 游戏研发

游戏厂商研发部门制作出不同品类、不同形式的电子竞技游戏，为电子竞技运动持续提供有趣、新颖的游戏项目。

一款游戏要成为电子竞技项目，必须制作精良且拥有较多的用户。早期的电子竞技游戏如《星际争霸》《魔兽争霸 3》，都是在风靡全球之后进行了成功的电竞化，成为电子竞技经典项目。电子游戏的形式和内容与其载体（电脑、主机、手机以及其他游戏设备）紧密相关，随着科技的发展，游戏设备会不断升级，因而电子游戏也必须随之推出全新的产品。这就决定了电子游戏无法像足球、篮球等运动项目一样拥有几十年甚至上百年的寿命，因此游戏研发部门一直在设计全新的电子游戏，不断创造新的电子竞技游戏项目。

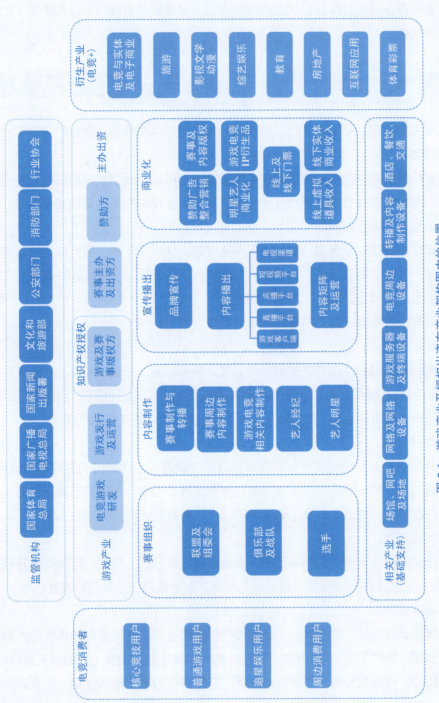

• 图 5-1 游戏产业及授权出资在产业架构图中的位置

电子竞技产业能够一直充满活力地高速发展，也仰赖电子竞技游戏研发部门能够不断创新，持续产出优质电子竞技游戏。从 RTS 游戏、FPS 游戏、MOBA 游戏到战术竞技游戏，游戏研发者一直在研发各种各样的游戏竞技方式，游戏研发者的产品结构决定了电子竞技运动项目的结构。

5.3.2 游戏发行及运营

游戏研发者决定了一款电子竞技游戏的品质，而游戏发行及运营者则决定了一款游戏的市场和活力。

游戏发行是指将一款游戏产品通过不同渠道推向市场、吸引用户的过程。发行一款游戏的基本流程包括游戏立项、游戏开发、游戏测试、上线前准备、基础准备工作、运营计划、商务计划、市场计划等。

游戏运营是通过对平台的运作，使用户从接触、认识、了解，最终成为一款游戏平台的忠实玩家的过程。游戏运营的目标是：①延长产品生命周期，提高用户黏性；②连接每个部门，减少游戏事故的发生；③提高游戏收入。

游戏运营工作根据职能不同可分为 8 个模块。

（1）活动策划。

活动策划是游戏利润生成的关键职位，需要协调玩家、产品、KPI 之间的关系。玩家是否买账关系活动效果的好坏，而游戏产品本身是否支持活动进行则决定了活动能否开展。活动策划的职责是设计活动（线上线下）、统计分析活动效果并作出反馈。

（2）数据分析。

数据分析的前提是数据统计，即把目标区服、渠道一定周期内的游戏数据统计出来，包括登录数、活跃数、活跃时段、留存率、付费率等。但统计数据并非最终目的，以现有数据分析玩家状况、提出版本及活动优化建议，才是数据分析员的本职工作。

（3）渠道运营。

渠道运营即与各大市场的商务负责人取得联系，谈分成、排期、推荐计划并推广游戏产品上线；在产品上线后，维护渠道论坛与专区，配合渠道做活动与分发礼包等。

（4）媒体运营。

从事媒体运营的员工称为媒介，是负责产品外部宣传、对产品形象负责的人员，根据产品不同测试阶段的要求，制订并执行外宣计划。媒体运营的主要工作有软文撰写和投稿、媒体礼包投放、推荐位预约、广告创意设计、制订并执行软广投放计划，主要对游戏的百度指数、渠道热度、产品形象负责。

（5）市场推广。

监控游戏产品上线后各大市场的下载、登录数据、市场评论，进行各项提升产品排名、市场热度及好评率的操作，如投放 CPA、CPC、刷好评等。

（6）事件管理。

事件管理即处理游戏运营过程中的例行事务与突发事件，例如制订开服计划并通知渠道与运维，对游戏维护进行提前通知、维护补偿发放、日常数据异常的监控等。

（7）玩家管理。

玩家管理是面对玩家的工作，但并不是像客服那样直接与玩家打交道，而是根据玩家的付费率、付费金额、VIP 等级、活跃等指标，进行 VIP 玩家管理，收集玩家的反馈建议并择优提交相关人员，跟进解决进度，并制定充值返利的额度与折扣。

（8）社区管理。

社区是玩家聚集的地方，包括 QQ 群、贴吧、论坛、公会、游戏盒子等，玩家与玩家可在社区中直接交流。社区往往也是玩家提出意见以及反馈问题最多的地方。一个好的社区管理员能及时处理意见，及时安抚玩家情绪，还能提高社区的活跃度、做出社区的特色。

通过游戏发行及运营，游戏能够快速打开市场，聚集一批忠实玩家，为游戏的电竞化奠定良好的用户基础。

5.4 电子竞技游戏及赛事版权方

电子竞技的授权出资机构，是指电子竞技游戏及赛事版权方、电子竞技赛事主办方及出资方、电子竞技赞助方。举办一场电子竞技赛事，必须具备两个条件：一是获得电子竞技游戏版权公司的授权许可，如果是举办著名赛事品牌相关的电子竞技赛事，还需要获得电子竞技赛事版权公司的授权；二是有充足的赛事举办资金，其中包括奖金和赛事管理运营经费。

电子竞技授权出资机构决定着一场电子竞技赛事能否顺利举办，获得授权机构的版权使用许可与出资机构的资金，都是举办电子竞技赛事必不可少的条件。

5.4.1 电子竞技游戏版权方

电子竞技游戏版权方是指电子竞技游戏的著作权人对电子游戏享有著作权。一般来说，电子竞技游戏版权方是该游戏的开发制作公司。

版权即著作权，是指文学、艺术和科学作品的作者对其作品享有的权利（包括财产权、人身权）。根据《中华人民共和国著作权法》，作品包括以下列形式创作的文学、艺术和自然科学、社会科学、工程技术等作品：①文字作品；②口述作品；③音乐、戏剧、曲艺、舞蹈、杂技艺术作品；④美术、建筑作品；⑤摄影作品；⑥电影作品和以类似摄制电影的方法创作的作品；⑦工程设计图、产品设计图、地图、示意图等图形作品和模型作品；⑧计算机软件；⑨法律、行政法规规定的其他作品。

著作权包括的人身权和财产权包括：

（1）发表权，即决定作品是否公之于众的权利；

（2）署名权，即表明作者身份，在作品上署名的权利；

（3）修改权，即修改或者授权他人修改作品的权利；

（4）保护作品完整权，即保护作品不受歪曲、篡改的权利；

（5）复制权，即以印刷、复印、拓印、录音、录像、翻录、翻拍等方式将作品制作一份或者多份的权利；

（6）发行权，即以出售或者赠予方式向公众提供作品的原件或者复制件的权利；

（7）出租权，即有偿许可他人临时使用电影作品和以类似摄制电影的方法创作的作品、计算机软件的权利，计算机软件不是出租的主要标的的除外；

（8）展览权，即公开陈列美术作品、摄影作品的原件或者复制件的权利；

（9）表演权，即公开表演作品，以及用各种手段公开播送作品的表演的权利；

（10）放映权，即通过放映机、幻灯机等技术设备公开再现美术、摄影、电影和以类似摄制电影的方法创作的作品等的权利；

（11）广播权，即以无线方式公开广播或者传播作品，以有线传播或者转播的方式向公众传播广播的作品，以及通过扩音器或者其他传送符号、声音、图像的类似工具向公众传播广播的作品的权利；

（12）信息网络传播权，即以有线或者无线方式向公众提供作品，使公众可以在其个人选定的时间和地点获得作品的权利；

（13）摄制权，即以摄制电影或者以类似摄制电影的方法将作品固定在载体上的权利；

（14）改编权，即改变作品，创作出具有独创性的新作品的权利；

（15）翻译权，即将作品从一种语言文字转换成另一种语言文字的权利；

（16）汇编权，即将作品或者作品的片段通过选择或者编排，汇集成新作品的权利；

（17）应当由著作权人享有的其他权利。

电子竞技赛事使用某款电子竞技游戏进行比赛并进行商业化活动时，必须获得游戏版权方的授权许可，否则就涉嫌侵权。电子竞技赛事内容包含了电子竞技游戏的内容，而根据《中华人民共和国著作权法》，作品的信息网络传播权属于游戏版权方。因此，电子竞技赛事的举办须获得电子竞技游戏版权方的授权，并且根据与游戏版权方的协议将赛事产生的部分商业利润分给游戏版权方。

腾讯旗下拥有多款电子游戏，是许多知名游戏的版权方。腾讯电竞作为腾讯旗下电竞游戏的授权方，推出了腾讯电竞授权赛事系统。凡是要举办腾讯旗下电竞游戏相关赛事的机构，必须在腾讯电竞授权赛事系统进行授权申请，提交企业及赛事信息。为规范和助力赛事的发展，从2019年3月起，腾讯电竞将按照季度发布当季授权的赛事名单，如图5-2

所示,授权赛事必须遵循对应项目的标准化的通用规则,以便确保腾讯电竞授权赛事的公平公正。通过官方授权赛事公示的方式,腾讯能够更加高效地管理游戏版权,快速发现未获得腾讯授权的第三方赛事,有效保护腾讯旗下游戏的著作权,并对电子竞技赛事的规范性进行监督和指导。

• 图 5-2　英雄联盟项目腾讯电竞授权赛事名单公示（2020 年第二季度）•

世界流行的电子竞技游戏,其版权方主要有腾讯、网易、暴雪娱乐、Valve Coporation 等。重要的电子竞技游戏及其版权归属如表 5-1 所示。

表 5-1　重要电子竞技游戏版权归属

电子竞技游戏	版　权　方
《英雄联盟》	腾讯及其关联公司
《王者荣耀》	
《和平精英》	
《穿越火线》	
《穿越火线：枪战王者》	
《QQ 飞车手游》	
《皇室战争》	
《荒野乱斗》	
FIFA Online 4	
DNF	
《欢乐斗地主》	

续表

电子竞技游戏	版 权 方
《魔兽世界》	暴雪娱乐
《魔兽争霸3》	
《星际争霸2》	
《炉石传说》	
《守望先锋》	
《风暴英雄》	
DOTA2	Valve Coporation
CS:GO	
《绝地求生》	Krafton
《第五人格》	网易游戏
《决战！平安京》	
《荒野行动》	
《明日之后》	
《球球大作战》	巨人网络

5.4.2 电子竞技赛事版权方

电子竞技赛事版权即赛事的信息网络传播权。电子竞技赛事版权方是电子竞技赛事信息网络传播权的所有者。

由游戏厂商主办的电子竞技赛事，其赛事版权属于游戏厂商。在这类赛事中，游戏厂商同时拥有游戏版权与赛事版权，例如英雄联盟职业联赛 LPL、王者荣耀职业联赛 KPL 等。由第三方主办的电子竞技赛事，赛事版权属于第三方机构，例如 WCG、ESL One 等。第三方机构需要从游戏版权方获得游戏授权方可举办赛事。

近年来，国内头部电子竞技赛事的商业化价值不断增高，即便与国内头部传统体育赛事相比也不遑多让，电子竞技赛事版权价格已经接近中国足球协会超级联赛（中超）。2019 年 12 月 3 日，在与斗鱼、虎牙、快手等国内一线直播平台同台竞争下，弹幕视频网站哔哩哔哩以 8 亿元价格拍得英雄联盟全球总决赛中国地区 2020—2022 为期 3 年的独家直播版权。按年均 83 场的赛事数计算，2020 年英雄联盟全球总决赛的场均版权价格达 320 万元/场，已逼近中国足球超级联赛（中超）的 450 万元/场。

在国外，头部赛事守望先锋联赛 OWL 的版权价格也增长迅速。2018 年 1 月，直播平台 Twitch 以 9000 万美元（约 6.1 亿元）的价格购买了守望先锋联赛 OWL 和游戏相关活动的直播、转播权，为期 2 年。2020 年，YouTube 花费约 1.6 亿美元（约 10.85 亿元）购买了动视暴雪旗下所有电竞赛事为期 3 年的独家直播权，包括守望先锋联赛 OWL、使命召唤联赛和炉石传说的相关赛事。此次交易的花费主要用于购买守望先锋联赛 OWL 直播权，少部分用于使命召唤联赛直播权，炉石传说赛事直播权则是作为赠品。守望先锋联赛 OWL 的版权价格在两年内增长了约 4 亿元，增长率为 24.6%，足见电子竞技赛事强大的商业价值。

随着电子竞技赛事版权商业价值的激增，侵权问题和版权纠纷也随之而来。2015 年，国内出现首例电子竞技赛事版权纠纷案件。2014 年，上海耀宇文化传媒有限公司（以下简称耀宇公司）与 DOTA2 中国代理运营商完美世界公司签订战略合作协议，共同打造 2015 年 DOTA2 亚洲邀请赛，耀宇公司获得该赛事在中国大陆地区的独家视频转播权。火猫 TV 是耀宇公司旗下直属的网络游戏直播平台，该游戏平台的一大特色就是拥有国内外游戏赛事的独家版权。2015 年初，首届 DOTA2 亚洲邀请赛在上海举行。耀宇公司发现，广州斗鱼网络科技有限公司（以下简称斗鱼）未经授权，以通过斗鱼 TV 旁观模式截取赛事画面配以主播点评的方式实时直播该赛事，且在直播时使用了耀宇公司的标识，时间持续近 1 个月。2015 年 2 月，在向斗鱼多次发函未果后，耀宇公司将斗鱼起诉至上海市浦东新区人民法院。法院审查后认为，耀宇公司的申请符合法律规定，裁定斗鱼立即停止播出 DOTA2 亚洲邀请赛。

耀宇公司诉称，公司就涉案赛事形成的音像视频内容受著作权法保护，他人未经许可通过信息网络传播该作品，侵害了其信息网络传播权；耀宇公司、斗鱼之间存在同业竞争关系，斗鱼的行为构成违反诚实信用原则和公认的商业道德的不正当竞争，并且构成虚假宣传的不正当竞争。

斗鱼辩称，斗鱼是通过 DOTA2 游戏客户端的旁观者观战功能获取画面，并未使用原告直播的音像视频内容，故无耀宇公司所称的侵权行为或者不正当竞争行为。直播时在网页上标注耀宇公司的标识是对承办涉案赛事方的尊重，不构成虚假宣传的不正当竞争。斗鱼未从涉案赛事直播中获得任何盈利，观众数量的多少与网站收益没有关联，耀宇公司主张的经济损失赔偿金也没有依据。

法院审理后认为，网络用户仅能在斗鱼直播的特定时间段内观看正在进行的涉案赛事，耀宇公司主张被侵害的视频转播权既不属于信息网络传播权，亦不属于其他法定的著作权权利，且比赛画面不属于著作权法规定的作品，故耀宇公司关于斗鱼侵害其著作权的主张不能成立，但认定斗鱼构成不正当竞争，遂判决其承担消除影响、赔偿经济损失及合理费用共计 110 万元。

斗鱼对上述判决不服，提起上诉。

斗鱼认为，目前国内的游戏直播网站大部分都采取通过客户端截取比赛画面的方式将比赛画面转给观看玩家，并配上自己平台的解说和配乐从而进行直播，游戏厂商对此亦未提过异议。根据"无明文规定不可为即可为"的民法原则，斗鱼的行为本质上是对涉案赛事进行报道,该行为没有超出游戏客户端旁观者的合理使用范围。

二审法院审理后认为,斗鱼的行为违反了反不正当竞争法中的诚实信用原则,违背了公认的商业道德,损害了耀宇公司的合法权益,破坏了市场竞争秩序,具有明显的不正当性,构成不正当竞争,故判决驳回上诉,维持原判。

一、二审的判决均认定,电子竞技赛事网络直播的画面不属于著作权法意义上的作品,不受著作权法保护。斗鱼虽构成不正当竞争,但没有侵害耀宇公司的著作权。

对于电竞赛事直播节目是否受著作权法保护的问题,一直争论不休。此案虽然没有以著作权侵权来判决,但对于提高电子竞技赛事版权保护意识、改善电子竞技赛事版权保护环境具有积极的意义。其后,随着电子竞技版权保护的不断加强,真正意义上的电竞赛事直播著作权侵权案于2021年打响。

2021年,广州互联网法院审结了一起广州虎牙信息科技有限公司(以下简称虎牙)诉武汉斗鱼网络科技有限公司(以下简称斗鱼)侵害ESL电竞赛事其他著作权以及不正当竞争纠纷案。

虎牙在2020年2月与ESL公司达成战略合作,取得IEM Katowice 2020、ESL One LA以及EPL第11季赛事的中文直播权后,分别于2020年2月24日、2020年3月17日发现斗鱼直播平台在未获授权的情况下擅自直播IEM、EPL系列赛事。公证显示,斗鱼直播页面设置有"赛事"栏目,该栏目内有CS:GO专栏,进入"赛事直播"的房间内,屏幕显示《ESL PRO LEAGUE 第11季赛事》节目画面和官方解说。至此,虎牙主张斗鱼方赔偿其经济损失300万元。

法院认定,斗鱼作为专业的直播平台,在明知未获得虎牙授权许可的情况下,在直播中大量使用虎牙享有著作权的ESL PRO LEAGUE第11季赛事画面,侵害了虎牙的著作权权益。同时,斗鱼在虎牙多次投诉后,未采取立即有效措施,对于侵权行为系默许和鼓励。最终,斗鱼被判赔偿虎牙100万元。

此案是国内首次认定的电竞赛事直播著作权侵权案,在电竞版权保护方面具有里程碑式的重要意义。

5.5 电子竞技赛事主办方及出资方

5.5.1 电子竞技赛事主办方

电子竞技赛事主办方,是指有权举办电子竞技赛事的机构,一项赛事可能有一个或多个主办方。电子竞技赛事主办方通常是具有较大影响力的机构或组织，可能是拥有电子竞技游戏版权的游戏厂商，也可能是专业的电子竞技赛事运营商、政府、行业协会或其他机构。

电子竞技赛事主办方负责发起电子竞技赛事，确定电子竞技赛事的主题、时间、地点、赛程、赛制、奖金等。电子竞技赛事的具体事项一般交由赛事承办方来执行。在官方赛事中，赛事主办方是电子竞技游戏版权方。例如，KPL 的主办机构为腾讯，承办机构则是英雄体育 VSPN；PEL 则由腾讯和英雄体育 VSPN 联合主办；CFPL 的主办机构为腾讯，承办机构是英雄体育 VSPN。在第三方赛事中，赛事主办方是第三方机构，从游戏版权方获得授权之后举办赛事，拥有赛事版权。例如，WCG 的主办方是韩国国际电子营销公司（Internation Cyber Marketing，ICM）；ESWC 的主办方是法国公司 Games-Services。

部分电子竞技赛事是由多个企业和机构联合主办的。例如，2020 年一级方程式（F1）电竞中国冠军赛首次落地中国，赛事由上海市体育总会、上海久事体育产业发展（集团）有限公司、上海市电竞协会主办，英雄体育 VSPN 承办。

5.5.2 电子竞技赛事出资方

电子竞技赛事出资方，是指为电子竞技赛事提供资金的组织、机构或个人。电子竞技赛事出资方包括电子竞技赛事主办方和电子竞技赞助方。在游戏厂商发起举办的电子竞技赛事当中，游戏厂商作为主办方会提供一部分资金用于赛事举办，另一部分资金则由赞助方提供。在第三方赛事中，例如世界三大赛事 WCG、ESWC、CPL，赛事举办资金主要由赞助方提供。

随着电子竞技地域化的进一步发展，电子竞技赛事主客场制不断深化，政府机构越来越多地参与到电子竞技赛事中。多地政府在引进电子竞技赛事、电子竞技俱乐部落户城市时，会为电子竞技赛事提供部分举办资金，助力当地电子竞技产业的发展。

北京在 2020 年推出了"电竞北京 2020"品牌系列活动。"电竞北京"活动品牌由北京市委宣传部统一部署领导，市区两级协同联动打造，是落实北京围绕文化产业高质量发展提出的构建网络游戏行业"一都五中心"战略布局的具体举措。该品牌以"竞启未来"为主题，着力打造品牌活动、系列赛事、行业交流、互动娱乐四大活动板块，组织论坛峰会、展览交易、职业赛事、大众赛事、文娱表演、网络综艺、互动体验等各类电竞相关活动，形成周期贯穿全年、全市多点联动、线上线下呼应的总体格局。

2020 王者荣耀世界冠军杯是"电竞北京 2020"系列活动中的重要国际赛事，北京市政府为该赛事提供了全方位的支持，在机场、高铁站、户外广告牌等多处投放赛事宣传信息，对赛事进行了全面的宣传，如图 5-3 所示。

图 5-3　2020 王者荣耀世界冠军杯楼宇大屏广告

5.6　电子竞技赞助方

5.6.1　电子竞技赞助方的赞助对象

电子竞技赞助方,是指为电子竞技提供赞助资金的机构或个人。随着电子竞技产业的发展,电子竞技赞助的对象也由从前单一的电子竞技赛事变得多样化。目前,电子竞技赞助方的赞助对象主要有电子竞技赛事、电子竞技俱乐部、电子竞技选手、电子竞技艺人等。

电子竞技赛事是电子竞技赞助方的主要赞助对象。在所有赞助对象中,电子竞技赛事是影响力和商业价值最高的。通过赞助电子竞技赛事,赞助方能够进行卓有成效的营销,使品牌快速触达几亿电子竞技用户。例如,vivo 从 2017 年起便开始赞助王者荣耀职业联赛 KPL,是 KPL 的长期合作伙伴。一开始,vivo 只是将 KPL 作为一个新的营销渠道,使用当季新款手机进行赞助宣传。电子竞技用户的庞大数量和强大的购买力让 vivo 逐渐改变了电竞营销思路,针对电子竞技市场推出专门产品。2019 年,vivo 推出了全新电竞手机品牌 iQOO,专为电子竞技用户打造,在性能和游戏体验方面契合了电子竞技用户和游戏玩家的需求。在这之后,iQOO 系列品牌手机便成为了 KPL 的固定赞助商和赛事官方指定用机。

电子竞技俱乐部也是电子竞技赞助方的赞助对象,成绩优秀、聚集众多明星选手的电子竞技俱乐部也具有很高的商业价值和影响力。通过赞助电子竞技俱乐部,赞助方能够获得很大的曝光量,扩大用户群体。2020 年 LPL 赛事及各俱乐部赞助商 / 合作伙伴如图 5-4 所示。

官方赛事/俱乐部	赞助商/合作伙伴										
LPL赛事	梅赛德斯奔驰	英斯利安	哈尔滨啤酒	娃哈哈	肯德基	Warhorse战马	OPPO	Clear清扬	惠普精灵联盟	AutoFull傲风电竞椅	英特尔	浦发银行信用卡	Nike
JDG	斗鱼直播	罗技G系列	七彩虹科技	BOSE	英特尔	Langsdom兰士顿	漫步者	公牛插座				
TES	虎牙直播	技嘉AORUS	雷蛇Razer	Flash Player		TOPSPORTS滔博运						
FPX	虎牙直播	联想拯救者	SteelSeries赛睿	OPPO	上好佳	鱼酷活力烤鱼	比心陪练	宝马中国				
IG	虎牙直播	快手	比心陪练	网鱼网咖	美年达	雪佛兰	LABSERIES朗仕	Lilbetter				
EDG	企鹅电竞	雷蛇Razer	英特尔	李宁电竞	湾仔码头	金小草	上海青年志愿者					
WE	虎牙直播	快手	攀升IPASON	艾石头irok	Score赛高	AcFun	曲江新区					
RNG	虎牙直播	罗技G系列	七彩虹科技	惠普精灵联盟	AutoFull傲风电竞椅	东鹏特饮	饿了么	西贝莜面村	中信银行信用卡	梅赛德斯奔驰		
eStar	斗鱼直播	AutoFull傲风电竞椅	CHERRY中国	比心陪练								
OMG	斗鱼直播	RAPOO雷柏										
VG	斗鱼直播	三只松鼠	比心陪练									
RW	斗鱼直播	玩家国度ROG	魔爪	爱奇艺								
SN	CC直播	雷蛇Razer	刀锋陪玩	苏宁易购	CG赛客运动							
LGD	虎牙直播	英特尔	HyperX俱乐部	VPGAME								
BLG	哔哩哔哩	统一雅哈咖啡										
LNG	企鹅电竞	Victorage维齐	黑鲨游戏手机									
DMO	斗鱼直播	达尔优										
V5	斗鱼直播	HyperX俱乐部	MACHENIKE机械师	比心陪练	大圣电竞	爱可乐Echolac	Mishka China					
	直播平台	硬件品牌	陪玩平台	快消品牌	服饰鞋包	银行品牌	汽车品牌	餐饮品牌	手机品牌	社交平台	视频网站	其他

• 图 5-4　2020 年 LPL 赛事及各俱乐部赞助商 / 合作伙伴 •

可以看到，2020 年 LPL 各俱乐部赞助商 / 合作伙伴的品牌覆盖了直播平台、硬件品牌、陪玩平台、快消品牌、服饰鞋包品牌、银行品牌、汽车品牌、餐饮品牌、手机品牌、社交平台、视频网站等，基本上涵盖了衣食住行及娱乐 5 方面。电子竞技俱乐部的赞助商，由从前以硬件品牌为主，发展为跨领域、多行业品牌集体入场，这反映出电子竞技市场已经具有较大影响力，而且电子竞技用户的购买力也不容小觑。

具有较大个人影响力的电子竞技选手、电子竞技明星艺人也会获得赞助商的赞助，赞助形式主要是邀请明星选手、明星艺人为品牌进行宣传代言。粉丝基数较大的电子竞技明星在个人直播间、个人社交平台宣传推广赞助商产品，也能够有效提升产品销量，扩大品牌影响力。

5.6.2　电子竞技赞助规模

中国电子竞技发展早期，电竞赛事规模比较小，受众覆盖少，因此获得的赞助金额也相对较少。2013 年 LPL 成立，几年间 LPL 赞助商主要是技嘉主板、网鱼网咖等与游戏有着强关联的品牌厂商，赞助规模也比较小。直到 2016 年，快消行业巨头可口可乐才第一次赞助 LPL。可口可乐对 LPL 进行了独家冠名赞助，赞助金额在 1500 万元左右。与当时足球、篮球赛事品牌的赞助规模相比，电子竞技的赞助金额可谓很少了。中国平安自 2014 年开始赞助中超联赛，合同为期 4 年，总价 6 亿元。2017 年，中国人寿作为 CBA 第一家官方主赞助商，一个赛季的赞助费至少 2 亿元。

　　2016 年开始，电子竞技进入爆发式增长阶段，用户数量和影响力都有了极大的提升，电子竞技规模也迅速扩大。2018 年，Nike 成为 LPL 新的赞助商，签约金额达到 10 亿元。2020 年，LPL 的赞助商已经达到 13 个品牌，赞助金额也达到亿元级别。2020 年 LPL 的赞助商分别是梅赛德斯奔驰、莫斯利安、哈尔滨啤酒、娃哈哈、肯德基、Warhorse 战马、OPPO、Clear 清扬、惠普精灵联盟、AutoFull 傲风电竞椅、英特尔、浦发银行信用卡、Nike。赞助品牌从硬件产品到汽车、手机、信用卡，再到快消品和服饰，一应俱全。2016 年创立的 KPL 赛事，在短短几年时间内发展迅速，其赞助规模也已经达到了千万元、亿元的级别。

　　随着电子竞技的发展及其全球影响力的不断提升，电子竞技赞助金额也将持续增长。

5.7　游戏公司布局电竞业务

　　随着电子竞技用户群体不断扩大、影响力不断发展，很多游戏公司开始组建自己的电竞部门或电竞公司。腾讯与 Roit 合资成立了腾竞体育，网易成立了网易电竞，完美世界电竞部门成立，还有一些海外游戏公司也成立了专门的电竞部门。游戏公司开始做电竞似乎已经成为了一种新的趋势。本节将分析游戏公司开始开展电竞业务会对整个电子竞技生态产生何种影响，以及游戏公司未来的发展趋势。

5.7.1　布局电竞业务的过程及原因

　　早期的电子竞技比赛多由第三方媒体公司或者赛事公司举办，例如韩国的 OGN 电视台制作转播的多项赛事、三星举办的 WCG 赛事、游戏风云举办的 G 联赛等。那时游戏公司对于电子竞技比赛仅限于给予一定程度的支持，各类规模不同的第三方赛事不断举办，电子竞技产业呈现出了早期"爱好者电竞阶段"的繁荣。

　　第三方平台和公司之所以能够举办规模和影响力比较大的电子竞技赛事，一方面是因为游戏厂商很少直接介入电子竞技赛事的举办，另一方面也是因为当时的电竞游戏大多是局域网游戏，比赛以局域网对战为主，赛事举办方只需要购买正版游戏的授权就能够自建局域网举办比赛，而之后产生的互联网电子竞技游戏需要游戏厂商给予比赛服务器以及其他方面的支持才能顺利举办比赛。随着电子竞技游戏逐步发展为互联网游戏，游戏厂商对于电子竞技的介入程度也不断增强，这种对电竞介入程度的增强是有着客观原因的。

首先，游戏的推广方式发生了变化。早期的游戏推广以广告和测评为主，玩家在下载或购买游戏之前会阅读游戏评价，其游戏消费行为被广告推广所引导。这是当时的网络条件和信息传播方式的局限所造成的，因为下载游戏会占用大量网络资源，所以在下载或购买游戏之前，玩家会根据游戏评价慎重选择。游戏推广在度过了广告推广时期后，进入了内容和口碑推广时期，电子竞技赛事的内容属性、话题属性以及与玩家之间的情感联系受到游戏厂商的高度重视，游戏公司开始布局电竞业务。

其次，游戏的盈利模式发生了变化。游戏盈利模式经过版权购买收费、游戏时间收费，发展到目前的游戏道具收费模式。在这种盈利模式下，游戏运营工作受到高度重视，游戏玩家的活跃度、付费率等数据指标以及游戏的各项运营工作是游戏厂商运营游戏的手段和方法。虽然没有直接明确的数据证明，但电子竞技的确能够帮助游戏运营提升游戏运营的各项指标，所以电子竞技受到了游戏厂商的高度重视。

最后，电子竞技有利于帮助丰富游戏 IP 的内涵，促进基于游戏 IP 的游戏文化的培养和形成。游戏文化对提升玩家的游戏忠诚度和黏性有着巨大的帮助，可以帮助游戏构建自己的"护城河"。游戏总会有生命周期，因为技术进步造成的体验升级，老的游戏终将退出历史舞台，但如果游戏文化和游戏 IP 影响力巨大，则可以在新的游戏设备和技术上推出新款游戏，甚至"复活"游戏。

由于电子竞技对产生的游戏影响越来越重要，游戏公司从最开始授权第三方举办电竞比赛，发展到投入资金举办电竞官方比赛，到最后成立专门的电竞部门或电竞子公司来举办和运营旗下游戏的电竞比赛，电子竞技的发展彻底进入了"游戏厂商主导时期"。

5.7.2 深度介入电竞业务的结果

游戏厂商在介入电子竞技业务的过程中有着巨大的优势。首先，游戏厂商是游戏 IP 的拥有者，所有游戏比赛都需要游戏厂商的授权才能够举办，否则就属于侵权行为。其次，在现阶段电子竞技的深度参与者中，游戏厂商普遍比电竞生态中的其他参与方更具有资金实力和社会影响力，而且是目前最大的投入方，理应享有电子竞技的最大收益。

正是由于游戏厂商对电子竞技的大力投入，电子竞技用户规模迅速扩大，社会影响力不断增强。可以说，目前电子竞技发展的良好态势以及产业链上各个环节的有效运作是游戏厂商大力投入和推动的结果。另一方面，游戏厂商大力投入、甚至自建电竞团队，必然导致电子竞技产业结构和权力的重新分配，对产业链各环节都有重要影响。

首先受到冲击的是第三方赛事。一般情况下，厂商举办的官方赛事和第三方赛事很难同时做大做强，也很难和平共存、共同发展。这是由体育及内容产业的独特性决定的。作为传媒内容产业，电子竞技比赛需要高端的竞技内容和顶级强队、选手。高端的内容型产品都呈现出一定程度的垄断性，多个比赛同时举办容易造成队伍和选手的档期冲突。另外，为了电竞比赛的稳定性和持续发展，目前游戏厂商官方赛事多以联盟组织方式来运营，这无疑压缩了第三方赛事的发展空间。最后，在资本投入和商业回报方面，游戏厂商官方比赛和第三方比赛也存在不对等的情况。游戏厂商举办电竞比赛即使有所亏损，也可以通过游戏收入实现盈利，而第三方比赛只能通过赛事赞助、赛事版权等变现方式来达到收支平衡或者盈利。

以电子竞技内容为核心的直播平台也在一定程度上受到游戏厂商的制约。这是因为，如果直播平台的游戏主播要播放游戏以及游戏相关的内容，必须获得游戏公司的授权，否则也属于侵权行为。但是直播平台播放游戏内容对游戏来说起到了推广的作用，所以游戏公司普遍默许这种行为。如果游戏公司禁止播放，那么直播平台的大部分内容都会下架。目前头部直播平台均与游戏公司有资本关联，这也是为了消除潜在风险。

游戏公司开始组建赛事部门或者设立电竞子公司，也使一些电竞赛事运营和制作公司有了危机感。之前游戏公司多是作为甲方将赛事制作与运营交给电竞公司来执行，电竞公司以乙方的身份来满足游戏公司的各项需求。游戏公司自己制作和执行赛事似乎有取代电竞公司的趋势。

一些电子竞技俱乐部也被迫面临选择。参与哪家游戏公司哪个游戏产品的电竞赛事，有时候是俱乐部必须面对的选择，尤其是在游戏产品之间具有激烈竞争的时候。一般情况下，游戏公司不会欢迎一个俱乐部同时经营自己游戏的战队和竞品游戏的战队。这样的俱乐部在具有竞争关系的两个游戏公司中都很难获得最大限度的支持。

5.7.3 游戏产品和电竞生态的关系

游戏公司对电竞生态构建的整体策略与游戏产品阶段相关。一般来说，游戏公司会首先满足大部分游戏用户的需求，然后随着电竞用户不断增长，开始满足核心电竞用户的诉求。普通游戏用户和重度电竞用户的需求是不同的。能够引起很多电竞用户强烈共鸣的电竞事件，对许多普通玩家来说并没有特殊的感觉。游戏发展早期，普通游戏用户的数量一定是大于电竞用户的。而到了游戏发展后期，电竞用户不断增长，游戏厂商一定会更加注重电竞。

游戏公司拥有游戏版权，对于电子竞技赛事举办有绝对控制权，游戏厂商把自己旗下游戏的电竞生态做成什么样子都无可厚非，这是 IP 持有者的权利。游戏公司布局电子竞技业务，对电子竞技各参与方产生了重大影响，其实本质上是协调了游戏产品和电竞生态之间的关系。电子竞技源于游戏，又不局限于游戏。本书第 1 章曾提到，腾讯电竞关于电子竞技的定义是："电竞是基于游戏又超越游戏的，集科技、竞技、娱乐、社交于一身的拥有独特商业属性与用户价值的数字娱乐文化体育产业。"电子竞技永远无法离开游戏，如果把电子竞技生态比作一辆车，那么游戏就是这辆车的发动机，构建电竞生态就是为发动机选配其他部件，最终制造出一辆性能良好汽车的过程。

两种不同的方式都可以将电竞生态这辆汽车打造出来。一种方式是同时制造核心发动机和其他所有部件，这种方式的优点是控制力强，缺点是自己生产的某些部件质量不一定很高，且需要开设各类制造工厂，维护成本较高。另一种方式是仅生产核心发动机，其他部件全球采购。这种方式的优点是可以货比三家，选择各类部件中质量最好的、服务最专业的，且不用开设多个工厂，长期维护成本比较低，缺点是无法绝对控制。两种方式代表的是封闭和开放两种思路，原则上没有高下之分，只是选择不同而已。

根据企业在价值创造过程中分享内部资源和整合外部资源的程度，可以将电竞企业的商业模式分为4种：封闭式、分享式、吸收式和开放式，如图5-5所示。

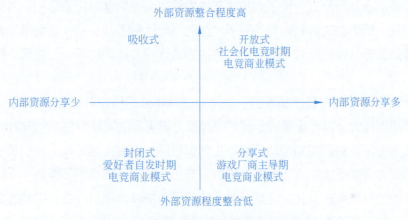

• 图 5-5　电竞发展不同时期的商业模式 •

封闭式模式的思路逻辑很清晰，游戏公司自己做电竞，不需要多加论述和分析。分享内部资源程度高，整合外部资源程度低的模式是分享式商业模式，这也是在目前"游戏厂商主导"电竞发展时期的典型模式，游戏厂商的资源和资金作为整个电子竞技生态的拉动力量。虽然游戏厂商构建的是多方参与其中的开放电竞体系，但是由于主要资源投入方是游戏厂商，其他参与方都是乙方，本质上决定了这样的电竞生态开放程度并不高。未来电子竞技发展到"社会化电竞"时期，电子竞技的模式会发展为分享内部资源程度高和整合外部资源程度也高的开放式模式。到那时，游戏厂商不再是唯一主要的资源投入方，将会有政府、赞助商、媒体以及各种社会力量作为主要资源方投入电竞，那时的电竞生态才是真正开放的生态。

5.7.4　未来电竞生态合作模式的探索

在现有的电子竞技生态中，游戏公司是绝对的主导。游戏公司拥有游戏 IP，并且在社会资源、资金实力方面完全领先于其他的电竞生态参与方。目前，电子竞技是游戏公司"可以任意打扮的小姑娘"，这也是"游戏厂商主导电竞"时期的典型特征。如果电子竞技发展到"社会化电竞"时期，电竞生态的合作模式会产生哪些变化，我们可以大胆地推测。推测的基础并不是"如何打造电竞生态更加合理"这类纯理论的研究，更多考量的是实力对比、利益驱动和社会分工。我们应通过这些要素的对比来推测未来游戏公司会采用开放的电竞生态，抑或是自己打造全电竞产业链的封闭生态。

首先，商业上能够对游戏公司产生巨大威胁的是其他同类的游戏公司。游戏公司之间同类产品的竞争是游戏公司的主要矛盾。任何对击败其他产品有帮助的方式都是优秀游戏公司需要重点考虑和联合的。目前，电竞游戏产品呈现出在某一细分领域某个产品一家独大的情况，类似垄断，在游戏产品层面就已经分出高下，所以电子竞技生态的作用没有突显出来。未来，随着产品越来越多，同类产品间的竞争会愈加激烈。同一细分领域出现两个品质差不多的游戏产品时，电子竞技生态的力量就会成为制胜因素之一，游戏公司会联合游戏生态的一切资源击败其他竞争对手。这时，优秀的游戏公司一定会采用发挥各家所长、扶植行业生态伙伴的开放生态，不会将生态伙伴完全推向对手，形成孤立作战的不利局面。

其次，社会化电竞力量不断增强，也是迫使游戏公司构建开放生态体系的重要因素。社会化电竞是指社会上其他重要资源都将电竞视为其重要的发展契机，纷纷投入电竞领域。社会重要资源的注入会产生对游戏厂商产生制衡作用，同时也为游戏厂商引领社会资源构建规模和影响力更加巨大的泛电竞生态提供了契机。游戏和电竞将不再是小众的体验，而变成完全出圈的竞技娱乐文化。全球范围内的电子竞技体育化是社会化电竞的重点发展方向。同时，政府对电子竞技的认识逐渐增强，出台了很多促进和规范电竞产业发展的政策。政府看重的是电子竞技能够与多产业结合的链接能力，从而通过发展广义的电子竞技产业，促进地方经济整体发展，创造更多就业机会，提升电竞的普惠能力。这也一定程度上促进了电子竞技产业生态的开放。赞助和版权价值的提升也是影响电子竞技发展方向的社会因素。目前，电子竞技赞助和版权的价值被严重低估，与游戏公司在游戏产品上的收入不成比例。未来随着电子竞技影响力的不断提升，赞助和版权价值水涨船高，其他周边力量的引入也能够促使开放电竞生态的形成。房地产、高科技设备、影视娱乐等行业不断与电竞产业融合，也会为能够有效引领社会资源的游戏公司提供强大的竞争优势。

最后，社会化的分工也是构建开放电竞生态的基础。搭建开放的电竞生态发挥各家所长，还是完全自己做，在操作和执行层面上，对于游戏公司来说是一个效率和成本的问题。每家公司都有自己需要应对的主要矛盾，都有为了应对主要矛盾形成的基因、特性和企业文化以及管理方式和人才培训方式。而形成的这些企业文化和基因以及管理方式，又能够帮助企业进一步解决主要矛盾。这些文化和管理方式的作用与反作用逐渐促进和形成了社会的分工，导致了专业化的形成。专业化促进了质量的提升和成本的下降，形成了一定的竞争优势。电子竞技也是如此，游戏公司可以搭建自己的电竞生态，所有事情都自己招聘员工来做。这种跨界的成本必然相对较高，内部的管理也会越加复杂，而且长期的持续性可能会有问题。游戏公司开始搭建自己的电竞团队是因为现阶段电子竞技的成本相对较低，与游戏公司的获利不成比例。但是越来越多的公司搭建电竞团队，这无疑提升了电竞的成本，包括管理成本。当成本提升到一定级别之后，专注于电竞领域的公司优势会更加明显。

游戏公司与电竞生态中其他合作伙伴的关系，从战略上是权力控制的问题，从实际业务执行上是成本和效率的问题。未来的电竞生态合作，一定是朝着能够同时解决这两个矛盾、能够充分发挥双方特长的方向发展的。在战略上，通过资本的关系游戏公司与生态合作伙伴形成利益的共同体。在实际业务执行上保持相对独立，充分发挥专业优势。这样的合作形式可能是未来的解决方案，而且这种方式在电竞行业已经开始逐步实践。

充分调动合作伙伴的能动性，对于合作伙伴赋能，可能是未来游戏公司取胜所需要的重要能力，尤其是在电子竞技逐渐步入"社会化电竞"时期的阶段。协调和引导更多的资源，无疑会壮大自己的力量，在游戏公司间的竞争中胜出。之前由于社会大众的不理解和负面印象，游戏和电竞产业没有充分参与到社会的大分工中，不太习惯"你中有我，我中有你"的分工合作模式。但时代终会改变，电子竞技行业会有更多的参与者，开放是竞争力量提升的最终选择。

前文我们将电子竞技比喻成一辆汽车。如果游戏 IP 是汽车的发动机，那么促进电竞发展的资本和资源是汽车需要的汽油或者电力。我们可以采购其他部件来打造这辆汽车，也可以自己生产所有部件，两者的区别在于成本。如果我们只看到一辆车，自然认为这辆车很重要。汽车造好了，我们也要同样自己修路、修建加油站和充电站吗？如果从更广阔的社会层面思考游戏和电竞的产业生态，就会发现即使车子和道路都造好了，政策的钥匙和上路的许可也始终不会在游戏和电竞本身的手中。

第 6 章

电子竞技市场与用户

6.1 用户是电竞产业增长40年的决定力量

2003 年,GTV 游戏竞技频道成立;2004 年,游戏风云频道成立。由于付费数字频道的身份限制,这两个频道无法收取广告费,都亟须找到可行的商业模式。

2005 年,电视购物在中国发展得如火如荼,很多电视台都把电视购物作为新的收入来源。2008 年,GTV 开始尝试发展电视购物业务。传统的电视购物一般销售家居用品,而 GTV 以自己的核心用户为目标,销售鼠标和键盘,一切合乎逻辑。GTV 选择了与知名品牌合作,在产品质量和售后方面也没有问题,电视渠道的推广效果也很好。但最终销量不高,且有大量退单,微薄的利润难以支撑节目制作成本,GTV 早期的电商尝试失败。

2013 年后,电竞主播在电商平台上找到了合适的商业模式。主播通过制作教学视频和搞笑视频,内嵌电商链接,为自己的游戏外设、零食、服装等店铺导入流量,实现商业变现。著名主播的淘宝店年收入甚至超过千万元,更有趣的是,其中有些著名主播还曾经是 GTV、游戏风云培养的。

几乎同样的商业模式,为何在 2008 年失败,在 2013 年后却大获成功?一个合理的解释是早年看 GTV、游戏风云频道的小孩子们上大学了,掌握了一定的经济自主权。在 2008 年,他们没有经济自主权力,只能选择货到付款,收到商品后开始求家长付款。家长不同意付款而要求退货,造成了 GTV 大量的退单。而在 2013 年后,这些孩子部分上了大学,有一定经济自主权、又有便捷的支付渠道,释放了他们之前对电竞外设的需求。

在电子竞技行业,这样的例子很多。用户从没有消费能力到有消费能力是一个长期过程。在这个过程中,电竞的商业模式不断创新,商业价值也会逐步释放。现阶段将电子竞技和传统体育对比是不公平的,因为传统体育是一个几乎全社会都了解和感知的行业,而电竞并不是。因为年龄和经历的原因,有大量用户可能一生也不会了解和体验电竞。

任何形式的产品和服务都想扩大自己的用户群体,获得高价值的用户,用户最终决定着行业的未来。以普遍了解电竞的 80 后为例，当 80 后成长到 80 岁时，社会可能要考虑电竞的老龄化问题。电竞老龄化之后就是全民化，变为与传统体育类似的全社会都了解的行业，电竞市场和用户的所有潜力都会展现出来。而在这 40 年间，电竞还是一个机会不断释放的上升行业。

 6.2 电子竞技市场

在了解电子竞技产业之前，需要先了解电子竞技的市场和用户是怎样的。一个产业要充分成长发展，必然需要稳定增长的市场和用户，故而必须进行充分的市场调研，精准了解用户的需求，及时输出市场需要的产品。电子竞技的发展日新月异，市场和用户的需求也会不断变化。本章将根据近几年的市场发展情况，针对较为稳定的市场和用户属性，对电子竞技市场和电子竞技用户进行大致分析。

6.2.1　电子竞技市场相关概念

1. 买方

电子竞技市场的买方是指购买电子竞技产品和服务的消费者（电子竞技用户）以及购买劳动力、资金和原材料，用于生产电子竞技产品的厂商、电竞公司、电子竞技俱乐部。

电子竞技用户作为买方，是电子竞技赛事及其周边内容、电子竞技明星代言及周边产品、电子竞技 IP 虚拟及实体产品的消费者。消费者购买线下电子竞技赛事的门票、线上观看电子竞技赛事的门票、电子竞技赛事冠军皮肤等电子竞技产品，满足自己对电子竞技的需求。

电子竞技产品制造商、电子竞技俱乐部等电竞企业作为买方，是电子竞技产品生产过程中所需要的劳动力和原材料的购买者。电子竞技产业作为一项文化创意产业，其产品主要是创意内容及文化产品，需求最多的是创意和人才。因此，电子竞技企业主要购买的是劳动力，即雇佣合适的电子竞技从业者，包括电子竞技选手和其电子竞技岗位从业者。

2. 卖方

电子竞技市场的卖方是指出售电竞产品的厂商和电竞俱乐部、出卖劳动力的电竞选手以及向厂商出租土地等资源的资源拥有者。

电子竞技选手和其他电子竞技从业者向电竞企业出卖劳动力；电子竞技场馆所有者向电子竞技赛事主办方出租场地；游戏厂商和赛事主办方向消费者出售电子竞技赛事等产

品；赞助方通过电子竞技赞助及营销向消费者出售其产品。在电子竞技市场中提供可出售产品的一方都可以称之为卖方。

3. 电子竞技市场

电子竞技市场是买方和卖方相互作用并共同决定电竞产品的价格和交易数量的机制。这里所讲的电子竞技市场，并非某个实际的商品交易市场，而是买方和卖方在多次交换过程中形成的机制，是商品和服务价格建立的过程，是经济学上的概念。

6.2.2 电子竞技市场构成

电子竞技市场由电子竞技市场主体、电子竞技市场客体以及电子竞技市场空间构成。

电子竞技市场主体是指在电子竞技市场上从事交易活动的组织或个人，主要是指企业、社会组织或 KOL。电子竞技产业中各个模块的企业、组织和个人，凡是在电子竞技市场交易活动以获得生产资料或出售商品的，都属于电子竞技市场主体。

电子竞技市场客体是指电子竞技市场的交易对象，所以可以发生商品交换关系的要素，包括电子竞技服务、产品都可以构成电子竞技市场的客体。例如，电子竞技赛事及相关内容视频，能够出售给内容播放平台，因此属于电子竞技市场客体。电子竞技选手向电子竞技俱乐部提供服务，在转会期间电子竞技选手可以在各个俱乐部之间进行交易，因此电子竞技选手的电竞服务也属于电子竞技市场客体。

电子竞技市场空间是指电子竞技市场交易发生的空间，由于消费群体的文化基础、价值观念、社会层次和生活内容的差异，电子竞技市场具有典型的空间结构特点。中国、韩国、东南亚、北美、欧洲、南美的电子竞技消费群体之间有着很大的差异，因此形成了不同的电子竞技市场。

例如，同一款电子竞技游戏在不同区域流行的程度有所不同，如表 6-1 和表 6-2 所示。

表 6-1　2018 年国内直播平台游戏开播次数排行

排　名	游 戏 名 称	平　台	开播次数（百万次）
1	《王者荣耀》	手机	42.0
2	《和平精英》	手机	20.7
3	《绝地求生》	PC	10.0
4	《英雄联盟》	PC	9.6
5	《穿越火线》手游	手机	4.6
6	《绝地求生：全军出击》	手机	3.6
7	《穿越火线》	PC	3.5
8	《荒野行动》	手机	3.1
9	《QQ 飞车手游》	手机	2.9
10	DNF	PC	2.2

表 6-2　2018 年国外直播平台 Twitch、YouTube Gaming 游戏收视排行

排　名	游戏名称	平　台	观看小时数（百万小时）
1	《英雄联盟》	PC	347.4
2	CS:GO	PC	274.9
3	DOTA2	PC	250.4
4	《守望先锋》	PC	101.3
5	《炉石传说》	PC	54.1
6	《星际争霸 2》	PC	26.2
7	《绝地求生》	PC	24.1
8	《堡垒之夜》	PC	23.0
9	《火箭联盟》	PC	22.5
10	《风暴英雄》	PC	20.3

通过 2018 年国内直播平台的开播次数和国外直播平台 Twitch、YouTube Gaming 的游戏收视排行的分析，我们可以发现：移动游戏在中国很受欢迎，开播次数前 10 名的游戏中有 6 款都是移动游戏；而国外玩家对 PC 游戏较为热爱，收视前 10 名全部都是 PC 游戏。

6.2.3　电子竞技市场规模

电子竞技产业处于成长阶段且发展迅速，市场规模一直处于增长状态，处于不断变化的状态中。

2021 年，全球总人口达到 77.54 亿，其中网民数量达到了 45.665 亿。全球总人口中，网民占比 58.89%。在全球 45.665 亿的网民当中，有 18.89 亿为电竞人口。电竞人口指听说过电子竞技的人，包括所有知道电子竞技但没有参与或观看过电子竞技内容的群体。电竞人口反映了电子竞技产业的辐射范围，电子竞技的相关信息已经触达全球 24.36% 的人。

并不是每一个电竞人口都会为电子竞技产业带来收入，决定电子竞技产业收入的是核心电子竞技爱好者。核心电子竞技爱好者指观看专业电子竞技内容频率大于每月 1 次的人。2019 年，全球核心电子竞技爱好者的数量达到了 2.01 亿，而电子竞技的总收入达到了 10.96 亿美元，每位核心电子竞技爱好者贡献的平均收益为 5.45 美元。

1. 全球市场电子竞技观众

电子竞技观众指每年至少观看一次专业电子竞技内容的人，包括核心电子竞技爱好者和观看专业电子竞技内容频率小于每月 1 次的非核心电子竞技观众。全球电子竞技观众数

量一直在持续增长，如图 6-1 所示（2024 年为预估数据）。

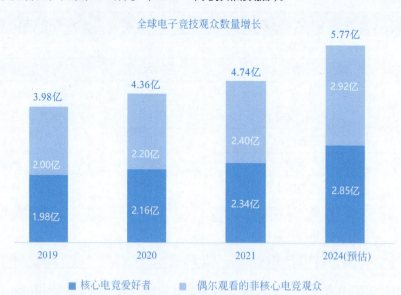

· 图 6-1　全球市场电子竞技观众数量增长 ·

2021 年，全球电竞观众增至 4.74 亿，年同比增长率为 8.7%。其中核心电竞爱好者占据 2.34 亿，其余 2.4 亿为偶尔观看的非核心观众。2022 年全球电竞观众将突破 5 亿，而到 2024 年，人们预估这一数字将以 7.7% 的复合年增长率持续增长至 5.77 亿。新兴市场是推动这一增长的主力，但成熟市场也会带来部分增长。

南美洲、中东、非洲、东南亚以及亚洲其他地区的新兴市场的电子竞技观众和电子竞技人口数量正在增加。这主要是由于城市化发展和科技的进步以及基础设施的完善。在全球范围内，移动终端游戏的日益普及以及战术竞技类和 MOBA 类游戏对观众的持续吸引力是另一个重要驱动因素。

2. 全球市场电子竞技营收

电子竞技的营收来源主要是品牌赞助、游戏厂商补贴以及商品门票收入，其中品牌赞助收入占了绝大部分。在电子竞技产业发展的初期，游戏厂商的补贴在电子竞技营收中也占据了较大比例。随着近年来电子竞技的商业价值逐渐显现，越来越多的品牌开始赞助电子竞技，赞助金额也大幅度增长。如今，品牌赞助已经成为电子竞技最重要的营收来源。全球市场电子竞技营收增长情况如图 6-2 所示。

电子竞技有望在 2021 年底实现强劲的收入增长。相比 2020 年的 9.47 亿美元，预计市场收入将在 2021 年增长至 10.84 亿美元（年同比增长 14.5%）。中国市场对全球电子竞技收入的贡献将超过三分之一。到 2024 年，全球电竞市场总收入将超过 16 亿美元，复合年增长率为 11.1%。在成熟和新兴市场中，收入增长均有强劲表现。

全球电子竞技营收中，占比最高的营收来源于赞助商，2019 年产生了约 4.6 亿美元

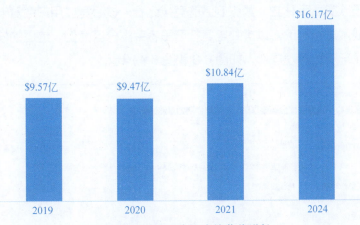

图 6-2　全球市场电子竞技营收增长

的营收，相比 2018 年增长了 3.4 亿美元。预计 2021 年有 6.41 亿美元的收入来自赞助，占整个电竞市场收入的 59%。但是，随着未来门票销售逐渐摆脱新冠肺炎疫情的限制，门票收入将逐渐开始恢复，再加上电竞组织和俱乐部继续多元化发展，赞助收入所占份额将在未来几年中略有下降。

由于线下赛事减少，2020 年、2021 年门票和周边商品的销售仍将处于低迷状态，这种颓势可能到 2022 年才能够得以恢复。而出于同样的原因，直播和虚拟商品的收入来源得到了大幅增长，在电竞组织的努力下，直播和虚拟商品收入的增幅将会保持在 3% 以上。

6.3　电子竞技用户

6.3.1　电子竞技用户的分类

根据用户对电竞的需求以及关注内容的不同，本书将电子竞技用户分为核心竞技用户、普通游戏用户、追星娱乐用户、周边消费用户四类。

1. 核心竞技用户

核心竞技用户是指以欣赏高水平游戏竞技为乐趣的、赛事黏性比较高的用户。核心竞技用户的特点是：

（1）热爱电竞，对一个或多个电竞游戏的赛事有着深入关注；

（2）从观赏高水平竞技中获得享受。

相比于其他用户，核心竞技用户最关注的是竞技本身，游戏对局是否精彩、选手操作是否优秀，影响着他们对电子竞技赛事的评价。他们希望从高水平的赛事中学到游戏操作和攻略，也乐于欣赏高手林立、紧张刺激的竞技比赛。核心竞技用户会对电竞赛事中选手操作的细节和战术进行讨论。以虎扑电竞社区王者荣耀分区为例，这里的核心竞技用户讨论最多的是游戏玩法和游戏操作，如图6-3和图6-4所示。

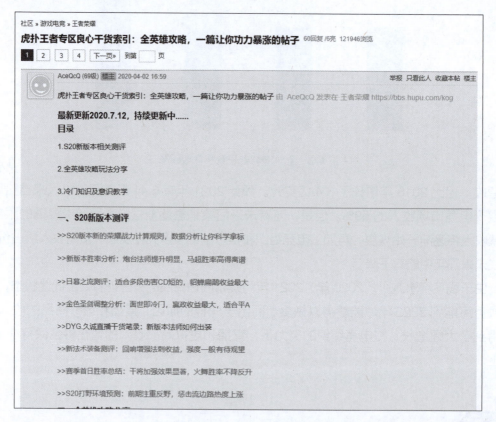

· 图6-3　虎扑电竞社区王者荣耀分区精华帖 ·

2. 普通游戏用户

普通游戏用户是指对电子竞技有兴趣、偶尔关注电子竞技内容的用户。普通游戏用户的特点是：

（1）对电子竞技有兴趣但并非重度用户，偶尔观看电子竞技内容；

（2）将观看电子竞技内容作为一种休闲娱乐方式。

普通游戏用户有很大一部分是电子竞技游戏用户，在游戏之余偶尔观看电子竞技内容。在评价电子竞技赛事时，对局精彩度、舞美、包装、广告植入程度等都会是普通游戏用户的考量因素。他们对电子竞技的娱乐休闲性有一定的要求，激情四射的解说、轻松娱乐的周边节目能够为他们带来愉悦的休闲体验。

· 图 6-4 虎扑电竞社区王者荣耀分区讨论帖 ·

普通游戏用户在电子竞技用户中占很大的比例，电子竞技赛事运营方会推出一系列电竞娱乐节目以满足这部分用户的需求。例如英雄体育 VSPN 推出的 KPL 原创搞笑配音节目《哔哔 What》，如图 6-5 所示。节目以 KPL 为创作蓝本，将赛事视频重新剪辑，并由 KPL 人气解说英凯重新配音。天马行空的脑洞，结合当下最新的网络流行用语，加上惟妙惟肖的配音，制造出了爆笑的节目效果，为观众奉献了 KPL 赛场上的别样风采与快乐体验。

· 图 6-5 《哔哔 What》节目 ·

3. 追星娱乐用户

追星娱乐用户是指以应援电子竞技明星选手、俱乐部为主要目的而关注电子竞技的用户。追星娱乐用户的特点是：

（1）因为某一职业选手或俱乐部而关注与之相关的电竞活动；

（2）对明星应援活动、明星周边产品有较高的热情。

电子竞技用户中的追星娱乐用户与娱乐明星的粉丝较为接近。追星娱乐用户会自发地组织电子竞技明星后援会，为自己喜欢的电竞选手写文案、拍照、修图、发布相关微博动态，组织或参加观赛活动、明星生日见面会等。在电竞比赛现场，追星娱乐用户们会为自己支持的选手举起应援灯牌和标语，喊出整齐划一的应援口号为选手加油，如图 6-6 所示。

· 图 6-6　EDG 俱乐部粉丝现场应援 ·

4. 周边消费用户

周边消费用户是指为电子竞技消费的用户，购买电子竞技相关虚拟产品和实体产品、观看植入赞助商广告的电子竞技内容、购买电子竞技赞助品牌的产品，都属于电子竞技消费行为。

6.3.2　中国电子竞技用户画像

根据企鹅智酷的调研，中国电子竞技用户画像大致如下。

中国电子竞技用户中，男性用户占 61.1%，女性用户占 38.9%，男性用户比较多。

中国 68.2% 的电子竞技用户年龄在 35 岁以下，用户年龄分布情况为：24 岁以下占比 29.9%；25~34 岁占比 38.3%；35~44 岁占比 19.1%；45 岁以上占比 12.8%。

一半的电子竞技用户分布在一线、二线城市，其中一线城市用户占比 16.8%；二线城市用户占比 36.3%；三线城市用户占比 19.3%；四线及四线以下城市用户占比 27.5%。

电子竞技用户学历整体较高，大学本科及以上学历占比 39%。初中及以下学历用户占比 7.6%；高中、中专、技校学历用户占比 27.3%；大学专科学历用户占比 26.1%。

电子竞技用户的个人月收入集中在 3001~8000 元，高收入 15000 元以上占比 5.8%。用户收入分布情况如下：收入 1000 元以下的用户占比 15.5%；收入在 1001~3000 元的用户占比 20.6%；收入在 3001~8000 元的用户占比 42.1%；收入在 8001~15000 元的用户占比 15.9%；收入在 15000 元以上的用户占比 5.8%。

中国电子竞技用户观赛原因，主要是为了满足情感需求和功能需求，如图 6-7 所示。

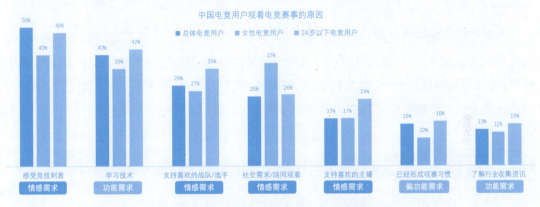

图 6-7 中国电子竞技用户观赛原因

用户观赛原因多偏向情感需求。寻求感官刺激和情感连接的需求驱动中国用户观看电竞赛事直播或录播，甚至走进赛场。值得关注的是，在女性电竞用户中，排名第二的观赛原因是"社交需求/陪同观看"。目前，女性观赛的被动性还较强。年轻用户更多的观赛动力来源于"感受竞技刺激"和"学习技术"。因"支持喜欢的战队/选手/主播"而观赛的年轻用户居多，女性用户的占比最低，为 27%。女性作为传统娱乐领域偶像经济的消费主力，在电竞方面的消费潜力还有待开发。

6.3.3 电子竞技用户的未来

电子竞技用户决定了电竞产业的未来。电子竞技用户将会持续增长，在未来逐渐实现电子竞技用户全民化。

目前，电子竞技用户群体以年轻人为主，当这些年轻人年龄逐渐增长，成为中老年人之后，他们依然会是电子竞技用户，持续关注电子竞技相关讯息。与此同时，电子竞技将会持续吸引新的年轻人群体，随着电子竞技影响力的持续扩大，每一代年轻人成为电竞用户之后，在成长的过程中会不断支持电子竞技，并将对电子竞技的关注与热爱传递给下一代。

要实现电子竞技用户的全民化，需要十年甚至几十年的过程。若干年之后，电子竞技将不再是一个新鲜事物。社会全民从青年时代就接触电子竞技，将它当作一项普通的体育运动来关注，就像足球、篮球一样。电子竞技将作为全民喜爱的体育项目之一，出现在日常生活中。

当现在的青年电竞用户全部成长为社会主流群体，掌握话语权之后，电子竞技将会像足球、篮球一样成为普及度高、关注度高的全民性运动。

6.4 电子竞技用户群体的拓展

本章提到，电子竞技用户群体随着年龄增大而自然扩展，给电子竞技带来未来 40 年的发展机遇。在这 40 年间，电子竞技的市场不断扩大，电竞群体持续增加，新的机遇不断产生，直到电竞变为一个为全社会所认知的传统产业。40 年是对这种自然增长情况的推测，是否有可能以更快的方式拓展电竞用户群体，更早实现社会化电竞呢？

6.4.1 逐渐成熟的电竞用户群体

早些年，我们和年长的朋友谈论起电子竞技时，往往会发现他们普遍不知道电子竞技，更谈不上了解；年轻群体基本都知道电子竞技，自己或者身边的朋友也会参与。近几年，很多年长的朋友也知道了电子竞技的存在，但是并不参与电子竞技，更多是将电竞作为针对年轻人的布局。年轻群体仍然了解且愿意参与电竞。

电子竞技好像天生就带有"年轻"的属性，这个结论如果放在 10 年前是很恰当的。那时电竞群体普遍年龄偏低，缺少社会话语权。但是如今普遍了解电竞的"80 后"群体中，最大的已经到了 40 岁的阶段，再说电子竞技用户比较"年轻"似乎已经不那么恰当。电竞用户群体的逐渐成熟是电竞发展的客观规律，也为电竞的进一步发展提供了机遇。小时候玩过电子游戏的"80 后"，对于游戏和电竞看法更加全面和客观，想想自己小的时候对于游戏的喜爱，就能够自然理解现在的孩子。在防沉迷和未成年人保护的前提下，对于孩子接触游戏和电竞也会采用正确的引导方式。对于自己的孩子，发现有电竞天赋则支持，没有天赋就当休闲放松，只要不过度沉迷游戏就好。目前电竞发展的良好氛围也与对于电竞了解的用户群体逐渐成熟相关。

6.4.2 认知贯通与体验断层

对于更年长的朋友，如果小的时候没有尝试过电子游戏，对于电子竞技的了解似乎只能停留在认知理解和对于年轻人的布局上,成为电竞的核心用户的概率很小。电子竞技似乎存在这种认知理解贯通,但参与体验断层的现象。

造成这种现象的原因可能是电子竞技具有科技属性,学习成本高,有理解门槛,这类新事物只能吸引年轻人。反对的观点说,并不是所有高科技、有学习门槛的产品都是如此,例如智能手机和微信就获得了全面的普及。但这些产品都类似没有替代的必需品,人们都需要学习。在现阶段,智能手机的功能性、操作便捷性没有合适的替代产品;微信等交流工具是现代沟通的必需品。但电子竞技是竞技娱乐,非必需品。没有接触过电竞的用户,生活中也有其他的竞技娱乐方式;游戏和电竞是一种现代的社交工具,但也并没有强到影响基础交流的程度。

"你玩你的,我玩我的"这种娱乐体验的断层似乎存在于很多的新兴的娱乐产品中,二次元、沉浸式体验都存在类似的现象。

6.4.3 转化电竞用户的方法

更年长的用户和其他非电竞用户的转化,是电子竞技发展和扩大电竞群体的重要问题。否则,就只能等待人群年龄的自然增长,即等待约 40 年时间。根据对电竞发展过程的观察,可以发现有些方法是能够转化非电竞用户的。

(1)电子竞技的新产品能够转化非电竞人群。电子竞技用户的巨大增长都伴随着新的电竞产品的出现。电子竞技用户最近一次大幅度增长,是因为移动电竞产品吸引了很多新的用户,尤其是女性用户。未来新的产品也一定能够吸引年轻用户,转化年长用户。

(2)科技的进步带来交互方式的改变,也能够降低学习门槛,转化非电竞用户。随着科技的发展,人们与智能产品的交互方式发生了几次变革。最早的是命令行交互 CLI(Command Line Interface),典型代表是 DOS 命令;接下来是图形界面交互 GUI(Graphical User Interface),典型代表是 Windows 操作系统和鼠标;发展到如今已经是自然交互方式 NUI(Natural User Interface),触屏、手势动作、声音等都可以和智能设备交互。很多小朋友都能够熟练使用平板电脑,主要就是因为 NUI 这种自然的交互方式降低了操作门槛。未来随着科技的逐渐发展,用户交互会更加便捷和自然,随着 AR、VR、可穿戴设备的发展,未来的电子竞技可能不需要学习门槛,自然可以转化更多的非电竞用户群体。

(3)针对不同类型的电竞爱好者,转化的手段也应该更加丰富和高效。目前电竞用户转化的方式还有待深度挖掘。对于未来无法成为电竞核心用户的非电竞用户,可以尝试将他们转化为追星娱乐用户或者周边消费用户,这就需要电竞企业在电竞产品、电竞明星、周边产品的打造上更加细分,更加有针对性。

(4)一些特殊的强线上场景也会帮助转化电竞用户。2020 年暴发的新冠肺炎疫情对电竞的影响很大，虽然电竞因为独特的线上特点能够举办线上比赛，但是线下开赛和观赛都受到了重大的影响。同时，由于赞助商缩减预算，电竞收入也受到了巨大的影响。但是所有的线上产业都因为疫情的特殊情况而获得了巨大的发展，电竞也是如此。腾讯电竞2020年研究报告显示，疫情期间电竞用户有所增加，尤其是45岁以上的用户和女性用户大量增加。可能的原因是大量传统体育停摆导致的内容缺失，只有电竞能够开赛，电竞核心用户带动及转化了家庭中的非电竞用户。新冠肺炎疫情对于电竞来说是一次重创中的宣传。疫情创造的线上场景是我们不希望的，但未来随着科技的发展和新型游戏产品的诞生，可以创造出很多社交、家庭娱乐、全民参与的积极向上的应用场景，也会转化很多的非电竞用户。

40年只是对电竞用户群体自然增长、最慢积累方式的一种推测。电子竞技用户已经逐渐步入中年化，之后必将进入老龄化。但如果电子竞技故步自封，不吸纳更先进的事物，在电竞老龄化之前也极有可能就被其他更加先进的竞技娱乐模式取代。

第 7 章

电子竞技核心产业：赛事组织

7.1 职业选手的高光与游戏沉迷的负面

2018 年，雅加达亚运会首次将电竞列为表演项目，中国电竞代表队获得了两金一银的好成绩；2020 年 1 月，微博之夜评选中，电竞选手 Uzi 在微博年度人物排行榜以压倒性优势名列第一，赢得微博年度人物的称号；2022 年杭州亚运会将电子竞技列为正式比赛项目。在这些电竞影响力正面宣传和报道的同时，游戏沉迷、影响学习成绩、造成家庭矛盾等负面报道也屡见不鲜。

随着信息的爆炸式增长，关于电竞完全相反的消息太多了，不只是在电竞领域，在其他领域也是如此。深爱孩子的家长该如何识别这些信息的真伪？其实，只要是基于事实的报道，就都是正确和客观的，只是发生的概率不同。

概率在任何领域都存在。在任何行业，顶端人才都很稀有，在传统体育或是电子竞技等竞技行业中，顶端人才的优势更加明显，冠军和亚军有天壤之别。概率是冷冰冰的数字，对于每个人来说，每次选择都是 100% 的绝对概率。在认清自己和选择行业的问题上，所有家长都希望孩子选择一个适合自己的、有前途的行业。

成为顶级职业选手是概率极小的偶然事件，天赋、努力和机遇缺一不可，难度与成为奥运冠军无异，绝大多数人都不适合走这条路。有着更多社会阅历的家长担心孩子选择这条路，所以希望能够说服孩子，但结果往往事与愿违。

沟通的过程往往是孩子谈电竞理想，家长讲人生前途，双方都在试图用自己对于电竞的一知半解说服对方。观念差异和认识不足带来的误解和矛盾，很难轻易化解，就像鸡同鸭讲。化解矛盾的有效手段就是通过学习提升电竞方面的专业性。只有专业的分析和系统全面的说明才能够令人信服，才能解决误解和矛盾。

传统体育的天赋很容易判断，因为身体基础条件单从外表就能够进行初步判断。电子竞技是小肌肉运动，需要手脑眼的协调能力和对游戏的理解，这无疑为没玩过游戏的家长和觉得自己水平不错的孩子增加了准确判断自己电竞天赋的难度。这一点孩子不懂，家长更不懂。如果经过一段时间认真的学习，家长和孩子就会发现之前对于职业电竞都是一知半解。

7.2 电竞赛事简介

7.2.1 电竞赛事在产业中的重要作用

在深入研究电竞产业时，研究电竞赛事在电竞产业中的重要作用是不可避免的课题。

电竞赛事是竞技精神的体现，是电竞活动的本源。竞技精神是电子竞技运动的精神内核，也是支撑着整个电子竞技产业发展壮大的基石。电子竞技运动的魅力正是来自运动员不懈努力、不断攀登高峰、追求更强的竞技精神。

电竞赛事是用户对于电子竞技的基础认知和体验。在电竞产业发展的最初阶段，电竞赛事几乎可以说是电竞产业的主要产物，最早的一批电竞用户也都是因为对竞技的热爱、对电竞赛事的热爱而关注电子竞技。对于不甚了解电子竞技的社会大众来说，电竞赛事也是他们对电子竞技的第一印象，是转化新电竞用户的核心内容。

电竞赛事是电竞产业的核心组织形式和产品形式。电竞产业是围绕电竞赛事而形成的产业，电竞赛事是整个产业的支柱，也是吸引电竞用户的核心内容。电竞产业经济生态是依靠源源不断产出的优质电竞赛事而形成的。

电竞赛事内容是电子竞技内容的主力，性价比高且经久不衰。如今电子竞技内容已不仅仅只有电竞赛事，综艺、访谈、纪录片等丰富多样的内容与电竞赛事一起构成了独具吸引力的多元化娱乐内容。尽管如此，电竞赛事仍是电子竞技内容的核心内容，其他形式的内容都从电竞赛事的内容中衍生而来。观众首先是被精彩的电竞赛事吸引，进而关注到在赛场展现高超实力脱颖而出的优秀选手，然后才会有兴趣关注赛事花絮、其他选手、俱乐部等相关内容。

7.2.2 电竞赛事的类型

按照赛事举办的主体进行分类，电竞赛事可分为官方赛事（游戏厂商自办赛事）和第三方赛事；按赛事专业程度进行分类，电竞赛事可分为职业赛事和业余赛事；按照赛事举办时间进行分类，电竞赛事可分为联赛和杯赛；按照赛事覆盖区域的不同，电竞赛事可分为高校联赛、城市联赛、全国赛、洲际赛、国际赛等。下面对电竞赛事中经常出现的赛事名词进行讲解。

1. 官方赛事

官方赛事是指由电竞游戏的开发公司或代理运营公司主办的电竞赛事。官方赛事在目前的电竞赛事中占据主流地位，LPL、CFPL、KPL 等都是游戏厂商主办的官方赛事。

2. 第三方赛事

第三方赛事是指由电竞游戏版权所有方以外的第三方组织主办的电竞赛事。第三方赛事需要获得游戏版权方的授权才能够举办比赛，WCG、ESWC、CPL 等著名的国际性赛事都是第三方赛事。

3. 联赛

联赛是指由按照计划赛程，在数月的时间内进行常规竞赛的专业性比赛，团队通常与每一个其他竞争团队进行一场比赛。联赛又分为职业联赛、次级职业联赛和非职业联赛。

职业联赛是最高规格的专业赛事，赛事集结了一个区域内竞技水平最高的选手和战队。LPL、CFPL、KPL 等都是职业联赛。

次级职业联赛是仅次于职业联赛的专业赛事，通过不断发掘并锻炼新的选手，为职业联赛储备了丰富的选手资源，促进电竞生态稳定健康发展。绝地求生发展联赛 PDL 就属于次级职业联赛。

非职业联赛是指面向非职业电竞选手而举办的联赛，通常非职业联赛的冠军有机会进入职业联赛成为职业选手，是普通玩家成为职业选手的晋升路径。穿越火线百城联赛就是非职业联赛，分为"百城联赛春季赛"和"百城联赛冬季赛"两部分，每年举办一次，覆盖全国 23 省份超过 150 个城市，比赛优胜者有机会成为职业选手。王者荣耀城市联赛、英雄联盟高校联赛等比赛都是非职业联赛。

4. 总决赛

总决赛是一个阶段内联赛的最后一场比赛，联赛冠军在总决赛中诞生。通常总决赛会选择比联赛场馆规模比较大的大型场馆，从流程策划、舞台搭建、选手入场仪式到表演环节都会精心设计，其制作难度和最终呈现效果不亚于一场大型演唱会。

5. 杯赛

杯赛是在短时间内进行的比赛，其形式往往包括小组赛阶段，在小组赛阶段团队可以提前进入淘汰赛。一些团队会在决赛之前就被淘汰，因此不是全部队伍都有机会直接与其他队伍比赛。英雄联盟赛事中的德玛西亚杯、季中冠军赛和王者荣耀赛事中的王者荣耀世界冠军杯都属于杯赛。

7.2.3 重要电竞赛事简介

每一年电竞赛事的数量都在不断增加，职业赛事和许多非职业赛事一同构成了电竞赛事的庞大市场。表 7-1 对重要电竞赛事进行了简单介绍。

表 7-1 重要电竞赛事简介

电竞项目	电竞赛事	简　介
DOTA2 赛事	DOTA2 Minor 锦标赛	国际性的 DOTA2 职业联赛，成绩优秀的队伍将获得参加 Major 赛事的资格。Minor 赛事在全世界各个城市巡回举办，一年举办数次
	DOTA2 Major 锦标赛	国际性的 DOTA2 职业联赛，比 Minor 等级更高，在全世界各个城市巡回举办，一年举办数次
	DOTA2 国际邀请赛 TI	DOTA2 最高等级的国际性比赛，创立于 2011 年，每年举办一次，由 Valve Corporation（V 社）主办，奖杯为 V 社特制冠军盾牌，每一届冠军队伍及人员将记录在游戏泉水的冠军盾中
英雄联盟赛事	英雄联盟全球总决赛	英雄联盟全球总决赛是英雄联盟中一年一度的最为盛大的比赛，是所有英雄联盟比赛项目中最高荣誉、最高含金量、最高竞技水平、最高知名度的比赛。第一届总决赛于 2011 年举办，比赛日期一般是每年 10 至 11 月。参赛者均是来自各大赛区最顶尖水平的战队，只有在每一年的职业联赛中表现出色的队伍才有资格参赛，每个赛区根据规模和水平决定其在总决赛当中的名额
	英雄联盟季中冠军赛	英雄联盟季中冠军赛是拳头游戏在 2015 年增加的国际性赛事，当时的赛事中文名称为季中邀请赛，于 2016 年后更名为季中冠军赛。季中冠军赛是英雄联盟当中最重要的国际赛事之一，每个赛区春季赛（第一赛季）的季后赛冠军才能获邀参赛
	英雄联盟 All Star 全明星赛	英雄联盟 All Star 全明星赛从 2013 年开始举办，汇聚了来自世界各地的英雄联盟职业明星，为观众带来顶尖竞技赛事与精彩表演
	英雄联盟职业联赛（LPL）	英雄联盟职业联赛（LPL）是中国大陆最高级别的英雄联盟职业比赛，同时也是中国大陆赛区通往每年季中冠军赛和全球总决赛的唯一渠道，自 2013 年开始举办。 每年的 LPL 由春季赛和夏季赛组成，每季分为常规赛与季后赛两部分。常规赛积分排名前八名的战队将晋级季后赛，为赛季总冠军以及高额的赛事奖金继续展开争夺
	英雄联盟发展联赛（LDL）	英雄联盟职业发展联赛（LDL）是英雄联盟于 2018 年推出的全新职业赛事体系，旨在促进英雄联盟职业电竞生态稳定健康发展。LDL 取代了原来的英雄联盟甲级职业联赛（LSPL），与 LPL 形成完整的两级职业赛事体系。原来的 LSPL 和 TGA 旗下的城市英雄争霸赛退出了历史舞台。LDL 分为华北、华东、华西、华南 4 大赛区。每个赛区设立 4 个重点城市作为赛点。通过城市海选赛、大区晋级赛、区域联赛和全国总决赛 4 个阶段，决出该赛季 LDL 的最终名次和对应积分。LDL 每年分为春季赛和夏季赛两个赛季，两个赛季成绩最优的 8 支战队可晋级年度总决赛，最终决出冠军将有机会获得晋级 LPL 的资格（LPL 联盟将对冠军战队俱乐部综合资质进行审核，若通过审核，冠军战队俱乐部将正式加入 LPL 联盟）

续表

电竞项目	电竞赛事	简介
穿越火线赛事	穿越火线职业联赛（CFPL）	穿越火线职业联赛（CFPL）是由腾讯游戏主办的顶级职业赛事，从2012年开始举办，分为春季赛和秋季赛，参赛战队为10支
	穿越火线手游职业联赛（CFML）	穿越火线手游职业联赛（CFML）是由腾讯游戏主办的顶级职业赛事，分为春季赛和秋季赛，参赛战队为10支
绝地求生赛事	绝地求生职业联赛（PCL）	绝地求生职业联赛（PCL）是由PUBG公司官方主办，面向所有职业俱乐部的顶级职业赛事，一年举办3届，分为春季赛、夏季赛、秋季赛
	绝地求生发展联赛（PDL）	绝地求生发展联赛（PDL）是由PUBG公司官方主办，面向所有职业俱乐部的次级职业赛事，一年举办4届，每届比赛为期4周
CS:GO赛事	CS:GO Major锦标赛	V社赞助举办的CS:GO锦标赛，每年举办两次，通常在年初的2至3月和年中的8至9月举办，参赛战队为24支，是CS:GO最重要的赛事之一
守望先锋赛事	守望先锋职业联赛（OWL）	守望先锋职业联赛（OWL）是全球首个以城市战队为单位的大型电竞联赛，于2016年11月4日成立，由来自全球各个城市的20支战队组成，是《守望先锋》电子竞技的最高殿堂。 来自世界各地的顶尖职业选手们享有稳定的薪金与福利，并且可以在贯穿全年的比赛中追逐守望先锋职业联赛冠军的荣誉，以及数百万美元的奖金。 OWL共拥有20支战队，分为太平洋赛区以及大西洋赛区，每个赛区由10支战队组成
炉石传说赛事	炉石传说黄金公开赛	炉石传说黄金公开赛是由网易和暴雪联合主办的一项全民电竞赛事。该赛事旨在发掘中国炉石玩家的竞技潜力，为全体炉石玩家提供公平的参赛机会，也为炉石牌友提供炉边聚会、交流的机会。 炉石传说黄金公开赛每站参赛人数限定512人，报名不设门槛，无论是"民间大神"还是"草根玩家"，都有参与夺冠的机会。自从2014年起，黄金公开赛每年都会在全国数个城市巡回举行。优胜者不但能收获丰厚奖金，还将获得炉石传说黄金系列赛年度总决赛的参赛权，与全国顶尖玩家共同争夺最高荣誉——500g纯金炉石雕像奖励
	炉石传说黄金战队联赛	炉石传说黄金战队联赛是由网易和暴雪举办的、国内首个官方炉石传说3v3线下职业联赛
魔兽争霸3赛事	魔兽争霸3黄金战队联赛	魔兽争霸3黄金战队联赛是由网易和暴雪举办的国内首个顶级线下职业赛事
星际争霸2赛事	星际争霸2黄金战队联赛	星际争霸2黄金战队联赛是由网易和暴雪举办的国内顶级线下职业赛事
	全球星际争霸2联赛（GSL）	GSL是全球首个进行直播的常规性星际争霸2联赛，由韩国GomTV从2010年开始举办。韩国GSL联赛在2010年成功举办了3届，并吸引了来自全球各地的星际争霸2职业选手来到韩国首尔参加比赛。 2011年，GSL升级为GSL赛事联盟。在全年为广大玩家带来包括GSL S级联赛、GSL A级联赛、GSTL战队联赛、GSL超级联赛、GSL全球冠军赛、GSL暴雪杯在内的6大赛事

续表

电竞项目	电竞赛事	简　介
王者荣耀赛事	王者荣耀职业联赛（KPL）	王者荣耀职业联赛（KPL）是官方最高规格专业晋级赛事。全年分别为春季赛和秋季赛两个赛季，每个赛季分为常规赛、季后赛及总决赛。KPL实行联盟化和主客场制，目前已有6支战队拥有了自己的主场
	王者荣耀甲级职业联赛（KGL）	王者荣耀甲级职业联赛(简称K甲)是官方承接王者荣耀职业联赛（KPL）和王者荣耀全国大赛的职业电竞联赛，旨在为KPL持续输送优秀选手，促进王者荣耀职业电竞生态的稳定健康发展。KGL全年分春季赛和秋季赛两个赛季，每个赛季分资格赛和正赛两部分，其中正赛部分为季前赛、常规赛、季后赛及总决赛
	王者荣耀世界冠军杯（KCC）	王者荣耀世界冠军杯（KCC）是官方最高规格专业晋级锦标赛。全年分别为夏冠杯和冬冠杯。比赛分为选拔赛、小组赛、淘汰赛3部分
和平精英赛事	和平精英职业联赛（PEL）	和平精英职业联赛（PEL）是腾讯游戏和英雄体育VSPN联合主办的官方最高级别职业联赛，赛程包括预选赛、突围赛、晋级赛与联赛决赛4个阶段，首届PEL于2019年9月正式开启预选赛
	和平精英国际冠军杯（PEC）	和平精英国际冠军杯（PEC）是和平精英游戏的国际赛事，PEL中前3名的战队将和其他12支海外战队共同争夺和平精英国际冠军杯的冠军
皇室战争赛事	皇室战争职业联赛（CRL）	皇室战争职业联赛（CRL）是一项基于战队的全球性电竞赛事，覆盖中国大陆、亚洲、欧洲、北美洲、拉丁美洲5大赛区，每个赛区的最强战队将进军年末总决赛。 2020年，CRL进行赛区合并，中国大陆赛区和亚洲赛区合并，成立新的CRL东方赛区，原本中国大陆赛区和亚洲赛区共20支职业战队被合并为8支。欧洲、北美洲、拉丁美洲赛区合并为西方赛区，共有12支战队
QQ飞车手游赛事	QQ飞车手游S联赛	QQ飞车手游S联赛是QQ飞车手游官方首个高水平赛事，于2018年5月正式启动，整体赛事奖金高达百万级。QQ飞车手游S联赛每个赛季分为季前赛、常规赛、季后赛及总决赛4部分

7.3　赛事组织的定位与作用

赛事组织是电子竞技核心产业链的第一个环节，负责组织电竞赛事、持续发掘培养高水平电子竞技选手，并促进电子竞技俱乐部及战队的长足发展，是电子竞技核心产业发展的基础。赛事组织在产业架构图中的位置如图7-1所示。

7.3.1　赛事组织的目标

赛事组织的核心目标有以下3点。

（1）赛事举办：制定赛规、赛程等基本制度，确保赛事顺利举办。

（2）联盟管理：制定俱乐部、选手的协调和管理原则，协调联盟各参与方利益，促进

第7章 电子竞技核心产业：赛事组织

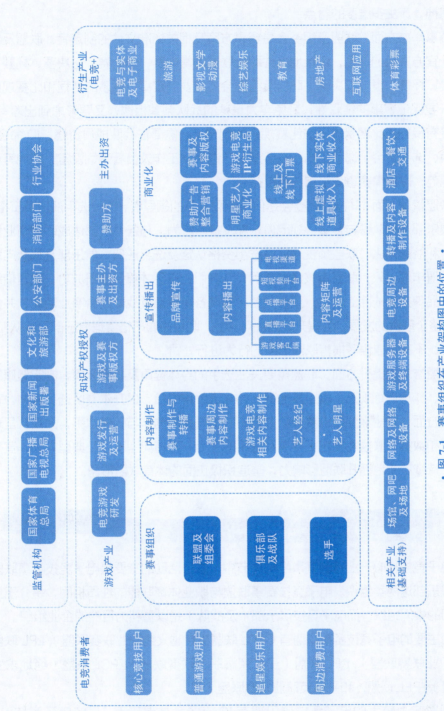

• 图 7-1 赛事组织产业在产业架构图中的位置 •

协调全面发展。

（3）影响力提升：科学提升管理水平、选手技术水平，确保比赛精彩，传播公平竞技的体育精神，产生多维度的看点。

在赛事举办方面，联盟及组委会是赛事方案及相关标准文件的制定者。联盟及组委会需要设计官方赛事的体系，包括地区性职业联赛的常规赛、季后赛、总决赛、杯赛，跨地区的联赛、杯赛、世界总决赛。联盟及组委会还需要制定每个赛事的赛程和比赛规则。赛程制定既要保证赛事的精彩性，避免实力悬殊的战队频繁相遇，又要考虑到出差等情况，保证选手有良好的比赛状态。在比赛规则的制定上，需要在战队成员资格、ID命名规范、选手更换、选手转会、选手签约、选手退役、选手及工作人员着装、设备、场地等许多方面做出规范，以保障赛事公平和选手权益。

在联盟管理方面，联盟及组委会是俱乐部和战队的领导者，负责选手注册及资格认证、组织各俱乐部及战队参与赛事、规范俱乐部及战队行为、与各俱乐部达成联盟商业协议并促进各方利益最大化。联盟负责地区性选手资格认定及选手注册，俱乐部及战队向联盟提交选手注册申请，只有联盟审核通过之后，一名职业选手才算是注册成功。联盟借助自身影响力与品牌方达成商业协议，获得赞助，协调各俱乐部及战队配合商业活动，并分配利润，促进整个联盟的发展。为提升联盟品牌形象，联盟需要严格管理俱乐部及战队和选手，对打假赛、不文明言语等损害联盟形象的行为进行处罚。

在联盟影响力提升方面，联盟需要关注选手的身体健康及心理健康，制定健康的饮食指导规范、作息训练规范，借鉴其他赛区的先进管理经验，提升本赛区选手实力。在赛事内容呈现方面，联盟需要促进赛事承办方不断提升赛事制作与转播水平，为观众呈现更多赛事细节和数据。联盟需要挖掘赛事及选手的亮点，塑造典型事件及典型人物，宣扬联盟正能量，持续不断地提升联盟影响力，塑造积极正面的体育联盟形象。

7.3.2 赛事组织的核心组成及业务

在电子竞技核心产业链的赛事组织环节中，进行活动的主要是电子竞技赛事联盟与电子竞技俱乐部这两类组织。电子竞技赛事联盟与职业体育联盟的性质相同，是介于企业与市场之间的中间组织，而电子竞技俱乐部（及战队）是以营利为目的的企业组织。

中国主要的电子竞技赛事联盟有CFPL联盟（穿越火线职业联赛联盟）、LPL联盟（英雄联盟职业联赛联盟）、KPL联盟（王者荣耀职业联赛联盟）、PCL联盟（绝地求生职业联赛联盟）、PEL联盟（和平精英职业联赛联盟）等。

中国影响力较大的电子竞技俱乐部有IG电子竞技俱乐部、FPX电子竞技俱乐部、EDG电子竞技俱乐部、RNG电子竞技俱乐部、OMG电子竞技俱乐部、LGD电子竞技俱乐部、VG电子竞技俱乐部、WE电子竞技俱乐部、AG电子竞技俱乐部、QG电子竞技俱乐部、JDG 电子竞技俱乐部、eStar Gaming 电子竞技俱乐部、TES 电子竞技俱乐部等。

7.3.3 赛事组织的关键产出

赛事组织的关键产出是持续高水平的赛事、竞技俱乐部和明星 IP、丰富的看点、转播权和内容制作权。

1. 持续高水平的赛事

持续高水平的赛事是观众对电子竞技的核心需求。在电子竞技赛事中，激烈精彩的竞技对抗，扣人心弦、瞬息万变的战局，不可预测的比赛结果，高手林立的赛场，都是吸引观众的重要元素。

当某种英雄组合、某种战略战术具有巨大的优势时，大部分战队都会采取这种打法和英雄阵容组合，久而久之，比赛内容将会变得单一，比赛结果也不再具有不确定性，这无疑大大降低了比赛的精彩性。如果参与比赛的选手长期以来都是同一批选手，没有新选手加入比赛，选手之间彼此熟悉、非常懂得对方的战术和操作习惯，同样也会造成观众的审美疲劳。

为了持续产出高水平的赛事，赛事组织方需要不断调整更新赛事的规则，给予观众新鲜的观看体验。在保持赛事联盟稳定性的同时，也要不断地为联盟引入新鲜血液，给予能力出众的选手、战队一个进入职业联赛的上升通道，定期选拔优秀选手进入联盟，为赛场带来更多精彩与可能。

2. 竞技俱乐部和明星 IP

赛事组织的另一项关键产出，是通过电子竞技赛事打造出明星电子竞技俱乐部、明星电子竞技选手、电子竞技解说与主持，形成俱乐部 IP 和明星个人 IP。

一项成功的体育赛事，能够产生许多成绩斐然的竞技俱乐部、明星电子竞技选手、明星解说与主持，而借由明星竞技俱乐部、明星选手及解说主持的影响力，又能够实现体育文化的破圈层传播，吸引更多的人关注该项赛事。

竞技俱乐部和明星 IP 能够产生不可估量的商业价值。对 IP 进行多样化的开发，生产销售 IP 周边产品，能够为电子竞技带来很高的收入。2021 年，C 罗正式官宣回归曼联，C 罗的曼联球衣销售量瞬间变得非常火爆。据《福克斯体育》报道，在预售开启后的 12 小时里，曼联 7 号球衣已经被预订了 30 万 ~40 万件，球衣销售额已经到了 3250 万英镑，这个数据瞬间就打破了英超多年的球衣销售纪录。这足以说明，明星 IP 能够产生巨大的商业价值。

在赛事价值提升和影响力扩展以及创造商业价值方面，竞技俱乐部和明星 IP 都能够产生极大的效益，是赛事组织极其重要的一项产出。

3. 丰富的看点

丰富的看点是联盟及俱乐部战队以电竞赛事为核心，深度挖掘赛事、选手、俱乐部的台前幕后故事。赛事组织需要塑造典型事件和典型人物，在竞技之外赋予电竞赛事更多精神内涵和文化内涵，向观众传达不断追求卓越的体育竞技精神。姚明、郎平这样努力拼搏、为国争光的运动员，将不懈努力的体育精神传递给大众，也促进了篮球、排球运动在大众中的普及。电子竞技赛事要扩大影响力，也需要实力超强、勤奋努力、在国际赛事上为国家赢得最高荣誉的电竞选手作为电子竞技运动的代言人，将个人奋斗故事与电子竞技精神传递给更多的人。

> **案例 5：** 典型人物塑造——Sky（李晓峰）。

"魔兽人皇"Sky，本名李晓峰，是电子竞技选手中的典型代表，在电子竞技发展的早期，通过超强的竞技实力和人格魅力，将当时还是小众文化的电子竞技普及给了更多观众。

（1）电竞梦的开始。

1985 年，Sky 诞生在河南省的一个小县城——汝州市，他的父亲是汝州市第一人民医院的医生，母亲原来在酒厂工作，但在 1998 年下岗。随着 Sky 的两个姑姑远嫁他乡，爷爷奶奶也需要人来照顾，加上家里三个越来越大的孩子，一家七口的重担就全压在薪水微薄的父亲肩上。1998 年，Sky 的表弟向 Sky 介绍了他正在玩的一款电脑游戏《星际争霸》，Sky 很快就迷上了这款世界游戏历史上的经典大作，他的命运也在就这一刻和电子竞技绑在一起了。

Sky 第一次一个人出省参加比赛是在 2001 年初，当时西安黄甫庄附近有一家网吧举办比赛，虽然奖金只有 500 元，但是有很多星际争霸高手参加，当时，Sky 已在河南商丘的战网上小有名气，而且是当时全国著名的 Home 战队主力之一。Sky 得知这个比赛后马上决定要去参加，甚至没有考虑去西安会花多少钱，会不会有危险，就买了火车票抵达西安。

（2）被迫放弃梦想。

2002 年 WCG 西安选拔赛上，Sky 在第一轮就被淘汰了，他当时几乎绝望了，走出赛场时看着身边三层楼高的窗台甚至想一闭眼跳下去。因为在此之前，Sky 已几乎把郑州大大小小的比赛冠军奖杯都拿完了，开始梦想着能自己成为职业电子竞技选手，也因此 Sky 和家人的矛盾进入白热化阶段，最后他对父亲说，假如这一年的 WCG 拿不到好的名次就从此不再玩游戏了，老老实实回家乡跟父亲在医院里实习做医生。所以第一轮被淘汰，就意味着 Sky 的梦想被彻底地碾碎了。

因为 2002 年的 WCG 各分赛区时间不一样，而且不限制报名资格，这让 Sky 有了第二次参加分赛区比赛的机会，为了守护自己的梦想，Sky 又冲去 WCG 武汉赛区，买了火车票、交了报名费后就只剩下十几元，连回去的路费都不够，偏偏这时 Sky 又水土不服、发高烧，需要买消炎药，幸好有朋友帮忙才顺利渡过难关。比赛结束后，Sky 只获得了季军，因为只有每个赛区的前两名才有资格去北京参加 WCG 中国总决赛，Sky 失败了。他信守对父亲的诺言，回到家乡进了医院开始实习。

2002 年，Sky 回家后在父亲的医院实习了半年，在这期间，Sky 在药房开过药，在手术室里递过钳子，晚上跟医生查过房，甚至有时外科医生给病人做完手术，就让 Sky 缝合最后几针。有一次手术时，Sky 第一次看到病人大出血，越看越紧张，甚至忘记了呼吸，于是整个人休克过去了，被父亲扶出了手术室。不过，后来 Sky 见的多了，慢慢习惯了这种生活。

2003 年初，Sky 的父亲从汝州去郑州医院进修，由于进修期间是没有工资的，母亲为了一家人的生计开始忙着做生意，顾不上管 Sky 了。Sky 这个时候迷上了网络游戏《奇迹》，甚至晚上睡到半夜都会爬起来看看有没有打到好的宝物，从 4 月到 8 月整天都在家里的电脑上玩游戏，《星际争霸》也不打了，连医院的实习也不去了。几个月的痴迷使得 Sky 在 2003 年只拿到了 GOC 比赛的分赛区冠军，以及 GOC 星际线上比赛的冠军，在 2003 年的 WCG 上没有获得任何成绩。在玩《奇迹》几个月后，Sky 发现无论自己怎样在游戏中练级，都比不过那些职业代练和使用外挂作弊的人，于是就对网络游戏渐渐失去了兴趣。

（3）历经辛苦重拾电竞梦。

2003 年 9 月，郑州深蓝网吧为了培养几个电子竞技选手参加电信组织的网吧比赛，就将 Sky 等几个比较有名的选手找来，由网吧提供免费训练的机器和场所。于是，刚熟悉《魔兽争霸 3》(War3) 的 Sky 开始和几个 Home 战队的队员开始上暴雪公司的 BN 平台练等级，用了 3 个月的时间冲到了中国第一。

那时，他们都没有收入，每天只吃一顿饭，白天网吧要营业，他们只能晚上训练，睡觉的地方是网吧后面的一个小仓库，进仓库的口只有 1 米高，里边有一张只能睡上铺的架子床，Sky 每天和一个体型很大的朋友挤在一张床上，这样的日子持续了 3 个月。

2004 年春节的时候，Sky 的父亲结束了进修回到家，对 Sky 没有继续在医院实习，以及对母亲没有尽到监督责任感到十分愤怒，一时间家里的气氛十分紧张。就在这时，Sky 得知北京 Hunter 俱乐部正在招聘职业电子竞技选手，每月 1000 块包吃住，Sky 想去试试，虽然父亲很舍不得，但是为了能让 Sky 吃点苦，就无奈同意了，于是，Sky 从河南来到北京发展。

Sky 进入 Hunter 俱乐部前，希望能用自己在星际项目上取的成绩成为 Hunter 的星际职业选手，但是因为当时 Hunter 的星际选手有 PJ 等人且已经招满，而魔兽选手严重不足，Hunter 俱乐部的负责人看到 Sky 在 2003 年时曾因为进入过 War3 BN 前五名而被邀请参加过暴雪全球精英邀请赛，于是就将 Sky 收入 Hunter 俱乐部 War3 选手名单，签了 3 个月的合同，就这样 Sky 阴差阳错成了 War3 选手。

Sky 很珍惜这个机会，抱着吃苦和学习的心态每天在 BN 上练习 14 个小时以上，功夫不负有心人，在这期间 Sky 拿到了 Acon4 北京赛区的冠军。

（4）成为 WCG 双冠王。

2004 年中，Sky 由于未能进入 CEG 北京赛区前二，于是结束了 Hunter 的合同回家了。

后来，Sky 在一位中国电子竞技圈的富有传奇色彩的人物 KinG 的召唤下，加入了刚刚成立一个月的职业电子竞技俱乐部 YolinY。良好的待遇以及高水平的团队训练，使得 Sky 的竞技状态和水平不断攀升。同年 6 月，在北京举行的 Acon4 全球电子竞技中国区总决赛上，Sky 获得亚军，获得冠军的是他的 YolinY 俱乐部队友，被誉为左手会跳舞的男人——Suho。

2005 年 5 月，原 YolinY 俱乐部得到美国 IGE 公司的赞助，更名为 World Elite，简称 WE 战队，IGE 公司还将韩国的顶尖高手一起囊入 WE 战队，组成了一只真正的世界级电子竞技梦之队。

Sky 在说到这之后的事情时几乎是一句话带过，2004 年，他被韩国 WEG 世界电子竞技大赛邀请去韩国进行为期一个月的交流比赛。2005 年，他赴法国参加 ESWC 世界电子竞技大赛殿军，2005 年参加在西安进行的 Acon5 世界电子竞技大赛时登上世界 War3 冠军的宝座。Sky 说，他根本没想过自己能拿到这些成绩，登上领奖台时，他想到了家人，想到了过去多年曾帮助过自己的朋友，觉得自己很幸运。

在 2005 年 WCG 新加坡世界总决赛和 2006 年 WCG 意大利世界总决赛上，Sky 连续两年获得魔兽争霸 3 项目的冠军，创造了历史，成为享誉世界的"魔兽人皇"。

（5）电子竞技代言人。

在取得了无数耀眼成绩之后，Sky 成为了电子竞技当之无愧的代言人，多次参加央视、凤凰卫视等访谈节目，向大众传递着不懈拼搏的电竞精神。

Sky 先后登上凤凰卫视《鲁豫有约》之《电竞特刊》，央视《心理访谈》之《游戏大王成才记》，央视《百科探秘》之《家长里短话游戏》《78 号运动》，央视《体育人间》之《电子竞技》，湖南经视《越策越开心》等节目。2009 年，荷兰阿姆斯特丹国家电影节首映的纪录片 Beyond the Game 记录了中国人皇 Sky 和荷兰兽王 Grubby 的故事。

2008 年北京奥运会，Sky 作为电子竞技运动的杰出代表担任火炬手，参加圣火传递。

Sky 的故事激励了无数有着电竞梦的人，也展示了电子竞技作为一项正式体育运动的无穷魅力。

赛事组织通过挖掘丰富的看点，塑造了越来越多的正能量电竞选手形象，以传递电子竞技的影响力，近几年活跃在主流媒体视野中的电竞选手 Uzi、老帅就是很好的例子。

4. 转播权

转播权是指举行电子竞技赛事、电子竞技表演时，允许他人进行电视或网络转播。媒体平台向赛事版权方购买转播权后，才能够转播电竞赛事，转播权的拍卖是电子竞技营收的主要来源之一。

2020 年 LPL 的转播权由企鹅电竞、虎牙直播、斗鱼直播、哔哩哔哩直播（b 站）、快手游戏直播、腾讯体育 6 家直播平台竞标成功，成为 2020 年 LPL 全程版权合作伙伴。

LPL 的转播权益分为 S 档、A 档等不同等级，每一档权益的价格不同。企鹅电竞以 6000 万元的价格独家拍得了 2020 年英雄联盟职业联赛（LPL）S 档直播版权，包括 LPL 联赛 2020 年全部场次的版权和 2 路 OB 的制作权。这也创下了 LPL 直播权的中标价格纪录。虎牙直播则拍得了 A 档权益，包括 50 个比赛日的直播和 1 路 OB 的制作权。

2019 年 12 月，b 站在与快手、斗鱼、虎牙等直播平台的竞争中，以 8 亿元的价格拍得了英雄联盟全球总决赛中国地区三年独家直播版权。2020 全球总决赛期间，b 站制作并上线了第二直播厅、赛事点评等独家系列栏目。同时，b 站和拳头游戏还独家合作推出英雄联盟电竞赛事纪录片、英雄联盟 S10 线下庆典等内容，为观众带来更丰富的电竞节日体验。

5. 内容制作权

内容制作权是指获得电竞赛事转播权及内容制作权的平台，在比赛视频流的基础上，二次加工直播画面，并且在比赛的过程加入自己的一些节目。除此之外，内容制作权还应该包括对于内容展现制作的权力，包含录制、采访、视频创作等。

同一个比赛视频流，由不同的直播平台重新二次制作，加入不同的解说和特效包装，使得比赛更加具有趣味性。在选手休息期间，观众可以看到精心布置的场景，听到不同风格解说的讲解，欣赏特邀嘉宾与解说的欢乐互动，获得轻松愉悦的娱乐体验。

7.4 赛事组织：赛事联盟与组委会

7.4.1 赛事组委会

赛事组委会是因非长期举办的电竞赛事而诞生的临时性组织，在赛事策划和举办期间组委会负责统筹各项工作，包括制定赛事标准和赛程、管理选手和工作人员、发放奖金、后勤、招商等工作。

7.4.2 电竞赛事联盟及其类型

电子竞技赛事联盟是由联盟主体与电子竞技俱乐部和战队组成的体育组织，联盟主体通过商业化的运营提升联盟品牌价值，并与俱乐部及战队共同协作，合作共赢。电子竞技赛事联盟与世界知名的体育赛事联盟，如 NBA 联盟、英超联赛等性质与运营方式相同。

根据联盟主导机构的不同，可以将电子竞技赛事联盟分为三类：政府主导建立的联盟；游戏厂商主导建立的联盟；第三方组织主导建立的联盟。

1. 政府主导建立的联盟

政府主导建立的联盟有政府机构强有力的支持，能够获得政策的扶持与优待，帮助电竞产业迅速发展起来。

政府主导建立的联盟，以韩国的 KeSPA 联盟为典型代表。1999 年，韩国文化部赞助成立韩国游戏推广协会（KPA）；2000 年，KPA 更名为 KeSPA（Korea eSports Association），专门负责管理电子竞技行业，负责管理选手的注册、转会、培训等工作，并定期发布选手排名。

诞生之初的 KeSPA 并没有形成后人竞相称赞模仿的 KeSPA 体系。彼时的 KeSPA 依托其政府背景，对刚刚出现的职业战队以及选手进行监督管理，力图利用监管推动职业化的角度，推动电子竞技产业的发展。随着电子竞技的不断发展，在庞大的粉丝群体的支撑下，电子竞技的营销属性开始显露，诸如 SKT、KT、JINAIR 等大企业开始进入这个新兴行业。

SKT、KT、JINAIR 等大企业在出资组建自己旗下战队的同时，也成为了 KeSPA 的资金来源。政府背景的 KeSPA 在获得了充足的运营资金后，不断拓宽自己的职责范围，KeSPA 体系逐渐形成。

KeSPA 与成立于 1999 年的世界上第一个专业游戏电视台 OngameNet 以及另一家知名赛事主办方 MBCTV 开展了合作，举办了韩国两大顶级星际争霸个人联赛 OSL、MSL。想要参加这两个联赛的职业选手必须在 KeSPA 注册成为职业选手才能参加预选赛。而 KeSPA 依托自己第三方机构的定位，定期发布旗下职业选手的排名，随后的几年中，KeSPA 排名一直是评判职业选手水平的权威排名。

KeSPA 推出的金鼠标奖和本座则是职业选手可以获得的最高荣誉。就这样，KeSPA+职业战队+专业电视台的 KeSPA 体系成立了，如图 7-2 所示。在 KeSPA 的监管和保驾护航之下，韩国电竞开始高速发展。

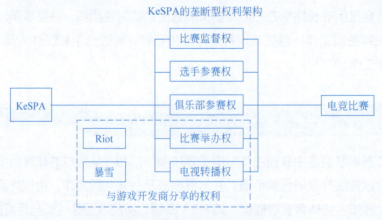

• 图 7-2 KeSPA 的垄断型权利架构 •

KeSPA 体系的存在是韩国电子竞技高速发展的最大保证。KeSPA 本身的政府背景既保证了电子竞技这一新生事物在全社会得到高度认可,也保证了对职业选手的至高监管力度。这两项恰到好处地推进了职业化的整体进程,保证了内容产出的根本。

OGN 与 MBCTV 这两个掌握了流量分发的电视台,既保证了电子竞技内容的传播,也保证了赛事内容制作的专业性。在全民电竞以及政府的扶持之下,韩国的电子竞技率先实现了诸如转播权售卖、衍生品售卖等商业变现途径。电子竞技和传统体育一样,成为了一项受人瞩目的正当职业。

2. 游戏厂商主导建立的联盟

游戏厂商主导建立的联盟,是目前电子竞技赛事联盟的主流形态,大部分电子竞技赛事联盟都由游戏厂商主导建立。CFPL(穿越火线职业联赛联盟)、LPL(英雄联盟职业联赛联盟)、KPL(王者荣耀职业联赛联盟)、PCL(绝地求生职业联赛联盟)、PEL(和平精英职业联赛联盟)等知名电子竞技赛事联盟都由游戏厂商主导建立。

游戏厂商主导建立的联盟最大的优点是版权集中,游戏版权、赛事版权、联盟品牌同时归属于游戏厂商,没有版权纠纷。联盟运营活动不需要向游戏版权方、赛事版权方申请授权,高效的资源分配形式让联盟能够在短时间内迅速发展壮大。

3. 第三方组织主导建立的联盟

第三方组织主导建立的联盟,以 ESL 为典型代表。ESL(Electronic Sports League,电子竞技联盟)总部位于德国科隆,成立于 1997 年,旗下有 ESL One、ESL Pro League、IEM 等著名赛事品牌。ESL 与游戏厂商进行深度合作,获得游戏厂商授权,举办高级别职业联赛或者杯赛。中国电竞俱乐部也曾尝试过组建第三方赛事联盟 ACE 联盟,但由于种种原因,第三方组织无法很好地协调各方的利益与诉求,联盟最终走向解体。

游戏厂商需要投入大部分的人力和资金进行游戏研发和运营,对于电竞联盟的投入相对游戏来说要少得多。而第三方组织主导建立的联盟能够投入全部的资金和人力进行联盟建设和赛事组织工作,在电竞联盟的品牌运营、商业化开发上也能够探索出更多模式。

7.4.3 联盟及组委会的业务

联盟及组委会涉及的业务如图 7-3 所示。

1. 联盟的核心业务

联盟的核心业务有 5 项:①联盟及俱乐部规则制定;②俱乐部及选手管理服务;③赛程、赛制、赛规制定;④比赛组织与裁判判罚;⑤资源整合及利益协调。

(1)联盟及俱乐部规则制定。

联盟负责制定整个联盟的规则,内容包括联盟架构、联盟的职责、联盟的运营方式、联盟的权利与义务、俱乐部的权利与义务、选手的权利与义务、选手合同规范等。联盟与俱乐部在联盟规则的约束下,共同协作,促进联盟的发展。

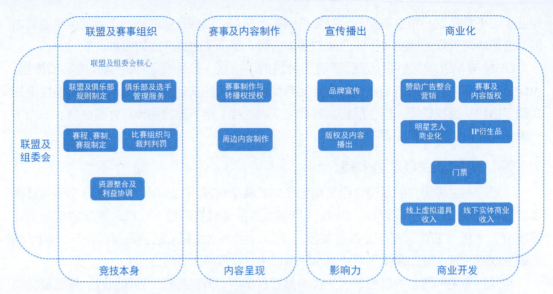

· 图 7-3 联盟的业务 ·

（2）俱乐部及选手管理服务。

联盟为俱乐部及选手提供注册管理服务、转会服务。

一般来说，联盟的俱乐部席位数固定，想要加入联盟的俱乐部或战队，可以通过竞拍获得席位。为了保证整个联盟的利益，加入联盟的俱乐部必须拥有雄厚的资金实力，避免拖欠选手工资、联盟商业协议无法履行的情况。

职业选手要参与官方赛事，必须通过俱乐部向联盟提交注册申请，联盟审核通过之后，才会为该选手进行正式注册。以 LPL 的注册流程为例，选手注册共有 3 个主要环节，如表 7-2 所示。

表 7-2 LPL 注册流程

注册环节	细 节
俱乐部经理提出注册申请	提交选手合同
	提交选手资格授权书和合同汇总表
	提交身份证及护照复印本
	经过个人信息验证后的选手个人账号必须达到峡谷之巅钻石三或以上
	提交定妆照
	提交选手其他个人信息，包括 ID 和键鼠信息等
LPL 官方审核	合同是否符合官方要求
	选手资格授权书和合同汇总表审核
	游戏行为审核
	是否有禁赛记录
	定妆照是否合乎要求
	选手 ID 是否与其他地区的职业联赛选手重名
	是否会违反俱乐部正式名单规则（例如注册后人数多于 10 人上限）

续表

注 册 环 节	细　　节
审核通过	如审核通过，递交注册 3 天后将通过审核
	每位新成功注册的选手都会通过邮件通知所有 LPL 俱乐部
	审核通过之后当天即可上场比赛

联盟对选手的转会行为、转出/转入俱乐部的责任划分进行了明文规定，确保选手流动合理化、规范化。KPL 联盟的转会制度保障了俱乐部和选手的权益，为 KPL 提供更好的竞技环境。

在转会期内，转出俱乐部须提前报备官方审核选手转会需求，经官方审核通过后，双方俱乐部及选手三方签署由官方提供的转会协议模板。之后，转入俱乐部还应当与转会选手签署《劳动合同》《王者荣耀职业联赛参赛协议》以及《王者荣耀职业联赛俱乐部选手合作合同》。上述所有协议、合同其中的一份原件邮寄至官方，一份扫描件提交至官方邮箱备案。

为保证各俱乐部的切身利益，同时规范选手职业操守，平衡俱乐部赛场实力，KPL 对发生转会行为的相关责任方有明确要求。首先，转会期结束后不再受理转会需求，一个选手在一个转会期内只能转会一次，并且在同一赛季中最多只能代表一支俱乐部参赛。其次，单个俱乐部在一个转会期内转出选手的数量须少于原注册选手的 50%，俱乐部最终选手大名单数量不得低于 7 名，不得高于 10 名。最后，在选手合同未完结之前，俱乐部只能通过该选手所属的俱乐部和经理人进行交易协商，任何私下与选手沟通转会事宜的行为将被视为违规。

KPL 转会制度则给了俱乐部和选手更多双向选择的机会，促进选手良性流通。同时，通过规则的制定，协议、合同等书面文件的签署，进一步规范转会市场、保障各方利益。

在办理流程与相关要求之中，有 3 方面的内容意义深远。

首先是"反挖角"声明，俱乐部只能通过该选手所属的俱乐部和经理人进行转会交易协商。这一政策不仅避免了俱乐部之间出现恶性挖角现象，同时也指明了正确的联系方向，提高电竞选手职业操守，促进转会市场的良性运行。

其次，官方会提供模板化的转会协议保障各方利益，这一政策使得所有的转会交易公开、公平、公正，并且受到官方的保护与监督，同时也是责任转移的必经过程。

最后，KPL 转会期的延长、转会机制的进一步完善与细化都促进了 KPL 职业选手的活水流通，这不仅有利于选手找到适合自己的俱乐部，也有利于各大俱乐部融入 KPL 赛事体系中，同时也鼓励更多的选手、俱乐部进入这片新天地。

（3）赛程、赛制、赛规制定。

联盟旗下的官方赛事，其赛程、赛制、赛规都由联盟制定，以保证电竞赛事的公平性和精彩性。表 7-3 展示了 2020 LPL 春季赛比赛规则的目录。

表 7-3　2020 LPL 春季赛比赛规则目录

章　节	小　节
1. 联赛日程及奖金	1.1 术语释义 1.2 日程安排 1.3 比赛奖金
2. 队伍成员资格	2.1 一般要求 2.2 选手资格 2.3 选手名单要求 2.4 教练 2.5 选手及教练薪酬 2.6 队伍所有权限制
3. 队伍名称、队伍标签及召唤师名称	3.1 队伍名称及队伍标签规范 3.2 召唤师名称规范
4. 正式名单更替	4.1 选手替换基本规则 4.2 选手转会 4.3 自由选手签约 4.4 选手流动渠道 4.5 退役
5. 选手、教练及工作人员服装	5.1 定义 5.2 选手服装 5.3 教练服装 5.4 工作人员服装 5.5 队伍成员的服装不能包括以下特征，LPL 随时保留禁止会引起歧义或冒犯他人服装的权力
6. 选手设备	6.1 LPL 提供的设备 6.2 选手或队伍拥有的设备 6.3 设备的更换 6.4 电脑程序及使用 6.5 客户端账号 6.6 音频控制 6.7 设备干预
7. 场地及比赛区域	7.1 场馆通道 7.2 比赛区域 7.3 饮食限制 7.4 比赛舞台 7.5 观众席 7.6 选手休息室 7.7 队伍公共休息区域 7.8 候场区 7.9 场馆商业行为

续表

章　节	小　节
8. 赛制	8.1 常规赛 8.2 选边 8.3 常规赛决胜原则 8.4 加赛规则 8.5 常规赛排名原则 8.6 季后赛 8.7 全球总决赛积分 8.8 全球总决赛资格 8.9 全球总决赛积分决胜 8.10 全球总决赛资格赛
9. 比赛进程	9.1 赛程修改 9.2 首发名单及选边的提交 9.3 抵达比赛场地 9.4 裁判 9.5 比赛版本与比赛服务器 9.6 赛前准备 9.7 游戏准备 9.8 禁用/选择阶段
10. 游戏流程	10.1 术语释义 10.2 游戏中止 10.3 重大判罚 10.4 判定获胜 10.5 游戏后程序 10.6 比赛后程序
11. 选手及俱乐部行为	11.1 竞技行为 11.2 不专业的行为 11.3 涉及赌博 11.4 俱乐部行为 11.5 间接行为
12. 惩罚	12.1 受到惩罚 12.2 惩罚内容 12.3 发表权 12.4 申诉
13. 规则精神	13.1 最终决定权 13.2 规则变动 13.3 LPL 比赛的最大利益

比赛规则包含了日程及奖金、队伍成员资格、命名规则、正式名单更替规则、着装要求、选手设备规定、场地及比赛区域规范、赛制、比赛进程、游戏流程、选手及俱乐部行为、惩罚、规则精神 13 项，考虑了各种可能影响赛事公平的情况，最大化地保证了赛事公平。

（4）比赛组织与裁判判罚。

电竞裁判的设置能够保证电竞比赛现场的公平。联盟负责招募、选拔、培训合格的电竞裁判，输送到各级赛事当中。为提高电竞裁判的水平，联盟还应当规范化电竞裁判的资格认证，定期举行职业能力测试、职业水平升级测试。KPL联盟建立了中国电竞行业内首个专业的电竞裁判体系，1.2 节中已有讲解，本节不再赘述。

（5）资源整合及利益协调。

联盟还负责资源整合及利益协调。作为联盟的掌舵者，联盟拥有大量的宣传资源、商务资源，需要将资源合理分配给各个俱乐部及选手，保障俱乐部的选手和权益。当选手之间、俱乐部之间或者选手和俱乐部之间出现矛盾和纠纷时，联盟充当中间人和仲裁者的角色，充分保障各方的权益。

2. 联盟的其他业务

联盟的核心业务集中在赛事组织模块，但在其他的产业模块中也有业务进行，主要是联盟品牌宣传与商业化方面。联盟在赛事组织以外的其他业务如表 7-4 所示。

表 7-4　联盟的其他业务

产业模块	业务内容	案例
内容制作	赛事制作与转播权授权	腾讯授权英雄体育 VSPN 进行 KPL 赛事制作与转播
	周边内容制作	LPL 赛区 S9 纪录片制作
宣传播出	品牌宣传	官方赛事宣传片制作
	版权及内容播出	2020 LPL 版权拍卖，6 个直播平台竞标成功
商业化	赞助广告整合营销	LPL 联盟与 KFC、耐克、奔驰合作
	赛事及内容版权	b 站以 8 亿元获得 S 赛中国地区独播权 3 年
	明星艺人商业化	选手配合联盟赞助商拍摄广告
	IP 衍生品	LPL 俱乐部队服售卖
	门票	线下门票及线上门票

未来，当电子竞技运动进一步普及，电竞赛事的影响力进一步提升时，电子竞技联盟的运营就能够像 NBA 联盟、CBA 联盟一样，进行完全商业化的运营，联盟的核心业务将不再局限于赛事组织模块，商业化也将成为联盟的核心业务。LPL 联盟已经率先迈出了游戏厂商主导电竞赛事及商业化运营的脚步，成立腾竞体育，专门负责 LPL 的商业化运营，这是中国电子竞技联盟的一个发展方向。

7.5　赛事组织：电竞战队与俱乐部

7.5.1　电竞战队

战队是由多个成员以竞赛为目的而组成的竞技团体。战队的性质是为某一特定电子竞技项目而结成的小型组织,其成员往往全部由职业选手构成。战队的结构简单,是电子竞技俱乐部的早期形态。当战队业务逐渐增多,需要更多行政、商务、后勤方面的工作人员时,战队便升级成为以盈利为目的的企业——电子竞技俱乐部。

7.5.2 俱乐部的性质与架构

电子竞技俱乐部是以盈利为目的的企业。成熟的电子竞技俱乐部以参与电子竞技赛事为核心,旗下往往有多个电子竞技项目的战队,开展综合性的商业活动,打造俱乐部 IP 并不断提升俱乐部品牌价值,以获得商业利润为最终目标。

电子竞技俱乐部主要由赛事部门、运营部门、市场部门、商务部门以及部分潜力岗位构成。

1. 赛事部门

赛事部门是俱乐部的核心部门,负责选手训练、选手生活及心理健康管理、青训管理。俱乐部的商业价值来源于优秀的比赛成绩,拿到地区冠军、世界冠军是俱乐部的首要目标。赛事部门的具体岗位有俱乐部经理、领队、青训管理、教练团队、电子竞技选手、翻译、心理咨询辅导、生活及健康管理等。赛事部门岗位及职责如表 7-5 所示。

表 7-5 赛事部门岗位及职责

赛事部门岗位	职　　责
俱乐部经理	负责俱乐部业务统筹,战队发展规划
领队	负责团队管理,生活及行程安排
青训管理	负责潜力选手选拔、管理与培养
教练团队	主教练:负责战队教学、训练以及战术设定
	助理教练:协助教练完成游戏研究、战术规划、BP 策略制定
	数据分析:研究分析日常训练及比赛数据,为教练组提供战术、策略及数据支持
电子竞技选手	负责参与电子竞技比赛
翻译	负责团队交流翻译工作(常见语种为英语、韩语)
心理咨询辅导	负责团队及选手心理状态辅导,帮助选手调节比赛状态
生活及健康管理	负责选手饮食及运动安排,帮助选手保持健康状态

2. 运营部门

运营部门负责构建俱乐部内容矩阵,持续输出俱乐部相关图文及视频内容,进行粉丝管理运营,持续吸引粉丝并维持粉丝黏性。

运营部门的岗位有运营经理、新媒体运营、粉丝运营、视频拍摄、编导及内容制作等。运营部门岗位及职责如表 7-6 所示。

表 7-6 运营部门岗位及职责

运营部门岗位	职 责
运营经理	负责战队宣发内容的运营统筹
新媒体运营	负责战队微博、微信、微视等社交平台官方账号的内容运营
粉丝运营	负责粉丝管理、沟通及维护
视频拍摄	负责团队日常视频内容拍摄
编导及内容制作	负责团队视频宣发内容及节目的策划与制作

3. 市场部门

市场部门负责打造俱乐部品牌形象，负责与各个渠道的媒体及广告进行合作，有效地进行危机公关，持续提升俱乐部品牌价值。

市场部门的岗位有品牌、公关与媒介等。市场部门岗位及职责如表 7-7 所示。

表 7-7 市场部门岗位及职责

市场部门岗位	职 责
品牌	负责俱乐部集团整体品牌形象的打造
公关	负责俱乐部公众关系的维护与危机处理
媒介	负责媒体合作、外部合作、广告合作以及资源合作等

4. 商务部门

商务部门负责俱乐部的商业化运营，负责商业化合作的洽谈及拓展，以及俱乐部 IP 衍生产品的商业化运营。商务部门将俱乐部其他各部门的工作成果转化为具有商业价值的资源，通过商业合作实现俱乐部的盈利。

商务部门的岗位有战队商务运营和电商运营等。商务部门岗位及职责如表 7-8 所示。

表 7-8 商务部门岗位及职责

商务部门岗位	职 责
战队商务运营	负责战队及选手的商业化合作洽谈及拓展
电商运营	负责俱乐部衍生产品的商业化运营

5. 潜力岗位

潜力岗位是在现阶段并非俱乐部常设必备，但是在未来有潜力成为俱乐部独立业务部门的岗位。潜力岗位包括医疗、全球化运营、俱乐部战略规划、IP 开发、主客场内容开发等。潜力部门岗位及职责如表 7-9 所示。

表 7-9 潜力部门岗位及职责

潜力部门岗位	职 责
医疗	负责俱乐部日常基础的医疗事务

续表

潜力部门岗位	职　责
全球化运营	负责俱乐部以及战队海外推广及内容运营
IP 开发	负责俱乐部长线发展战略制定及推动
俱乐部战略规划	负责俱乐部 IP 开发及衍生内容落地
主客场内容开发	开发更多的内容服务及商业化机会，方向包括主场活动、周边商圈规划等

7.5.3　俱乐部的业务

俱乐部涉及的业务如图 7-4 所示。

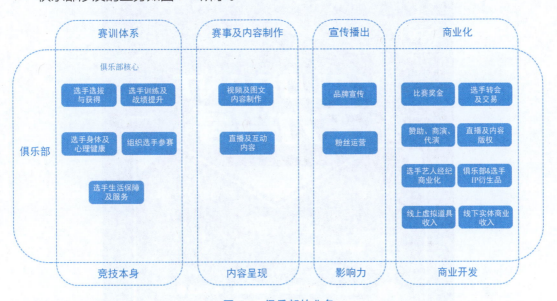

• 图 7-4　俱乐部的业务 •

1. 俱乐部的核心业务

俱乐部的核心业务有 5 项，分别为：①选手选拔与获得；②选手训练及战绩提升；③选手身体及心理健康；④组织选手参赛；⑤选手生活保障及服务。

（1）选手选拔与获得。

在整个电竞产业中，俱乐部几乎承担了职业选手选拔的全部职责，参与俱乐部的选拔是普通人成为电子竞技运动员的主要途径。俱乐部获得选手的重要途径是在转会期购买选手。

在为某个电子竞技项目招募职业选手时，俱乐部招募人员通常会面向社会发布招聘公告，并关注游戏排行榜排名靠前的玩家，以及业余赛事和半职业赛事中表现突出的选手，将其招纳进俱乐部进行试训。试训成功的选手成为正式选手，根据俱乐部的需求被安排到合适的位置。

目前俱乐部普遍采用的一种选手选拔方式是建立青训营（青少年训练营），面向社会公开招募选手。青训成员接受培训之后，表现突出者可与俱乐部签约，正式成为该俱乐部职业选手。

在一款电子竞技游戏电竞化之初，往往缺乏职业选手，初始的职业选手选拔主要通过俱乐部完成。拳头公司于 2020 年 6 月推出了全新的 FPS 游戏 Valorant，游戏推出后不久，各个俱乐部便发布了该游戏项目的职业选手招聘公告，为电竞赛事体系的建立奠定基础。

图 7-5 为 EDG 俱乐部 Valorant 选手招募公告，基本要求为：年龄 18~25 周岁；积极

• 图 7-5　EDG 俱乐部 Valorant 选手招募公告 •

乐观，善于交流，身体健康，具有极高抗压能力，有自律性，无不良嗜好；服从俱乐部安排，适应高强度训练及团队活动。技术要求为：CS:GO 分数在 3000 分以上，传统 FPS 项目能力过人，有过职业经历，大赛经验丰富并取得过优异成绩者优先。

（2）选手训练及战绩提升。

俱乐部制定选手的管理规则和训练计划，致力于选手个人能力的提升及战队成绩的提升。

训练选手的工作主要由俱乐部的教练团队完成。主教练进行战队整体战术的设定规划，根据战术指导选手进行训练，及时指出选手个人问题及团队配合问题，提升战队整体实力。助理教练作为主教练的助手，协助主教练进行游戏深度研究和战术规划。数据分析师负责记录并研究分析战队日常训练及比赛数据，并对其他战队和选手的比赛数据进行总结，为教练制定战术提供有力的数据支持。

（3）选手身体及心理健康。

选手在高强度的日常训练和比赛日程下，身体及心理健康容易出现问题。俱乐部需要配备保健医师和心理健康医师，及时对身体不适的选手进行治疗，为心理压力过大的选手进行心理疏导。

电子竞技特殊的训练方式和比赛模式，很容易使电竞选手出现颈前伸、含胸驼背、高低肩、腱鞘炎、网球肘、鼠标手、下背痛等一系列健康问题。

对于职业选手来说，腱鞘炎是非常严重的一种疾病，由于手指无法伸直，直接影响手指的灵活度，而且就算是保守治疗，也需要保持一定的休息。前 LPL 选手 Uzi 饱受腱鞘炎困扰，由于长年累月坐在电脑前训练，而手臂也是固定一个动作，作为一个 ADC 选手，Uzi 移动和点击鼠标的频率更高，高强度的训练对他的手臂造成了巨大的损伤。因为长时间坐在电脑前，腿部大部分时间不会受力，所以 Uzi 的下肢也没有力量，用他自己的话来说：腿部感觉像是"下班了"一样。Uzi 为了比赛年复一年地训练，身体早已负重不堪，除了手脚之外，Uzi 的背部也有很重的伤病。

电子竞技是一个高压力的行业，职业选手们每天需要进行高强度的训练和比赛，此外他们的一举一动也会通过各种渠道被放大后传递给外界。一旦出现比赛失误或者状态不好等情况，负面的评论就会铺天盖地而来，20 岁左右的年轻人一般还没有如此大的抗压能力，所以他们的心理也很容易出现波动。一旦外界压力过大，自身心理疏导没有到位，就很容易患上一些心理或者精神上的疾病。

相对于生理疾病，心理问题也是导致一名电竞选手退役的主要原因，他们往往会感觉累了、不想打了，或者在遭遇失利后变得灰心，失去斗志，在低谷期走不出来。相比身体上的疾病，心理问题对选手的影响可能更大。很多电竞选手只有十七八岁，在成长的过程中如果不能很好地处理训练和比赛时遭遇的挫折、化解外界负面评价带来的压力，就很容易产生心理问题。

俱乐部在日常训练中，应当重视选手的身心健康，引导选手适当锻炼身体，及时排解选手精神压力，为选手提供舒适的赛训环境。

（4）组织选手参赛。

职业赛事以俱乐部为单位进行报名和选手注册。俱乐部需要与赛事联盟或组委会做好沟通与对接工作，将赛事规则、赛程等及时传达给俱乐部的选手，安排选手按时上场比赛。

（5）选手生活保障及服务。

在日常训练和比赛之外，俱乐部还应当照顾选手的饮食、出行及身心健康，做好后勤保障工作。俱乐部选手在训练期间由俱乐部安排集体住宿，俱乐部雇佣厨师每日准备营养搭配均衡的三餐。外出比赛时，俱乐部安排专车接送战队选手。俱乐部配备领队，为选手处理生活起居相关问题，并及时调解选手之间的矛盾，保证良好的战队气氛。

2. 俱乐部的其他业务

俱乐部的核心业务集中在赛事组织模块，但是在其他的产业模块中也有业务，主要集中在商业化模块。俱乐部在赛事组织以外的业务如表 7-10 所示。

表 7-10 俱乐部的其他业务

产业模块	业务内容	案例
内容制作	视频及图文内容制作	俱乐部微博发布比赛集锦视频、赛事日程海报
	直播及互动内容	俱乐部与直播平台签约，选手轮班直播与粉丝互动
宣传播出	品牌宣传	俱乐部拍摄宣传片，塑造品牌形象
商业化	粉丝运营	FPX 俱乐部推出会员制，粉丝成为会员并缴纳会员费，可获得不同程度的粉丝福利
	比赛奖金	俱乐部按照比例抽取选手奖金作为盈利的一部分
	选手转会及交易	俱乐部自己培养的明星选手，在转会交易中以高价拍卖给其他俱乐部，可以获得丰厚利润
	直播及内容版权	俱乐部与直播平台签约获得签约费用
	选手艺人经纪商业化	俱乐部为选手接洽广告、商演、综艺等多种商业活动，获取的收益与选手分成 LPL 选手 JackeyLove 成为 Dior 品牌好友
	俱乐部 & 选手 IP 衍生品	EDG 俱乐部开设淘宝店，售卖队服、首饰、日用品、外设等周边产品
	线上虚拟道具收入	KPL 俱乐部获得战队助力的部分收益
	线下实体商业收入	LGD 主场通过开设餐厅、周边商店获得商业收入

7.6 赛事组织：电子竞技选手

7.6.1 电子竞技选手的选拔标准

电子竞技选手是专业的体育运动员，在选手的选拔方面，也与其他体育项目一样有着严苛的要求。

1. 游戏天赋

电子竞技选手一般需要具有游戏天赋。游戏天赋出众的人对游戏的领悟力和理解能力超出普通人很多，在接触到一款新的游戏时，他们能够迅速明白游戏规则，并找到规则内最优秀的游戏打法，产出游戏攻略，在游戏推出后很短的时间内进入游戏全服务器排行榜的前列，并长期名列前茅。而游戏天赋不高的选手，必须经过数倍于有天赋者的努力训练，才能够达到与天赋较高者相同的水平。因此，在选拔电子竞技选手时，会优先考虑游戏天赋出众且游戏成绩突出的候选者。

2. 年龄

电子竞技选手在游戏中进行比赛，必须具有灵活的反应能力和灵敏的操作能力。随着年龄的增长，人的反应速度和操作灵敏度都会有所下降。因此，在选拔电子竞技选手时，一般要求选手年龄在 19 岁以下。在射击类游戏的电竞比赛中，除了反应灵敏外，丰富的经验也很重要，因此对年龄的要求稍微宽松一些，一般来说，18~25 岁的候选者都在选手招募范围之内。

3. 身体素质

虽然电子竞技运动是以智力为主的体育运动，但对于运动员的身体素质还是有一定的要求。在极端的情况下，电子竞技选手需要在一天内进行长达七八个小时的比赛，这对于运动员的脑力和体力都是很大的挑战。电子竞技运动员每天需要进行十个小时以上的高强度训练，手臂、手腕、肩膀、腰、背以及下肢都会极度疲劳，同时还有大量的脑力消耗，是智力和体力的双重挑战。为了应对高强度的比赛和每日不间断的高强度训练，电子竞技运动员需要具备较好的身体素质。

4. 毅力

电子竞技选手的日常训练强度高且枯燥，必须拥有恒心和毅力才能够坚持下来。电子竞技选手的训练和普通玩家打游戏完全不同，为了练习一个战术的配合，常常需要重复无数遍同样的操作。为了弥补个人技术上的缺陷，提高个人实力，某一项操作需要重复训练几十甚至几百个小时。对于职业选手来说，高重复性的操作和高强度的训练使得游戏几乎失去了所有娱乐体验，他们在游戏中需要精准无误地进行游戏操作。在比赛中，高水平职业选手之间比拼的，就是谁的游戏操作更加精准，微小的操作失误都可能带来整个团队的失败。因此，电子竞技选手需要通过无数遍的重复训练来不断提高游戏操作能力。要克服训练的枯燥与疲惫，应对比赛的压力，选手需要拥有坚定不移的毅力，为了获得冠军持之以恒地努力。

5. 性格及团队配合能力

电子竞技项目中，大部分是团队项目，无论个人能力多么优秀，如果不能在团队配合中发挥出价值，也无法成为一名优秀的职业选手。电子竞技选手需要拥有容易沟通、相对开朗的性格，能够听取建议和批评并及时改正，与队友和教练保持高频次的沟通，配合整个团队做出个人定位和训练方向的调整。沟通顺畅、团队气氛融洽、目标一致的战队，才能够在比赛中取得优秀的成绩。

7.6.2 电子竞技选手的工作内容

1. 训练

在比赛日之外，电子竞技选手的绝大部分时间都用于日常训练。一般每天规定的训练时间在 10~12 小时，完成俱乐部的训练要求后，个人还可以进行自主训练。对自己要求严格的选手，甚至每天的训练时间能达到 14~15 小时。

2. 参赛

参加比赛是电子竞技选手最重要的工作，电子竞技选手需要服从俱乐部的安排，参与各项职业联赛、杯赛、国际比赛等赛事活动。以 LPL 选手为例，1 月至 4 月参加 LPL 春季赛，5 月参加英雄联盟季中杯，6 月至 8 月参加 LPL 夏季赛，8 月至 11 月获得英雄全球总决赛资格的选手参加全球总决赛，12 月参加全明星赛。电子竞技选手的比赛行程覆盖全年，一般来说，每周的比赛日在 2~5 天，从周三或周四开始一直到周日都是比赛日。

3. 采访、拍摄

在参加比赛的同时，电子竞技选手还需要配合赛事举办方进行赛事采访，拍摄赛事相关宣传片、纪录片、娱乐综艺等内容。但拍摄日程不会占据选手过多的时间，以保证选手拥有充足的休息和训练时间。

4. 直播

大部分俱乐部和战队会与直播平台进行合作，安排选手在直播平台定期进行直播，增大曝光量，与粉丝进行互动。直播活动能够为平台和俱乐部及选手个人带来商业收益，也是维持粉丝黏性的一种有效方式。

5. 商业活动

除了直播之外，电子竞技选手还需要配合俱乐部完成市场运营及商业化活动，例如出席赞助商发布会、拍摄代言广告、参与粉丝见面会等。

7.7 电子竞技从业者与参与者

7.7.1 电竞参与者、职业选手及从业者的区别

电竞参与者、电竞职业选手、电竞从业者这3个概念常常被混为一谈，因此本节将对这3个概念分别进行讲解。

电竞参与者是指一款电竞游戏的所有玩家，也可以称之为电竞游戏玩家。电竞游戏玩家在玩游戏的过程中即是参与了电竞活动，无论其游戏技术高低，都称之为电竞参与者。

电竞职业选手是指具有游戏天赋、经过职业化训练并以参加职业比赛作为工作的职业体育运动员。电竞参与者和电竞职业选手的区别，可以类比为普通体育参与者与专业体育运动员之间的区别。电竞参与者玩游戏的目标是追求娱乐体验，但是对职业选手来说，玩游戏的过程是强度高且相对枯燥的训练过程。职业选手玩游戏的目标是研究游戏策略、不断提高游戏操作水平。

电竞从业者是包括职业选手在内的电竞行业所有岗位的工作人员。不了解电子竞技的人可能会误以为电竞从业者就是指电竞职业选手，实际上除了职业选手，电竞行业还有其他100多种岗位。

7.7.2 电子竞技产业岗位种类

根据腾讯发布的《电子竞技产业岗位种类的调研报告图表》，电竞行业的工作岗位共有100多种。电竞行业的企业可分为6个类型，每个类型的企业中又根据岗位属性不同分为若干岗位大类，每个岗位大类包括若干不同的工作岗位种类和属性。

《电子竞技产业岗位种类的调研报告图表》主要内容如表7-11所示。

表 7-11 《电子竞技产业岗位种类的调研报告图表》主要内容

电竞行业企业类型	岗 位 属 性	电竞行业企业类型	岗 位 属 性
赛事发行运营公司岗位	赛事	直播平台岗位	赛事合作
	产品		内容
	战略发展		商务团队
	联盟发展	媒体及内容制作团队岗位	视频
	品牌策略		运营
	商业化团队		媒体传播
赛事活动公司岗位	项目管理		技术部门
	导演及直转播		市场发行
	技术		设计部门
	市场		商务销售
	商务团队	电竞衍生领域岗位	产业研究
电子竞技俱乐部岗位	选手		产业服务支持
	教练		
	数据分析师		
	运营		
	市场		
	商务团队		

7.7.3 慎重选择成为电竞职业选手

电子竞技职业选手无疑是整个电子竞技产业最耀眼的明星。他们在赛场上为国争光、为荣誉而战,展现自己高超的技术,受到亿万粉丝和电竞爱好者的喜爱。电竞选手的高光时刻吸引了很多电竞爱好者立志成为职业选手。

但成为职业选手需要特殊的天赋、刻苦的努力和良好的机遇。对于绝大多数普通人来说,电竞只是休闲娱乐和社交的方式,达到电竞职业选手的操作水平几乎是不可能的。但如果总是接受大众的保守思想,是否真的会埋没自己特殊的才华?如何判断自己是否具有天赋并选择是否进入电竞行业,是困扰很多家庭和孩子的问题。

首先,要认真考虑自己对电竞的态度,要认真分析自己的决定是否基于自己的特殊才华和发展志向。以下几种情况不做考虑:做任何事都不认真,在游戏和电竞上有些小天赋,通过电竞好像能够"逆袭"成功的;在生活中缺少关爱和陪伴,甚至遇到一些家庭和社交问题,在游戏和电竞中寻求社交满足的;以电竞的名义,欺负家长不懂,想多玩点游戏的。如果扪心自问并不是以上几种情况,是认真想成为职业选手、实现人生理想,则应该对这个行业有更加专业的理解和认知。

其次,最好寻找顶端的专业人士来判断自己的游戏天赋。真正权威、顶端的专业判断相当于对行业和众多案例的经验总结，这种专业判断需要充分地尊重及参考。另外，需要对职业选手赛场外的生活有所了解，不要只了解选手们最光彩的时刻。认真做任何事情都很辛苦，如果按照职业选手的训练强度来玩游戏，很多人会对游戏失去兴趣。得益于电子竞技的互联网属性，游戏中的排名基本上可以判断自己是否有天赋，如果没有顶级职业俱乐部邀请试训，基本可以判断一个玩家没有天赋，即使做了职业选手，是成为顶级职业选手还是二线的预备队员，或者是永远无法上场，都是更加残酷的概率问题。

在此作者要反复强调的是，在判断自身游戏水平和天赋上，非电竞领域专业人士很容易陷入自认为游戏水平和天赋很高的误区，主要的原因有两点。第一，客观准确地判断一个人的电竞天赋难度较大。第二，电子竞技更容易让人产生对自己游戏水平的误判。在电子竞技中，人们操控虚拟角色进行竞技，而不像传统体育那样自己下场参与竞技。在遇到水平不高的对手时，普通玩家也能打出类似职业电竞选手的精彩操作。这让很多人误认为自己游戏水平很高，进而要去做职业电竞选手。而对比传统体育，职业篮球运动员的灌篮和盖帽等精彩表现，绝大多数普通篮球爱好者根本无法做到，因此能够直接感受到与职业运动员的差距。很多非职业的电竞民间高手在遇到真正的电竞选手时，或者在职业赛的高端竞技环境中，才会感觉到自己与职业选手间的巨大差距。

对于许多真心想成为电竞职业选手的孩子，绝大多数家长和孩子需要共同面对的现实是，孩子觉得自己打得很好，确实比一般人好，但是以职业的标准来看根本没有天赋。家长和孩子需要避免的是在电竞选手方向上认真努力了很多年，结果一事无成，在一条并不适合自己的道路上耽误了大好的青春。所以，要慎重选择成为电竞职业选手。对于热爱电子竞技的玩家，不只有职业选手一条路可以选，也可以选择成为电竞从业者。

第 8 章

电子竞技核心产业：内容制作

8.1 宏大的制作是为了造星

经常观看电子竞技比赛的朋友会发现一个现象：电竞赛事的制作水平不断提升，赛事表现力逐渐增强，大型电竞赛事可以称得上是一场视听盛宴。赛事场地从早期的网吧一直发展到大型体育场馆，甚至进入了鸟巢这样的地标型场馆。宏大精良的舞美、巨大的屏幕、绚丽的灯光和震撼的音响效果，将游戏文化和电竞氛围完美结合。AR 技术、虚拟前景、裸眼 3D、LED 地屏及冰屏技术等先进的技术也不断应用于电竞赛事，顶级娱乐明星的表演也使电竞赛事不弱于任何其他形式的艺术活动。

在享受电竞赛事的同时，有些朋友可能要问，电竞赛事需要做得这么宏大和震撼吗？传统体育的比赛场地是由比赛形式和规则决定的，例如，踢足球就需要足球场。电竞比赛本质上不需要足球场那么大的场地，但电竞舞台却几乎和半个足球场面积差不多，而且众多电竞赛事都不约而同地走上了大制作的道路。其中深层次的原因是什么？

一个原因是满足部分用户线下观赛需求，虽然电竞比赛的观众更多在线上。另一个原因可能是电竞比赛时选手是静态的，需要舞台和表演来增强表现力，但即使是动态的传统体育也有中场秀表演，例如 NFL 的超级碗中场秀。还有一个原因是实现游戏公司塑造品牌形象、提升品牌影响力的终极目标。这个原因方向正确，但也可以用其他方式来实现，将电竞赛事做得宏大不一定是性价比最高的方法。这些原因都无法有效解释电竞赛事超越自身对比赛场地的需求而追求宏大制作的根本原因。

竞技比赛的本质是职业运动员的竞技水平达到极致，使大众玩家产生了崇拜，职业选手进而产生了对他人的影响力。简单来说，就是打造出了有影响力的明星。以打造顶级明星为目标就可以解释现在电竞赛事和内容制作的思路和做法。

电竞赛事的宏大制作除了满足上诉需求外，更重要的是为了增加仪式感，衬托出明星和冠军的分量。一个仅满足比赛需要但有些简陋的小舞台很难给观众带来顶级巨星出场的感觉，观众也希望在宏大的舞台上见证冠军的诞生，经历传奇书写的历史时刻。各种类型的游戏和电竞节目也都要刻画出主角鲜明的特色，打造出个性鲜明的明星。

在塑造品牌形象、提升品牌影响力的终极目标下，造星是赛事及内容制作的核心抓手，也是一切实际工作的有效出发点和落脚点。用造星来扩大电竞或者传统体育的影响力，往往具有事半功倍的效果。当我们提起一个赛事或体育项目时，脑中的第一反应往往就是其中的明星选手或运动员。这就是造星的力量！

8.2 内容制作的定位与作用

内容制作是电竞产业核心产业链的第二个环节，负责产出电竞赛事以及电竞赛事相关海量内容资源，内容覆盖全传播渠道，以丰富的看点持续吸引用户，是电子竞技产业核心产品的产出环节。内容制作的产业架构如图 8-1 所示。

8.2.1 内容制作的目标

内容制作的核心目标有看点挖掘、艺术呈现、产出传播素材三点。

1. 看点挖掘

看点挖掘的意义在于筛选出竞技比赛中的亮点，通过用心地制作放大亮点，让观众迅速感受到电竞赛事的魅力。在电竞赛事中，最吸引观众的是赛场上选手们精彩的较量和比拼。但是，如果电竞赛事呈现出来的只有单纯的比赛画面，不加任何制作和包装，其精彩性将会大打折扣。没有专业解说对战队策略、选手操作的精准解析，许多观众便无法理解和感受到高水平竞技的魅力；没有评论席主持人和嘉宾对战队和选手的场外分析，观赛带来的紧张和疲惫感便无法调节；没有赛事包装中展示的实时数据和历史数据，观众对于战队双方实力以及当时对局情况便无法有深入的了解。在赛事制作与转播中，通过综合幕后故事与历史比赛数据，能够挖掘出大量的核心看点，在解说、评论、赛前采访、赛后采访、赛事包装等各个环节向观众展示核心看点，大大提升了赛事的观赏性。

2. 艺术呈现

艺术呈现的作用在于通过赛事事件塑造典型人物，通过事件和人物突出电子竞技精神，让观众看到赛事之外的幕后故事，宣扬电子竞技作为竞技体育的正面价值。竞技体育的影响力是通过典型事件和典型人物故事的广泛传播而不断扩大的。例如排球运动，我们想到的是女排精神，是扎扎实实、勤学苦练、无所畏惧、顽强拼搏、同甘共苦、团结战斗、刻

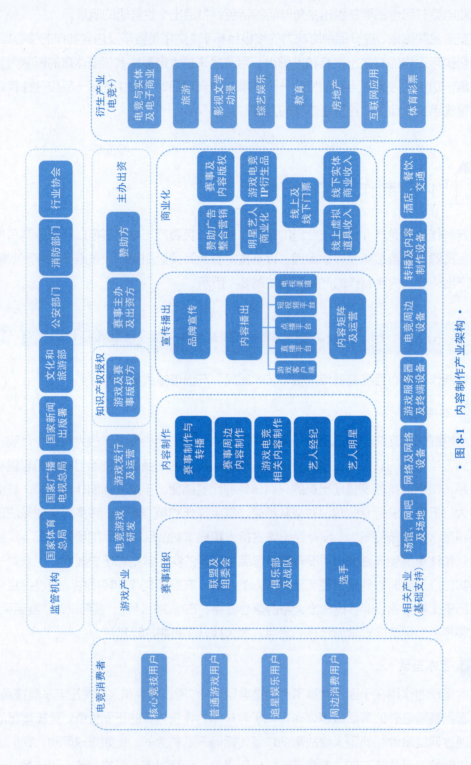

图 8-1 内容制作产业架构

苦钻研、勇攀高峰的精神，是中国女排在国际排球比赛中凭着顽强战斗、勇敢拼搏的精神，五次蝉联世界冠军、为国争光的事迹。说起篮球运动，我们想到的是姚明，他凭借艰苦卓绝的努力在 NBA 取得了世界瞩目的成绩，以强大的个人魅力影响了全世界许多球迷。电子竞技运动同样也需要通过塑造典型人物、挖掘其背后的故事，展现电子竞技运动员的魅力和电子竞技运动的魅力。

电子竞技运动员、前 LPL 职业选手 Uzi 曾在演讲和访谈中讲述了自己在电子竞技运动中的拼搏故事，将不懈奋斗、永不服输的电子竞技精神传递给了更多人。建国 70 周年之际，中国日报联合火星演讲会共同举办大型演讲活动"向上的力量"，以"我的国，我的家"为主题，邀请了 Uzi 进行演讲。Uzi 在演讲中讲述了 2018 年的成功和失利，回顾了职业生涯的种种困难与荣耀，向队友深情告白，展望电子竞技的未来，这场演讲展现了他永不认输、奋勇拼搏的职业态度。Uzi 身上体现了中国电竞运动员不懈拼搏的竞技精神，他的事迹感动了许多观众，也让曾对电子竞技有过误解的观众对电子竞技运动有所改观。

电子竞技需要通过艺术呈现，将更多像 Uzi 一样的优秀电竞运动员的个人魅力放大，挖掘其背后的感人故事，感动更多观众，提升电子竞技的影响力。

3. 产出传播素材

内容制作环节的一个重要目标是产出丰富的传播素材。

通过看点挖掘和艺术呈现，电竞赛事、电竞战队、电竞选手以及电竞赛事幕后工作人员将会产出大量的文字、图片、音频、视频素材。文字类素材有各种类型的宣传通稿、采访稿、粉丝应援文案等；图片类素材有电竞赛事宣传海报、选手定妆照、赛程海报、赛事结果速报等；视频素材有比赛视频、采访视频、赛事宣传片、赛事纪录片、赛事花絮、赛事相关综艺节目、战队自制综艺节目等。

这些传播素材是电子竞技进行市场宣传和品牌建设的基础，通过有节奏地传播电竞赛事相关素材，电竞赛事信息可以触达各渠道受众，这也是电子竞技吸引新用户、扩大影响力的有效方式。

8.2.2 内容制作的核心组成及业务

内容制作的核心业务有 3 个，分别是赛事制作与转播、节目类内容制作和艺人经纪。在内容制作环节，除了产出丰富的电竞赛事及其相关内容资源外，也会以赛事为基础培养出大量优秀的电竞解说和电竞主持人。电竞艺人在服务电竞赛事、提升赛事观赏性的同时，也能够积累人气和粉丝，产生较高的商业价值。

1. 赛事制作与转播

赛事制作包括创意策划、项目管理、前端执行、前后端交互、后台制作、技术保障与技术支持6个环节。前端是赛事场馆内除比赛区域外的其他区域，在这一区域的工作需要与观众密切接触。后台是服务于赛事转播制作的技术人员所在区域，这一区域的工作人员不需要与观众和选手进行密切的接触。前后端交互区域的工作人员与选手、观众、后台工作人员都需要进行密切沟通。技术保障与技术支持是指广电技术、网络技术、游戏设备等方面的技术支持。

创意策划环节的工作主要包括总体创意策划、舞美及效果策划、视觉及包装策划、流程及环节策划、表演及仪式策划、内容策划。

项目管理环节的工作主要包括总体项目管理、后勤及物品管理、财务管理、选手嘉宾艺人管理、工作人员管理、需求及其他模块对接、突发问题及风险控制。

前端执行环节的工作主要包括比赛前准备工作和比赛日执行工作。比赛前准备工作包括舞美及特效搭建、外场及功能区搭建、服化道、视听及灯光AVL搭建。比赛日的执行工作包括观众引导及管理、证件及票务管理、现场餐饮及交通、安保管理、保洁管理、安全及医疗保障、选手组织与管理。

前后端交互环节的工作主要包括现场导演、摄像、视听及灯光AVL控制、解说及评论席、道具及特殊设备控制、裁判。

后台制作的工作主要包括导演、导播、信道机控制、字幕及在线包装、音控、回放及慢动作、放像录像及现场剪辑、推流及传输、内容监播及应急管理、游戏导播、游戏OB。

技术支持与保障的工作主要包括广电设备及技术支持、网络设备及技术支持、增强功能及效果研发、游戏设备及技术支持、技术备份与安全保障。

2. 节目类内容制作

节目类内容制作主要是指电竞赛事周边内容制作以及游戏电竞相关内容制作。电竞节目类内容主要有4类：赛事周边内容、游戏技巧内容、明星包装内容、泛娱乐内容。其中，后3类与电竞赛事的直接关联性不强，它们属于更加广泛意义上的游戏电竞相关内容。

赛事周边内容是指与电竞赛事具有直接关系和紧密联系的内容，包括赛事宣传片、赛事纪录片、赛事采访视频、赛事资讯节目、赛事娱乐节目等。

游戏技巧内容是指围绕比赛内容、电竞选手、电竞艺人而制作的游戏教学攻略类节目或者选手操作解析类节目。

明星包装内容是指为展现选手及战队魅力而制作的宣传片、纪录片、Vlog、赛事幕后花絮等内容，以及选手和战队为代言产品或赛事合作品牌所拍摄的广告片。

泛娱乐内容是指围绕赛事、战队、选手而制作的综艺节目或影视作品，包括真人秀、娱乐节目、访谈节目、公开课、微电影等。

3. 艺人经纪

艺人经纪的主要内容是选拔电竞赛事所需的解说和主持人并对其进行培训、管理，组织电竞艺人参加赛事解说主持、代言、表演、综艺等活动。在电竞赛事中表现突出的电竞解说或电竞主持人能够吸引大量的粉丝，成为明星，产生较高的商业价值。艺人经纪在服务于电竞赛事需求的同时，最重要的是形成电竞明星的产出体系，通过培训和包装持续打造明星艺人，并通过商业化运作获得利润。

8.2.3 内容制作的关键产出

内容制作的关键产出有两种：①将转播权制作成内容版权；②产生丰富的内容及明星。

精心策划制作和转播的电竞赛事具有极高的竞技性和观赏性，能够吸引大量观众，因此电竞赛事转播版权便成为了具有很高价值的商品。将电竞赛事转播版权出售给网络直播平台、电视台，将赛事录像出售给视频点播平台，是电竞产业重要的盈利方式之一。

内容制作的过程中能够产生丰富内容资源，还可以打造出明星选手、明星教练、人气俱乐部、明星解说等电竞明星。优质内容和明星聚集了大量粉丝，庞大的流量是吸引电竞赞助的基础。电竞赞助商通过赞助电竞内容和电竞明星，能够获得极大的曝光量，实现品牌营销的目的，并成为电竞产业主要的收入来源。

8.3 赛事制作与转播

8.3.1 赛事制作与转播的架构图

电竞赛事制作与转播包括创意策划、项目管理、赛事制作与执行、技术支持与保障 4 部分，其中赛事制作与执行部分又可以分为前端执行、前后端交互、后台制作 3 部分。赛事制作与执行和技术支持与保障部分还包括一些电子竞技赛事特有的模块：选手组织与管理、裁判、游戏导播、游戏 OB、游戏设备及技术支持。赛事制作与转播在整体架构图中的位置如图 8-2 所示。

8.3.2 创意策划

创意策划负责策划赛事制作的全过程，是项目呈现良好观感和顺利执行的保障，也是整个赛事的枢纽。在创意策划环节，工作人员需要策划赛事制作方案、规划赛事舞美设计、满足赛事技术需求、对项目进行品牌和包装管理、跟进赛事流程进度等。创意策划的主要

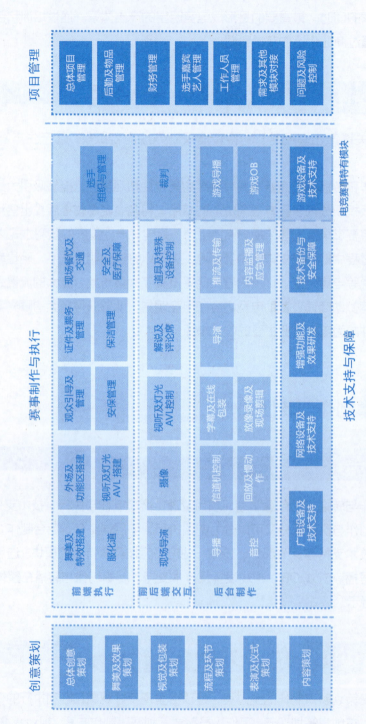

图 8-2 赛事制作与转播在整体架构图中的位置

工作包括总体创意策划、舞美及效果策划、视觉及包装策划、流程及环节策划、表演及仪式策划、内容策划。

总体创意策划指电竞赛事展现艺术风格的总体原则和标准。总体策划需要明确赛事艺术呈现反映出的核心精神、美术及效果的设计方向、设计采用的核心元素等。赛事总体策划是赛事想要呈现给观众的总体感受和艺术表现，在总体创意策划原则的指导下，策划人员开展其他环节和部分的创意策划和设计。

舞美及效果策划指电竞赛事舞台及表演舞台的场景设计及灯光效果设计。舞美水平决定了赛事舞台效果的优劣。

视觉及包装策划指电竞赛事直播中所需的平面设计与视频包装设计。平面设计包括大屏幕背景平面图设计、赛事各环节平面包装设计、物料及其他设计（LOGO 设计、海报设计）等。视频包装设计包括直播及大屏包装动画设计制作、片头设计制作、LOGO 演绎设计制作、动态专场效果设计制作等。

流程及环节策划负责外场互动、开幕式、竞赛期间、闭幕式等各个环节的流程设计。流程设计完成后需制作详细的流程表，各部门严格按照流程表工作。

表演及仪式策划负责开幕式表演、场间表演、闭幕式表演的设计，包括节目形式、明星选择、明星接待流程等。

内容策划负责设计制作赛事直播流以及赛事宣传所需的视频素材，包括赛事主宣传片、赛事拆条集锦、采访、娱乐节目等。

8.3.3 项目管理

项目管理负责统筹电子竞技赛事各项工作，保证赛事能够顺利执行。项目管理负责解决电子竞技赛事制作和转播过程中的各种突发问题，确保各项工作按照计划顺利推进，同时保证项目执行质量。电竞赛事的项目管理主要包括总体项目管理、后勤及物品管理、财务管理、选手嘉宾艺人管理、工作人员管理、需求及其他模块对接、突发问题及风险控制。

总体项目管理负责整个电竞赛事制作与转播的管理工作，包括制定整体工作计划、明确各模块职责、总体资源调配。

后勤及物品管理负责电竞赛事制作与转播过程中需要的后勤支持及物品管理，确保后勤支持到位，物品存储整齐，避免物品丢失。

财务管理负责管理项目过程中的各种费用支出及财务流程。

选手嘉宾艺人管理负责管理参与电竞赛事的选手及嘉宾艺人，确保他们的后勤支持到位，能够按照计划保质保量地参加彩排、演出等工作。

工作人员管理负责管理项目过程中的全部工作人员，核实工作人员的身份和工作许可证、评估工作人员的工作技能，确保工作人员及时到岗，按照计划参与各种工作。

需求及其他模块对接负责管理电竞赛事与其他部门和模块的沟通，协调各模块的需求，处理各模块之间的关系。

问题及风险控制负责处理已经发生的问题，降低问题对项目的影响。同时，预判项目执行过程中可能发生的风险，评估风险的危害程度，提前做好应对的准备。

8.3.4 赛事制作与执行

赛事制作与执行是将电子竞技比赛按照赛事策划和项目管理的要求，根据实际情况稳步推进，最终完成赛事制作转播的过程。根据工作内容与观众关联的程度，可以将赛事制作与执行分为前端执行、前后端交互和后台制作 3 部分。

1. 前端执行

前端执行工作与观众关联程度高，主要包括赛前准备工作和比赛日执行工作。赛前准备工作主要包括舞美及特效搭建、外场及功能区搭建、服化道、视听及灯光 AVL 搭建等。

（1）舞美及特效搭建是指赛事舞台区域的舞美搭建和特殊的效果装置，为选手提供比赛空间，烘托比赛氛围。

（2）外场及功能区搭建是指选手房间、采访间、工作间等功能性房间的布置，以及比赛场外的互动体验区、外宣传区布置。

（3）服化道包括选手的造型设计和表演人员的造型设计，以及一些环节道具等。

（4）视听及灯光 AVL 搭建包括搭建大屏幕、灯光、音响等，烘托比赛氛围并与比赛环节产生互动，为现场观众打造极致的视听盛宴。

比赛日执行工作主要是现场秩序管理及后勤工作，具体包括观众引导及管理、安保管理、证件及票务管理、现场餐饮及交通管理、保洁管理、安全及医疗保障、选手组织与管理等。

（1）观众引导及管理人员负责有序引导观众进场和散场，防止因人群拥挤而引发的安全事故。

（2）安保管理人员负责管理现场安保人员，保障观众的人身安全和财产安全。

（3）证件及票务管理人员负责工作人员证件的制作、发放、管理、验证，以及比赛门票的验票、检票工作，防止无关人员进入比赛场地，阻止无关人员进入比赛场地和工作区域。

（4）现场餐饮及交通管理人员负责赛事的餐饮和交通安排工作。现场餐饮由经过赛事方和场馆方筛选考核的供应商提供，通常在比赛现场提供汉堡、三明治、薯条、饮料等方便食用的快餐。现场交通需要设立交通指示标识引导观众，在公共交通与场馆间提供接驳车等，方便观众来到场馆观赛。

(5)保洁管理人员负责组织保洁人员在比赛进行期间和比赛后对比赛场馆进行打扫清洁,保持比赛环境干净整洁。

(6)安全及医疗保障人员在比赛场馆待命,一旦选手、工作人员或者观众出现健康问题,医疗人员将及时给予医疗救助。

(7)选手组织与管理人员在比赛日组织选手参加比赛,组织每局比赛的上场、下场和场间休息,以及参加比赛日其他活动等。

2. 前后端交互

前后端交互主要负责在与后台技术人员沟通顺畅的前提下,做好比赛现场安排调度工作,维持比赛现场的公平与秩序,保证舞台效果能够良好地呈现。前后端交互环节的工作包括现场导演、摄像、视听及灯光 AVL 控制、解说评论、裁判、道具及特殊设备控制。

(1)现场导演负责按照赛事流程及时调度选手、裁判、解说、选手管理人员、AV 控制等现场工作人员,确保赛事顺利进行。

(2)摄像负责对整个赛事流程进行录像,在特定的时刻还需要拍摄选手特写,以便让观众看到选手的表情。摄像师听从后台制作区域导播的调度,按照导播的需求拍摄合适的画面。

(3)视听及灯光 AVL 控制人员负责现场大屏内容的播放和现场灯光效果的切换。

(4)解说评论员负责在赛事现场进行赛事的解说点评工作。

(5)裁判负责在整个比赛流程中对选手进行监督,防止影响赛事公平的行为发生。

(6)道具及特殊设备控制人员负责烟雾机、干冰机、威亚等特殊道具及设备的控制。

3. 后台制作

后台制作工作人员负责比赛直播的制作与转播。后台制作的工作包括导演、导播、游戏导播、游戏 OB、音控、信道机控制、字幕及在线包装、回放及慢动作、放像录像及现场剪辑、推流及传输、内容监播及应急管理。

(1)导演是直播呈现画面的总负责人,负责调度全体制作人员。导演针对赛场上随时出现的比赛情况和产生的看点进行分析,根据比赛的进程不断调整团队的制作重点和方向,使观众观看到最精彩的转播画面和赛事情节,并且在赛后明确二次传播内容的制作重点和方向。

(2)导播是后台制作区域和比赛直播画面的总负责人,负责调度摄像师拍摄合适的画面,在恰当的时间点进行比赛画面和现场画面的切换,多角度展现整个比赛流程。

(3)游戏导播是比赛期间游戏内画面呈现的总负责人,负责调度游戏 OB 去游戏地图的不同区域进行观察,第一时间将最精彩的游戏画面筛选出来,供导播调度使用。

(4)游戏 OB 负责在比赛期间观察各个战队及选手的行动,预判可能爆发的战斗,确保捕捉到高水平竞技画面。

（5）音控人员负责控制管理直播中所有的声音，在适当的时机播放合适的声音频道，直播中所能听到的暖场音乐、游戏内声音、现场声音、主持人话筒声音等都是由音控人员来管理。

（6）信道机控制人员负责现场信道机的操作。

（7）字幕及在线包装人员负责将提前制作好的字幕以及在直播时实时制作的字幕及包装加入直播画面。

（8）回放及慢动作人员负责重要画面的回放以及慢放。

（9）放像录像及现场剪辑人员负责在规定的时间节点播放提前准备好的视频，或者现场剪辑重要的直播画面，在稍后的直播中播出。

（10）推流及传输人员负责将制作好的比赛直播流传输到网络，供网络直播平台或电视台转播。

（11）内容监播及应急管理负责监督整体直播流程，防止不合适的画面播出，一旦播出了错误的画面要及时做出应急处理。

8.3.5　技术支持与保障

在赛前准备期间，技术支持工作人员负责舞台及设备网络搭建和设备网络测试；比赛期间，技术支持工作人员负责随时解决直播及转播中出现的各种技术问题。在电子竞技比赛中，技术支持与保障不仅保证赛事活动和转播的顺利进行，还承担着保证赛事公平性的重要作用。技术支持与保障的工作包括广电设备及技术支持、网络设备及技术支持、游戏设备及技术支持、增强功能及效果研发、技术备份与安全保障。

（1）广电设备及技术支持人员负责演播室系统、转播车系统、电视播控系统、非线性编辑制播网络中关键设备等广电设备的运维与技术支持。

（2）网络设备及技术支持人员负责为电竞赛事制作与转播提供稳定、高速、流畅的网络，保证赛事顺利进行，让高品质赛事画面通过网络及时转播给观众。

（3）游戏设备及技术支持人员负责保证游戏设备与广电设备、网络设备顺利连接，在游戏设备上准备好适合比赛的运行环境，并及时解决游戏设备出现的各种问题。

（4）增强功能及效果研发人员负责综合运用广电技术和IT技术，研发更美观、更精彩的视觉效果及增强功能。

（5）技术备份与安全保障人员负责保障赛事内容的安全，在进行直播时还会布置一条备用线路，一旦主要线路出现问题备用线路可随时接续进行直播，防止因各种意外因素导致的直播中断现象。重要赛事的转播过程中不仅要备份网络线路，还要对主要的直转播设备、电力等进行备份，在出现问题时能够迅速切换到备份设备进行操作。

8.3.6 赛事制作与转播的标准

传统体育的赛事制作与转播已经形成了一套成熟的制作标准。标准中明确了转播的技术指标、设备要求、摄像机机位设置、人员配置要求以及工作执行手册。在传统体育赛事转播中，各模块根据标准的要求，在明确的分工下通力协作，将体育比赛的精彩画面呈现给广大观众。重大传统体育赛事开始前，制作转播团队都会进行统一培训与演练。

电子竞技赛事制作与转播因为发展时间短，而且电竞游戏随着科技发展不断变化，目前尚未形成统一的制作与转播标准。未来，电子竞技赛事制作与转播需要参考传统体育的成功经验，制定一套属于自己的制作与转播标准。在制定标准时，要充分考虑游戏分类和游戏产品的特点，分门别类地制定。同时，需要优先重点制定电竞特有模块的标准，例如游戏导播与游戏 OB 等。电子竞技的转播工作和标准制定目前还处于探索阶段。

8.4 节目类内容制作

8.4.1 节目类内容的分类

电竞节目类内容是指以电竞和游戏为核心制作的满足观众不同需求的视频内容，主要包括赛事周边内容与游戏电竞相关内容两类。

不同的观众群体对于电竞赛事内容有着不同的需求，喜欢竞技和赛事本身的观众需要赛事周边内容，关注竞技内容的观众需要游戏攻略技巧内容，追星类观众需要明星包装内容，而休闲娱乐型观众则需要泛娱乐内容。因此，根据用户类型和用户对于内容需求的不同，又可以将游戏电竞相关内容分为 3 类：游戏技巧内容、明星包装内容、泛娱乐内容。

8.4.2 赛事周边内容

赛事周边内容是指围绕电竞赛事制作的、与电竞赛事紧密相关的视频内容。赛事周边内容的主要类型包括赛事宣传片、赛事专题纪录片、赛事采访类内容、赛事资讯类内容、赛事相关娱乐节目。

赛事宣传片一般在赛事开始前进行传播，为赛事的开启进行预热，反映了赛事主题和赛事精神。例如 2020 年王者荣耀世界冠军杯总决赛宣传片，拍摄了总决赛入围战队 TS 战队和 DYG 战队的队员们攀登长城，并在长城俯瞰山下风景的过程，表达了"会当凌绝顶，一览众山小"的精神,与王者荣耀世界冠军杯"百炼志问鼎"的赛事主题相呼应,展示了选手们努力攀登高峰、追求卓越的职业精神,如图8-3和图8-4所示。

• 图8-3 2020年王者荣耀世界冠军杯总决赛宣传片(一) •

• 图8-4 2020年王者荣耀世界冠军杯总决赛宣传片(二) •

赛事专题片是围绕某个主题,以赛事热点事件、话题选手和战队或者幕后工作人员为主角而制作的专题纪录片,从多个角度展示了赛事背后的故事。赛事纪录片是以整个赛事的进行过程为对象,记录赛事走向和重大事件的纪录片。赛事纪录片的拍摄制作跨越了一定的时间维度,展现了赛事从开始到结束的全貌,对赛事高光部分进行重点拍摄和讲述,以展现赛事精神、提升赛事品牌价值。例如,2019年英雄联盟全球总决赛LPL官方纪录片《英雄,新生不息》,记录了LPL赛区战队从小组赛一路征战到总决赛最终夺冠的历程,纪录片中贯穿了对观众、解说、选手等不同人群的采访,全景式、多维度展现了FPX战队排除万难脱颖而出夺得世界总冠军的过程。KPL的纪录片类节目《荣耀进行时》《绝对王者》,也是以KPL选手、教练及工作人员为主角,围绕赛事热点话题而制作的系列专题纪录片。

赛事采访类内容是指赛前采访、赛后采访,或者以选手、教练为主角、以赛事为核心话题而制作的访谈类节目。赛后采访主要是围绕刚结束的比赛中的亮点,询问选手的操作细节、心理感受,或者询问教练的战术战略和对战队的预期,如图8-5所示。

· 图 8-5 KPL 赛后采访 ·

赛事访谈类节目则从不同的角度对选手或者教练进行深度采访,与赛后采访相比,访谈类节目能够挖掘出比赛背后的更多精彩故事和动人细节。KPL 的访谈节目《荣耀大话王》是一档轻松幽默的选手采访类节目,如图 8-6 和图 8-7 所示。节目内容以选手回答幽默问题、

· 图 8-6 《荣耀大话王》(一) ·

· 图 8-7 《荣耀大话王》(二) ·

选手之间互相放狠话为主，展现了选手青春活泼的一面。《KPL 云电台》是一档 KPL 选手趣味访谈节目，以"采访语音 + 趣味图片包装"的形式展现选手个人魅力，如图 8-8 所示。

· 图 8-8 《KPL 云电台》·

赛事资讯类内容是围绕赛事进程为观众播报最新赛事信息的节目，节目内容一般包括精彩对局操作、选手信息、战队积分情况等。例如 KPL 的《观赛指南》，节目每期邀请解说、嘉宾分析赛况，为观众解读比赛详情，并预测赛事走向，如图 8-9 所示。KPL 的《超神快讯 1+1》也是一档资讯类节目，解说和嘉宾在节目中以轻松幽默的形式为大家讲述赛场新闻以及选手战队动向，如图 8-10 所示。

· 图 8-9 《观赛指南》·

赛事相关娱乐节目是围绕赛事制作的休闲娱乐节目，节目内容通常搞笑幽默。例如，KPL 的《王者炸麦了》将选手赛场沟通的语音内容重新剪辑，配上趣味花字，以轻松幽默的方式展现选手在赛场上不为人知的一面，如图 8-11 所示。

第8章 电子竞技核心产业：内容制作

图 8-10 《超神快讯 1+1》

图 8-11 《王者炸麦了》

8.4.3 游戏技巧内容

游戏技巧内容是指以战队、选手、解说为中心制作的攻略教学类节目，或者对赛事精彩操作进行解读分析的节目。以 KPL 为例，以解说为主角制作的攻略教学类节目有官方解说瓶子的《英雄周报》，每周选取王者荣耀中的一个英雄分析其技能、优势与劣势、与其他英雄的搭配等情况，以简洁明了的方式让观众快速掌握英雄使用技巧，提高游戏水平。以战队为主角制作的攻略教学类节目有 QGhappy 电子竞技俱乐部制作的《QG 荣耀学院》，每期节目邀请 QGhappy 战队的一位选手进行主题教学，与观众分享游戏操作小技巧与心得。

187

8.4.4 明星包装内容

明星包装内容是指为了突出展示战队或选手的优点与魅力而制作的相关节目。选手或战队专题片、纪录片、宣传片、Vlog 等都属于明星包装内容。例如 iG 电子竞技俱乐部英雄联盟分部制作的《i 我所爱-2020 LPL 春季赛常规赛 Vlog》系列，在 2020 LPL 春季赛期间拍摄了赛场之外的选手训练、生活等内容，定期推出 Vlog，让粉丝看到选手生动活泼、具有生活气息的一面，展现了战队选手别样的魅力，帮助他们赢得更多观众的喜爱。

8.4.5 泛娱乐内容

泛娱乐内容是指与电竞赛事相关的综艺内容或者影视内容，其形式有真人秀、娱乐综艺、公开课、微电影等。

电竞相关真人秀类节目以《超越吧！英雄》和《终极高手》为代表。《超越吧！英雄》是一档英雄联盟电竞真人秀节目，由 3 位明星召唤师召集 3 支召唤师战队，他们将与战队经理人及队员一起深入英雄联盟赛事的各个领域，经历残酷比赛、挑战主题直播、组织赛事、前往俱乐部试训，并在最终的英雄联盟嘉年华上争夺"年度明星召唤师战队"的称号。《终极高手》是一档以打造 KPL 职业电竞选手为定位的真人秀节目，讲述了 60 位怀揣职业电竞梦想少年的追梦故事。节目以电竞选手的经历为切入点，以"电竞精神"作为整体节目的调性，凸显"不甘平凡，不止巅峰"这一价值主张。明星们化身为俱乐部经理人，与选手们一起迎接挑战，共同进步。

电竞相关娱乐综艺以《集结吧王者》为代表。节目中，20 位明星集结在一起，由 4 位明星队长通过考核、观察等形式挑选队员，组建队伍。4 名 KPL 职业选手以教练的身份为自己的战队制定训练方案，并带领他们进行训练和比赛，通过单人训练、团队训练、团战训练以及团队建设等方式，让每个战队逐渐融为一体。淘汰赛采用双败赛制，即每个队伍有一次失败机会，两次失败后彻底淘汰出局。最终决胜的两支超强明星战队将会在王者荣耀冠军杯总决赛的舞台上与 KPL 顶级职业战队一起决出明星赛的冠军，成为演艺界王者荣耀电竞赛事冠军队伍。

电竞相关公开课类节目以腾讯电竞出品的《竞然如此》为代表。《竞然如此》共分为四期，分别以"坚持""突破""担当"与"未来"为主题。节目邀请了电竞从业者、运动员、跨界新知和文体大咖等不同类型嘉宾，17 位嘉宾讲述自己与电竞共成长的经历，与 200 位含在校大学生、行业媒体等在内的现场观众互相交流彼此对电竞的思考与认知，分享他们对电竞的坚持与热爱。

电竞微电影以 KPL 出品的年度微电影为代表。从 2018 年起，KPL 每年制作一部微电影，邀请资深演员和 KPL 明星选手出演，通过情节精炼的虚构故事展现 KPL 赛事精神。

2018 年 KPL 年度微电影《再聚首，敬不凡》讲述了 2027 年人工智能贝塔进入 KPL，打败了所有人类选手，KPL 选手纷纷隐退，过着平淡生活。沉寂已久的选手们被一张"荣耀召唤令"聚集到一起，重燃梦想，携手战斗战胜了人工智能。这部微电影展现了永不屈服的电竞精神，其海报如图 8-12 所示。

• 图 8-12 《再聚首，敬不凡》海报 •

2019 年 KPL 年度微电影《我们，这一年》讲述了老帅、Fly、阿泰、暖阳、一诺等选手因网络暴力而倍感压力，丧失信心，但终于克服万难重拾信心，在梦想的路上继续前行的奋斗历程。这部微电影体现了这些选手"在黑暗中拼命前进，只为舞台上的万丈荣光"的精神面貌，其电影海报如图 8-13 所示。

• 图 8-13 《我们，这一年》海报 •

2020年KPL年度微电影《赢家》讲述了KPL选手虔诚与姥爷灵魂互换，姥爷在扮演电竞选手的同时理解了游戏和电竞，而虔诚在扮演姥爷的角色时也明白了姥爷坚守的传统花灯事业的可贵，祖孙俩在各自的领域继续发光发热，成为自己人生的赢家。该微电影海报如图8-14所示。

· 图8-14 《赢家》海报 ·

8.5 艺人经纪

艺人经纪是指为电竞赛事选拔和培养赛事所需的专业解说、专业主持人及电竞KOL，并对其进行商业化运营的工作。

8.5.1 艺人的分类

广义的电竞艺人包括以电子竞技赛事为活动舞台的核心电竞艺人，以及游戏相关艺人。艺人的分类如图8-15所示。

核心电竞艺人主要包括电竞选手、电竞解说、电竞主持人、电竞教练。核心电竞艺人是以电子竞技赛事作为主要活动平台的艺人，其工作内容围绕电子竞技赛事展开。在所有电竞艺人当中，又属电竞选手的影响力和商业价值最大。电子竞技产业本质上是体育产业，比赛成绩和竞技水平决定了一个电竞选手的影响力和商业价值。

游戏相关艺人主要包括电子竞技游戏KOL、游戏主播、游戏相关内容作者。游戏相关艺人的工作内容围绕游戏展开，产出游戏相关娱乐内容。具有较大影响力的游戏KOL有时也会出席电子竞技赛事相关活动。

电竞艺人的影响力达到一定程度后，则有可能出圈成为娱乐艺人。例如，Uzi在2019年微博之夜年度人物评选中票数领跑榜单力压众多娱乐明星，获得年度人物殊荣就证明了Uzi已经具有与传统娱乐明星相当的影响力，具备成为娱乐艺人的条件。

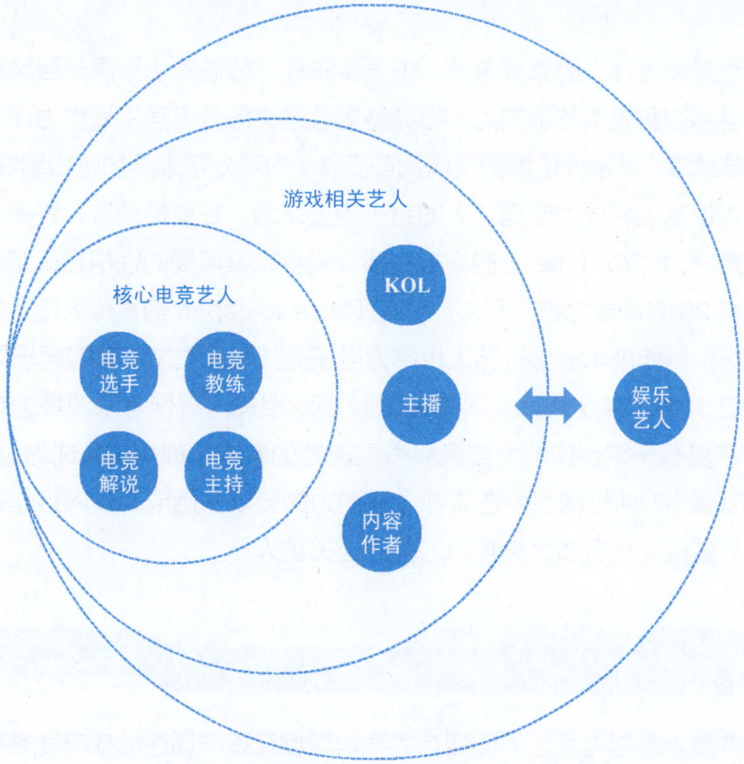

图 8-15　艺人的分类

8.5.2　艺人的来源

核心电竞艺人中的电竞选手由电子竞技俱乐部负责选拔，电竞教练则大部分来源于退役电竞选手。

核心电竞艺人中的电竞解说及电竞主持人来源主要有 3 种：播音主持专业学生、职业选手、电竞类主播。

官方电竞赛事的解说及主持人主要是从影视传媒类院校的播音主持专业学生中选拔的。官方解说及主持人与赛事品牌和形象紧密相关，也承担着提高赛事专业性和娱乐性的重要任务，因此要求相对较高。官方解说及主持人的选拔对艺人形象气质、普通话标准、游戏水平、分析能力都有着比较高的要求。播音主持专业的学生在院校内已经接受过专业的播音主持培训，具备体系化的主持知识和素养，如果再经过有针对性的游戏及赛事知识培训，就能够较快地适应赛事解说与主持的工作。

部分职业选手在退役之后选择成为电竞解说或主持人，继续活跃在电竞赛事的舞台上。职业选手的游戏水平高超、赛事经验丰富，并且对各个战队及选手的特点与优势有着深入的了解，在进行解说、主持工作时，往往能够提出独到的见解，提出具有专业性和吸引力的优质话题。

电竞主播也是电竞艺人的重要来源。电竞类主播一般游戏水平高超且风趣幽默，因此有着庞大的粉丝基数和较高的影响力。电竞赛事会邀请部分电竞主播作为评论席嘉宾，针对赛事进行趣味解读，承担评论席的气氛调节工作，为观众带来更加轻松愉悦的观赛体验。

在未来，虚拟艺人将成为电竞艺人的另一重要来源。在直播领域，许多虚拟主播已经拥有了很大的影响力。YouTube 上的虚拟主播绊爱就以其可爱的性格赢得了全世界许多粉丝的喜爱，并在 2018 年成为推广日本旅游的 Come to Japan 的宣传大使。未来，融合了 AI 解说与 3D 虚拟制作技术的虚拟艺人也将为电子竞技带来更加丰富的娱乐体验。

游戏相关艺人中，游戏 KOL、游戏主播及游戏相关内容作者来源最为广泛，任何具有游戏天赋，并具有一定创作能力或镜头表现能力的素人，都有机会成为游戏相关艺人。主播经纪公司或者 MCN 机构也会选拔部分有潜力的游戏主播或游戏内容作者，通过商业化的运营将其打造成为具有较大影响力的游戏相关艺人。

8.5.3　艺人的特点

电竞艺人的特点是指电竞艺人所拥有的高辨识度标签与属性。在电竞赛事的解说舞台与评论席上，需要不同属性的艺人相互配合，发挥自己的优势与特长，为观众带来兼具专业性与娱乐性的精彩内容。

按照在电竞舞台上发挥功能的不同，电竞艺人的主要标签可分为战神型、专业分析师型、娱乐型、高颜值型、评论家型。

战神型艺人一般由职业选手转型而来，有着高超的游戏水平，能够从选手的角度对赛事中一些高水平操作进行专业的解读。战神型艺人对于游戏角色、游戏技能、游戏装备、游戏策略有着深刻的理解和独到的见解，在舞台上承担着解答游戏专业问题的职责。

专业分析师型艺人在舞台上负责解读比赛相关的历史数据，例如某选手使用某个英雄多少次、某选手的击杀数达到多少、某两支战队历史交战的胜负状况、某战队使用某套战术的胜率等。专业分析师型艺人能够从历史数据中发掘出一场比赛的话题聚焦点，引导观众关注本场比赛的重点，预测一场电竞赛事可能出现的精彩情形，对于加深观众对电竞赛事的理解和提升电竞赛事的观赏性而言有着重要的作用。

娱乐型艺人在舞台上负责调节气氛，把控舞台的整体氛围，使舞台处于一种活泼、轻松的氛围。娱乐型艺人具备高超的临场反应能力，能够将比赛中的专业性内容转化为娱乐性内容，进行幽默轻松的解读。观看电竞赛事已经成为许多人在工作学习之余的娱乐方式，如果比赛中只有专业度极高的解说，娱乐性不足，就难以令人放松娱乐。对于追求轻松愉悦观赛体验的观众来说，娱乐型艺人是必不可少的存在。

高颜值型艺人在舞台上主要负责节目流程的把控，为观众带来极高的视觉体验。高颜值的艺人能够迅速吸引观众的视线，以出众的外形气质为赛事吸引粉丝。

评论家型艺人在舞台上扮演着具有权威性和说服力的角色，针对各种现象和其他艺人的评论，提纲挈领地进行总结和升华，负责话题方向引导和观点总结。

艺人的特点和标签之间并不完全排斥，一个艺人可以有多个标签。多个标签使艺人的表现力更加丰富，形象更加丰满，会给观众留下更加深刻的印象。电子竞技的核心是游戏竞技水平，因此拥有高超游戏水平的战神标签的艺人一般会受到观众的额外关注，而且对于观众更具有说服力。顶级职业选手、明星教练转为电竞解说时会瞬间拥有超高的人气和知名度。

8.5.4 艺人经纪的业务

艺人经纪涉及的业务如图 8-16 所示。

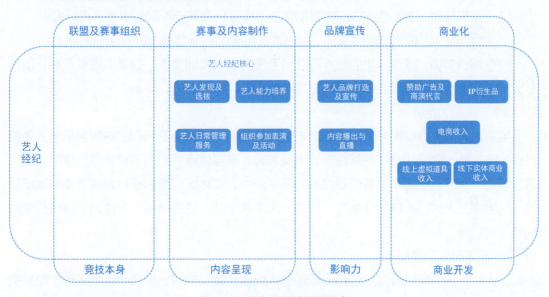

• 图 8-16　艺人经纪涉及的业务 •

1. 艺人经纪的核心业务

艺人经纪的核心业务有 4 项：艺人发现及选拔、艺人能力培养、艺人日常管理服务、组织参加表演及活动。

1）艺人发现及选拔

艺人发现及选拔是指从普通人中发掘出具有做电竞艺人潜力的人并与其签约的过程。随着电竞行业的迅速发展，电竞赛事的数量也在逐年递增，电竞赛事所需的解说、主持人也越来越多。为了提高电竞艺人的选拔效率，电竞行业也形成了体系化的电竞艺人选拔体系，由专业的电竞艺人经纪公司来负责电竞艺人的选拔。电竞赛事会定期进行赛事官方解说的招募，以满足赛事对艺人的需求。专业电竞经纪公司与影视学院进行合作，定期从播音与主持专业学生中择优签约，培养这些签约者成为电竞艺人。电竞经纪公司也会自主招募电竞艺人，通过面试筛选出合格者进行培养。

例如，英雄体育 VSPN 作为电竞综合运营商，在电竞艺人经纪方面也具有很强的优势，为许多赛事培养输出了大量解说和主持人。英雄体育 VSPN 定期进行王者荣耀专项解说招募，面向所有立志成为王者荣耀解说的玩家。在招募中通过选拔的玩家将接受专业解说培训，并有机会获得英雄体育 VSPN 经纪合约，签约完成后与英雄体育 VSPN 赛事团队一起工作，优秀学员还有机会直通 KPL/KGL 等系列赛事的解说舞台。解说招募的流程一般如下。

（1）线上报名：有意报名者填写简历，通过网络报名。
（2）简历筛选：专业的艺人经纪团队审核简历，对报名者进行初步评估。
（3）线下面试：通过简历筛选的报名者将获得面试的机会，在面试中接受能力考核。
（4）专业培训：通过面试的报名者将接受专业的电竞艺人理论培训。
（5）赛事输送：接受培训中的优秀电竞艺人将有机会被推荐到各级赛事进行解说。
（6）合作签约：最终培训结束后，优秀学员将会与英雄体育 VSPN 签订经纪合约。
（7）解说实训：签约成功的艺人将获得系统的解说实训演练，在模拟赛事现场环境的专业解说训练室进行试训演练，不断提高职业水平。

2）艺人能力培养

电竞艺人的能力培养分为理论培训与实践培训两部分。理论培训的内容包括艺人形象管理、电竞基础理论、游戏理解提升、镜头表现、自媒体运营、内容直播等，使电竞艺人具备解说、主持、直播和明星自我包装的基本能力。实践培训是指模拟真实赛事的现场环境，让电竞艺人进行解说实践练习，使艺人消除紧张感、适应镜头，锻炼艺人随机应变的临场反应能力。

3）艺人日常管理服务

艺人的日常管理服务是指经纪人帮助艺人处理住宿、餐饮、交通、妆发造型、服装挑选等事务，使艺人能够专注于职业技能的提升。

4）组织参加表演及活动

经纪人负责为电竞艺人接洽电竞赛事工作或者商业通告，安排活动行程，并及时提醒电竞艺人准时出席活动。业务能力出色、影响力较大的电竞艺人将有机会获得广告代言、商业演出、综艺等电竞赛事之外的工作机会。电竞经纪人应当不断提升电竞艺人的商业价值，在电竞艺人服务好电竞赛事的同时，为其接洽更多商业资源，将其打造成为具有较大影响力与较多粉丝的明星。

2. 艺人经纪的其他业务

艺人经纪的核心业务集中在内容制作环节，但是在宣传播出环节和商业化环节也有部分其他业务，详情如表 8-1 所示。

表 8-1 艺人经纪的其他业务

产业模块	业务内容	案例
宣传播出	艺人品牌打造及宣传	KPL 解说 Gini 推出个人系列 Vlog
	内容播出与直播	英雄体育 VSPN 解说主持天团入驻斗鱼直播，每日为用户带来精彩直播，持续提升 VSPN Star 影响力
商业化	赞助、商演、代言	KPL 解说瓶子代言拯救者电竞手机，出席新品发布会，并拍摄视频广告
	电商收入	KPL 解说瓶子创立个人潮流服装品牌 pink uno，在淘宝开设店铺进行销售，并在直播及节目中推广其服装品牌
	线上虚拟道具收入	电竞解说、主持人直播获得的礼物分成

8.5.5 艺人经纪的发展方向

未来，电竞艺人经纪新的发展方向有两个，一个是使电竞艺人影响力跨圈层影响更广泛的人群，另一个是打造虚拟电竞艺人。

电竞明星打造是艺人经纪的重要目标。目前，大部分电竞明星的影响力还局限于电竞用户群体中，仅有 Sky、Uzi 等少数电竞明星的影响力扩展到了电竞用户以外的群体。电子竞技和其他体育运动一样是积极向上、充满正能量的体育项目，电子竞技运动员拼搏努力的事迹也同样能够感动并激励他人。艺人经纪的未来目标是通过更加专业的运作，打造出更多像姚明、郎平、朱婷、张继科等体育明星一样具有全民影响力的电竞明星，既能够传播正能量、弘扬爱国奋斗的精神，又产生巨大的商业价值。

虚拟电竞艺人是未来艺人经纪新的发展方向。在娱乐行业，部分虚拟艺人已经取得了很大的成功。初音未来、洛天依等虚拟歌手开办演唱会、出席晚会和节目，拥有为数众多的粉丝，与真人明星相差无几。在未来，虚拟电竞选手、虚拟电竞解说、虚拟电竞主持人、虚拟电竞主播等虚拟艺人或许也能够通过成功的人设塑造和商业运营，成为备受喜爱的明星。

8.6 电竞造星思路的探索

电竞造星的思路主要是结合电竞艺人的特点对其合理定位，通过贴标签打造具有辨识度的人设，以密集的舞台资源提升艺人曝光度，最后通过在各媒体平台进行明星相关内容运营，增强粉丝黏性，打造出知名度较高，粉丝黏性较强的电竞明星。

8.6.1 明星的定位与标签

找准电竞艺人的个人定位、为其打造贴合个人特点的人设和标签，是塑造电竞明星形象的重要基础。

能在观众心中留下深刻印象并赢得他们喜爱的明星，大都是具有鲜明性格特点和强烈个人标签的。通过话题营销、事件营销、社交平台运营等方式放大明星的性格特点与个人标签，将某些事件与明星本人深度绑定，在大众心中留下深刻的印象，便成功地完成了明星人设与标签打造。

例如，当提到英雄联盟项目电竞选手 Uzi 时，人们一定会想到 Uzi 在英雄联盟游戏中使用英雄薇恩时出神入化的操作。"Uzi 的薇恩""不死薇恩""五杀薇恩"是 Uzi 身上与游戏赛事相关的典型标签。2013 年英雄联盟全球总决赛上，在与 OMG 战队的比赛中，Uzi 使用英雄薇恩一战封神，他惊艳世界的游戏操作成为玩家与赛事观众心中的经典。在 2018 年英雄联盟全球总决赛主题曲 Rise 的 MV 当中，Uzi 的形象与薇恩融为一体，作为主角出现，引发了热议，也更加强化了"Uzi 的薇恩"这个标签。

前 KPL 职业选手梦泪身上最著名的标签则是"单拆水晶"。2016 年 KPL 赛事中，梦泪使用英雄韩信在没有兵线的情况下独自拆除敌方水晶，成为 KPL 赛事史上的传奇经典。

电竞明星选手身上的标签往往与游戏和赛事紧密相连，出众的游戏操作是电竞明星吸引粉丝的基础。在强化游戏相关标签的同时，继续打造与性格相关的其他标签，能够使明星的形象更加立体和亲切，通过性格魅力标签吸引更多的粉丝。

8.6.2 舞台资源与曝光度

对于明星来说，通过各种各样的活动在大众心中不断留下印象，维持一定的曝光度和热度，是必不可少的。高曝光度意味着大众对明星的关注将会更高，明星能够持续吸引新的粉丝并维持原有粉丝，使个人商业价值得到提升。

电竞艺人活动的主要舞台就是电竞赛事，通过集中给予艺人舞台资源，能够在短时间内让大众了解艺人。在打造电竞解说明星、电竞主持明星时，提高解说的出场频率，能够迅速提升艺人的认知度并积累观众好感度。

2017 年，KPL 新人解说英凯初次登上赛事解说席，与搭档完美配合，不仅展现出了出色的节奏把控力，而且在战术分析时加入了很多风趣的见解，让广大玩家在关注比赛的同时也能融入比赛中，体会更多乐趣。赛后，英凯也会经常在微博上发布赛事预测与风趣幽默的赛事评论，强化了自己在解说舞台中展现的"幽默""风趣""毒奶"等特质。与此同时，英凯也时常出现在赛事周边节目当中担任主持。通过在赛事中的高曝光，英凯很快便成为在观众中具有认知度和讨论度的解说,吸引了一批粉丝。

8.6.3 社区内容运营

除了在电竞舞台进行曝光外,电竞明星还需要在各种各样的媒体平台及社交平台持续输出内容。通过内容运营,明星能够进一步强化个人标签、增加曝光度、展现电竞舞台之外的个人魅力,与粉丝进行互动并增强粉丝黏性。

电竞明星内容运营的主要平台包括直播平台、社交平台、短视频平台、游戏内容社区等。

直播平台是电竞明星最重要的内容运营渠道之一,能够让明星与粉丝进行最直接的交流与互动。电竞选手、电竞解说等电竞明星在没有比赛行程时,大多会在直播平台定期进行直播。传统娱乐明星与粉丝之间具有一定的距离,但是电竞明星能够通过直播拉近与粉丝之间的距离。粉丝在直播中看到的电竞明星亲切而真实,就仿佛是身边的好朋友一样。在直播中,粉丝的弹幕能够得到明星即时的回复,与明星之间的互动没有延迟,这样的直播能够积累大量的高忠诚度粉丝,这使得电竞明星在垂直领域具有非常强大的影响力和号召力。

在社交平台中,微博是电竞明星内容运营的主要渠道。通过微博,明星能够展示最新的个人动态、工作生活感悟等内容。微博热搜、微博互动、微博广场、微博超话等能够帮助明星有效地维持热度。在短视频平台传播电竞明星赛事、直播、周边花絮等拆条内容,能够为明星持续地增加影响力。电竞明星入驻游戏内容社区,通过发布游戏电竞硬核内容,可以与核心游戏电竞爱好者进行有效互动,维持电竞核心用户的黏性。

通过多平台、多维度的内容运营,不断提升电竞明星的话题度、内容传播度和影响力,从而提升明星的商业价值,是电竞造星的最终目标。

8.6.4 跨界合作

跨界合作也是电子竞技造星中的重要一环。当电子竞技明星的个人影响力已经不再局限于游戏和电子竞技领域时,通过与影视娱乐、音乐、二次元等领域的明星进行跨界合作,在其他领域开展个人活动,能够进一步提升个人影响力、收获其他圈层的粉丝。

跨界合作的两种形式是:①跨界明星合作,即电竞明星与其他明星合作;②电竞明星跨界到其他领域开展活动。

近年来,随着电子竞技的影响力显著提升,电竞明星与其他明星的跨界合作也逐渐变多,电竞明星与娱乐明星共同进行游戏直播是其中比较常见的一种形式。例如,腾讯QQ手游旗下的自建赛事IPQQ名人赛就是跨界合作的泛娱乐电子竞技赛事,赛事汇集顶尖人气明星和游戏KOL及电竞明星,此为以电子竞技为核心打造的泛娱乐电竞跨界盛典。TT

语音策划的电竞娱乐明星游戏直播活动"连麦吧偶像"也邀请了电竞明星与娱乐明星共同参与，KPL 知名解说和选手与歌手连麦直播王者荣耀，引发了许多关注。

电竞明星跨界到其他领域开展活动，是个人影响力强大的一种体现，同时也具有一定的风险性，跨领域活动可能会收获更高的影响力，但也可能引起部分电竞粉丝的不满。KPL 的明星选手、电竞冠军诺言参加娱乐节目《创造营 2021》，是电竞明星跨领域活动的典型代表。诺言在节目中的初舞台表演《无电竞不兄弟》在微博上引发热议，登上微博热搜榜，在 90 多名参加节目的选手当中最终排名为 36 名，足见其人气和影响力。

在未来，电子竞技的泛娱乐化还会进一步加深，电子竞技明星的跨界合作活动也将拥有越来越多样化的形式，产生更广泛的影响力。

第 9 章

电子竞技核心产业：宣传播出

9.1 电竞影响力出圈难的原因

出圈指某个领域中的人或事物影响到其他领域，是影响力层次提升的一种表现。任何形式的竞技娱乐产品都追求影响力出圈，电子竞技也不例外。随着电竞人群的增长，电子竞技的影响力逐步提升，但电竞出圈的效果并不明显。电子竞技在圈内很火，在圈外则缺少广泛和深刻的社会认知。

电子竞技出圈难的原因可能包括：电竞用户虽然数量庞大但年龄偏小，且用户属性单一；游戏和电竞存在一定的认知门槛导致非游戏用户很难理解；一些人群对游戏和电竞存在误解和偏见等。但随着电竞用户年龄的增长和国民级别游戏的出现，这些解释逐渐显得苍白无力，被迫走出了简单推论的"保温箱"。同样是运动员，为何传统体育选手出圈要比电竞明星出圈更加容易？

游戏和电竞产生于互联网等高科技领域，在宣传推广这些"术"的层面具有天然的优势。电竞出圈难的原因主要是"道"的缺失。行业内缺少对电竞运动的明确定义和对其核心实质的阐述，没有展现出电竞运动的宗旨和精神，更缺少电竞能够使人类进步变好的论述和主张。反观传统体育，《奥林匹克宪章》界定了奥林匹克主义和奥林匹克精神等重要概念，提出了诸多正确的价值观。这些精神追求升华了体育的意义，表达了体育竞技使人类变得更加美好的价值理念。因此，奥林匹克运动得到了全世界的认同和尊重。

由于电竞正向宣传和本质定位的长期缺失，社会大众对电竞价值的认识千差万别。一些人对电竞的认识甚至仅停留在玩游戏和游戏宣传推广的层次。一些赛事的宣传策略也陷入了只强调奖金高、观众多、影响力大等表面宣传的误区。同时，电竞行业中能够代表电竞精神的选手及明星数量稀少，传播内容展现出的精神深度也不足。

社会对电竞精神没有达成共识，这是电竞出圈难的核心原因。出圈的基础是其他领域对其精神内涵的高度认可，电子竞技的许多精神内涵还有待阐述和升华。电竞依托先进科技，能够更大限度地减少人类身体差异对参与竞技的影响，具有广泛参与性的特点。这也符合奥林匹克的价值观，更多人能够通过参与电竞来感受公平竞技的精神。

9.2 宣传播出的定位与作用

宣传播出是电竞产业核心产业链的第三个环节，负责开拓丰富的传播渠道，使电竞赛事及相关内容触达更多人群，不断提升电竞赛事品牌价值，是电子竞技产业核心产业链的内容传播环节。宣传播出在产业架构图中的位置如图 9-1 所示。

9.2.1 宣传播出的目标

宣传播出的核心目标有品牌提升、用户拓展、建立电竞内容矩阵、弘扬体育竞技精神 4 点。

1. 品牌提升

一件产品要想拥有巨大的影响力，被千千万万的用户接受并认可，仅仅做到产品质量上乘是不够的。在互联网时代，酒香也怕巷子深，为产品找到正确的品牌定位、对产品进行大力推广和宣传，对于产品开拓市场有着至关重要的作用。

在电子竞技产业中，内容制作环节就是产品的生产环节，宣传播出就是产品的宣传推广环节。宣传播出环节需要将内容制作环节产出的电竞赛事及相关内容产品进行包装宣传，不断提升电子竞技的影响力以及电竞赛事的品牌价值。

品牌提升可以通过多种方式来实现，其中之一是为电竞赛事设计朗朗上口的标语（Slogan），快速拉近赛事与玩家之间的距离，引发观众的共鸣。2012 年，中国首个大型专业级落地职业联赛——穿越火线职业联赛 CFPL 开始举办，CFPL 的 Slogan 是"可以触摸的电竞梦想"。第 1 届 CFPL 中，参与比赛的 8 支战队由 1 支 2012 年 TGA 冬季赛冠军俱乐部和 WCG2012 中国赛区冠军俱乐部以及第二赛季的前 6 名种子俱乐部组成。当时中国的电竞职业化还没有走上正轨，8 支战队中的选手大多是普通玩家，克服了重重困难、打了无数大大小小的比赛，才通过 TGA 和 WCG 走进了 CFPL。由普通玩家变为职业电竞选手并不是什么遥不可及的梦想，CFPL 就是无数个拥有电竞梦想的普通玩家的圆梦舞台。"可以触摸的电竞梦想"这句 Slogan 精炼地概括了 CFPL 的赛事主题，CFPL 以 Slogan 为核心主题进行了多年的宣传推广，激励了许多玩家，建立起了亲民的形象，引起了用户的广泛共鸣。CFPL 的 Slogan 在品牌形象塑造和品牌价值提升方面起到了重要作用，因此这一 Slogan 被沿用至今。

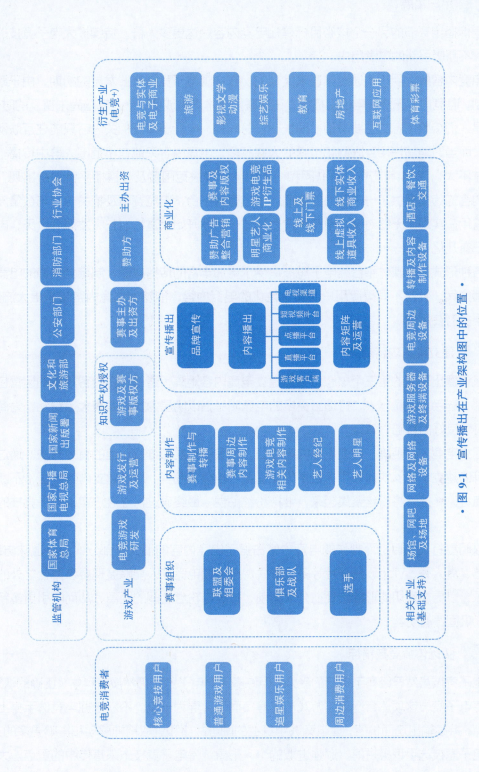

图 9-1 宣传播出在产业架构图中的位置

2. 用户拓展

宣传播出环节的另一个核心目标是让电竞内容触达更多人群，持续扩大电子竞技的影响力，不断吸引新的电竞用户。

电竞内容触达用户是通过渠道来实现的。在中国电子竞技产业发展的初期，由于政策的限制，电竞内容无法在电视上播出，在互联网技术尚未成熟、个人电脑尚未普及的时代，电视是人们接收信息的主要渠道。很长一段时间内，电竞赛事及相关内容只能在互联网上传播，而当时能够使用互联网和电脑的人并不多，电竞内容只能在小范围人群中传播，影响力并不大。2014年左右，互联网和个人电脑已经大范围普及，直播平台纷纷出现，给电竞内容的传播提供了一个有力的渠道。通过直播平台，电竞赛事及相关内容与数量庞大的网络用户实现了无缝对接，电竞用户也从这一时期开始大量地增长，发展到今天，电竞用户已有几亿。

各种形式的自媒体平台给电子竞技提供了更加丰富的传播渠道。制定全渠道的电竞内容传播方案，针对不同渠道用户制作个性化的电竞内容，能够为电竞内容带来更大流量，吸引更多潜在用户。

3. 建立电竞内容矩阵

宣传播出环节的第三个核心目标是建立电竞内容矩阵，通过电竞内容矩阵的运营包装俱乐部、选手、电竞艺人，打造出更多的电竞明星，以明星为媒介聚集大量粉丝，为商业变现打下良好的基础。

建立电竞内容矩阵，打造电竞内容社区，是吸引粉丝和维持粉丝的有效方法。通过内容矩阵的建立，能够快速吸引来自不同渠道各个群体的粉丝；通过建立内容社区，不断制造热点讨论，能够将粉丝聚集起来，维持粉丝黏性，最终通过粉丝经济实现电子竞技的商业化。

以明星打造为目标而制作的电竞内容占据了电竞内容的很大一部分。通过趣味访谈、微综艺、真人秀、Vlog、纪录片等多种形式，选手和电竞艺人能够展现赛事舞台之外的多面形象，以更加亲切的形象出现在公众面前，拉近与粉丝之间的距离，从而吸引更多新的粉丝，巩固原有粉丝。

4. 弘扬体育竞技精神

电子竞技虽然已经有了广泛的受众，但许多人对电子竞技仍然没有科学、正确的认知，仍会将电子竞技这项体育运动与游戏沉迷等负面事件混为一谈。不断挖掘电竞选手身上的闪光点，持续输出正面价值，让电竞选手身上的励志故事和进取精神感动和影响更多的人，塑造电子竞技选手积极拼搏、顽强进取的个人形象，是电子竞技未来宣传中的重点。大力弘扬电子竞技运动中传递出的体育竞技精神，能够改善社会大众对电子竞技的印象，从而使电子竞技真正成为被社会广泛接受、认可的大众运动。

9.2.2 宣传播出的核心组成及业务

宣传播出环节的核心业务包括品牌宣传、内容播出、内容矩阵及运营。

1. 品牌宣传

品牌宣传的主要工作内容是：品牌定位与宣传策略、宣传事件与话题炒作、通过机构媒体和社交媒体进行宣传、搭建内容讨论社区并聚集粉丝、明星形象塑造、传递品牌精神。

（1）品牌定位是电竞赛事建立品牌形象、提升品牌价值的关键，只有找准定位，才能够制定出合理的宣传策略。在品牌定位阶段，需要进行大量的市场调研，分析竞品品牌的优势和劣质，找到赛事品牌与众不同的优势，并以此为核心进行品牌定位。宣传策略制定阶段，需要根据用户画像、上一阶段宣传的用户反馈和数据情况以及赛程和重大时间节点，提前策划好热点内容，有计划地执行宣传计划、投放内容。

（2）宣传事件与话题炒作指结合电竞赛事及电竞明星的热点事件进行事件宣传，或者主动策划事件、制造话题以进行宣传。

（3）通过机构媒体和社交媒体进行宣传指运用新闻媒体、游戏媒体、直播平台、短视频平台、综合论坛、社交平台、线下广告等多种媒体进行全方位的电竞宣传。

（4）搭建内容讨论社区并聚集粉丝指建立以电竞赛事为核心的网络论坛或者社交平台，通过社区及平台运营，及时发布赛事信息、引导话题讨论，维持电竞赛事的热度。例如，王者营地就是以王者荣耀职业联赛 KPL 及王者荣耀玩家为核心搭建的内容社区平台。

（5）明星形象塑造指根据电竞选手、电竞艺人自身的特点，为其树立具有魅力的人设，强化个人标签，通过多种宣传方式加强明星标签在观众心中的印象，从而吸引粉丝。

（6）传递品牌精神指通过各种宣传形式丰富赛事的精神文化内涵，将电竞赛事品牌打造成为能够引起用户强烈共鸣的文化符号和情感符号，与用户建立更深层次的、更紧密的联系。

2. 内容播出

内容传播的主要工作内容是获得赛事及内容版权、通过各个渠道播出赛事及内容。

内容播出平台需要向赛事版权方购买版权，才能播出电竞赛事。电竞赛事及相关内容的播出与使用，也需要向版权方购买版权。

电竞内容的播出渠道主要有游戏客户端、网络直播平台、网络点播平台、短视频平台、电视相关平台等。

3. 内容矩阵及运营

内容矩阵及运营的主要工作内容是建立覆盖多平台、不同人群的内容矩阵，持续不断地输出电子竞技内容，传播电子竞技信息与电子竞技文化。

每个内容平台都有独特的内容风格，公众号以图文为主，微博以 140 字内的短状态加照片为主，抖音以 15 秒到 1 分钟的视频为主。在多个平台建立账号，建立电子竞技类内容矩阵，可以使电竞内容的形式更加多元化，吸引不同受众群体，不断扩大电子竞技的受众群体。

建立并有效运营内容矩阵，还能让不同平台的电竞内容产品进行互补。例如，在进行电子竞技事件营销时，可以先在微博上造势，再在微信上进行转化，最后在媒体网站分发品牌公关稿，以达到协同放大的电子竞技宣传效果。

9.2.3 宣传播出的关键产出

宣传播出环节的关键产出是：①将内容及品牌打造成电竞 IP 矩阵；②产生社区效应，使内容和品牌成为大众关注的热点。

宣传播出环节不仅要将电竞内容广泛传播，更重要的是将电竞内容产品打造成为经典 IP，形成强大的电竞 IP 内容矩阵，并深度开发电竞 IP，产出一系列电竞 IP 衍生品。电竞赛事 IP、电竞俱乐部 IP、电竞选手个人 IP 都有着广阔的开发前景，都将产生不可估量的商业价值。

宣传播出环节在传播电竞内容时，需要有意识地制造热点话题，在社交平台、论坛社区提升电竞内容的讨论度，驱动用户积极讨论电竞相关内容，持续炒热电竞热度。最终目标是将电竞内容由粉丝内部讨论升级为全民讨论的公共话题，使电子竞技触达全部人群。

9.3 宣传播出：品牌宣传

9.3.1 产品与品牌

凯文·莱恩·凯勒在其《战略品牌管理》一书中提到，产品是市场上任何可以让人注意、获取、使用，或能够满足某种消费需求和欲望的东西。产品可以是实体产品（例如麦片、网球拍、汽车）、零售商店（例如百货商店、专卖店、超级市场）、人（演员、政治人物、体育运动员）、组织（例如非营利组织、贸易组织、艺术团体）或思想（例如政治或社会事件）。在电子竞技产业，电子竞技赛事、电子竞技周边节目、电子竞技IP是内容产品，电子竞技明星是艺人产品，电子竞技相关皮肤、道具等是虚拟产品，电子竞技相关周边商品是实体产品。

品牌是一个名称、专有名词、标记、符号或设计，或是上述元素的组合，用于区别一个销售商或销售商群体的商品与服务，并且使其与它们的竞争者的商品与服务区分开来。品牌是消费者对于产品属性的感知、感情的总和，包括品牌名称的内涵及与品牌相关的公司联想。例如，想到LPL这个品牌时，我们会联想到若风、草莓、明凯、Uzi、Jackeylove等优秀的LPL职业选手，我们会联想到iG战队在S8第一次为LPL赛区夺得全球总决赛冠军时的热泪盈眶，我们会联想到LPL的选手们在雅加达亚运会夺得英雄联盟项目金牌时的感动与自豪……这就是品牌联想。通过丰富品牌内涵，持续建立积极正面、具有意义的品牌联想，能够加强品牌与用户之间的联系，提升品牌的认可度。

品牌是无形的资产，品牌化创造出差异化的独特价值，能够将品牌资产的影响力付诸产品。

9.3.2 电竞赛事品牌运营

随着电子竞技的高速发展，越来越多新的电子竞技赛事不断诞生。品牌化是一项电子竞技赛事在众赛事中脱颖而出、提升赛事价值的有效方式。电子竞技赛事通过品牌运营，能够不断强化自身的独特价值与魅力，塑造积极的品牌形象，与用户产生深层次连接，持续提升品牌商业价值。

电竞赛事品牌LPL在品牌运营方面有许多值得借鉴之处。LPL通过联盟化、主客场制、建立公益品牌等方式打造LPL专业体育联盟的形象，促进LPL品牌的出圈。

2017年，LPL开始进行联盟化改革，取消升降级制度，实行主客场制。升降级制度的取消使LPL联赛队伍趋于稳定，可以保证投资者的收益。稳定的LPL联赛席位能够为俱乐部不断吸引投资，将俱乐部建设成更加专业化的体育俱乐部。是否拥有一整个全方位专业化、体育化的俱乐部配套设施，是衡量一支战队强度不可忽视的标准。而专业化的俱乐部运营与配套设施，需要大量的资金。升降级制度的取消让更多的投资进入了LPL俱乐部，以专业化的运营模式对俱乐部进行管理。联盟化改革使LPL联赛的实力获得了整体提升，iG战队、FPX战队为LPL赛区连续两年赢得全球总决赛冠军。在没有了降级的后顾之忧后，滔博、京东、苏宁、趣加游戏等品牌相继组建LPL战队，以强有力的资金支持建立专业的体育俱乐部运营体系，很快便取得了优异的成绩。

2018年，iG战队赢得了LPL赛区第一个全球总决赛冠军，让LPL品牌第一次真正意义上出圈了，许多人通过这一事件第一次了解到LPL。越来越多人认可LPL是一个体育联赛，职业选手开始拥有更多的正面形象。公众影响力的提升帮助LPL品牌进行破圈化工作，在大众眼中提升了 LPL 体育联赛的形象分和认可度。

2019 年，成立不到两年的 FPX 俱乐部便获得了 2019 年 LPL 秋季赛冠军、2019 年英雄联盟全球总决赛冠军；2020 年，成立两年多的 JDG、TES 相继获得 LPL 春季赛、夏季赛冠军；2020 年 S10，LPL 赛区入围战队为 TES、JDG、SN、LGD，除了 LGD 以外，其余三支战队都是刚进入 LPL 三年的新队。联盟化改革使得 LPL 不断涌现新的优秀战队，一改往日老牌俱乐部一统天下的局面，赛区成绩实力得到了全面提升，这是 LPL 品牌升级和出圈的起点。

LPL 为推动品牌形象升级，组织所有战队重新设计风格统一的 LOGO，让外界对 LPL 赛区有一个更统一的形象认知。2020 年，LPL 还以"电竞向善"为主题，继续建立积极正面的品牌形象。这一个"善"字背后分为 3 部分：第一，是希望电竞能更加普及化，也就是 LPL 一直强调的"破圈"，让更多人知道电竞是什么，把电竞选手和网瘾少年、电竞项目和"电子鸦片"这些概念做出更清楚的区分；第二，是电竞向善的主体，不仅围绕电竞文化本身、围绕普通用户、围绕职业选手，而更要不断提升行业人群整体的素质，包括职业选手、解说乃至主持人等所有从业人的素质，制定一个更加专业且完善的标准并贯彻；第三，就是建立公益品牌 LPL CARES，LPL 通过这个品牌想要传达的是，当 LPL 上升到第一体育联赛时，需要更多地承担社会责任。

2021 年，EDG 战队荣获 2021 年英雄联盟总冠军，令广大电竞用户热血沸腾，也让 EDG 和电竞再一次破圈。EDG 夺冠后，许多大学宿舍楼喊楼的声音此起彼伏。#EDG 夺冠 flag# 在夺冠前后的很长一段时间内始终牢牢占据微博热搜第一的位置，网友们以别出心裁的方式庆祝着 EDG 的获胜。这项承载着无数人青春记忆的电竞赛事，也寄托着年轻群体的家国情怀。央视新闻官方微博发文祝贺 EDG 夺冠，央视 CCTV5 体育频道的新闻中也播报了 EDG 夺冠的喜讯，彰显了电子竞技的影响力。

通过有效的品牌运营，LPL 已经成为中国最具价值的电子竞技赛事品牌之一。

9.3.3 口碑管理及危机公关

口碑是指流传于大众之间的口头称颂。消费者在消费过程中对品牌产生的印象和看法，在亲戚朋友等强关系人群中具有很大的影响力，因此口碑传播对于品牌建立良好形象有着重要的意义。互联网的兴起使得媒介与受众之间的传播关系发生了改变，也深刻地改变了传播环境。在互联网上，每个人都是媒体，都可以发布内容，而个人发布的内容也有机会得到大面积的传播。而互联网是大众接收信息的主要来源，因此互联网口碑管理对于品牌来说就变得格外重要，一旦发生了影响品牌形象的事件，需要品牌公关团队立即做出反应进行危机公关。

网络公关危机有 4 个特点：第一，信息具有即时性，无论是正向还是负向的信息，都是即时发生的；第二，信息内容不可操控，网络上的每个人都可以构成一个媒体；第三，话语权具有相对平等性，每个人都可以发表自己独立的第三方评论；第四，信息具有长期残留性，无论是真实的消息还是虚假的消息，都可能在互联网上长期停留。

危机事件爆发时，一些非理性的议论、小道消息或者负面报道常常能够在一定程度上激发人们的普遍危机感，影响大众对于品牌的信任和认同。如果不及时采取正确的应对措施，会造成难以估计的后果。因此，舆情检测对于品牌来说非常重要。

品牌需要根据网络公关危机的特征，制定针对性的应对方法。与其他品牌一样，电子竞技赛事品牌也需要建立舆情维护团队，对赛事品牌进行口碑管理。舆情维护团队要不间断地在网络上监控赛事相关信息，如果出现负面舆情，则必须在 24 小时之内进行紧急处理。

9.4 宣传播出：内容传播

9.4.1 电竞赛事播出渠道

电竞赛事的播出渠道主要有 5 类，分别是游戏客户端、网络直播平台、视频点播平台、短视频平台、电视相关平台。

1. 游戏客户端

游戏用户是电竞赛事观众的重要来源。在游戏客户端内加入电竞赛事的直播功能，能够同时满足游戏用户对游戏竞技和内容观看的需求。在游戏之余，游戏用户能够方便快捷地观看赛事，无须特意去某个播出平台观赛，观赛的便捷性有助于提高电竞赛事的观看量。近年来，游戏客户端作为电竞赛事的播出渠道，更加注重互动性，而不仅是单纯地播放赛事。用户在游戏客户端内观赛时，可以通过竞猜赢取奖品，也可以为喜爱的战队助力。电竞赛事与游戏运营活动进行深度结合，将游戏内观赛与游戏活跃度、游戏奖励进行关联，既提高了用户的游戏活跃度，又提高了电竞赛事的收视率。

英雄联盟游戏客户端内设置了"电视台"功能，如图 9-2 所示，通过英雄联盟电视台可以观看赛事直播，还能够使用道具为喜爱的选手和战队助力。参与助力后，在高光时刻参与抽奖活动，将有机会在全平台以特效方式展示自己的昵称 ID。除了观看比赛，在英雄联盟电视台中还可以直接观看各大英雄联盟主播的直播，方便快捷。英雄联盟电视台还为用户提供了人性化的内容观赏和游戏体验。在观看比赛和主播直播的过程中，可以将选手和主播的符文设置一键配置到游戏客户端，也能够一键购买选手和主播使用的皮肤。

· 图 9-2 英雄联盟电视台 ·

2. 网络直播平台

网络直播平台是电竞赛事的主要播出渠道，为电竞赛事提供了庞大的用户基础。在中国电子竞技发展历程中，网络直播平台这一传播渠道提供了强大的助力，大幅度提高了电竞赛事的曝光率。

2014 年，斗鱼 TV 上线运营，拉开了中国直播平台产业繁荣发展的序幕。紧接着，龙珠 TV、战旗 TV 等直播平台如雨后春笋般出现在大众面前。YY 语音将自己的游戏频道独立出来，花费千万元购买域名成立了虎牙直播。2015 年 9 月初，北京普思投资董事长、万达集团董事王思聪宣布成立熊猫 TV。至此，直播平台的市场份额大战拉开序幕，各大平台"各显神通"，通过各种方式吸收自己的受众。一时间，直播平台成为了一个热门话题。

早期重要的直播平台有龙珠直播、战旗直播、熊猫直播等，曾经转播过许多国内外顶级赛事，在电子竞技文化的传播中做出过重要贡献。但由于种种原因，它们现在大都已经没有主流电竞赛事的版权，或者已经停止运营。

龙珠直播背靠电竞团队 PLU，与腾讯游戏、游戏风云、NICETV 等海内外游戏、电竞企业有深度战略合作，拥有英雄联盟职业联赛 LPL、穿越火线电视职业联赛 CFPL 等超过 30 余款游戏顶级赛事的直播权。2015 年 2 月，龙珠直播与韩国职业电子竞技协会（KeSPA）达成独家合作，签约了全球最受欢迎的电竞明星之一 Faker，获得了 7 支顶级韩国豪门战队所有职业选手的国内独家直播权，其后又赞助了世界顶级战队 SKT T1。后来，随着部分大主播的出走以及平台涉及内容违规被责令大规模整改，龙珠直播逐渐没落。

战旗直播是浙数文化围绕游戏打造的游戏直播平台,以游戏媒体为主题,电视媒体、纸面媒体为补充的全媒体覆盖游戏平台。战旗直播成立之初,独家签约多名退役职业玩家当主播,借助大量高水平竞技内容,在短短几个月内就凭借其华丽的资源阵容迅速确立了行业领先地位。战旗直播曾与 10 多家官方赛事达成深度或独家合作,包括英雄联盟 2017 职业联赛及全球总决赛、守望先锋 OWPS 职业系列赛等多项顶尖赛事。在专注游戏电竞直播的同时,战旗直播还在发展泛娱乐电竞周边原创节目,打造了 *LyingMan*、《旗咖秀》等多档电竞真人秀节目,定向服务游戏直播用户。2016 年后,随着部分管理人员以及大主播的出走,战旗直播也开始走下坡路,逐渐退出了一线直播平台的行列。

熊猫直播依靠王思聪的资本和人脉,在成立后签约了大量电子竞技职业选手、实力派主播以及当红娱乐明星,迅速地将流量聚集到了平台。曾经入驻熊猫直播的包括"魔兽人皇"Sky 李晓峰、DOTA 主播伍声 2009、英雄联盟主播若风等前职业选手,还有实力派炉石传说主播囚徒、主机游戏主播风行云等,以及 Angelababy(杨颖)、林俊杰、韩国 T-ara 女子组合、韩国 EXID 女子组合等人气娱乐明星。在电竞赛事版权方面,熊猫直播相继拿下了 LPL、KPL、绝地求生赛事等多个重量级赛事直播版权。熊猫直播成立 4 年后,由于管理经营不善于 2019 年破产。

截至本书成书时,主要的网络直播平台有斗鱼直播、虎牙直播、企鹅电竞、哔哩哔哩直播、快手游戏直播、腾讯体育等。

斗鱼的前身是 AcFun 生放送直播,于 2014 年 1 月 1 日起正式更名为斗鱼 TV,斗鱼 TV 以游戏直播为主,涵盖了娱乐、综艺、体育、户外等多种直播内容。2016 年 3 月 15 日,斗鱼 TV 宣布获得腾讯领投的 B 轮超一亿美元融资,此后又获得数轮巨额投资。2019 年美国东部时间 7 月 17 日早晨(北京时间 17 日晚间),斗鱼直播正式在纳斯达克交易所上市,股票代码为 DOYU。

虎牙直播的前身为 YY 游戏直播,于 2014 年 11 月成立,旗下产品除了游戏直播平台虎牙直播以外,还有风靡东南亚和南美的游戏直播平台 NimoTV。2018 年 5 月,虎牙在美国纽交所上市,股票代码为 HUYA,成为中国第一家上市的游戏直播公司。2020 年 4 月 3 日,虎牙直播宣布腾讯成为虎牙最大股东。

虎牙与斗鱼作为国内最重要的游戏竞技直播平台,为电子竞技的发展做出了很大贡献。国内外不同规模、不同品类的电竞赛事基本上都可以在虎牙和斗鱼上看到。在转播各类电竞赛事的同时,虎牙与斗鱼还通过独具特色的内容运营方式,例如赛事二路信号、主播房间赛事转播、赛事预热直播活动等,进一步扩大了电竞赛事的影响力。

企鹅电竞直播是腾讯旗下的电竞内容直播平台,于 2016 年上线。企鹅电竞的定位是电竞生态的"连接器",整合腾讯网、QQ 手游、腾讯互娱团队资源,与 QGC、TGA 等职业电竞赛事深度合作,同时汇聚海量大牌游戏主播,集手游职业竞赛、互动视频直播、游戏礼包分享等功能于一身,为玩家用户提供一站式的次世代移动电竞体验。

哔哩哔哩直播是视频弹幕网站哔哩哔哩（即 b 站）旗下的网络直播平台，平台内容从二次元直播逐渐延伸到游戏电竞直播。2019 年，b 站以 8 亿元价格拍得英雄联盟全球总决赛中国地区 2020 年至 2022 年的独家直播版权，将电竞赛事版权价值推上了一个新的高峰，对于电子竞技的发展做出了很大的贡献。

综上所述，直播平台是促进电子竞技迅速发展的一个重要因素，也是电子竞技产业上极其重要的一环，对整个产业的发展、电子竞技文化的传播都起着至关重要的作用。

3. 视频点播平台

视频点播平台是电竞赛事视频内容的主要点播渠道。无法观看电竞赛事直播的观众能够通过视频点播平台观看过往赛事，也能够反复观看某一场经典比赛。腾讯视频、优酷视频都开辟了电竞板块，分别如图 9-3 和图 9-4 所示，除了官方电竞赛事，观众也可以在电竞板块看到其他电竞周边内容。目前，视频点播平台也开通了直播业务，例如在腾讯视频就可以观看 LPL、KPL 赛事的直播。

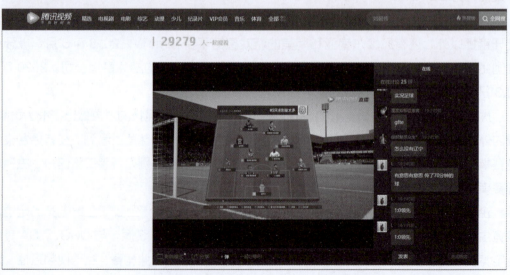

• 图 9-3　腾讯视频 FIFA Online 电竞赛事直播 •

· 图 9-4　优酷视频电竞板块 ·

4. 短视频平台

短视频平台也是电子竞技的播出渠道之一。近年来随着短视频平台的用户基数不断增加，短视频平台的直播业务也在不断拓展。快手、腾讯微视等短视频平台均开始在平台进行电子竞技赛事的直播，开辟品类丰富的游戏直播板块。

快手早在几年前就开始布局游戏电竞直播业务。英雄联盟全球总决赛 S9 期间，快手作为 S9 的合作伙伴，直播总观看人数达 7200 万。如今，在快手直播可以看到各类热门电竞赛事，例如英雄联盟职业联赛 LPL、王者荣耀职业联赛 KPL、和平精英职业联赛 PEL 等。

5. 电视相关平台

电竞赛事播出的主要电视平台是 IPTV。根据工信部公布的 2019 年 1 至 5 月通信业经济运行情况，截至 2019 年 5 月底，三家基础电信企业发展 IPTV（网络电视）用户达 2.78 亿，实现运营模式及盈利模式向多样化的转变，是 IPTV 得以继续发展的关键所在。而精耕细作、提供更多优质内容也是不可或缺的重要一环，电竞内容就是其中的一部分。

近年来，各地 IPTV 相继引进电竞内容，开辟电竞专区，IPTV 成为了电竞赛事的又一个重要播出渠道。2017 年 5 月，湖南 IPTV 上线南 IPTV+ 电竞专区；2017 年 7 月 25 日，芒果 TV 与芒果互娱达成战略合作，建立芒果 TV·IPTV 专区金鹰电竞频道；2017 年 12 月，河北 IPTV 电竞世界专区上线；2018 年 3 月 28 日，广西 IPTV 电竞专区 2.0 正式上线；2018 年 5 月，湖北 IPTV 推出电竞专区 2.0 版；2018 年 5 月，北京联通 IPTV 上线电竞世界专区。英雄体育 VSPN 作为优质电竞运营商和内容供应商，为河北 IPTV（移动、联通）、浙江有线、湖南 IPTV（移动、联通、电信）、江苏 IPTV（电信）、重庆 IPTV（电信）、辽宁 IPTV（电信）、安徽 IPTV（电信）、广西 IPTV（电信）、四川有线等多个电视渠道，以及海信电视等智能电视及电视盒子提供电竞内容。2020 王者荣耀世界冠军杯电视播出渠道如图 9-5 所示。

· 图 9-5 2020 王者荣耀世界冠军杯电视播出渠道 ·

9.4.2 电竞内容传播渠道

电竞内容是指与电竞赛事相关的图文视频等各种形式的内容，电竞内容满足了电竞用户在比赛之外的内容观看需求、电竞赛事宣传推广需求以及电竞赞助商的营销需求。电竞内容的传播渠道分为线上渠道和线下渠道。线上渠道包括自媒体渠道、综合类门户网站、游戏电竞类网站、视频点播网站、短视频平台、直播平台、问答百科平台等。线下渠道包括电视台、报刊、地铁楼宇及户外广告、高校网吧等。

1. 网络线上渠道

（1）自媒体渠道。

自媒体渠道包括微信、QQ、微博、短视频平台、论坛贴吧等。微信的内容传播主要通过微信公众号、微信游戏、H5 页面、朋友圈广告投放完成。QQ 的内容传播主要通过 QQ 空间、QQ 手游、QQ 兴趣部落完成。微博的内容传播通过在微博账号发布图文及视频完成。论坛贴吧包括 NGA 论坛、虎扑论坛、百度贴吧等。

（2）综合门户网站。

综合门户网站包括中国新闻网、新华网、人民网、中国经济网、中国青年网、光明网、赛迪网、环球网、艾瑞网、速途网、今日头条、腾讯、新浪、搜狐、中工网等。

（3）游戏电竞门户网站。

游戏电竞门户网站包括腾讯游戏、17173、游久网、太平洋游戏网、18183、电玩巴士、178、游戏风云、15W、凤凰游戏、中关村电竞、玩加电竞、游戏狗、新浪游戏、多玩网、兔玩网、电竞虎、游戏魅、52PK、5Eplay、易竞技、21CD、大电竞、锐派、超级玩家、玩加赛事、掌游宝、全球电竞网、开服电竞、游迅网、任玩堂、游戏茶馆、旅法师营地、第一手游网、搞趣网、琵琶网、4399、8477、GameLOOK 等。

（4）视频点播网站。

视频点播网站包括腾讯视频、爱奇艺视频、优酷视频、搜狐视频、哔哩哔哩视频、AcFun 等。

（5）直播平台。

直播平台包括斗鱼直播、虎牙直播、企鹅电竞直播、哔哩哔哩直播、快手游戏直播等。

（6）短视频平台。

短视频平台包括腾讯微视、抖音、快手、西瓜视频、火山小视频等。

（7）问答百科平台。

问答百科平台包括百度百科、360 百科、搜狗百科、知乎、百度知道等。在百科平台建立电竞内容相关词条，在问答平台建立电竞内容相关问题，也能够有效地宣传电子竞技。

2. 电视类渠道

电视类渠道主要包括电视台及 IPTV。

游戏竞技类电视台如游戏风云、GTV 等，是电子竞技内容的主要传播渠道。随着网络技术的发展，交互式网络电视（即 IPTV）逐渐成为电竞内容在电视端的重要传播渠道。各地 IPTV、各品牌智能电视盒子纷纷与电竞内容供应商合作，开辟电竞板块，为观众提供优质的电竞内容。

3. 线下渠道

（1）报刊。

专注于电子竞技运动或体育类的报刊是电子竞技内容宣传的渠道之一，例如《电子竞技》杂志、《东方体育日报》等。

（2）地铁、楼宇及户外广告。

地铁、商场、办公区等场所人流量较大，在这些区域张贴大幅海报能增加曝光率。优质楼宇广告及户外资源，能全面覆盖一、二线城市各小区、办公区楼宇建筑及户外广告牌，带来很大曝光量。通过地铁、楼宇及户外广告，电竞内容可以广泛触达更多人群。

（3）高校、网吧及商场。

高校学生在电竞用户中占据了很大的比例，电竞赛事通过与高校社团合作，能够提高赛事号召力，在高校、网吧张贴海报，能进一步渗透到目标用户。

9.4.3 电竞内容的传播周期

根据电竞赛事的进程，电竞内容的传播周期可以分为赛事前、赛事中、赛事后 3 个阶段。

赛事前的内容传播的主要目的是发布赛事信息、巩固原有用户，并且尽可能触达更多新用户，通过高品质的内容传递赛事精神，塑造赛事品牌形象。在这一阶段，赛事宣传片、赛事宣传主题曲、赛事海报、赛事相关软文都是比较常用的宣传内容。

英雄联盟全球总决赛在比赛开始前都会发布赛事主题曲。主题曲音乐旋律动人，MV 制作精良，与赛事精神和主题紧密契合，融入了各赛区选手的故事，受到全球玩家的热烈欢迎。从 S1 到 S10，英雄联盟全球总决赛已经出品了 10 首脍炙人口的主题曲，如表 9-1 所示。

表 9-1 历届英雄联盟全球总决赛主题曲

赛 事	主 题 曲	赛 事	主 题 曲
S1	Numb	S6	Ignite
S2	Silver Scrapes	S7	Legends Never Die
S3	Hybrid Worlds	S8	《登峰造极境（RISE）》
S4	Warriors	S9	《涅槃（Phoenix）》
S5	Worlds Collide	S10	《所向无前（Take Over）》

在主题曲MV中，会以独特的方式融入经典对战场面、选手故事，令广大玩家和观众产生强烈的共鸣。例如S9主题曲《涅槃（Phoenix）》MV，选取了韩国SKTT1的中单选手Faker、中国iG战队的中单选手Rookie、美国G2战队的中单选手Caps作为主角，通过讲述三位世界顶级中单选手在比赛中失误、陷入低谷，但最终直面失败、重新崛起的过程，赞美了英雄联盟职业选手不畏惧失败、浴火重生的竞技精神。在失误之后，面对铺天盖地的指责和巨大的心理压力，选手们克服了困难、直面失败，重新站了起来，这就是涅槃的精神。

2020年KPL秋季赛开始前发布了主场地域主题曲。武汉主场主题曲是方向乐团演唱的《方向》，"心会朝着同一个的方向，我不停奔跑"，方向乐团向大家娓娓道来关于武汉、关于电竞、关于青春拼搏的故事。南京主场的主题曲是Dreamon乐队演唱的《回到孝陵卫》，"有倔强和不服输的理想"，Dreamon乐队诉说着古城的记忆，讲述承载其中的电竞羁绊。广州主场主题曲是吹波糖乐队演唱的《只等今天》，"放声一战，划破黑暗向前"，青春狂欢的庆典，勇往直前的无畏，吹波糖乐队为大家唱响了青春的旋律。与此同时，KPL还发布了具有城市特色的主场宣传海报，为主场城市及相关赛事进行宣传，几大主场城市的宣传海报如图9-6和图9-7所示。

• 图9-6　2020 KPL秋季赛上海主场、南京主场宣传海报 •

图 9-7　2020 KPL 秋季赛武汉主场、广州主场宣传海报

赛事中的内容传播的主要目的是及时传递赛事热点内容，使热点内容不断发酵，提升话题度，持续炒热赛事。这一阶段，赛事拆条视频、赛事精彩集锦视频、赛事周边综艺节目、赛事专题片、赛事资讯、赛事复盘等都是比较常用的宣传内容。例如，LPL 的赛事周边节目《英雄麦克疯》就是赛事中内容的典型代表。《英雄麦克疯》选取 LPL 赛事中的经典片段，在比赛画面旁配上选手现场语音及视频，再加上妙趣横生的包装，为观众带来了许多欢乐。KPL 的赛事资讯类节目《超神快讯 1+1》也是赛事中内容的代表。《超神快讯 1+1》由 KPL 官方解说英凯主持，每期节目英凯与嘉宾一起回顾上周赛事精彩片段，解析本周赛事热点，为观众呈现赛事最有可看性的亮点。

赛事后的内容传播的主要目的是在暂时没有赛事的空档期维持赛事热度，借助赛事余热，继续营销热点事件、人物，持续吸引用户。这一阶段的内容制作，重点在于提炼赛事精华、塑造赛事品牌形象，纪录片、专题片、深度访谈等内容是常见的宣传形式。例如，每年英雄联盟全球总决赛结束后，LPL 赛区都会推出 LPL 战队征战全球总决赛的纪录片，向观众讲述战队、选手与全球总决赛背后的故事。拳头公司出品的《传奇正盛》系列官方纪录片是电竞赛事纪录片的经典代表。《传奇正盛》深入游戏背后，探索英雄联盟成名选手内心的渴望、恐惧和思考，通过讲述传奇选手赛场内外的故事，向观众展示他们在成就不凡的道路上所付出的努力与牺牲，传递出电子竞技选手不断追求卓越、不懈努力的精神。

通过在赛事前、赛事中、赛事后 3 个阶段制作不同类别的内容进行传播，能够有效地扩大赛事影响力，增强赛事用户黏性，并不断吸引新用户，持续提升赛事品牌价值。

9.5 宣传播出：内容矩阵及运营

9.5.1 内容运营与内容矩阵

内容矩阵及运营是新媒体运营的一部分。

新媒体运营是内容运营、活动运营、产品运营和用户运营四大模块的总称。新媒体运营的发展经历了从以用户运营为主到以内容运营为核心的历程。

2000 年以前，新媒体运营的主导是用户运营。这一时期是互联网发展的萌芽阶段，网民数量极少，互联网企业野蛮生长，新创意层出不穷，新产品不断出现，能够挖掘用户需求、抢到用户的公司就能更快成长。2000 年至 2005 年，新媒体运营的主导是产品运营。互联网进入发展期，各大互联网公司的重点是产品优化与延展。新媒体工作围绕产品展开，例如新产品研发、需求反馈、产品优化等。2005 年至 2012 年，新媒体运营的主导是活动运营。这一时期，互联网公司同质化竞争开始激烈化。同领域竞争的网站功能类似、界面相仿，网站必须尝试通过形式多样的活动进行品牌推广及用户激活，与竞争对手拉开距离。

从 2012 年开始到今天，新媒体运营进入了内容运营主导期。这一时期，移动网络高速发展，智能手机普及，网络用户的数量激增。如何用有亮点的内容抓住用户注意力，吸引用户持续停留成为重点。

内容运营指的是运营者利用新媒体渠道，用文字、图片或视频等形式将企业信息友好地呈现在用户面前，并激发用户参与、分享、传播的完整运营过程。内容矩阵是内容运营人员制定内容策略时所需要的最基本和最重要的工具之一。围绕内容运营的核心目标，打造多维度、多渠道的内容矩阵，是当今内容运营的重中之重。

我们通常用 AARRR 模型来分析内容运营的成效。AARRR 是 Acquisition（用户获取）、Activation（用户激活）、Retention（用户留存）、Revenue（获取收入）、Referral（自传播）5 个单词的缩写，分别对应用户生命周期中的 5 个阶段。

（1）用户获取毫无疑问是运营的第一步，也就是人们通常所说的拉新。通过优质内容拉新是平台自身获客的常见方式，这种方式满足了用户对内容的消费需求，广告就是通过内容实现用户获取的最初形式。

（2）用户激活的定义是帮助用户体验到内容的核心价值，让用户达到 AHA Moment（顿悟时刻），从各种渠道获取的目标用户经历这个阶段后，部分用户将被激活，成为内容的真实用户。

（3）用户留存体现了内容的质量和保留用户的能力。随着互联网渗透率的增高，获客成本日益增高，尽力减少用户流失并提升用户黏性非常重要。从内容的角度，最本质的便是提升内容的竞争力，不断满足用户的需求进而优化用户体验。

（4）获取收入是内容运营的最终目标。运营的最终目标都是获得商业盈利，能否盈利，往往决定了内容及产品能否在市场上最终存活下来。在当前的市场环境下，内容也是实现商业变现的有效途径。

（5）自传播指用户自发成为内容传播者，帮助原有内容扩大影响力。用户成为新的传播起点才能帮助内容获得更大的增长力量，最大化实现内容传播价值。

9.5.2 电竞赛事内容运营

电竞赛事的内容运营围绕重点平台输出核心内容，并建立覆盖直播平台、视频点播平台、游戏客户端、社交平台、论坛社区、短视频平台等不同渠道的内容矩阵，根据不同平台用户的属性调整内容运营策略，持续扩大赛事的影响力，吸引新用户，留住老用户。

我们以 AARRR 模型来分析电竞赛事内容运营在不同时期的运营目标。

（1）用户获取：推广电竞赛事，进行赛事拉新。

（2）用户激活：通过赛事拆条、集锦等，让用户更高效浏览赛事，激活用户。

（3）用户留存：提高用户的观赛热情，提升用户观赛时长和频次。

（4）获取收入：实现用户为赛事买单，主要形式为线上付费观看和线下购票观看。

（5）自传播：用户主动分享赛事信息，形成良好传播，助力打造电竞明星。

直播平台是电竞赛事播出的主要渠道，也是电竞赛事内容运营的重要阵地。直播平台常见的电竞赛事内容运营形式有赛事二路信号、主播房间赛事转播、赛事预热直播活动等，通过一系列活动实现能够有效实现用户留存。例如，2020 年英雄联盟全球总决赛期间，斗鱼直播平台组织非官方解说队伍，除官方直播以外，自身头部 KOL 也到同步赛事解说中，给游戏粉丝更多赛事直播房间选择，通过不同解说直播风格，与官方赛事解说形成差异化，吸引主播粉丝了解赛事，增加主播粉丝的用户黏性，通过破圈方式，也为主播开拓了不同形式的直播模式。与此同时，斗鱼还开设了英雄联盟全球总决赛专题活动页，粉丝在观战赛事直播同时可参与到赛事竞猜、实时弹幕互动、战队支援、互动抽奖增加直播间氛围及积分礼物等形式激活粉丝，进一步实现用户留存，依托赛事时间点，打造全民狂欢氛围，辐射垂类粉丝，将更多平台粉丝牵引到赛事直播中，利用平台机制（签到、弹幕、观看时长等形式）让粉丝赚取平台货币、积分兑换相应奖励。

在社交媒体平台微博，电竞赛事内容的运营逻辑是通过 KOL 吸引粉丝，通过话题、广场、热搜与用户进行及时的互动，再通过用户的转发、分享和点赞为赛事带来流量，达到宣传推广的效果。在微博平台常见的电竞赛事内容运营形式有电竞大事件、品牌电竞营销、粉丝打 call 等。2018 年，英雄联盟通过微博电竞大事件营销，成功实现用户获取与用户激活。2018 年英雄联盟世界总决赛，中国战队 iG 夺冠，微博成了全民狂欢的平台，英雄联盟通过各类事件营销获得了极高的关注，让英雄联盟以及电子竞技实现了大范围破圈。#iG 夺冠 # 的话题阅读量达到 5.8 亿，讨论 73.1 万，占据微博热搜榜第一，同类话题也突破亿次阅读。同期出现的王思聪比赛现场吃热狗照片登上热搜，iG 夺冠后，游戏出现同款皮肤，总阅读量超 10 亿。国内全民电竞热潮达到顶峰，仅 2018 年国内用户增速达到 8.6%（5 年内最高），一年间游戏用户增长 0.5 亿，电竞游戏用户总人数突破 6 亿，实现破圈拉新，同时引发无数老用户现象级回归。

在玩家社区（例如掌上英雄联盟、王者营地、小黑盒）平台，电竞赛事内容的运营逻辑是通过赛事官方编辑的优质内容和俱乐部周边内容，集结核心用户并促使用户发帖评论、转发内容，通过用户反馈来追踪游戏与赛事数据，及时调整运营策略。在这类平台上，常见的电竞赛事内容运营形式有职业选手教学攻略、粉丝向内容运营等。玩家社区能够通过粉丝向内容运营实现获取收入。玩家社区 App 的用户是品类游戏核心用户，通过游戏及赛事相关的深度内容运营如选手后台画面视频、粉丝现场观赛 Vlog、粉丝社区互动、俱乐部生活探班等一系列粉丝周边内容，激发用户线下观赛热情，推动线下赛事购票转化，实现营收。

9.5.3 短视频平台内容运营

短视频平台是近两年崛起的新兴传播媒体，短视频一般指 30 分钟以内的视频内容。随着移动终端普及和网络的提速，短平快的大流量传播内容逐渐获得各大平台、粉丝和资本的青睐。在电子竞技内容矩阵的布局当中，短视频平台也是重要的一环。对于电子竞技来说，在短视频平台的传播重点是利用平台的巨大流量，跨圈层传播电子竞技内容，持续扩大电子竞技影响力，让电子竞技的影响力辐射到更加广泛的人群。

在抖音、快手等短视频平台，电竞赛事的运营逻辑是通过赛事拆条、集锦等内容加强泛用户对赛事的关注，电竞赛事内容通过用户转发点赞分享持续扩大影响力。在短视频平台常见的电竞赛事运营形式有选手及头部 KOL 入驻平台、线上主场付费观看等形式。PEL 赛事就通过所有战队入住快手的方式实现了平台用户获取。2020 年 7 月，PEL 全部战队集结入驻快手，集结头部主播助力（牧童 3716.20 万粉丝 / 王小歪 1714 万粉丝），形成营销事件，推动赛事拉新吸粉。80 位战队成员定期发布视频、与观众直播互动，战队粉丝逐渐向快手平台聚集，达到赛事宣传推广、破圈拉新的目的。通过在快手开设需要付费的线上主场，PEL 赛事实现了获取收入的目标。PEL S2 赛季开启快手线上主场，用户可以通过付费方式收看并支持喜爱的战队，实现通过电竞赛事内容获取收入。

9.6 宣传模式的变革

9.6.1 科技发展是变革的原因

在近 20 年间，由于科技的高速发展，新的媒介不断涌现，宣传模式也发生了巨大的变革。

在很长一段时间内，报纸、期刊、电视、广播是主要宣传媒介，宣传的渠道也主要以官方渠道为主。随着自媒体的兴起，微信公众号、微博大 V、网络视频、网络直播逐渐成为主要宣传媒介，宣传机构在全渠道搭建媒体矩阵，能够使信息有效触达各个渠道的不同受众群体，实现全面、广泛的宣传。

这些渠道的发展和内容形式的变化，都离不开科技的发展。科技的发展提供了新的传播方式和传播渠道，在这些传播方式和渠道上又产生了新的内容形式。同时，科技的发展也改变了人们创造内容的方式，创造内容效率的提升和模式的变化导致了传播内容的进一步爆发。这些新的内容和渠道使现代传播的理念和方法产生了巨大的变化。

传播模式发生巨大变化的原因主要是科技发展为传播提供了新的技术支持，这些新的技术支持使得传播权利普及、传播成本下降。以视频制作和发布为例，30 年前制作视频需要用到摄像机等专业的设备。以当时普通人的收入水平，这些设备非常昂贵，只有专业的视频媒体机构才能够拥有。而现在制作视频只需要用手机拍摄，而且手机已经普及，因此制作视频内容的成本和技术门槛大幅度降低。30 年前，发布视频内容只能由专业的视频媒体机构来操作，普通人没有办法和渠道发布自己的内容。而现在每个人都可以通过自己的社交媒体账号发布视频内容。传播权利的普及和传播成本的下降，使社会上的每个人都有了传播能力，每个人都可以成为内容的创作者和内容的传播者。

目前正在发生的、各种形式和品类内容生产和传播的大爆发也是因为科技发展，科技发展对一个产业发展促进作用通常会体现在降低成本，提高效率，普及权利和能力等方面。

9.6.2 宣传模式的核心变化

传播权利的普及和传播成本的下降，使得宣传模式产生了 4 个核心变化：传播资源去中心化；社区、KOL、粉丝效应；传播内容和渠道的统一；用户定位与互动。

1. 传播资源去中心化

去中心化是指传统宣传媒介的宣传中心地位正在渐渐下降，人们不需要再通过权威媒体发布信息，通过各种自媒体渠道发布信息，成为传播渠道。

最早的媒体传播渠道如报纸、电视、广播等，它们传播信息的方式是单向的，信息由媒体传播给受众，受众对于信息的态度无法即时便捷地反馈给媒体。这一阶段，信息发布权掌握在少数具有影响力的机构或个人的手中，普通人缺乏面向大众的表达渠道。

博客是早期自媒体渠道的典型代表，许多素人通过博客成为网络红人。2005年博客进入中国，开始在社会大众层面得到认知。2008年左右，博客进入全盛期，中国有了1亿多博客用户。博客时代的网络红人代表之一是呛口小辣椒，呛口小辣椒是一对喜爱时尚的双胞胎姐妹，她们坚持在博客上每天晒出服装真人秀，通过不同的时装搭配诠释对时尚的理解，并且真诚谦和地解答网友关于穿搭的问题。慢慢地，呛口小辣椒在全网走红，成为引导白领穿搭的时尚先锋。呛口小辣椒光顾的网店，该店同款衣服的销量就会奇迹般地直线上升，成为网络爆款。呛口小辣椒从开通网易博客到走红，最火的时候博客平均日访量为20万，累计访问量早已超过4亿。博客的出现给了大众一个自我表达的机会，博客成为了许多人思想交流的工具，大家可以自由表达自己的想法，形成自己的圈子。

2009年新浪推出微博，将其打造成为中国头号互联网媒体之一。博客的属性决定了经营博客需要较强的文字组织能力和思辨能力，这对于大部分人来说还是有一定的门槛。而微博给不善于写作长篇文章的人带来了一种新的表达方式，移动网络的普及则更加催化了这种表达方式的形成。微博的短小和高度的概括性，使得用户可以非常低成本地传播和获取信息，促进了用户之间的信息交流，也迅速造就了一大批网络红人。时至今日，微博仍然是极其重要的自媒体渠道，持续引爆数字化时代社交红利。

2011年腾讯推出了微信，2012年微信公众号诞生，吸引大量机构和个人入驻。依托微信强大的社交网络、人际传播场景和群体传播场景，优质公众号文章能够在短时间内获得极大的曝光量，催生了一篇篇10万+阅读的网络爆文。

微信公众号成为自媒体重要渠道的同时，直播、长视频、短视频类自媒体渠道也正在崛起。直播和视频信息传播方式，降低了信息制作和信息接收的难度。斗鱼、虎牙等直播平台，让许多游戏水平出众的素人一跃成为身价千万的主播；在快手、抖音等短视频平台，即使是不识字的人也能够录制视频表达自己的观点，信息传播的门槛大大降低；视频弹幕网站哔哩哔哩也为人们提供了优质的内容创作空间，造就了许多著名视频up主。

大量涌现的自媒体渠道降低了传播成本，使得每个人都能够成为内容制作者和内容传播者，信息传播逐渐呈现去中心化的特征。

2. 社区、KOL、粉丝效应

KOL（意见领袖）是在某一社区或某一群体内具有较多粉丝并对粉丝有较强的影响力

的人群。

在移动网络普及、信息传播极其便利的当下，人们在网络上能够迅速找到与自己拥有共同兴趣的人，与同好进行信息交流和讨论。数量庞大的网络用户根据不同的爱好聚集在各种各样的平台，形成了许多兴趣圈子。兴趣群体当中的意见领袖，能够影响群体的决策，形成粉丝效应。

淘宝直播的明星主播李佳琦就是凭借着出众的个人魅力赢得了无数粉丝和消费者的信赖。李佳琦一场直播的销售额能够达到 8000 万元甚至 1 亿元，品牌通过李佳琦等 KOL 进行产品宣传，能够迅速收获巨大的曝光量和销售量。2020 年 4 月，李佳琦与央视主播、主持人朱广权一起在央视新闻直播间进行直播，帮助湖北企业、产品带货，助力湖北经济复苏。2 个多小时的直播共吸引了超过 1.2 亿的网友围观，卖光价值超过 4000 万元的湖北农产品。

除了直播带货领域，KOL 在各个群体中都发挥着重要的影响力，KOL 营销也成为当今网络营销的主要方式之一。

3. 传播内容和渠道的统一

内容渠道统一是指在自媒体时代，内容的生产与内容的传播已经合二为一，优质的内容产出者能够聚集大量粉丝，在提供内容的同时本身已经成为了宣传渠道。例如，粉丝数量多、公众号文章阅读量经常在 10 万以上的微信公众号，作为宣传渠道，能够接到许多品牌在公众号投放广告的宣传需求。

早期，内容创作者和传播渠道是分离的，传播渠道占据着权威地位，拥有筛选内容和内容创作者的权力。电视、广播、报刊作为受众广大的媒体，将影响力聚集在媒体自身。在自媒体蓬勃发展的今天，权威媒体的影响力被自媒体分散，甚至许多自媒体的影响力已经远远超越了某些官方媒体。自媒体不仅是内容创作者，同时也成为了传播渠道，具备了广告宣传的能力，广告收入成为自媒体收入的主要部分。

网红经济正是由于内容渠道的统一而诞生的新兴营销方式。网红经济以各领域备受关注的网络红人为形象代表，以网络红人的品位和眼光为主导，进行选款和视觉推广，在社交媒体上聚集人气，依托庞大的粉丝群体进行定向营销，从而将粉丝转化为购买力。

4. 用户定位与互动

定位与互动指目前的宣传媒介已经可以通过大数据实现对粉丝的精准定位，通过有效互动与粉丝产生更加紧密的连接。品牌在报纸、户外大屏、电视上投放广告时，无法确切知道有多少人看到了广告，有多少销量是因为投放广告而增加的。但是通过网络及自媒体投放广告时，品牌能够精准地统计出广告浏览量，通过大数据追踪用户轨迹，还能够准确筛选出目标用户进行定向宣传。

网易云音乐为每个用户生成的年度听歌报告，就是大数据在用户轨迹追踪方面的应用。

近年来，网易云听歌报告一直吸引着用户的眼球，让用户积极参与其中。网易云的年度听歌报告是使用大量数据来收集用户的收听信息和数据。每个用户听到最多的歌曲、发送的评论、收听时间、收听习惯等都将显示在这个专属的听歌报告中。它非常清楚地列出每个用户的收听喜好并分析用户的心情、个性等，制定一个大概的标签，增加更多的个人情感内容，并让用户体验定制化。听歌报告细致周到，令用户印象深刻，并在进一步转发和共享中实现散布和刷屏的最终效果。其中，大数据起着非常基础但是也很重要的技术作用。正是由于大数据，网易云与用户才能形成深度的创意互动，并实时生成独家歌曲列表。然后，借助情感视角走心的内容所引起的情感和共鸣，网易云可以与每个用户建立情感联系，从而增强用户对网易云音乐的信任和依赖性。从网易云年度听歌报告刷屏的案例中不难发现，最受欢迎和最受公众关注的是年度听歌报告的独特性和特殊性，在使用听歌报告的同时给用户带来独特的优越感。使用听歌报告回顾过去一年的心情也触动了许多用户的情感点。简而言之，在大数据的影响下，可以实现诸如年度个人播放列表之类的交互形式，并且可以定制每个用户来实现精细化营销的目的。

电子竞技产业作为内容创意产业，也深受宣传模式变革的影响。随着宣传模式的不断进步，电子竞技也将生产出更多样化的创意内容，以适应全新的宣传模式。

第 10 章

电子竞技核心产业：商业化

10.1 与影响力不符的电竞商业化价值

2019 年 12 月，b 站以 8 亿元的价格拍得英雄联盟全球总决赛中国地区 3 年独家直播版权。消息一出，有些人为电竞发展迅速而感慨；有些人则为 b 站担心，觉得赛事版权金过高。判断版权金是否过高需要研究赛事的收视数据。以 2016 年为例，英雄联盟全球决赛观战人数为 4300 万，超过 NBA 总决赛第 7 场 3100 万的观众人数。

2019 年 7 月，腾讯与 NBA 达成续约协议，以 15 亿美元的价格获得 NBA 赛事 2020 至 2025 年的数字媒体全独家版权。电子竞技项目与传统体育相比，尤其与收视率量级相仿的传统体育项目相比，版权金额较低，这是不争的事实。同样的情况也发生在赛事的品牌赞助上，顶级电竞赛事的品牌赞助比传统体育赛事的品牌赞助金额低很多。总体说来，电子竞技影响力大，商业价值小。

电竞影响力和商业价值不成正比的原因是多方面的。主流的观点包括：与传统体育相比，电子竞技的发展时间短，需要更多的时间积累；电子竞技缺少主流的电视播出渠道，互联网播出渠道又缺少权威的收视率统计；游戏公司不以电竞为主要收入来源，不太重视电竞商业化等。这些原因能够契合人们对于电竞需要不断发展和积累的普遍认知。

这些原因说明了电竞需要发展的事实，但无法完全解释在电竞商业化过程中发生的一些特色现象。在 2014 年之前，电竞已经拥有巨大的影响力，但为何电竞商业化从 2014 年才开始大幅度增长？在 2014 年也并没有发生有利于电竞商业化发展的重要事件。同一个赛事品牌，前后两年赛事影响力差不多，但商业赞助可能会发生巨大的变化，甚至由百万量级上升到破亿的量级，什么因素导致了这种跳跃式的发展？电竞商业价值在不断上升的总体趋势下，呈现出阶梯跳跃且在某个阶梯保持一段时间稳定增长的发展特点，每一次阶梯的跳跃实现了商业价值的爆发式增长，每次跳跃之后都会小幅度稳定增长一段时间，好像在准备下一次的跳跃。哪些因素导致了这种增长现象？

10.2 商业化的定位与作用

商业化是电子竞技核心产业链的最终环节，负责将其他 3 个环节中的产品进行商业变现，是电子竞技核心产业链上至关重要的盈利环节。商业化的成功与否，决定着电子竞技核心产业收入的高低和发展的快慢。只有通过商业化获得源源不断的收入，整个电子竞技产业才能不断成长发展。商业化在产业架构图中的位置如图 10-1 所示。

10.2.1 商业化的目标

商业化的定位及目标有开发新的商业模式、满足各方商业诉求、满足用户消费需求 3 点。

1. 开发新的商业模式

根据 Newzoo 发布的《2020 全球电竞市场报告》，目前电子竞技产业的主要营收来源（即商业模式）有赞助、媒体版权、周边商品与门票、游戏发行商补贴、虚拟商品和直播收入。赞助是电子竞技产业总营收的主要部分，占 57.9%；媒体版权收入占 16.8%；周边商品与门票收入占 11.0%；游戏发行商补贴占 10.6%；虚拟商品收入占 2.0%；直播收入占 1.6%。

2020 年电子竞技营收中，赞助和媒体版权贡献了近 80% 的收入，周边商品与门票、游戏发行商补贴、虚拟商品和直播收入总体贡献了 20% 的收入。这反映了电子竞技商业模式较少的现状。随着科技的进步，电子竞技能够提供越来越多制作精美、满足各群体观赏和消费需求的内容产品和商品。电竞赛事主客场制的推行，也为主场商业化提供了更多可能。

商业化的主要职责就是精准捕捉不同细分群体的娱乐需求和消费需求，开发出更加丰富的商业模式，为电子竞技产业提供更多的盈利渠道。

2. 满足各方商业诉求

在一场电子竞技赛事的举办过程中，主办方、赞助方等参与方都有着不同的核心商业诉求。例如，当电子竞技赛事的主办方是游戏发行商时，其核心商业诉求可能是通过赛事增强游戏产品与游戏用户之间的联系、增加游戏用户活跃度、促进游戏用户消费等。品牌商赞助电子竞技赛事时，其核心商业诉求可能是开拓新的消费市场或者建立新的品牌形象。

电子竞技商业化人员通过聆听分析赛事主办方、赞助方的核心诉求，结合电子竞技赛事的特点，为客户提供行之有效的电子竞技商业化解决方案，同时将解决方案的相关内容传达给赛事制作方，确保客户的权益在赛事进行的过程中能够落实。

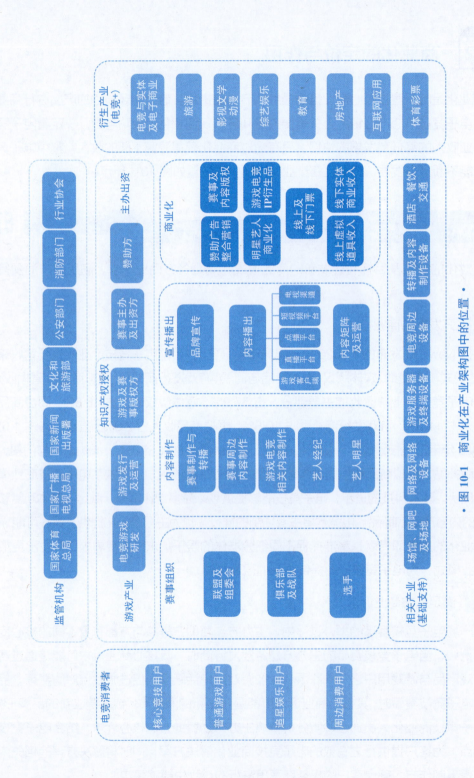

图10-1 商业化在产业架构图中的位置

3. 满足用户消费需求

商业化的另一个核心目标是满足用户的消费需求,并不断挖掘用户潜在的需求,不断开发出用户需要的电子竞技相关内容产品、虚拟产品、实体产品等。

电子竞技赛事是电子竞技产业的核心产品,能够满足用户对观看高水平竞技的需求。但是随着电子竞技用户的增长,多元化的用户群体对电子竞技也产生了多元化的需求,例如娱乐体验需求、休闲体验需求、追逐偶像的精神需求、周边消费需求等。LPL、KPL 等电子竞技赛事正在全面推行主客场制,当观众来到主场赛馆观看比赛时,除了观赛这个核心需求,还会有餐饮需求、购买战队周边产品的需求、近距离接触战队训练环境的需求等其他需求。主场商业化工作人员需要了解用户心理和用户的潜在需求,以用户为核心丰富和完善主场功能,提供更多产品和服务。

商业化工作人员需要对用户有全面、深入的了解,对细分市场的不同用户群体进行分析并做出用户画像,通过调研和产品反馈总结出用户需求,根据用户需求开发新的产品和商业模式。

10.2.2 商业化的核心组成及业务

商业化环节的核心业务是:赞助、广告与整合营销,赛事及内容版权,线上及线下门票,游戏电竞 IP 衍生品,明星艺人商业化,线上虚拟道具收入,线下实体商业收入。

1. 赞助、广告与整合营销

电子竞技产业总营收的一半以上是来自赞助,因此,赞助、广告与整合营销是商业化最主要的核心业务。

商业化工作人员对电子竞技赛事等其他内容资源进行合理定价,通过数据报告和用户分析报告向赞助方展现电子竞技的强大影响力和庞大用户数量,以及电竞广告营销的优势,不断吸引新的赞助商对电子竞技进行赞助,并维持与现有电竞赞助商的良好关系。在电子竞技赛事及相关活动进行的过程中,商业化工作人员与赛事制作方紧密配合,将赞助方的广告需求、营销需求在赛事和活动中落实,并对电竞广告营销效果进行追踪,以优质的服务满足赞助方的核心诉求。

2. 赛事及内容版权

版权收入在电子竞技产业营收中的贡献仅次于赞助,是电子竞技商业化的核心业务之一。电子竞技赛事的版权包括赛事直播、赛事点播、赛事直播(英文及其他语言)、赛事点播(英文及其他语言)、延时直播+重播、第二演播厅信号、第二演播厅信号(方言)、官方解说房间播放当场解说赛事、授权平台主播房间直播、解说席平台元素展示、场间互动活动、节目制作（直播前、后的节目制作权）、官方衍生节目、节日互动活动、其他短片素材。

3. 线上及线下门票

门票是电子竞技营收的重要来源。目前，门票收入主要来源于线下赛事和活动，在直播平台、游戏客户端等线上赛事播出渠道，大部分电子竞技赛事和活动都是可以免费收看的。随着电子竞技用户的不断增长和电子竞技赛事制作水平的不断提高，在未来，电子竞技赛事制作和转播或许能够通过综合运用5G、VR、AR、AI技术，不断缩小线下观赛与线上观赛之间的差距，使线上观赛的观众也能够拥有身临其境的观赛体验。届时，电子竞技赛事线上虚拟门票收入或许能够成为电子竞技产业的重要营收来源。

4. 游戏电竞IP衍生品

游戏电竞IP衍生品收入也是电子竞技的营收来源之一。著名的电子竞技赛事IP如LPL、KPL等，在IP衍生产品开发方面已经进行了深度开发。IP衍生品包括了玩偶、手办、生活日用品、文具、服饰、首饰、电子产品等多样化的产品，充分迎合了游戏和电子竞技用户的不同需求。诸多具有深厚粉丝基础的竞技俱乐部IP、电竞明星个人IP也进行了一定程度的开发，开设线下、线上商店进行IP衍生品的售卖。

5. 明星艺人商业化

随着电子竞技用户的增长，用户需求也更加多元化。用户在需求高水平竞技赛事内容的同时，也需要更多泛娱乐内容以满足日渐增长的娱乐需求和精神需求。许多观众对于优秀的电子竞技选手、电子竞技艺人有着很高的关注，期待他们出现在赛场之外的更多节目和活动当中，从而满足个人部分的精神需求。

电子竞技明星的影响力已经不亚于娱乐明星。电子竞技产业作为文化产业，已经具备成熟的造星能力，明星经济与粉丝经济已经逐渐成为电子竞技产业商业化的重要内容之一。粉丝经济是一种由精神需要引发的经济类型，其产业属性应为文化产业，其经济类型则属于注意力经济，它满足的不是人们的基本物质需要，而是因为心理需要、精神需要引起的消费需要。

电子竞技商业化通过打造明星，发展电子竞技粉丝经济，能为电子竞技产业带来可观的营收。

6. 线上虚拟道具收入

线上虚拟道具主要是指游戏内电子竞技相关道具，以及电子竞技线上赛事、活动中的虚拟道具。《英雄联盟》中的全球总决赛冠军皮肤、《王者荣耀》中的总决赛冠军皮肤、《和平精英》中的PEL电竞逐梦者系列套装等都属于游戏内电子竞技相关道具。电子竞技相关游戏道具的收入通常会有一部分分给战队及选手。电子竞技线上赛事、活动虚拟道具是指观众在线上观看电子竞技赛事时，为战队或选手助威打赏所购买的道具。例如，在虎牙直播观看 KPL 赛事时，可以购买道具为战队打赏助威，助威道具的收入也将有一部分分给战队，如图 10-2 所示。

· 图 10-2　虎牙直播 KPL 战队助威 ·

目前线上虚拟道具收入在电子竞技总营收中占比还较小，线上虚拟道具作为粉丝消费产品的一种，还具有较大的市场潜力。

7. 线下实体商业收入

线下实体商业收入包括赛事周边产品的销售收入、主场运营收入、电竞综合商业体运营收入、电子竞技娱乐园区运营收入等。例如，电子竞技俱乐部主场场馆通过售卖门票、俱乐部 IP 产品销售、提供场馆餐饮服务、提供多元化的线下电竞体验活动等方式获取线下实体商业收入。电子竞技主题园区、电子竞技小镇等以电子竞技为核心的文化旅游景点，也是具有潜力的电子竞技商业实体。参与线下电子竞技活动已经成为越来越多的人放松休闲的方式之一，以电子竞技为核心打造的线下商业体系或许也能够成为电子竞技产业的重要营收来源。

10.2.3　商业化的关键产出

商业化是电子竞技核心产业与电子竞技用户、电子竞技授权出资机构之间的连接环节，通过对用户与客户需求的精准定位，开发出符合多方需求的全新商业模式，持续为电子竞技产业带来活力。

商业化的关键产出包括：①商业模式、商业收入；②在电竞活动及内容产品创作过程中，满足各参与方的核心诉求。

商业化是电子竞技产业的变现环节，电子竞技内容产品及其他产品都需要通过合理的商业模式出售，获得商业收入。

除了对已有的电子竞技产品进行商业变现以外，商业化还需要结合电子竞技产业的特点，以及游戏发行商、赞助方、电子竞技用户等群体对于电子竞技的诉求，不断开发出新的电子竞技产品，以满足电子竞技参与方的各种诉求，以及电子竞技用户的消费需求。

10.3 电竞赞助与整合营销

赞助是电子竞技商业化最主要的形式，也是电子竞技营收的主要来源。电子竞技在全球范围内有着广泛的影响力，其内容能够触达近 5 亿电竞用户。对于符合电子竞技用户需求的品牌而言，赞助电子竞技可以在短时间内获得极大的品牌曝光量，迅速拓展市场，提升品牌好感度和品牌影响力，逐渐将电子竞技用户转化为品牌用户。

10.3.1 电竞赛事赞助

在电子竞技发展的早期，由于传播渠道的限制、网络和电子设备价格高昂，以及社会舆论的负面评价，电子竞技影响力十分有限。很长一段时间内，电子竞技一直是小众群体的爱好，电子竞技用户属性也基本上是热衷于游戏的核心竞技爱好者。因此，外设厂商、PC 硬件厂商成为了最早的一批电竞赛事赞助商。

早期游戏厂商对于游戏版权的限制还比较放松，20 世纪 90 年代末期开始，许多第三方赛事如雨后春笋般涌现，其中有 WCG、CPL、ESWC 这样世界著名的第三方赛事品牌，但大部分还是规模较小、比赛奖金较少的第三方赛事。

创立于 2000 年的 WCG（世界电子竞技大赛）一直由三星显示器部门进行赞助，随着 WCG 的影响力遍及全球，三星显示器的营销也在全球取得了良好的效果。创立于 2006 年的 IEM（英特尔极限大师赛）由英特尔德国公司与 ESL 合作创立，以欧洲为基地，是第一个全球规模的电竞精英锦标赛，一直举办至今。英特尔通过创立全球性赛事品牌，让英特尔品牌与电子竞技产生了紧密联系，使英特尔产品的影响力遍及全世界。除了三星、英特尔之外，技嘉、微星、英伟达、华硕、明基、赛睿、罗技等 PC 硬件厂商、外设厂商都是早期电竞赛事的赞助者。

从 2010 年开始，电子竞技的发展逐渐进入了游戏厂商主导的时期。2010 年，腾讯举办 TGA 授旗仪式，这是腾讯真正系统性、全品类地涉足电竞的起点。2012 年，腾讯推出端游电竞职业联赛 CFPL，并相继举办了 LPL、KPL、PEL 等职业赛事。2016 年，腾讯推出职业联赛 KPL，仅仅用了 3 个月时间，总观看量就达到了几亿人次。

2010 年 TGA 大奖赛的赞助商中除了明基、赛睿这些熟悉的品牌，阿迪达斯也赫然在列。全球知名的运动服饰类品牌阿迪达斯对于 TGA 的赞助，是对电子竞技影响力的认可。电竞赞助与营销也由此进入了一个全新的时代，由于赛事由大型游戏厂商主办、赛事周期稳定、直播平台大范围传播赛事内容，电竞用户开始高速增长。迅速增长的电竞用户，让品牌开始关注起此前被忽略的电竞市场。赞助电竞的品牌不再仅仅是 PC 硬件及外设厂商，金融、服饰、快消、美妆等不同领域的品牌都开始赞助电竞。

创立于 2013 年的 LPL，其最早的赞助商也是赛睿、技嘉、网鱼网咖等与游戏有着强关联的外设品牌、PC 硬件品牌及网吧品牌，赞助金额也不算非常多。经过 3 年时间的不断成长和发展，2016 年，LPL 已经与《英雄联盟》全球赛事体系紧密地联系在一起，成为拥有高平台、专业化、国际竞争力等特点的成熟电竞职业赛事，在中国地区已培养出上千万忠实观众。LPL 及其所推崇的超越精神已成为当下年轻群体中的流行文化。中国电子竞技的迅速成长，与 LPL 自身良好的发展态势，促成了 2016 年 LPL 与 6 大品牌超大规模的跨界合作。世界饮料巨头可口可乐公司的热销品牌之一雪碧以冠名方式赞助了 LPL，赞助金额超过 1000 万元。除此之外，联想、AutoFull 傲风、英特尔、飞利浦、罗技也与雪碧一起成为 LPL 的官方合作伙伴，给 LPL 提供了赞助。6 大品牌共同选择 LPL，这是史无前例的一次超大规模的品牌跨界合作，赞助金额也创造了历史。除了在赛事中露出外，雪碧还在产品外包装中加入了《英雄联盟》里的英雄，吸引了更多的游戏用户和电竞用户。可口可乐公司与 LPL 的双赢合作给其他品牌做了一个良好的示范。可口可乐这样具有国际影响力的品牌入局，证明着电子竞技的商业价值在中国已经开始显露。

2016 年秋季，中国的移动电竞业也迎来了春天，首届 KPL 职业联赛在 3 个月内就创下了超过 5.6 亿的累计观看数量，有效观赛用户数量超过 6900 万，总决赛观赛人次超 1300 万。2017 年 KPL 春季赛自 3 月 24 日开赛以来，其收视数据在各项电竞赛事中名列前茅，最高单日观赛人数 1500 万，赛事内容总播放量 1.8 亿次。据百度指数显示，KPL 在开幕式当天搜索量提高 700%；微博话题讨论量达 160 多万；微信指数从 3 月 22 日的 11826 一跃增长到 393471，增幅高达 4457%。

如此高的收视数据意味着 KPL 能够带来巨大的年轻用户流量，因此也吸引了国际性品牌可口可乐、宝马以及手机品牌 vivo 的入局赞助。雪碧、宝马、vivo 赞助 KPL，花了极少的成本就轻松触达数亿中国 85 后、90 后，抢占了移动电竞营销的先机。在 2017 KPL 春季赛开幕式上，可口可乐大中华区整合营销高级总监 Ronnie Zhang 表示："毋庸置疑，电子竞技就是未来十年到二十年的趋势。对于雪碧来说，我们想共赢。"宝马市场策略高级经理夏辉表示："KPL 是一个非常好的机会，让我们去抓住中国全新的一代消费者

90后。"

2017年，汽车品牌相继大规模入局电竞。如今16~25岁的年轻人已经是电子竞技的主力军，占比超过90%。年轻化的电竞用户未来极有可能成为汽车的消费者，大多数汽车品牌希望能够与消费者建立长期联系。电子竞技给了汽车品牌塑造品牌形象的新舞台，若是能拥有属于自身品牌的话题或"梗"，则更加深了粉丝对于汽车品牌的印象，提前锁定潜在消费者。继JEEP成为2017年LPL夏季赛合作伙伴后，英雄联盟全球总决赛S7宣布落户中国，奔驰成为英雄联盟全球总决赛中国区官方合作伙伴。从2017年起，奔驰一直与LPL保持着良好的合作，连续3年赞助LPL，并且在2018年赞助了RNG电子竞技俱乐部。随着2020年英雄联盟全球总决赛S10再次落户中国上海，奔驰又一次成为英雄联盟全球总决赛赞助伙伴。奔驰是史上第一个在英雄联盟全球总决赛、季中邀请赛及全明星赛3项国际赛事冠军颁奖仪式的品牌赞助伙伴。奔驰希望通过与拳头公司进行深度合作，为电子竞技用户打造良好的体验，让电子竞技用户与奔驰品牌建立较深的情感联系。

2018年，连锁餐饮品牌肯德基与LPL达成合作，设计制作了虚拟人物"肯德基KI上校"植入英雄联盟赛事中，进行赛事走向的预测。不仅如此，肯德基还在线下配合英雄联盟赛事的宣传，S10期间肯德基更是推出了许多电竞专属优惠，中国战队每赢得一场比赛，观众便可通过扫描赛事中出现的二维码领取一张吮指原味鸡买一送一优惠券。在产品设计上，肯德基也与LPL深度绑定，推出电竞相关新品满足电竞用户的需求。肯德基K咖啡推出了LPL明星牵手杯，邀请JackeyLove、The Shy等LPL明星选手拍摄广告。肯德基与LPL的持续合作，为自己的品牌注入年轻有活力的电竞属性，获得了电竞用户的认可与好感。

2018中国最具赞助价值体育赛事TOP100中，英雄联盟职业联赛LPL排名第9，超过了中国足球协会超级杯、中国排球超级联赛等知名传统体育赛事。在榜单中，还有许多电竞赛事上榜：王者荣耀职业联赛KPL排名第17；NEST全国电子竞技大赛排名第21；德玛西亚杯排名第31；WCA世界电子竞技大赛排名第47；中国电子游戏超级联赛排名第100。多个电竞赛事跻身中国最具赞助价值体育赛事TOP100榜单，证明了电子竞技的巨大潜力正在慢慢释放，而LPL、KPL这样的领先的电竞赛事品牌，在影响力和商业价值方面已经与许多知名传统体育赛事品牌无异，并且其影响力和商业价值还会持续增长。

LPL巨大的商业价值也吸引了许多从未赞助过电竞的品牌的注意力。2019年，LPL的运营商腾竞体育与NIKE中国在上海联合举办发布会，宣布LPL与NIKE达成4年的深度战略合作。NIKE为LPL赛区所有战队设计了专属的队服和球鞋，并且推出了一批电竞元素联名服饰，首批Gamer系列一经上线，就被粉丝一抢而空。随后，LPL与NIKE联合推出针对选手体质的LPL TEAM TRAINING活动，这是专门为电竞选手打造的运动计划，希望能真正提高电竞选手身体素质。这是世界知名体育运动品牌NIKE首次在电竞领域进行如此大规模的赞助合作。与世界知名体育运动品牌合作，能够更加强化电子竞技的体育属性，对于电竞的大众认知以及生态价值提升有极为重要的作用，也代表了顶级运动品牌对于 LPL 这样一个顶级电竞联赛品牌价值的认同。

以 NIKE 与 LPL 的合作为起点，越来越多的传统品牌进入电竞领域，通过电竞营销提升品牌影响力。2020 年，LPL 的合作伙伴涵盖了各个领域：首席合作伙伴梅赛德斯 - 奔驰；战略合作伙伴 NIKE、莫斯利安、哈尔滨啤酒；官方合作伙伴清扬、娃哈哈、KFC、战马、OPPO、浦发银行信用卡；设备合作伙伴惠普、傲风、英特尔。

王者荣耀职业联赛 KPL 从 2017 年起就一直与 vivo 保持着良好的合作关系。几年来，vivo 手机一直作为 KPL 官方赛事指定用机，给电竞用户留下了适合移动电竞游戏的品牌印象。2019 年，vivo 宣布正式成立新品牌 iQOO，是专为手机游戏和移动电竞打造的旗舰品牌，以卓越的游戏运行能力和基础性能为电竞保驾护航。iQOO 品牌接替 vivo 成为 KPL 的合作伙伴，给选手更加优秀的电竞体验，以不断超越的品质满足电竞用户对于手机游戏体验的追求。除了 vivo 之外，京东、统一冰红茶、上汽大众途铠、上汽大众凌渡、麦当劳、mm 豆、浦发银行信用卡、黑鲸、六福珠宝等品牌都先后与 KPL 进行了深度合作，通过电竞营销获得了许多电竞用户的认可与青睐。

除了 LPL 与 KPL 以外，其他电竞赛事也与不同品牌进行着深度合作，实现电竞与品牌的共赢。PEL 职业战队和队员集体入驻快手，创造了更多合作可能，激活新的赞助商权益；体育运动品牌 KAPPA 成为 TGA 运动会的服装赞助；小鹏智能汽车赞助网易 NeXT……多种多样的电竞赛事给了品牌布局电竞的契机，为了使宣传效果最大化，各家品牌的广告方式也在不断创新：从商标露出到线下活动，从解说口播到与比赛内容联动……品牌电竞赛事营销方式也在不断升级。

10.3.2 电竞俱乐部赞助

在中国电子竞技发展的早期，还没有电竞俱乐部的概念。早期最常见的电竞战队，往往是技术能力出色的几个好友聚在一起，便组成了一个战队，前往各地参加电竞赛事，交通、餐饮、住宿都是自己负责，没有工资，靠着赛事奖金勉强维持生活，大家凭着对电子竞技的热爱之情坚持下去。

后来，网吧老板开始赞助战队，招揽选手和战队，并提供电脑、网络和食宿，这便是电竞俱乐部的雏形。有网吧赞助的战队或者单人选手，其游戏 ID 前面通常会以网吧名字作为前缀，为网吧进行宣传推广。网吧通过选手这个推广渠道，便能够迅速提升在本地范围内的影响力，吸引越来越多的人到网吧围观选手比赛训练或者消费。网吧老板通过赞助电竞战队与选手，达到宣传网吧的目的，这其实是电竞营销的另一种方式，即品牌与俱乐部合作。

随着游戏厂商对电竞赛事的重视，电竞赛事规格越来越高，电竞赛事的数量也越来越多。部分投资人看到电子竞技的潜力，便进入电竞行业开始组建正规的电竞俱乐部，通过有序的运营提升战队的实力并不断扩大俱乐部的影响力，提升俱乐部的商业价值。俱乐部的日常运营，仅靠投资和奖金分成来维持是不够的，也需要商业赞助的参与，成绩好、人气高的电竞俱乐部往往会吸引许多赞助商。在当时，电子竞技的影响力和关注度并不算很高，电竞俱乐部的赞助商也大多是和电竞紧密相关的PC硬件厂商、外设厂商等。

在中国电竞俱乐部赞助史上，LGD电子竞技俱乐部的历史具有重要的意义。2009年8月，DOTA选手2009发起成立了DOTA战队FTD。同年，FTD战队拿下DOTA2 IEM冠军，成功获得了一家网游公司盛光天翼的赞助，FTD战队将战队名更换为SGTY，这就是现在的LGD俱乐部的前身。在当时，能够获得稳定赞助的战队并不多，许多战队的经济状况都不理想，赞助商对于战队来说非常重要，赞助商能够让战队保持平稳运营，保证选手的基本生活条件和工资，让选手可以全身心地投入训练和比赛当中。因此，赞助商能够比较轻松地拿到战队的冠名权益。2009年，SGTY战队又获得了贵州老干爹食品有限公司的赞助，战队的名称一度更换为LGD.SGTY。后来LGD.SGTY建立了各个分部，从一支DOTA战队发展为在各项赛事都有战队的综合电竞俱乐部，LGD的名字也沿用至今。之后，LGD俱乐部又与巴黎圣日耳曼足球俱乐部合作，其DOTA2分部战队名称改为PSG.LGD。

赞助商与俱乐部进行合作，通过赞助资金或者产品的方式，获得品牌名称出现在选手ID中的机会，甚至取得俱乐部的冠名权益，是电竞赞助的主要形式之一。

2019年，DOTA2国际邀请赛TI9在上海举行，这样一场全球瞩目的电竞盛事，在赛事拒绝了赞助商的情况下，赞助商只能通过赞助热门战队来获得曝光机会。PSG.LGD作为连续多年闯入TI赛事并取得不错成绩的战队，实力强劲，获得了众多赞助商的青睐。TI9共有5支中国赛战队参与，PSG.LGD是其中赞助商数量最多的战队，共有10家，其中7家可以在比赛的游戏内战旗与地砖中显示。而黑鲸HLAJEANS甚至还冠名了游戏内选手的名字。

露出权益是通过电竞俱乐部进行品牌营销最简单与便利的方式。露出权益的周期可以视品牌需求而定，一旦效果不如预期，也可以及时止损；若战队成绩能更进一步，对于品牌来说则是一场意外的惊喜。

据统计，S10期间LPL赛区4支战队共迎来24家赞助品牌。LGD的英雄联盟分部时隔5年再次来到世界赛，自然也吸引了新的赞助商目光。PC品牌雷神与LGD英雄联盟战队合作后，甚至拿出了此前足球世界杯期间不少品牌的玩法，将"夺冠退全款"带到本次赞助中。

LGD战队的S10之旅充满了戏剧性，状态起伏让国内观众心惊胆战，战队成为各大热搜榜单的常客，雷神的搜索指数也一路狂飙。然而，几场落败后，战队与品牌的热度均有所下滑，但是状态回升的LGD跌跌撞撞进入小组赛，并且成为出线的有力竞争者后，品牌的关注也随之回暖。

根据数据机构 Esports Chart 的统计显示，LGD 与 Gen.G 小组赛的关注度高达 184 万，LGD 各大赞助品牌可以获得的曝光度也可想而知。

品牌热度与战队紧紧绑定，而数据也展现着这次营销效果的成效，甚至有粉丝笑称 S10 开赛至今，最大赢家或许是雷神。不难看出，在当前这个阶段在与俱乐部的合作中，除了成绩外，品牌成功挑选带有话题度与粉丝黏性的战队也会事半功倍。

这种通过赞助的方式成为俱乐部冠名商的方式，算是时代的产物。在目前电竞市场规模不断扩张，俱乐部管理体系也日渐成熟的新时期里，收购电竞俱乐部，将品牌精神植入战队中，成为了资本借助电竞宣传的重要契机。

资本以通过收购或是组建战队的形式进军电竞世界，进一步强化了品牌的电竞属性，是对电竞俱乐部营销方式的一次高级探索。

李宁在收购了电子竞技俱乐部并更名为 LNG 后，除了自家队员赛场内外均身着李宁产品露面"亲身带货"外，还开创了 LNG 俱乐部 Slogan"麒麟云中现"等子品牌，在联赛赞助被同品类 NIKE 垄断的情况下，开创了另一片天地。这种做法虽不适用于大多数品牌，但是电竞俱乐部着实提供了新的营销渠道。

电竞生态市场规模快速扩张，电竞产业链不断完善，在这个过程中，品牌效应凸显出了重要的作用。

此外，明星选手作为电竞产业的重要一环，串联沟通起了赛事、俱乐部和品牌方之间的羁绊。在时尚品牌强调年轻化形象，追逐青年消费者的时候，年轻的电竞明星选手们也成了炙手可热的代言人。在联赛与俱乐部之外，电竞选手的个人魅力也成了品牌接近电竞人群，加入电竞营销阵营的一大利器。

同时，电竞营销也并不局限于品牌的赞助合作，IP 联动同样可以划入这一范畴。

哔哩哔哩电竞旗下的守望先锋项目杭州闪电队就与动漫《某科学的超电磁炮 T》合作，超人气角色炮姐御坂美琴以名誉选手的身份加入杭州闪电队，二者携手展开新的跨界合作，动漫 OP "Only My Railgun"作为杭州闪电队的战队主题曲使用。

这种基于双方亚文化的梦幻联动，增强了粉丝对战队的归属感，而在 b 站后续开设的活动专题页面，聚合了动漫番剧和 OWL 的赛事直播界面，也为动漫吸引来新的电竞粉丝。

俱乐部与品牌、IP 的合作方式在电竞市场规范化，其探索的边界也随之延伸。并且相较基于社会影响力而不得不受到一定制约的电竞赛事，电竞俱乐部对于品牌来说，其限制范围更小，有开启更多尝试的可能。

电竞营销的方式，除了赞助电竞赛事、赞助电竞俱乐部和选手，进行品牌露出和广告植入外，形式也越来越丰富。整合营销的理论起源于 20 世纪 90 年代，是一种对各种营销工具和手段的系统化结合。整合就是把各个独立的营销综合成一个整体，以产生协同效应。线上、线下联动，多平台跨领域联动的电竞整合营销，正在成为品牌和电竞实现双赢的重要方式。

随着电竞产业生态的丰富和电竞影响力的提升，品牌赞助商已无法满足单纯的赛事曝光，越来越多的赞助商尝试通过电竞全生态资源的整合，挖掘更多营销的新思路。

10.3.3　线上线下多维度整合营销

线上线下多维度整合营销是电竞营销的重要方式。

浦发银行信用卡与KPL的合作是整合营销的一个经典案例。2018年3月，KPL王者荣耀职业联赛春季赛开幕之际，浦发银行信用卡作为KPL的赞助商之一，推出浦发KPL联名信用卡。从2018年KPL春季赛开启到秋季赛总决赛落幕，浦发银行信用卡借势电竞头部IP展开了一系列的整合跨界营销。

浦发银行信用卡的广告突破传统，以创新的营销形式寻求共鸣。在KPL春季赛开幕现场，观众看到的不再是吆喝式的TVC广告，而是用信用卡元素结合游戏背景延展的"反差"动画视频，引燃现场年轻观众的热情。

浦发银行结合KPL赛事，推出首张王者荣耀信用卡，"荣耀黑卡""红蓝对决卡""闪耀红卡"等卡面深受玩家喜爱，这些卡面甚至成为KPL玩家共同的"身份标识"。同期，浦发银行还在线下推出定制版浦发信用卡KPL王者荣耀职业联赛上海地铁纪念票，覆盖到线下KPL观赛粉丝。通过线上线下相结合，圈出了电竞粉丝的超级流量池。

最令人瞩目的是，KPL选手流量也成为浦发银行信用卡的关注点。浦发银行深谙"粉丝经济"，推出KPL联名卡，明星选手首登卡面吸引粉丝关注，以电竞兄弟情打动受众，吸引无数粉丝办卡。

2021年，交通银行推出了KPL系列主题信用卡，共有3款卡面：王者荣耀之貂蝉主题卡、王者荣耀之LOGO主题信用卡、KPL云霓雀翎虞姬主题信用卡。卡面采用了浮雕、蓝基镜面、3D打印等特殊制作工艺，使之在不同角度呈现不同的画面，能够产生类似GIF图片的视觉效果。交通银行选择与国内规模最大、最具影响力的移动电竞品牌KPL强强联手，是交行信用卡重塑年轻品牌形象的重要举措。

10.3.4　多维度电竞全景整合营销

多维度全链式的电竞全景整合营销也是电竞整合营销的重要方式。品牌通过与赛事进行一个赛季或几个赛季的深度合作，参与赛事的各个环节，激发新生代电竞用户的热忱，收获品牌好感。无畏造英雄2.0——2018奔驰GLA英雄联盟全赛季整合营销是其中的经典案例。

在紧凑型豪华车市场中，奔驰GLA SUV与宝马X1、奥迪Q3的竞争激烈程度愈发高涨，对于最具跨界风格的 GLA SUV 来说，动感个性是其最鲜明的特点。作为首席合作伙伴，在 2017 年与英雄联盟 S7 全球总决赛展开深度合作的奔驰 GLA SUV，希望在 2018 年继续携手电竞，用"天生无畏"的精神与英雄联盟"志逐传奇"的理念相结合，赢得海量新生代受众的好感。

可是，如何突破单纯的赛事合作，不光聚焦目光，更加俘获内心，成为奔驰 2018 电竞营销的最大挑战。

奔驰 GLA 在 2018 年 LPL 的营销目标主要有两个：一是年轻影响力扩散，借助《英雄联盟》强势 IP 继续与电竞领域的全面合作，持续深化品牌在年轻人中的影响力；二是正向精神共鸣，将游戏的热血精神与品牌"天生无畏"的理念紧密结合，增加情感诉求引发受众共鸣，强化品牌的正能量精神印记。

在赛事合作方面，合作周期从年初的 LPL 春季赛开始，历经春季赛、春季总决赛、夏季赛、夏季总决赛、亚洲对抗赛、S8 全球总决赛、ALL Star 全明星赛，合作跨越 5 大顶级赛事，跨越整整 12 个月，以及中国、韩国、美国 3 大国的 12 大城市，持续时间之长，影响力辐射之广前所未有。合作形式上，除了现场的品牌及车型植入，联合创意海报和微博上的宣发之外，还创新地打造了酷炫的中插广告，在现场和网络同步播放，准备了"无畏装备礼包"和"粉丝回城互动"等环节，让"天生无畏"的 GLA 与英雄联盟的结合更加紧密。

节目衍生分为品牌联合 TVC 和定制视频植入两种方式。

在春季总决赛当天播放 60 秒完整版本的电竞情怀 TVC，抛出一个具有普适性也具有争议的一个问题"为什么所有新生事物总是伴有争议的，却往往成为未来的潮流"，让 GLA SUV 以电竞运动支持者的身份发言。S8 全球总决赛期间，邀请国内知名主播拍摄短片，以怀旧的方式回顾了各自的"电竞之路"以及对于未来的彷徨和坚定。GLA SUV 的目标群体同样为在校园时代接触游戏，虽步入工作岗位却依旧怀有深厚游戏情节的年轻人，这样的短片通过唤起他们的共鸣，让 GLA SUV 走入了他们的内心。

定制视频共 5 档，有聚焦电竞赛事本身的《马后炮》和《主播炸了》，强化品牌和电竞的强关联；也有关注游戏之外的《大城小事》和《观赛指南》，知名解说和选手驾驶 GLA SUV 游览城市，聊游戏聊文化聊生活；以及聚焦战队和选手的《印迹》，记录这些选择电竞并为之奋斗的年轻人的苦与甜，梦想与坚持，让 GLA SUV 真正与电竞人站在一起，肩并肩，心连心，从而建立起与广大玩家更紧密的联系。

在战队经纪方面，GLA SUV 在赛事营销之余，与著名的 RNG 战队建立合作伙伴关系，不仅在他们的战袍上进行 LOGO 植入，更用视频记录他们比赛中最真实的心声，定制专题网站，进行销售转化，成功将 RNG 的粉丝转化成品牌铁粉。

在线下融合方面，GLA SUV 与 LPL 主场进行深度结合。从 2018 年起，LPL 首次分设东西赛区，各大战队选择自己的主场并长期驻扎，5 大城市成为 LPL 战队的主场（上海、成都、杭州、北京、西安），将线上影响力辐射到线下，打造品牌的真实影响力。

奔驰品牌在 2018 年开展了更为全面和深入的线下体验合作，在上海主场 VIP 室安装品牌车座，提升观赛体验，感受品牌车座的舒适惬意；在赛场周边和主场城市的重要商圈进行展台搭建、车模摆放、cosplay 等活动，吸引更多的当地粉丝前去观看；同时，也与当地门店开展联动，结合地方特色，打造线上线下联合活动，一起为当地战队打 call，让更多玩家近距离感受品牌对电竞的态度。

10.3.5 生态内容共创

前文介绍过，vivo 品牌长期绑定王者荣耀职业联赛 KPL，帮助品牌在移动电竞头部赛事实现持续高曝光和品类排他。这种状态维持了近 3 年，KPL 联赛及王者荣耀世界冠军杯 KCC 的影响力已经非常强大。2019 年 2 月，vivo 推出旗下子品牌 iQOO，以"生而强悍"为品牌内涵，全面继承 vivo 品牌的电竞资产。

iQOO 品牌的知名度和好感度，甚至销量转化，几乎全部来源于 KPL 赛事的日常曝光和营销战役。明确的产品定位、优秀的产品性能，再加上极为精准且流量巨大的曝光，帮助 iQOO 产品在竞争激烈的手机行业占据一席之地。

2019 年 KPL 秋季赛总决赛上，iQOO 品牌联动 KPL 联盟，推出了移动电竞首个品牌赞助商奖项——iQOO 强悍担当。此项大奖与总决赛 FMVP 并驾齐驱，占据赛事最高光的时刻，并将品牌理念与电竞强绑定。而"强悍担当奖"也理所当然地成为 iQOO 品牌的专属电竞符号，持续扩散 iQOO 在 KPL 生态的品牌声量。2020 年，iQOO 在"强悍担当奖"的基础上进一步联动 KPL 推出纪录片《生而为赢》，通过 KPL 战队成员训练与比赛的真实记录，向观众们展示了移动电竞的无穷魅力，持续让 iQOO 品牌与移动电竞在人们心里建立联系。iQOO 与 KPL 的整合营销，被媒体称为开启电竞营销 3.0 时代的创新举动。

这样的共创理念在 KPL 赞助商中颇为频繁，还包括统一冰红茶与 KPL 共创的电竞水瓶。2019 年，统一冰红茶与 KPL 一起，为电竞选手解决赛中饮水的难题，推出特别定制的"电竞水瓶"，其单手操作、挤压式取水方式，便于选手在比赛中随时补水。统一冰红茶将这件"电竞装备"完美融入电竞场景中，并以此为营销抓手，整合王者荣耀 KPL 全生态资源，在游戏端内、赛事流内及社交平台展开营销战役，赢得了大量年轻用户的好感和认可，为品牌积累了更多电竞资产。这一举动还为统一冰红茶赢得了"2020 年体育大生意年度最佳体育创新奖"。

10.3.6 以转化为核心诉求的尝试

电竞赛事既是体育赛事，也是内容产品。许多品牌赞助商进行品牌营销决策时，与电子竞技赛事并排摆放的资源还有热门综艺、影视大剧、传统体育等多种内容产品，这些资源要么历史悠久、底蕴十足，如 NBA、五大联赛，要么话题性强、带货力强，如当下火爆的真人秀。而电子竞技作为新兴内容产品，必须在某种程度上与其他资源旗鼓相当。这也是许多赞助商心中的一个疑问——电竞到底带不带货？

创新永远是解决问题的最佳方式。许多品牌赞助商以转化为核心诉求，通过电竞赛事、电竞俱乐部等核心资源，撬动电商平台、短视频平台甚至主播资源，形成跨界联动，打通营销链路，再通过内容营销引发粉丝共情，自然会迅速提升销量，完成强转化。当然，电竞毕竟不是综艺，电竞选手也并非传统意义上的流量明星，带货只是尝试，不是常态，但这些品牌的创新动作依然值得记录。

2018 年 10 月，世界著名巧克力品牌 M&M's 推出 KPL 专属产品，并在王者荣耀周年庆前期开启票选，邀请消费者为自己喜爱的选手、主播投票。玩家购买 M&M's×KPL 定制款即可获得投票机会，高票人选将参加周年庆全明星嘉年华。投票互动撬动了电竞赛事、明星玩家、电竞主播多圈层用户，渗透电竞生态圈，成为一场电竞粉丝的"拉票"狂欢，也帮助 M&M's 当月线上销量提升了 47.5%。

2020 年，哈尔滨啤酒联动 Uzi，在 LPL 生态推出电竞宿舍罐，通过话题炒作，引发电竞人群热议，并邀请 Uzi、Zz1tai 等电竞选手和 KOL 坐镇京东直播间，帮"哈啤电竞宿舍罐"线上带货。直播当天，Uzi 京东直播间人气峰值达 128 万，当天销售 8500 箱啤酒，完成了电竞职业选手首次直播带货的创新。

电子竞技与日俱增的影响力，使越来越多的品牌通过电竞整合营销建立起新的品牌印象，赢得了年轻而庞大的电竞用户群体的认可和好感，实现了事半功倍的营销效果。

10.4 赛事及内容版权

在电子竞技产业的营收中，版权收入仅次于赞助广告的收入，是电子竞技商业化的重要形式之一，电竞赛事的媒体版权收益随着电子竞技在全球范围内流行而逐年提升。电子竞技发展的十几年间，影响力不断扩大，电竞赛事的版权价格也有了翻天覆地的变化。2006 年，NeoTV 以 78 万元的价格获得 WCG 在中国的转播版权；2019 年，b 站则以 8 亿元的价格拍下《英雄联盟》全球总决赛 2020—2022 年中国地区独家转播权。13 年间，电竞赛事的版权从几十万元增长到几亿元，足以证明电子竞技的飞速发展。

10.4.1 电竞赛事版权价值增长

电竞赛事内容及赛事相关内容能够为媒体平台带来巨大的流量，已经成为各大内容平台争相布局的焦点。竞核研究组根据公开资料对 2020 年各平台电竞赛事版权及版权采买金额进行了不完全整理，如表 10-1 所示。

表 10-1 2020 年各平台赛事版权及采买金额

平台	赛事版权	金额（元）
虎牙	2020 年 LPL A 档直播权	–
	LCK 三年独家中文转播权	
	LCS、LEC 2020 年独家直播权	
	PEL、PEGI、EC、KPL 直播权	
斗鱼	2020 年 LPL 直播权	–
	LDL 直播权	
	DOTA2 职业赛事独播权	
	2020 年 KPL、KPLGT、KGL、世界冠军杯直播权	
	PCL、PGS、PGC 直播权	
	2020 年 CFS、CEGI、CFPL、LOT-CF 直播权	
	PEL 直播权	
哔哩哔哩	S 赛三年独播权、KPL	超 8 亿
快手	KPL、KPLGT、KGL、LPL、LDL、CFPL、CFML、PCL、PGC	–
企鹅电竞	2020 年 LPL S 档直播权	超 6 千万
	KPL、KPLGT、PCL、PEL、CRL 直播权	

头部电竞赛事资源有限，因此头部赛事的独播权成为了各平台争夺的重点。像 LPL、KPL 这样的头部电竞赛事版权，各大内容平台都会争相引进。2020 年 LPL 全程版权合作伙伴共有 6 家，分别是企鹅电竞、虎牙直播、斗鱼直播、哔哩哔哩直播、快手游戏直播、腾讯体育。2020 年 KPL 的版权合作伙伴共有 7 家，分别是哔哩哔哩直播、斗鱼直播、虎牙直播、企鹅电竞、腾讯体育、腾讯视频、快手直播。LPL、KPL 这样的顶级赛事能够为平台带来很高流量，是内容平台不可或缺的版权电竞内容。

电子竞技的巨大影响力可以让拥有头部电竞赛事直播权的平台迅速赢得电竞流量。短视频平台快手在 2019 年加入电竞赛事版权争夺，成功赢得了英雄联盟全球总决赛合作伙伴的资格，S9 赛事直播期间，快手上的观看人次达到了 7200 万。

电竞赛事版权价格一路上涨，已经逼近国内头部传统体育赛事版权价格。如表 10-2 所示，根据艾瑞咨询的统计，2020 年英雄联盟全球总决赛中国区版权场均价格为 320 万元，而中国足球超级联赛版权的场均价格是 450 万元。头部电竞赛事版权，与头部传统体育赛事版权的场均价格只相差 130 万元，以电子竞技的发展速度和影响力来看，电竞赛事版权的价格在未来有望与传统体育赛事达到同一水平。

表 10-2 赛事媒体版权金额对比

赛事种类	金额（亿元）	签约年数（年）	年均场次（次）	场均价格（万元/场）
电竞赛事 （以 2020 年英雄联盟总决赛中国区版权为例）	8	3	83	320
传统体育赛事 （以中国足球超级联赛为例）	110	10	240	450

10.4.2 电竞赛事版权分类

根据腾讯电竞发布的《腾讯 2018 电子竞技运动标准》，电竞赛事版权主要包括电竞赛事内容资源、线上品牌曝光资源、内容招商资源、线下支持资源、主播支持资源、其他合作资源以及其他赛事合作。

电竞赛事内容资源是指电竞赛事直播内容、点播内容、第二演播厅内容等赛事内容以及电竞赛事相关节目、短片及活动。内容播出平台通过向赛事版权方购买电竞赛事相关版权，才能够在平台播出电竞赛事或者对电竞赛事内容进行二次制作并进行传播。各媒体也需要获得赛事版权方的授权并支付相应的版权费用，才能够在媒体平台投放或传播电竞赛事相关内容。电竞赛事内容资源包括直播、点播、直播（英文）、点播（英文）、延时直播+重播、第二演播厅信号、第二演播厅信号（方言）、官方解说房间播放当场解说赛事、授权平台主播房间直播、解说席平台元素展示、场间互动活动、节目制作（直播前、后的节目制作权）、官方衍生节目、节日互动活动、其他短片素材。

电竞赛事的收视率非常高，电竞赛事直播时的观众流量也很可观，在电竞赛事直播中进行品牌推广，能够取得非常好的营销效果。线上品牌曝光资源包括直播流倒计时、直播流 banner、直播流单独开幕口播和字幕显示、直播流统一口播和字幕提示、直播流鸣谢及明日预告、官方媒体渠道资源（新闻、赛程曝光、开赛通稿）、官方媒体渠道资源赛事相关全年重大活动曝光。

在电竞赛事直播中，品牌也可以直接播放广告成片，进行更加直接、时间更长的品牌推广，通过投放与电竞内容相结合的广告，使观众对品牌的印象更加深刻。内容招商资源包括前导广告、中插广告、后播广告、自制节目招商权、第二演播厅招商权。

线下支持资源包括：①票务支持（赠票、团购票）；②证件支持（媒体证、工作证）；③展台支持，即战队场馆内的展台设立；④赛事服务器支持次数；⑤演播厅使用支持。

主播支持资源是指优先合作参与官方节目，增加平台主播曝光。其他合作资源包括品牌活动支持、运营内容推荐等。

数量庞大的电竞用户是被电竞赛事这个核心内容聚集起来的，电竞赛事本身以及从电竞赛事衍生出的相关内容都具有极高的流量价值。通过电竞赛事这个窗口，品牌可以快速直接地让几亿电竞用户认识自己，随着电子竞技的影响力、收视率不断提高，电竞赛事版权的商业价值也会越来越高。

10.5 商业化的其他形式

10.5.1 明星艺人商业化

电子竞技产业是体育文化产业，造星是极其重要的商业模式。NBA、英超、意甲等世界知名体育赛事能够长盛不衰，是因为它们不仅能够持续提供精彩的体育赛事，也产出了大量享誉世界的体育明星。科比、姚明、C罗、梅西等具有全球知名度和影响力的体育明星，不仅能够大大提升体育赛事和体育运动在社会上的影响力，同时也具有极大的商业价值，可以通过多样化的商业合作为体育联盟和俱乐部带来丰厚的利润。

电竞明星商业化的形式主要有直播、广告代言、商业活动出演、出演综艺节目等。

在直播平台进行直播，获取平台签约费和观众礼物收入，是电竞明星商业化的形式之一。电竞俱乐部通常会直接和直播平台签约，俱乐部旗下战队成员集体入驻直播平台进行直播。电竞选手入驻直播平台进行直播，电竞俱乐部粉丝和电竞选手的粉丝会随着俱乐部或电竞选手一同来到该直播平台，能够为直播平台带来大量人气。通过直播，电竞选手也能够即时与粉丝进行互动，增强粉丝黏性。绝地求生项目知名战队4AM曾长期在斗鱼直播平台进行直播，2017年，4AM战队集体入驻虎牙直播平台进行直播，据业内消息，签约费或超千万元。4AM战队是知名选手韦神创建的战队，韦神个人影响力以及战队影响力都非同小可，4AM战队集体入驻虎牙直播平台，能够为平台绝地求生板块带来极大的流量。知名电竞俱乐部和明星电竞选手对于每个直播平台来说意味着巨大的流量，因此直播平台愿意付出高昂的签约费将电竞明星和明星俱乐部留在平台直播。

除了直播以外，电竞明星商业化的另一个重要形式就是广告代言。影响力巨大的电竞明星选手，往往能够获得许多品牌的广告代言邀请。

Sky作为中国最早的电竞明星，其辉煌的成绩和励志的故事让无数人为之动容，他多次作为嘉宾登上央视节目，还在2008年作为火炬手参加奥运圣火传递。2020年8月，红牛官方正式宣布，签约Sky及其他三位明星担任代言人。除了代言其他品牌之外，Sky还创立了自己的电竞外设品牌钛度科技，凭借着自己的人气和粉丝效应打开了市场。钛度科技在Sky的带领下发展出色，曾经赞助2018年ESCC中国电竞场馆联赛、2019年DOTA2大神杯自走棋大赛、2019年WVA超级联赛等赛事。从电竞明星转变为电竞赞助者，Sky用自己的方式不断推动着电子竞技的发展。

在直播和广告代言之外,电竞明星也能够通过出演电视节目、综艺节目、商业活动等获得商业化收入。本书第1章曾介绍,Sky曾经出演过很多节目。Uzi曾经登上综艺节目《天天向上》和真人秀综艺节目《我要这样生活》,向观众展示了职业电竞选手的生活。KPL职业选手梦泪、老帅、阿泰、辰鬼等也曾经登上当红综艺节目《火星情报局》。

随着电子竞技影响力的不断发展,会有越来越多的超级电竞明星涌现,电竞明星在进行商业化合作的同时,也能够进一步提升电子竞技的影响力和认知度。

10.5.2 游戏电竞 IP 衍生品

游戏电竞 IP 衍生品是基于电子竞技游戏 IP、电子竞技赛事 IP、电子竞技俱乐部 IP、电子竞技明星 IP,利用 IP 中的形象、场景、道具开发制造出的一系列可供售卖的服务或产品。

游戏电竞 IP 衍生品的品类已经发展得十分多样化,包括手办模玩、毛绒玩偶、数码 3C、智能机器人、图书、服饰、美妆、首饰、生活用品、食品等,覆盖了生活的各个方面。英雄联盟、王者荣耀等电子竞技游戏都会开设专门的游戏商城,用于售卖游戏和电子竞技赛事 IP 的衍生产品。

部分实力强、粉丝基础众多的电子竞技俱乐部也形成了具有号召力的俱乐部 IP,例如 LGD 电子竞技俱乐部、EDG 电子竞技俱乐部等,也纷纷开发了属于自己的 IP 衍生产品。部分俱乐部组建了专门 IP 产品开发团队,围绕创建更多 IP 品牌、扩大 IP 影响力不断进行努力。

王者荣耀的智能机器人就是一款颇受欢迎的 IP 衍生品,是基于用户对于游戏电竞的深度需求而开发出的 AI 智能产品。这款智能机器人可以在比赛对局中全程陪玩,鼓励指导,提升玩家对游戏的理解,能够实时分析指导、解说、总结失误、赛后复盘、提示版本变化。同时,它还能够进行智能化视频剪辑,智能识别并截取精彩瞬间,添加炫酷特效,生成高光视频。它还是一款游戏百科助手,游戏攻略、出装铭文、版本更新的内容,都可以向它询问。

游戏电竞 IP 衍生品还有着更加广阔的开发空间,在未来一定会出现越来越多的智能化、科技化衍生产品,满足游戏电竞用户的多样化需求。

10.5.3 线上及线下门票

门票销售是电子竞技极其重要的商业化形式之一,包括电竞赛事门票及电子竞技活动门票,门票收入是电子竞技营收中仅次于赞助广告与版权的重要营收来源。

电竞赛事门票分为线下赛事门票和线上赛事门票。现阶段,电竞用户习惯的门票付费模式是：线下付费购买门票观看赛事，线上免费观看赛事。大部分线上电竞赛事由内容平台向赛事版权方支付版权费，免费提供给观众观看，内容平台通过广告赞助或直播打赏的方式获得收入来支付电竞赛事版权费。目前，电子竞技观众的线上观赛付费习惯还没有养成；在未来，线上付费观看电竞赛事直播或许将会成为常态。许多传统体育赛事的线上直播都需要付费观看：腾讯体育购买 NBA 赛事转播权之后，观众必须购买 NBA 赛事会员，每月支付会员费，才能在线上收看 NBA 赛事的直播；PP 体育早前购买了英超、意甲、德甲、法甲、UFC、WWE 等体育赛事的转播权，用户需要每月支付单项赛事的会员费，才能收看相关比赛。相比于数量有限的线下赛事门票，线上付费观看电竞赛事的市场潜力更加巨大，电竞赛事线上付费的商业模式还有待开发。

线上的电竞赛事，除了提供全场比赛直播外，还能够提供更多的额外内容。例如，提供选手个人视角的比赛画面，或者在绝地求生赛事、和平精英赛事这样多个战队参与的比赛中，提供战队视角的比赛画面。2020 年，b 站在转播英雄联盟全球总决赛 S10 时，就提供了的选手个人视角直播间，深度解析赛场操作，多角度还原峡谷实况，带来了更多丰富的赛事观看体验。选手个人视角直播需要付费才能够观看，观众可以选择购买某位选手个人视角直播的单场观看票或者 S10 观赛通票。选手视角直播付费服务的提供，是电竞赛事线上付费模式的一种新尝试，也有利于养成观众付费观看线上赛事的习惯。

2020 年初，受到新冠肺炎疫情影响，线下赛事停摆，和平精英职业联赛 PEL 提出了线上主场的新概念，为体育转播提供了新思路。线上主场就是尝试在电竞赛事中融入体育真人秀的呈现形式，整合线上线下多模块内容，为观众带来全新沉浸式观赛体验。观众在 PEL 线上直播中，可以通过付费方式，用第一视角观看以主队战队、主队选手为主视角的游戏画面，听到战队内的沟通语音，观看赛前、赛后的准备和采访等画面，演播室有主队元素强烈的包装和主场驻场解说。2020 年线上赛中，PEL 将演播室进行了重点升级，总共设置了 4 个区域，即主解说台和 3 个线上主场区域，如图 10-3 所示。进驻线上主场的战队拥有主场驻场解说，解说从战队的视角出发，在以本战队为核心的情况下进行整体局势的宏观分析，让观众对比赛有更好的把握。PEL 为入选线上主场的战队设立了专属的演播室，在设计上，线上主场演播室里挂有各自主队战队选手的队服，模仿更衣室设计烘托主场氛围。PEL 线上赛通过设立线上主场专属的演播室，辅以推流后用于播出的专属直播间，实体空间和内容播出空间两者皆有，对粉丝的归属感无疑会有很好的加强效果。

随着线上主场的建立，PEL 联盟的俱乐部能够在这里获得更多的战队元素展示空间，通过赛事表现和主场文化两条路径向更多观众们输出自身的战队文化，打开粉丝经济的大门，积攒更多高黏性粉丝，在未来地域化大门完全打开时获得更多回报。

· 图 10-3　PEL 线上主场 ·

10.5.4　线上虚拟道具收入

线上虚拟道具收入是指电子竞技相关产品通过线上渠道获取的收益，例如电竞赛事相关游戏道具、赛事直播道具收入等。

电竞赛事相关游戏道具是目前线上虚拟道具收入中比较重要的一种形式。每年英雄联盟全球总决赛结束后，拳头游戏公司都会根据夺冠阵容为冠军战队设计一套冠军战队专属的冠军皮肤，冠军皮肤销售的收益将会与战队进行分成。王者荣耀职业联赛 KPL 在总决赛结束之后，也会推出总决赛 FMVP 冠军皮肤，并在皮肤设计中加入冠军选手和战队的相关元素。王者荣耀在游戏中推出了赛事战令系统，玩家通过观看电竞赛事可以赢取游戏道具奖励，消费一定数量的点券升级赛事战令系统，便能够获得更加丰厚的道具奖励，商家也因此获取线上虚拟道具收入。

直播道具收入也是电子竞技线上虚拟道具收入的一部分。KPL 赛事在 2019 年开启了战队助威系统，在游戏内赛事专区为战队进行荣耀币助威，就可以增加战队人气值，而人气值达到不同档位就能够解锁不同等级的游戏内效果，也可以获得战队专属徽章，佩戴后彰显与众不同的身份，与此同时，战队也将获得助威收入。除了在游戏内赛事专区内可以进行战队助威之外，斗鱼直播、虎牙直播、企鹅电竞等直播平台也提供购买相应道具进行战队助威，在王者营地 App 内也能够进行战队助威。

在未来，赛事直播将会注入更多科技元素与个性元素，开发更多的线上观赛模式，在为观众带来更加丰富的观赛体验、满足不同观众情感需求的同时，也获得更多的线上渠道收入。

10.5.5 线下实体商业收入

线下实体商业收入是指电竞相关商业体在线下取得的收入,例如电竞场馆运营收入、线下主场运营收入、比赛现场周边产品销售收入等。

2021年,北京环球度假区与腾讯互娱达成合作,2022年起,腾讯游戏IP将加入北京环球度假区的季节性活动中。腾讯方面表示,双方将携手出发,通过游戏IP和主题公园的跨界,打造更加贴近玩家的沉浸式互动娱乐体验。王者荣耀等耳熟能详的游戏IP都将出现在北京环球影城中。

目前,LPL、KPL、PEL等职业赛事联盟都在推进主客场制,KPL的16支战队已经全部完成了地域冠名。拥有主场的俱乐部通过运营主场场馆,能够获得一定的商业收入。LGD战队的主场如图10-4和图10-5所示。

• 图 10-4　LGD 训练基地 •

• 图 10-5　LGD 主场舞台 •

在 LGD 主场，除了观赛以外，观众还能够在餐厅享受美食、在 LGD 品牌旗舰店购买俱乐部 IP 产品、参观俱乐部训练基地和 LGD 俱乐部历史纪念馆，还可以体验多样化的游戏互动设施和便利的服务设施，让来到这里的观众获得高质量的娱乐体验。

2020 年 10 月 1 日至 11 月 26 日，腾讯电竞 V-Station 体验馆在上海正大广场正式亮相，观众需要购买门票入场参观，如图 10-6 所示。V-Station 体验馆以科技形式承载文化内涵，通过电竞历史陈列展和游戏电竞互动体验项目，用数字艺术诠释中国精神，揭开电竞神秘面纱，让更多大众了解电竞的魅力，希望更多人可以走进电竞的世界。

V-Station 体验馆内有 1300 ㎡ 超大沉浸式体验区；体验馆邀请 50 多位电竞大咖、超过 10 家顶级俱乐部、12 大电竞导师与观众分享电子竞技的故事；馆内设置了 6 大电竞潜能测试，如图 10-7 所示，通过与超过 500 位在役选手赛事数据的对比，测试体验者的电竞潜能；馆内陈列了 100 多件珍贵纪念品，如图 10-8 所示，展示了 1000 多场次赛事高光影像资料，还有 2018 电竞入亚项目历史档案。馆内还设有电竞 IP 商品商店，腾讯电竞相关产品和各俱乐部 IP 产品都会在此销售。

• 图 10-6　V-Station 体验馆入口通道 •

• 图 10-7　V-Station 体验馆电竞潜能测试区 •

图 10-8　V-Station 体验馆奖杯陈列区

除了赞助、版权和门票，电子竞技商业化的其他形式收益都还相对较少，成熟的商业化模式也有待开发，电子竞技商业化还具有很大的发展潜力和发展空间。

10.6　电竞商业化增长的特点

10.6.1　市场存在与市场表达的不同步

本章开篇提到，与传统体育相比，电子竞技的商业价值明显被严重低估，与其影响力不对等。我们可以把商业价值视为电子竞技社会综合影响力的商业表达。电子竞技商业价值被低估，可以视为电子竞技的社会综合影响力还不高。电子竞技综合影响力不高的核心原因是电子竞技用户群体还相对年轻。年轻用户群体虽然规模庞大且呼声很高，但是缺少对主要社会资源的影响力和话语权，这是很多电竞现象的根源。

为了更好地解释这种现象，我们提出市场存在和市场表达两个概念。**市场存在**就是假设在话语权相同且人人平等的前提下，统计某种商品或服务的市场需求。**市场表达**就是这种商品或服务受到的社会认知的广泛度，以及其商业价值的展现。电子竞技就是拥有广泛的市场存在，但市场表达并不充分的新兴行业。无论在怎样的社会中，只有受到拥有社会资源的主流社会群体的认可，才能够实现充分的市场表达。

这种市场存在和市场表达不同步的现象广泛存在于新兴行业中，尤其是年龄代际特别明显的新行业。电子竞技和二次元、沉浸式体验等年轻人喜欢的新行业往往会形成在圈子内部很火，但是圈外的人并不知道的独特社会现象。有些不太了解电竞的朋友可能会说这些年电子竞技很火，其实电子竞技在年轻人群中早就很流行，只是其他朋友不了解而已。

在生活中，这样的例子比比皆是。例如，一个家庭在超市购物时，完全拥有预算掌控能力和经济权的妈妈能够充分表达自己的喜好，决定买什么东西，而小孩子只能请妈妈购买喜欢的糖果。一些成功的综艺节目往往也是抓住了市场广泛存在但表达并不充分的领域，例如女团、说唱、街舞等，这些类型的活动在年轻人的圈子里已经很流行，有着良好的用户基础，但是并没有被主流社会充分感知和认可。市场存在和市场表达不同步的项目往往会成为未来的巨大经济增长点，从产业布局和投资方面，也可以充分考虑这类行业。

前文提到，电子竞技用户不断增长，最终可能达到全体人群都对电竞有认知的程度，并且提出了用户是电竞产业增长 40 年的决定力量。电子竞技用户群体的不断增长，为电子竞技增加了消费人群和消费市场，从需求上拉动了电子竞技的发展。但这只是电竞用户增长对于电子竞技行业促进的一个方面。用户增长不仅增加了消费的需求，同时也会为电竞的发展带来更多的社会资源，尤其是了解电竞、体验过电竞的用户，随着年龄的增长逐渐变为社会的主流群体。

按照对社会资源支配的决策权力，以及对资源支配决定过程的影响力，可以将用户分为三类。

（1）没有建议权的用户。这类用户人微言轻，自己的意愿和想法连建议的权利都没有，更遑论支配社会资源。

（2）有建议权的用户。这类用户有能够影响决策过程的能力，但是没有最终的决策权。

（3）有决策权的用户。这类用户综合考虑各方建议，对资源支配方向拥有最终的决策权利。

随着电子竞技用户的年龄增长，最终会成为有决策权的用户。到那时，这些用户不仅是电竞的消费者，他们也会从社会资源方面助力电子竞技的发展。

10.6.2 阶梯式跳跃且保持阶段性稳步增长

电子竞技就是这样一个每年有几千万新增用户，且几千万老用户都比之前更有经济实力和话语权的新兴行业。电子竞技的市场存在每年都会有更加充分的表达，且市场规模还在不断扩大。在这样动态发展的市场中，电子竞技商业化增长的幅度很难被预测，人们也很难找到电竞商业化的增长规律。

2014 年至今，电子竞技商业化的发展呈现阶梯式跳跃增长趋势，即一般会在阶梯式增长后稳步增长一段时间。稳步的增长好像是为了下一次向更高数量级的跳跃。增长的曲线类似上楼梯，突然上到一个阶梯，在一段时间内保持同阶梯高度稳定。下面以电竞商业化中的广告为例，说明导致这种现象的原因。

现在的电子竞技广告收入规模还相对较小，因此某个或某几个大广告主就会造成收入跨阶梯的增长结果。电子竞技商业收入的每次大幅度增长都伴随着某些大型广告投放进入电子竞技领域。未来，在越来越多的广告主进入电竞行业后，电子竞技商业化收入规模将会总体提升，到那时，单一广告主对总收入的影响力就会降低，电竞商业化增长就会逐渐变为曲线。

各家广告主开始尝试电竞广告，确实是因为电子竞技的社会影响力正在逐渐增强，广告主也因此更加关注年轻用户群体。但是，投放电竞广告的决策过程一般伴随着一些对于电子竞技了解的较为年轻的市场总监的决策或建议。以对电竞了解的 75 后、80 后为例，他们已经度过了人微言轻的没有建议权的时代，成为了公司的中坚力量。他们有了一定的决策权和对更大决策的建议权。有了这些市场总监的帮助，电竞广告收入从 2014 年左右开始呈现爆发跳跃式增长趋势。

广告收入跳跃到一个阶梯保持稳定增长的主要原因之一是这些支持电竞的核心中坚力量只能用自己手中的预算来投入电竞，或者通过自身的影响力来影响投入电竞的预算，还没有完全进入高级决策层，不能调动更大规模的资源来支持电竞。所以电竞广告收入只能维持在这个水平，持续小幅度稳定增长。广告收入的下一次跳跃大概需要这些了解电竞的建议者发展成为社会资源支配的决策者。

电子竞技商业化的过程，就是电子竞技的市场存在逐步转化为市场表达的过程。在这个过程中，从决策的角度来看，长期的过程是电竞人群逐步获得了社会话语权，成为决策者；短期的促进方法是促进目前掌握话语权的决策者学习和了解电竞。

第11章 电子竞技相关产业

11.1 电子竞技带动相关产业

2019年3月1日,vivo手机在深圳正式发布了iQOO子品牌。iQOO品牌以"生而强悍"为产品设计理念,主打高性能手机,注重游戏电竞体验,可以说是vivo针对游戏电竞玩家需求而推出专属手机。iQOO也成为了王者荣耀KPL的比赛用机,在职业赛场上助力电竞选手创造出更好的成绩。

2017年3月23日至25日,第25届中国国际广播电视信息网络展览会(CCBN)在北京国际展览中心盛大举行。由国内顶级电竞赛事运营商英雄体育VSPN打造的中国首辆电子竞技赛事专用超高清4K转播车参加展会,成为广电设备创新的亮点。电竞转播车针对电竞比赛的特点,增加了OB工作位置等诸多独特的设计。电竞转播车的出现标志着电子竞技转播专业化时代的到来。

2018年3月21日,成都量子光电竞中心迎来了首场比赛——KPL王者荣耀职业联赛。这座电竞场馆坐落于成都太古里商圈之中,突破了人们"电子竞技是小众文化"的固有认识,以自信的姿态挺进顶级商圈,成为了成都的网红打卡点。量子光电竞中心场馆建筑造型别致,采用冰山作为设计元素,寓意电子竞技影响力仅展现出冰山一角。

上述案例都是电子竞技对于其他行业拉动作用的直接体现。同时,电子竞技的发展也离不开这些先进设备和设施的支持。电子竞技能够拉动这些产业,主要是因为电竞将游戏比赛提升到了专业竞技的程度。专业的竞技运动强调赛事的公平性和挑战极限的精神,非常重视比赛成绩,所以促进了相关产业的发展。如果只是为了休闲娱乐而玩游戏,那么不需要复杂精准的计时设备;但如果是专业的比赛,就需要精准的计时设备,未经专业化测量确认的成绩不会被认可。

电竞是专业的竞技,需要各种专业设备和设施确保竞技成绩的客观性和公平性。同时,专业的设备和科学的训练体系也能够帮助运动员公正、有效地提升成绩。围绕电竞赛事已经形成了一整套的支撑体系，其中包括电竞场馆、竞技设备、网络保障、转播系统、后勤服务等。一般而言，一个促进产业发展的可行做法就是举办各类比赛，例如创业大赛、机器人大赛等。同理，电竞比赛也为高端的技术找到了应用的场景，促进了技术的进步和发展。有的时候，认真的"玩"也对产业发展有很强的促进作用。

11.2 电子竞技相关产业概述

11.2.1 电子竞技相关产业的定义

电子竞技相关产业指与电子竞技产业紧密相关、为电子竞技产业提供基础支持的行业。图 11-1 展示了电子竞技相关产业在电子竞技产业架构图中的位置。

11.2.2 电子竞技相关产业的分类

电子竞技相关产业主要有电竞场馆、网吧及场地行业、网络及网络设备行业、游戏服务器及终端设备行业、电竞周边设备行业、转播及内容制作设备行业、酒店餐饮及交通行业。

电竞场馆、网吧及场地行业为电子竞技产业提供场地方面的支持。在中国电子竞技运动发展早期，网吧曾经作为比赛场馆发挥着重要的作用，是赛事举办的主要场地，许多小型及大型电子竞技赛事都在网吧举行。在 WCG 的前几届赛事中，中国几个分赛区的比赛场地就设置在网吧里。例如 2003 年 WCG，西安分赛区的比赛在西安海岸线网吧举办；北京分赛区反恐精英项目的决赛在网上游网吧举办；上海赛区反恐精英项目在兴宾网吧进行比赛。随着电子竞技的发展，职业赛事的举办场地逐渐转变为专业体育场馆。但体育场馆是为体育运动而设计的，无法满足电子竞技赛事在舞台搭建、网络传输等方面的特殊要求。随着电子竞技赛事对场地要求越来越高，专业的电竞场馆也应运而生，越来越多专为电子竞技赛事举办而设计的电竞场馆建成投入使用。在职业赛事入驻专业电竞场馆的同时，网吧仍然在非职业赛事中发挥着重要作用。城市联赛、网吧联赛等非职业比赛仍旧选择网吧作为比赛场地，网吧也一直在电子竞技赛事生态中发挥着场地支持作用。而电子竞技场馆则作为职业赛事、大型赛事的举办场地，为电子竞技产业提供着场地支持。

网络及网络设备行业为电子竞技赛事及活动的转播提供支持。电子竞技比赛及转播需要有稳定高速的网络，保障选手在比赛期间能够流畅地进行游戏，使得网络不掉线、不卡顿、无波动，确保高质量的比赛画面通过网络从现场传输出去。

游戏服务器及终端设备行业、电竞周边设备行业等为电子竞技产业提供了游戏设备方面的支持。电子竞技游戏需要使用专业的 PC 设备及移动设备，电子竞技赛事会与设备供

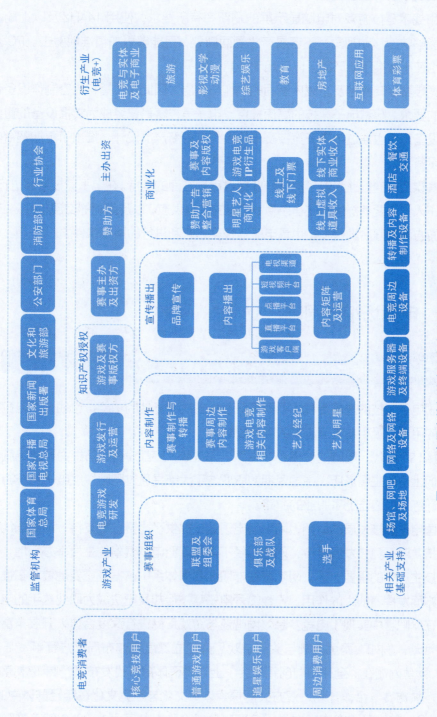

图 11-1　电子竞技相关产业在产业架构图中的位置

应商合作，为选手们提供统一的游戏设备，以保证赛事的公平性，性能优越的游戏设备也能够使职业选手发挥更加出色。不同的电子竞技项目对游戏设备的需求有所不同。例如，FPS 游戏和战术竞技游戏对电脑显示屏的刷新率有所要求，使用 144Hz 及以上刷新率的显示屏，能够快速移动视角，不容易产生画面撕裂，且能够更加精准地射击。PC 及移动设备厂商也在不断推出新产品，以满足电子竞技的需求。

电子竞技赛事转播涉及游戏内画面的制作与输出，因此对转播和内容制作设备也有着更加特殊的要求。随着电子竞技的高速发展，电子竞技赛事已经成为转播设备的重要需求方，转播设备厂商也通过与电子竞技赛事的合作，更新产品设计，推出了更加契合电子竞技转播的设备。

酒店餐饮及交通行业为电子竞技产业提供后勤方面的支持。在电子竞技赛事进行期间，选手及工作人员需要有舒适的住宿条件、营养的饮食供应，以及便利的交通条件。在餐饮、住宿、交通方面做好后勤保障，也是电子竞技赛事顺利进行的重要条件之一。

11.3 电竞场馆及网吧行业

11.3.1 电竞与网吧行业

在中国电子竞技的发展历程中，网吧既发挥着比赛场地的功能，也成为了电竞文化传播和交流的平台，吸引着越来越多的电竞爱好者。

20 世纪 90 年代，电脑的价格还非常高，大多数家庭都没有经济能力购置电脑，网吧成为了人们上网的主要场所。中国早期的职业选手大都是通过网吧接触电子竞技游戏，在网吧进行训练，最终走上了职业的道路。

在中国电子竞技发展的早期，网吧为电子竞技提供了比赛场地支持、训练场地支持以及设备支持。电子竞技发展至今，网吧已经不再是职业电竞赛事的主要举办场地，但仍然是电子竞技生态中的重要一环。网吧赛在非职业赛事体系中占据了重要地位，在推广电子竞技文化方面发挥着很大的作用。无数热爱电子竞技但却又无法成为职业选手的电子竞技游戏玩家在网吧赛中实现了电竞梦想。网吧还与游戏厂商进行深度合作，开展丰富多样的电子竞技活动。例如，网鱼网咖与头部游戏厂商建立深度合作布局官方赛事资源，2019 年 11 月，网鱼网咖在"全球网咖创新峰会"上与腾讯体育游戏发布了"腾讯体育游戏 × 网鱼竞技场城市赛"合作计划，双方共同探索体育文化与电竞文化在年轻群体中的结合。2019 年 9 月，英雄联盟官方宣布与网鱼网咖达成合作，共同举办 2019 年英雄联盟全国网吧冠军联赛。网鱼网咖还与 S 赛进行合作，将网吧打造成观赛场馆，为电子竞技用户创造了一个线下观赛交流的平台。

随着电子竞技的发展,电竞赛事的形式和流程更加规范化,对于举办场地的要求也越来越高,网吧已经无法满足专业赛事的需求。专业电竞赛事的比赛场地,逐渐转移到了具有一定规模的体育馆,或专业的电竞场馆中。

11.3.2 电竞场馆的特殊性

与其他体育赛事不同,电子竞技赛事的举办对场地有着特殊要求。

在场馆功能区的需求方面,电子竞技赛事需要的第一个特殊功能区是电竞舞台区,在这一区域需要进行舞美特效搭建;除此之外,电子竞技赛事还需要 AV 控制区,用来控制全场的灯光及大屏。

在设备需求方面,电子竞技赛事需要的特殊设备有 AV 控制设备、OB 导播设备、网络设备、游戏设备等。AV 控制设备是控制电竞舞台区的灯光及大屏的设备;OB 导播设备是电子竞技赛事转播独有的设备,在选手比赛时游戏 OB 需要使用游戏设备进入游戏中观察战局,及时捕捉精彩的游戏画面,将其传达给 OB 导播,OB 导播再通过导播设备将精彩的游戏画面传输给赛事导播;网络设备也是电子竞技赛事中极为重要的设备,赛事过程中,选手在游戏中进行比赛,要求比赛场馆有稳定高速的网络条件和稳定的电力条件,以保障游戏没有网络延迟,另外,稳定高速的网络可将高清无损的画面通过网络传输出去;游戏设备是指选手比赛所使用的电脑、手机或者其他设备,在电子竞技赛事中,为保障赛事的公平性,主办方会为选手提供统一的游戏设备。

在技术条件方面,电子竞技赛事在屋顶承重、观赛屏、电力、网络等方面,对场馆也有着与传统体育赛事不同的需求。

1. 屋顶承重

大型电子竞技赛事舞台搭建,需要屋顶承重单个吊点承重大于或等于 1 吨,顶部总承重大于或等于 60 吨,方可满足承担起落地架需求。电子竞技赛事舞台分为电竞比赛区和舞台表演区两部分,舞台区域会在顶部悬挂一块或多块观赛屏,整个场馆的照明灯、舞台灯也都悬挂在场馆顶部,因此电竞赛事对屋顶承重有着较高要求。

2. 观赛屏

电子竞技场馆在观赛区内需要设置面积较大的观赛屏,以满足观众的观赛需求。在小型场馆中,一般只设置一块主屏幕;而在大型场馆当中,观众四面环绕舞台而坐,就需要设置多块屏幕,以保证所有角度的观众都可以在正常情况下清晰地看到所有显示内容。不仅如此,观赛屏还要实时显示电竞比赛的图像、比赛信息和对局战绩,因此应具有动画、文字显示、放映连续的视频图像、播放录像画面等功能。此外,观赛屏还需要有自动关屏功能，配电应具有过载保护功能、漏电保护功能和分步上电功能。

3. 电力

在电力方面，电子竞技赛事的举办需要使用大量转播设备、网络设备、游戏设备、照明设备，需要充足的电力和应急供电系统。电子竞技赛事场馆最好应该设置独立 10kV 变电所，变压器机组设置应考虑主备用机制，设置双路供电及应急供电接入系统。主要功能区应设不间断或应急电源装置，接入用电容量应大于或等于 1000kV，前端设置双路供电系统，场馆内接入端设置临时发电电源接入系统。

4. 网络

在网络方面，电子竞技赛事比赛进行与赛事转播都需要流畅稳定的网络，以确保选手们能够在稳定的网络条件下公平竞技，高清赛事画面能够传输到网络上被广大观众看到。一般来说，场馆内提供的 5G 网络应当具有不低于 1Tbps 的下行速率以及 30Mbps 的上行速率，网络时延不高于 20ms，并且能够满足 4K、8K、VR 等视频传输稳定无抖动。

11.3.3 电竞场馆建设标准

电子竞技赛事对场馆有着特殊需求，但很长一段时间以来，电子竞技行业内并没有一套适用于电子竞技场馆建设的统一标准。

2019 年 8 月，2019 全球电竞大会在上海浦东嘉里大酒店召开。会上重磅发布了《电竞场馆建设规范》(以下简称建设规范) 和《电竞场馆运营服务规范》(以下简称服务规范)。这两项规范由上海市电子竞技运动协会、上海市网络游戏行业协会、上海市互联网公共上网服务行业协会共同编制完成，具有较强的理论性、规划性和前瞻性。标准结合了法律法规和其他规范性文件的要求以及举办各类电子竞技赛事的需求。

其中，建设规范详细规定了电子竞技场馆包括光学、声学、舞台、电力、照明、网络在内的基础设施配套建设，并根据电竞赛事级别、建筑规模和功能化指标，明确各场馆的选址、设置、设施布局和相应的交通、疏散等安全要求；服务规范从选手比赛和观众观赛需求角度出发，规定了电子竞技场馆应配备的服务设施、设备及相应的更新要求，明确了工作人员应具备的技能和职业素养，以及日常服务、支付服务、赛事服务、广告服务和应急服务的具体流程和服务规范。这两项规范编制过程历时 10 个月。期间，起草工作组走访了业内赛事主办方、场馆运营方、电竞战队、直播平台，并征求了业内专家的意见。

建设规范适用于向社会公众开放的永久性和临时性电竞场馆。规范中对电竞场馆进行了分级，如表 11-1 所示。

表 11-1　电竞场馆分级

级　别	用　　途	建筑面积 /m²	座位数 / 个	核载人数 / 人
A 级	主要举办国际最高水平电竞赛事活动	≥50000	≥5000	≥10000
B 级	可以举办国际性和全国性的电竞比赛	≥1000	≥200	≥500
C 级	可以举办全国性和地区性的电竞比赛	≥1000	≥200	≥200
D 级	可以承载观赛功能以及赛事选拔功能	≥500	≥100	≥100

其中，A 级场馆主要举办的高水平电竞赛事主要包括全球性、洲际性的第三方赛事及赛事联盟的顶级赛事；B 级场馆主要举办国际性和区域性的电竞赛事（含职业赛和非职业赛）；C 级场馆可举办全国性和地区性电竞赛事（含职业赛和非职业赛），同时具备电竞线下体验和观赛功能，以及运动员训练功能；D 级场馆以举办非职业赛事为主，具备电竞线下体验和观赛功能，以及运动员临时训练功能。

关于电竞场馆的选址，建设规范指出，电竞场馆的选址应该符合场馆所在地的总体规划；满足法律法规、政策对体育设施布局的相关要求；满足赛事举办过程中所需的交通、安全疏散等要求；B 级以上（含 B 级）电竞场馆直径 500 米范围内应设有公共交通、停车场等，并且需要配套住宿、餐饮等配套设施。

服务规范中指出，电竞场馆一般应当包括的设施有公用网络设施、比赛服务设施、互动体验设施、信息展示和咨询设施、前台设施、休闲餐饮及服务设施、日常运营基本设施、公共卫生设施、安全应急设施。在电竞场馆运营要求方面，服务规范提出了电竞场馆运营的基本要求：按上海市相关规定，在工商、税务、文化、公安、消防等行政主管部门办理相关手续；建立优质高效、统一规范的运营服务模式；制定日常工作管理、各类专项业务工作管理制度；加强各类服务信息的公开工作。

2020 年 9 月，在上海市文旅局、上海市体育局的指导下，上海市电子竞技运动协会、上海市网络游戏行业协会、上海市互联网公共上网服务行业协会依据《电竞场馆建设规范》，推出首批获评级的电竞场馆，将其分为 A、B、C、D 四类，并颁发证书。被评为 A 类电竞场馆的有梅赛德斯 - 奔驰文化中心、东方体育中心；被评为 B 类电竞场馆的有主场 ESP 电竞文化体验中心、静安体育中心；被评为 C 类场馆的有上海静安量子光电竞中心、666 号馆、网鱼电竞万航渡路店、火柴电竞馆、网易暴雪游戏电竞馆、长泰国际文化中心；被评为 D 类场馆的是 Panda V。

《电竞场馆建设规范》和《电竞场馆运营服务规范》的出台，对于规范电子竞技行业标准，促进电子竞技行业发展有着重要的意义。

11.3.4　顶级场馆助力上海电竞发展

上海提出建立国际电竞之都的政策后，依托城市优良的场馆资源，接连承办了 TI9、

S10 等国际顶级赛事，已经成为名副其实的国际电竞之都。顶级的赛事场馆在上海发展电子竞技产业方面起到了极大的帮助。尤其是东方体育中心和梅赛德斯 - 奔驰文化中心，有着完善的功能分区、便利的场馆条件，承办了大量的电子竞技赛事和活动。

1. 东方体育中心

东方体育中心是政府投资建造的公益性体育场馆，是上海一个全新的"全民健身、重大赛事、体育训练和体育交流"中心，位于黄浦江畔，紧邻 2010 年世博园区。场馆占地面积为 34.75 公顷，建筑面积 18.8 万平方米，主要由体育馆、游泳馆、室外跳水池、东方体育大厦 4 座大型建筑，以及一个标高为 11 米的大平台和一些辅助设施组成。东方体育中心室外部分设有大型广场、大型停车场、运动场以及高低起伏的绿化和大面积的人工湖景观。建筑宏伟大气，造型优美飘逸，整体环境充分体现了水的灵性和动感，是上海新 10 年的标志性建筑之一。

2018 年 7 月，上海久事体育正式接受东方体育中心的管理运营。在市委市政府领导及电竞赛事落地场馆的落实下，久事体育提出"灯光、绿化、降本、开放、互联网""网络带宽、灯光等配套设施升级、景观以及灯光照明改造工程"等五大工程，建设智慧场馆，对场馆管理进行全方位的提质增效，提升场馆的整体形象和使用功能。2019 年 1 月 12 日，东方体育中心成为腾讯电竞首个官方推荐的大型体育场馆。

东方体育中心承办的重大电子竞技赛事有 2016 英雄联盟季中冠军赛、2016 球球大作战全球总决赛、第 2 届 DOTA2 亚洲邀请赛、2017 王者荣耀职业联赛春季赛总决赛、2017 英雄联盟全球总决赛半决赛、2018 年 QQ 飞车手游 S 联赛夏季赛总决赛、2018 王者荣耀冬季冠军杯总决赛、地下城与勇士十周年派对、穿越火线十周年火线庆典、2020 和平精英国际冠军杯等。

2. 梅赛德斯 - 奔驰文化中心

梅赛德斯 - 奔驰文化中心位于上海市浦东新区世博大道，作为国内第一个可变容量的大型室内场馆，奔驰文化中心的主场馆空间可根据需要隔成 18000 座、12000 座、10000 座、8000 座、5000 座等不同场地，使之既能举行超大型庆典、演唱会，又能举办篮球比赛、冰上表演甚至冰球比赛多种活动。场馆舞台可以根据演出内容在大小、形态、甚至在 360 度空间中进行三维组合，给出无限的舞台设计空间和艺术创意、想象空间，这样的设计为国内首创。

奔驰中心主场馆内场区域面积达到 3000 平方米，超大的内场面积赋予了赛事舞台搭建形式最大化的自由度；屋顶配置超过 180 个吊点，吊装荷载总重达到 400 吨，可在舞台上空任意位置悬挂灯光、音响、视屏等各种不同类型的设施设备，超过国内同类场馆吊装荷载总重的 1 倍；主场馆供电最大负荷高达 2000kW，且供电点位呈现正态均匀分布，可以轻松应对电竞赛事中用电形式多样、大型设施设备众多、用电峰谷不平衡等情况，并提供全方位的用电保障。

迄今为止，奔驰中心已举办过 2018 王者荣耀职业联赛春季赛总决赛、2019 英雄联盟职业联赛夏季赛总决赛及八周年狂欢庆典活动、2019 DOTA2 国际邀请赛、2020 英雄联盟职业联赛夏季赛总决赛、S10 选拔赛及九周年狂欢庆典活动等多项世界级头部电竞赛事，累计接待观演人数超过 12 万人次，全方位支持高端电竞赛事的落地、扎根与集聚，强有力支撑上海全球电竞之都的建设。

11.3.5　电竞场馆的未来趋势

未来，城市在建设电子竞技场馆时，可以根据不同类型电子竞技赛事的需求，建设不同规格的场馆，将场馆分为常规赛场馆和总决赛场馆，或根据不同电子竞技项目的特性进行建设，专馆专用，提高场馆利用率。

电子竞技赛事常规赛一般持续 2~3 个月，时间比较久，观众数量一般在几百人左右。常规赛场馆能够满足两支战队的比赛需求即可，一般只设置比赛舞台，无须设置额外的表演舞台。场馆功能设施要能够满足观众观赛需求以外的餐饮、娱乐、购物需求。俱乐部主场场馆就属于常规赛场馆。

电子竞技赛事总决赛一般会持续 1~2 天，时间较短，有精美的开幕式和舞台表演，观赛人数从几千人到几万人不等，属于大型活动，因此需要面积大、设施完善、功能分区合理的大型综合场馆。总决赛场馆除了举办电子竞技赛事总决赛外，还应当有能力承担传统体育赛事和其他演艺娱乐活动。

不同品类的电子竞技赛事对于比赛舞台的需求不同。MOBA 类电子竞技赛事，比赛形式为 5v5 对战，比赛舞台能够满足 10 人同台竞技即可。战术竞技类游戏赛事，例如《绝地求生》《和平精英》等比赛，比赛形式为几十人同时竞技，比赛舞台需要能够坐下几十名选手，需要较大的舞台空间和独特的舞台布局。

未来，可以根据赛事品类建设场馆，将场馆分为 MOBA 类场馆、战术竞技类场馆等，根据赛事风格和特性进行场馆装修建设，精准满足该品类赛事用户的需求。

11.4　网络及网络设备行业

11.4.1　网络设备

电子竞技赛事的进行与转播，都需要高质量的网络设备及网络解决方案，以保障赛事中的网络信号高速稳定。

目前，大部分电子竞技项目都是网络游戏，例如英雄联盟、王者荣耀、绝地求生、和平精英等，因此高速稳定的网络是保障游戏顺利进行的前提条件。在玩网络游戏时，网络延时是一个影响游戏结果的重要因素。网络延时处于不停的变化当中，这种变化称为抖动，抖动是由于互联网络的复杂性、网络流量的动态变化和网络路由的动态选择而造成的。网络延时和网络延时的抖动越小，网络的质量就越好。一般来说，典型的网络延时为几十到几百毫秒。影响网络延时的主要因素是路由的跳数和网络的流量。因为每次路由转发都需要时间，因此路由跳数越多，网络延时越大；网络流量越大，交换机和路由器排队的时间就越长，所以网络延时也就越大。要保障线下赛事的公平，就必须使每一位选手的游戏网络平稳、高速、无异常波动，将网络延时降到最低，保证竞技双方在同样的网络条件下进行游戏竞技。

电子竞技赛事的转播，也需要依靠高速稳定的网络。赛事转播中，游戏画面、摄像机画面、赛间视频短片、配乐、选手语音等多路视频及音频信号通过各种设备被采集到赛事后台，在赛事后台被制作成赛事视频流，然后将赛事视频流推送到媒体服务器。高规格的电竞赛事转播通常能够提供质量极高的 4K 高清赛事视频流。只有高速稳定的网络，才能够将高质量赛事视频流从比赛现场顺利传输出去，让通过每一个渠道观赛的观众都能够看到高清且流畅的赛事画面。

由于赛事进行和转播对网络有特殊要求，因此电子竞技赛事对高质量网络设备有着极大的需求。每一场线下赛事，都需要搭建一整套完整的网络设备体系，并使用全球领先的网络解决方案供应商提供的网络设备和服务。网络设备一般包括交换机、路由器、网关、光缆等。与此同时，赛事使用的网络是网络运营商针面向企业和机构提供的固定 IP 专线宽带，比提供给普通用户随机分配 IP 地址的宽带要高速、稳定许多倍。

11.4.2 网络及内容传输

电子竞技赛事转播内容的网络传输有不同的方式，不同的网络传输解决方案对转播速度和质量有着不同的影响。网络传输的方式包括架设专用网络线路传播、多个信号源同时传播、卫星网络传输等。

2020 年 8 月，拳头公司与思科达成合作，思科成为英雄联盟官方企业级网络技术合作伙伴。思科提供的网络服务将 2020 年英雄联盟全球总决赛 S10 比赛 PING 值限制在 1ms 之内，而在赛事中思科的品牌 LOGO 不断地露出，进行了卓有成效的品牌营销。英雄联盟是一项需要快速战略规划和的快速反应的电竞赛事。思科的网络解决方案将为线下的游戏服务器 The Realm 提供助力。The Realm 专用于英雄联盟电竞赛事最主要的三大全球赛事的职业级比赛：英雄联盟全球总决赛、季中冠军赛和全明星赛。在思科的技术用到 The Realm 上之后，能够确保近乎即时的反应时间和不间断的游戏体验。与之前的技术相比，全新的思科服务器预计可以提升高达 200% 的原始性能。在思科先进的网络技术支持下，粉丝们足不出户就可以流畅地观看英雄联盟电竞赛事的直播，同时延迟更少，画质更优。作为在全世界范围内实现标准化、推动电竞诚信的全球计划的一部分，拳头游戏将会在各地区工作室部署超过 200 台游戏赛事服务器，并通过思科全新的 Intersight SaaS 方案进行集中管理。运用思科的 UCS B 系列刀片服务器，C 系列机架服务器和 Nexus 3000/7000 系列交换机，拳头游戏将在 12 个区域直播中心建立通用的虚拟化、存储和计算基础架构，为各地区职业赛事提供更高的性能和更低的延迟。思科刀片节点可以轻松地适应并支持直播中心，无须更换新硬件，并仍有余力为新的电竞赛事提供服务。

11.5 游戏及电竞周边设备行业

游戏设备行业，是指为电子竞技提供 PC 游戏设备、移动游戏设备以及其他游戏设备的行业。电子竞技的迅速发展与电子竞技游戏的大规模流行，能够有效地带动相关游戏设备行业的发展。电子竞技的竞技性使得其 PC 游戏设备、移动游戏设备、外设等设备都呈现出明显的电竞专业化需求，对电竞主机、显示屏、键盘、鼠标、鼠标垫、耳机、手机、电竞椅、电竞桌都提出了更高的要求。表 11-2 大致反映了电子竞技对游戏设备的特殊需求。

表 11-2 电子竞技对游戏设备的特殊需求

部件	电竞特殊需求
主机	扩展性强、散热能力强、高性能显卡、大内存
显示屏	必备要素：高刷新率（高于 144Hz）、快速响应时间、高动态对比度 其他要素：暗部平衡、高分辨率、高色彩覆盖率、曲面显示器
键盘	顺手性、快速触发轴体、适配轴体按压力度
鼠标	传感器强、顺手性
鼠标垫	顺手性
耳机	配备麦克风、低音音域、粗线缆、听音辨位、立体声场、多声道、质量最好小于 310g、USB 接口、分辨位置率
电竞椅	功能性强、人体工学设计、可调节（扶手、靠枕、坐垫、坐垫、脚踏角度）、电竞感造型
电竞桌	注重稳固、桌面防滑（让鼠标垫、键盘稳固）、高度
手机	高刷新屏、高触控采样率、高速处理器、网络（稳定高速，一般配备 X 天线、4 天线 WiFi 布局）、散热快、超强续航能力、RAM/ROM（手机运行内存及非手机运行内存大）

电子竞技特殊的需求催生了全新品类——电竞品类设备，也促使游戏设备行业不断推出符合电竞需求的新产品。

11.5.1　PC 设备及外设

PC 包括台式主机和笔记本电脑。随着智能手机的功能日趋完善，PC 市场受到了极大冲击，连续多年呈现低迷态势。从 2012 年开始，整个 PC 行业的市场表现一直呈下滑趋势，如图 11-2 所示。

· 图 11-2　中国计算机及辅助设备市场成交额 ·

国家统计局的数据显示，中国计算机及辅助设备市场成交额在 2012 年达到巅峰 792.04 亿元，在这之后便急转直下，直到 2018 年才打破跌势稍有回暖的迹象，但数据也仅停留在 327.36 亿元，不及 2012 年成交额的 50%。

如图 11-3 所示，从 2011—2018 年中国计算机产量数据看来，自 2012 年开始，中国笔记本产量开始呈现大幅下降趋势，微型计算机产量也整体呈现下降大幅减产的趋势。此

· 图 11-3　2011—2018 年中国计算机产量 ·

原因一方面是来自移动智能设备的压力,另一方面则是产品同质化现象严重,同时电子设备更新周期较长,因而长期处于饱和状态。

在 PC 行业整体低迷的情况下,电竞 PC 一枝独秀。随着电竞行业的迅猛发展,用户对专业的游戏电竞电脑产生了很高的需求。

电竞行业的爆发式增长倒逼 PC 巨头推出高端产品,电竞行业已经逐步成为 PC 巨头的重点布局领域之一,PC 巨头相继推出了电竞 PC 产品。

2009 年,戴尔收购了全球最大的游戏 PC 游戏厂商 Alienware(外星人)。Alienware 不断推出符合游戏与电竞需求的新产品,推出了不同系列的电竞主机、电竞笔记本、电竞显示屏、电竞鼠标等产品,并与 LPL 达成合作,成为 LPL 官方设备供应商。电竞行业的火爆也催生了无数电竞网咖,Alienware 还为电竞网咖提供系统性的一站式解决方案,从店内装潢设计、无盘机解决方案到完善的硬件部署方案,Alienware 都能够提供。通过推出电竞产品、与电竞赛事合作、与电竞网咖合作,Alienware 在用户心中塑造了高端游戏电竞产品制造者的形象。

2006 年,华硕推出了游戏 PC 品牌 ROG 玩家国度。随着电子竞技的火爆,ROG 玩家国度推出多个系列电竞产品,例如 ROG STRIX 猛禽、TUF GAMING 电竞特工等。TUF GAMING 电竞特工系列融入华硕电竞"黑科技",为玩家带来长效稳定的游戏体验。一系列的电竞特工产品包括主板、笔记本电脑、台式电脑、机箱、键盘、鼠标以及耳麦。电竞特工系列加入了较多电竞元素及功能,更贴合电竞游戏玩家的需求,让玩家彰显自己的游戏风格和个性。在推出电竞产品的同时,ROG 还赞助电竞赛事和活动,在全国多地布局 ROG 电竞馆,举办电子竞技赛事和活动。2017 年 12 月 9 日,江西首家 ROG 电竞馆开业时,华硕电脑(上海)有限公司 ROG 玩家国度产品部产品总监乐可登先生介绍说:"ROG 是'因游戏玩家而诞生,为电子竞技而存在'的超凡硬件装备。"由此可见,电子竞技已经成为 ROG 产品设计和品牌营销的核心。

外设是指除主机以外的各种设备,如显示器、鼠标、键盘、耳机等。不同的电子竞技游戏对于外设有着不同的要求,高质量的外设产品能够帮助玩家在游戏中更加从容地应对各种场景。

例如,FPS 游戏对显示屏的刷新率有着较高的要求。刷新率是指电子束对屏幕上的图像重复扫描的次数。刷新率越高,显示的图像(画面)稳定性就越好。刷新率高低将直接决定显示器的价格,但是由于刷新率与分辨率两者相互制约,因此只有在高分辨率下达到高刷新率的显示器才能被视为性能优秀。

在 FPS 游戏中,游戏画面变动速度极快,显示器刷新率过低会造成画面拖影和卡顿,如图 11-4 所示。

· 图 11-4　60Hz 显示器造成的拖影效果 ·

NVIDIA 曾经做过一项调查，调查数据显示，使用高刷新率显示器和高端显卡的玩家比使用 60Hz 显示器和入门级显卡的玩家拥有更高的 K/D。也就是说，对于 FPS 游戏和战术竞技类游戏，除了技术的原因之外，越高刷新率的显示器越能提升玩家在游戏中的表现。高刷新率的显示器使游戏画面更加流畅，从而有助于瞄准，射击点也更加集中。

除了显示器之外，鼠标、键盘、耳机等产品也推出了符合电竞需求的系列产品。

电子竞技对 PC 设备及外设产品不断提出更高的需求，优质的电竞 PC 设备及电竞外设产品也受到了广大游戏电竞用户的追捧。在电子竞技的带动下，PC 设备及外设业重新焕发了勃勃生机。

11.5.2　移动设备

近几年，《王者荣耀》《和平精英》《皇室争霸》等移动端电子竞技游戏风靡，移动电竞迅速崛起，移动电竞设备的市场需求也在激增。电子竞技对移动电竞设备提出了更高的要求，例如高刷新屏、高触控采样率、高速处理器、稳定高速的网络、强大的散热能力、超强续航能力、超大内存等。电子竞技独特的性能要求与庞大的潜在市场需求，促成了电竞手机这一全新手机品类的诞生。2018 年开始，努比亚红魔系列电竞游戏手机、小米黑鲨系列电竞手机、vivo iQOO 系列电竞手机、ROG 系列电竞手机、联想拯救者电竞手机等电竞手机相继问世。

相比于普通手机来说，电竞手机的处理器性能更为优越，在灯光特效、屏幕显示和更高效的操作和灵敏度方面也有更加出色的表现。在屏幕显示方面，电竞手机有着更高的刷新率，以保证在游玩《和平精英》等射击类游戏时拥有流畅的画面和更加准确的射击动作。在长时间玩游戏后，手机往往会发烫，这对于游戏爱好者和职业选手来说是一个棘手的问题。在散热方面，电竞手机做了特殊的优化，加入风扇、3D 真空腔均温板、超导 VC 液冷散热系统等散热设备。一般来说，电竞手机还会设置独立的快捷键（包括竞技键、侧肩键和压感屏幕等），可极大提升射击类游戏的胜率，双扬声器和更大的电池也是电竞手机的标配。对于移动设备来说，高速流畅的网速也是保证游戏操作和游戏体验的重要条件。因此，电竞手机往往会强化 4G、5G 和 WiFi 天线的设计，确保室内外任何环境下都不会因为网络延迟而影响比赛。电竞手机还对"触控采样率"这个参数更加看重。高达 240Hz 的触控采样率，能够让屏幕触控的延迟从 43ms 降低到 34.7ms，并对屏幕映射进行优化，使触控操作更加精准，系统反应更加迅速，实现"指哪打哪"的精准效果。

传统手机品牌通过推出电竞系列手机，与电竞赛事合作，取得了显著的营销成果，并塑造了年轻人喜爱的电竞潮流品牌形象。作为王者荣耀职业联赛 KPL 的长期赞助商，vivo 在 2019 年面向电竞与游戏用户推出了 iQOO 系列手机，iQOO3 手机也成为 KPL 的官方赛事指定用机。iQOO 系列手机针对 KPL 官方赛事标准、游戏场景与选手需求不断迭代用机标准，带来竞赛级别的游戏体验。iQOO 以极其优异的成绩通过了各项严苛测试，让电竞选手们能够在游戏中发挥出更大的实力，玩得更加酣畅淋漓。在各种测试环节中，iQOO 有很多测试成绩甚至都超过了 KPL 的标准，比如在打王者荣耀的时候，这款手机的耗电每分钟仅 0.38%，而且在单位时间内出现卡顿的次数也仅为 0.55 次。此外，该机还加入了鹰眼显示增强技术、4D 游戏震感 3.0 以及 Monster Touch 压感按键等，从多个方面再次增强了 iQOO 的游戏体验，让人拿上它玩游戏的时候更加爱不释手，也能更加沉浸在游戏带来的愉悦中。iQOO 手机专有的电竞模式则能够帮助玩家快速进入竞技状态，并且摆脱外界消息干扰，带来更加强烈的游戏沉浸感。为了避免玩游戏玩到一半突然没电的状况发生，iQOO 手机内置大容量电池，根据实测数据显示，在满电的状态下可以连续畅快游戏 7.5 个小时。

除了提供设备支持外，iQOO 还在 KPL 的比赛中设置了"iQOO 强悍担当"这一个人奖项。2020 年王者荣耀职业联赛 KPL 春季赛总决赛中，经过 7 场激烈无比的对决，TS 队伍终于以更加完美的控制链打败了 AG 队伍，赢得了最终的胜利。在比赛中，TS 战队成员 TS. 诗酒也因为实力大开，疯狂输出，获得了首次出现在 KPL 决赛中的个人奖项——"iQOO 强悍担当"奖。

iQOO 还与 KPL 合作推出了纪录片，将品牌文化与电竞精神深度融合。2020 年 11 月 2 日，iQOO 2020 官方电竞纪录片《生而为赢》全网首映，为了让更多朋友能够了解职业电竞选手在赛场背后的故事，iQOO 精心打造了这部《生而为赢》，它记录了 KPL 战队成员从赛前训练到巅峰对决的逐梦过程，向观众展示了移动电竞的无穷魅力，揭示了移动电竞的光明未来。对于 KPL 来说，iQOO 的身份不仅是赞助商那么简单，作为比赛用机提供者，iQOO 手机产品的好坏直接影响到 KPL 选手的发挥和比赛能否正常进行。作为终端厂商，iQOO 始终拥有行业最强悍的核心性能，且长期以来与 KPL 官方深度合作。iQOO 手机在电竞功能上持续优化，从硬件到软件，iQOO 都在为成为最好的电竞手机而不断发力。

移动电竞的发展不断刺激着手机行业产出性能更加优越的电竞产品，并通过电竞品牌营销实现双赢。

11.5.3　其他游戏设备

除了 PC 设备和移动设备之外，游戏设备还包括主机设备、街机设备和 VR 设备。相比于 PC 电竞和移动电竞，主机电竞、街机电竞和 VR 电竞的规模较小、赛事数量较少，影响力也相对较低。主机游戏电竞赛事有 EVO 格斗游戏大赛、《任天堂明星大乱斗》电竞巡回赛等；街机电竞赛事有日本的国际性格斗游戏大赛斗剧；VR 电竞赛事有 ESL 举办的 ESLV R league，北京市国有文化资产管理中心指导举办的 VR 电子竞技国际大赛等。

11.5.4　其他电竞周边设备

除了游戏设备之外，其他辅助性设备如电竞椅、电竞鼠标垫、电竞桌等产品，也因电竞用户需求的增长而有了一定的销售增长。电子竞技的发展为游戏设备行业不断注入新的活力。

11.6　转播及内容制作设备行业

11.6.1　转播设备

电子竞技赛事的直转播系统可以分为信号采集系统信号切换和处理系统。信号采集系统由视频系统、音频系统、通话系统组成。信号切换及处理系统由切换台、矩阵、图文包装、信号回放等信号处理设备组成。

整套系统的主要设备包括信道摄像机、切换台、调音台、通话系统、核心矩阵、回放机、慢放机、图文包装及字幕机、各种信号转换器、推流及编解码设备等。本章介绍部分主要设备。

1. 切换台

切换台是赛事转播中用于即时编辑视频素材的设备。切换台可以接入许多路视频信号，不同信道机拍摄的比赛现场画面、游戏内画面等视频信号都将进入切换台。导播通过操作切换台，对多路视频信号进行实时编辑，并通过过渡技巧将不同视频素材连接起来，形成观众看到的比赛视频。导播根据不同的情境和场景，选择合适的视频信号作为主信号呈现给观众。例如，在总决赛开幕式介绍战队选手的环节，一般会有一台摄像机拍摄战队的全景画面，另一台摄像机用于拍摄选手特写，当主持人介绍到某位选手时，导播会选取选手特写的画面作为主信号让观众看到，选手介绍完毕后再选取战队全景的视频画面作为主信号，以展示较大的舞台背景和战队整体面貌。切换台是电子竞技赛事转播中的核心设备，观众看到的所有比赛画面，都是导播通过切换台精心选取并处理制作过的画面。

国际顶级的切换台品牌有 RossVideo、索尼、Snell 等，是中央电视台等一流电视台广泛采用的切换台设备品牌。目前，大部分高规格的电子竞技赛事转播中也都使用与央视相同的顶级切换台设备，例如 RossVideo Acuity 系列大型 4K 制作切换台、Snell Kahuna 切换台等。电子竞技赛事的转播与制作与传统电视台的节目制作有所不同，除了现场拍摄画面，还有游戏内画面需要制作，因此衍生出 OB 导播、游戏 OB、推流及传输、品质管理及推流监播这几个电子竞技赛事转播独有的岗位。在电子竞技流行以前，电视台是切换台设备的主要客户，主流切换台厂商的切换台也主要是根据电视转播的需求而设计生产的。随着电子竞技赛事举办的场次和规格越来越高，单纯为电视转播而设计的切换台已经逐渐无法满足电子竞技赛事转播的需求。英雄体育VSPN作为亚洲顶级的电子竞技赛事运营商，在转播设备方面与RossVideo保持着良好的合作，使用RossVideo顶级切换台设备进行赛事制作。RossVideo通过与英雄体育VSPN进行设备合作，了解到电子竞技赛事转播独特之处，针对电子竞技赛事转播的特殊需求进行了设备开发和技术升级，制造了更加适合电子竞技赛事转播的切换台设备。

2. 调音台

调音台是在电子竞技赛事转播中用于处理音频信号的设备。调音台将多路输入的音频信号进行放大、混合、分配，进行音质修饰和音响效果加工，之后再通过母线输出。在赛事转播中，输入调音台的音频信号有解说声音、主持人声音、背景音乐、视频短片声音、游戏内声音等多路音频信号，调音师根据赛事进行的不同节点，选择合适的音频信号进行加工并输出。

在英雄体育VSPN等赛事运营商举办的高规格电子竞技赛事中，为获得最好的听觉效果，调音台的选择也非常严苛。赛事使用的是与国庆阅兵式同样的调音台设备，能够处理多轨录制的许多路音频信号，为观众带来环绕立体的听觉体验。

3. 通话系统

通话系统是电子竞技赛事转播中局部区域内临时通话的通信产品，用于满足工作人员之间、比赛选手之间的沟通需求。在大型电子竞技赛事中，内部通话系统承担着极其重要的作用，它既是赛事工作人员的调度系统，担负着赛事转播时相关工种的内部联络工作，也是比赛选手之间内部沟通交流的工具，同时也能够作为转播系统的一部分接入转播系统当中。赛事转播中通话系统涉及的区域众多，导播间、AV控制区域、舞台表演区、比赛区、化妆室、休息室、仓库等重要工作区域都需要有通话系统的接入点。通话系统连接了许多设备，除了连接固定通话面板、移动通话面板、有线通话腰包外，还需要连接无线通话系统、步话系统、电话接口、音频系统和后台寻呼系统等。

在以英雄体育VSPN承办的高规格电子竞技赛事转播中，通常使用德国RIEDEL内部通话系统。RIEDEL是一家开发、制造和销售视频、音频、数据和各种行业通信系统的实时网络解决方案的公司，在协助重大体育赛事方面有着丰富的经验，RIEDEL通话系统曾在一级方程式赛车、红牛特技飞行赛、奥运会赛事中使用，被中央电视台及地方电视台在节目制作期间广泛使用。

大型综艺赛事，例如欧洲电视网歌唱大赛，其内部通话系统中的通话点一般在100个左右，而在部分电子竞技赛事中，内部通话点则远超100个，转播制作的难度也更高。和平精英职业联赛 PEL 中也使用了 RIEDEL 内部通话系统，设置了将近 200 个通话点，几十名选手同场竞技，每位选手都有独立的通话点，而且其通话内容可独立提取。

从电子竞技赛事转播中切换台、调音台、通话系统的应用中，我们可以看到，目前电子竞技赛事转播技术水准已与国际顶级体育赛事接轨，电子竞技转播以严格的技术要求为观众呈现每一场视听盛宴。

11.6.2 转播车

转播车是载有转播设备的汽车，用于实况转播，具有摄录像、编辑等功能，也可将设备搬至现场进行摄制工作。转播车是一种具有机动灵活、活动范围大等特点的车载小型"电视台"，它可以远离赛事制作中心进行现场录像、现场编辑工作，并能即时向赛事制作中心传送所录制的画面，进行现场转播。

中国首辆电竞转播车是由英雄体育 VSPN 设计打造的电子竞技赛事专用超高清 4K 转播车。在第 25 届中国国际广播电视信息网络展览会（CCBN）上，这辆电竞转播车惊艳全场。全车采用了广播电视行业内顶级设备提供商的核心产品，包括美国草谷公司（Grassvalley）的 LDK 系列 4K 摄像机和全套各类视音频周边产品，RossVideo 公司 Acuity 系列大型 4K 制作切换台等顶级设备。

在过去，如果要转播电竞赛事这样的大型活动，工作小组只能分散在场馆各个角落，无论是协调沟通还是调度调整都确有不便，在一定程度上影响到工作效率和整个转播的质量水准。如今，车内拥有罕见的双制作区 4K 同播能力，网络化 KVM 管理界面，RossVideo 公司 Acuity 系列大型 4K 制作切换台，以及 RTS（TELEX）公司 ZEUS 系列通话矩阵等一系列重要产品和功能，能让所有这些繁杂的工作统一在车内完成，而且可以随时转移，大大方便了整个 KPL 赛事的直转播工作。

英雄体育 VSPN 电竞转播车是国内目前极其稀有的，可媲美卫视的超高清转播车，超一流的系统设计水准、罕见的直挂车双制作区 4K 同播能力，使其成为电子竞技行业标杆性的中大型转播平台。

11.6.3 远程制作中心

随着电子竞技赛事转播技术标准的不断提高，远程制作开始应用在电竞转播当中。在传统的电竞转播中，现场摄制团队和赛事制作团队需要同时集中在比赛场馆，现场录制采集的画面在比赛现场进行实时制作和转播。而采用远程制作的方式之后，比赛现场所需的设备和人力将大大减少，现场摄制采集的内容通过网络传输回远程制作中心，在远程制作中心加上字幕、特效、配乐等，最终将美轮美奂的视频效果呈现给观众。在英雄联盟和王者荣耀赛事中,都已经使用了远程制作中心来进行赛事制作与转播。

1. 腾竞体育直转播制作中心

腾竞体育直转播制作中心位于上海市静安区,总面积 3550 平方米,含 5 个演播室、5 个导播室及其他电竞专用功能房。制作中心是基于业内领先的远程制作技术而设计、集成的新一代演播室群节目制作基地。

在英雄联盟全球众多赛区中,LPL 赛区是第一个效仿传统体育行业开启主客场的赛区。2018 年,LPL 在全国 6 个城市:上海、北京(2 个主场)、杭州、成都、重庆和西安共设立了 7 个对战主场。2018 年,腾竞体育直转播制作中心作为上海市主场开始动工。

2020 年 S10 全球总决赛中,腾竞体育直转播制作中心再次扮演重要角色,承担了决赛的远程制作与播出任务,负责制作赛事信号,并将信号流分发到全球超过 150 个国家和地区。

2. KPL 远程制作中心

2018 年,王者荣耀职业联赛 KPL 开始推行主客场制。为满足 2020 年武汉 eStarPro、南京 Hero、重庆 QGhappy、上海 EDG.M、广州 TTG.XQ、成都 AG 超玩会等俱乐部落地城市主场的需求,KPL 赛事的承办方英雄体育 VSPN 建立了服务于 KPL 赛事的远程制作中心,目标是使 KPL 具备多城信号远程处理制作的能力。2020 年 KPL 春季赛以线上赛的形式开展,KPL 远程制作中心正式投入使用。

KPL 远程制作中心将电竞赛事中成本高、重复度高、专业性强的模块进行整合,大幅降低各环节人力需求、制播设备成本,并大幅缩减装配时间,提升复用空间。KPL 制作中心采用业内顶级设备,将现直播 25 帧的直播画面提高至 59.94 帧,大幅度优化画面的流畅性,提升直播观看体验。直播信号整体通过延播设备延迟 3 分钟,保障直播安全,确保输出的所有信号合规合法,可有效降低直播事故带来的影响,并且可减少线上赛选手作弊的可能性。

在技术上,KPL 远程制作中心从网络、设备、游戏服务器 3 个角度出发,保证 KPL 线上赛事的举办。

网络层面,制作中心需配备有线 +WiFi 双通道,主 + 备外网线路;在游戏的实际操作上,部署上海和成都两地的比赛服务器,俱乐部选择自己城市的服务器连入比赛,将服务器层面的延时降到最低。

在设备层面,制作中心则需要制定详细的设备标准,包括赛事用机设置、网络相关设备、监控相关设备、比赛耳机、支架等外设型号等,并让裁判 +IT 技术人员双重测试、验收。

线上开赛前,制作中心每天进行各个俱乐部和线上选手的测试和数据收集,在比赛当日,需要提前一小时进入设备调试、裁判检查,确保比赛环境和技术条件达到比赛要求。

以前,每个线下场馆分别用各自现场制作的 EFP 系统进行信号制作和推流,现在则是将主场信号源，例如摄像头、信道、收音通话等传输到本地机房，由机房传输到远程制作中心，再做成观众最终看到的画面，全程以直播流形式推送给观众。推流和制作均在远程制作中心完成。

KPL 远程制作中心大大提高了 KPL 赛事的制作效率和转播水平，为观众提供了制作更加精良的、娱乐性更加丰富的优质赛事内容。

11.7 酒店与餐饮行业

在电子竞技产业发展的过程中，酒店行业与餐饮行业所提供的后勤支持是必不可少的。大型电子竞技赛事或活动举办时，大量的工作人员、选手、观众等会聚集到赛事举办城市，因而产生大规模的酒店住宿需求与餐饮需求，拉动酒店行业与餐饮行业的发展。电子竞技也为酒店与餐饮行业注入更多活力，为了满足电子竞技用户的需求，酒店与餐饮从业者渐渐开发出了电竞酒店、电竞主题餐厅这样的新产品。

11.7.1 酒店行业

电竞酒店是随着近几年电子竞技的火爆而产生的全新酒店形式。与好朋友一起尽情"开黑"，是许多热爱电子竞技的人士在学习和工作之余的娱乐选择。在网吧开黑，虽然能够享受到游戏和竞技的乐趣，但是私密性和舒适性都无法与酒店相比，因此电竞酒店这种新型酒店也就应运而生了。

电竞酒店每个房间都配备有电脑和电竞桌椅，顾客不仅可以享受媲美网吧的高品质电竞体验，还可以拥有住酒店的舒适体验。电竞酒店根据用户的不同需要，提供二人间、三人间、四人间、五人间、六人间等。由于电竞酒店的用户体验模式类似于网吧上网，因此需要跟文化部门、公安部门备案联网，并且未成年人不可办理入住。

与普通酒店相比，电竞酒店的投资要高得多。高配置电脑、高速网络、电竞桌椅的配备，加上电竞风格的装饰和电脑的折旧，每间房间的成本要比普通酒店高出几万甚至十几万。电竞酒店的运营成本也远远高于普通酒店，主要是电费消耗巨大。高配置电脑常年维持开机状态，电费比普通酒店高出几倍。每间房间住的人较多，房间的打扫清洗成本也相对较高。尽管投资相对较高，但电竞酒店依托电子竞技产业，拥有巨大的市场潜力，吸引了许多投资者开设电竞酒店。

随着电竞酒店在上海、北京、成都等城市纷纷落地，电竞酒店行业也不断成熟和壮大，有关于电竞酒店的行业交流和探讨也越来越多。2019 年 7 月 25 日，中国首届电竞酒店新零售模式发展峰会在重庆市举办。峰会对电竞酒店行业动态、未来发展、选址综合分析、政策审批、商业模式与经营定位、运营管理、设施设备如何配置、产品的延伸、如何塑造个性 IP、运用好大数据做好新零售等多个方面进行解读与探讨。2020 年 10 月 21 日，2020 海南省网吧 & 电竞酒店行业峰会在海口举办。本次峰会联合英伟达、英特尔、技嘉等多家厂商举办，会议邀请了海南省数十名网吧业主以及电竞酒店投资人出席，致力于带来最前沿的产品资讯，为海南省网吧的运营带来一些新信息、新思路。

11.7.2　餐饮行业

电竞主题餐厅也是随着电子竞技的发展而产生的一种全新主题餐厅。电竞主题餐厅集美食体验和电竞娱乐体验为一体，让顾客在享受美食的同时也能够享受电竞的快乐。

2017 年，依托国内知名电子竞技俱乐部黑凤梨电子竞技俱乐部，国内首家高端电竞主题餐厅——黑凤梨电竞主题餐吧开业。餐吧集端游、手游、桌游于一体，网红直播、高端对战台、狼人杀专用包房、解说间一应俱全。无论顾客是喜欢端游或手游，还是喜欢桌游和网络直播，在餐吧都能够找到志同道合的朋友，一起品尝美食，游戏娱乐。

电竞主题餐厅 + 电竞馆的模式也在逐渐兴起。顾客在电竞馆享受游戏竞技娱乐的同时，也能够享受到专业厨师打造的精致美食。"美食 + 电竞"正在成为一种新的行业趋势。

11.8　基础设施与电子竞技发展

电子竞技相关产业是电子竞技发展的重要基础支撑。在众多的电竞相关产业中，电子竞技的基础设施显得尤为重要。未来电子竞技产业的发展需要更多的电竞基础设施，正确处理基础设施建设与电子竞技发展的关系，是各地区发展电子竞技产业的核心问题。

11.8.1　基础设施对电竞发展的意义

电竞基础设施对于电子竞技发展的意义，主要体现在二者的相互关系。基础设施与电子竞技的关系既相互促进，也相互制约。良好的基础设施有利于促进电子竞技的发展，电子竞技的不断发展又需要更多的基础设施。由此，基础设施与电子竞技产业的发展形成良好的相互促进作用。反之，较差基础设施制约了电竞产业的发展，电竞产业发展缓慢甚至倒退会导致基础设施荒废弃用，陷入恶性循环。

基础设施对于电子竞技发展更深层次的作用体现在提升电子竞技产业运作的效率，优化电竞产业资源和资金的投入结构，帮助电竞将更多资源和资金使用在促进电竞产业发展的关键环节。

以电子竞技场馆为例,优秀的电子竞技场馆能够提升赛事组织的效率,提升赛事转播的效果,为赛事落地提供诸多的便利,使赛事的资源和资金更加有效地使用在提高内容质量、扩大赛事影响力、提升用户体验、构建电竞生态等方面。反之,不适合电竞比赛的场馆使电竞比赛的资源和资金大量消耗在功能间搭建、电力及网络改造、空调改造等一次性投入且无意义的工作上,严重影响电子竞技的长远发展。回顾中国电竞发展的历史就会发现,电子竞技优先发展的城市都是电竞相关基础设施较好的城市。

11.8.2　基础设施的范围和建设标准

提到电子竞技的基础设施,人们通常首先想到的就是电子竞技场馆。电子竞技场馆是电竞产业重要的基础设施,但是只建设电竞场馆对于促进电竞产业发展是明显不够的。电竞产业基础设施的范围很广,其中包括电子竞技场馆、场馆内基础设施和功能区域配置、电力容量、空调等基础设备、比赛网络、场馆周边环境及配套设施、场馆交通等。电竞基础设施建设甚至要考虑周边地区的人口数量和人口结构,要在电竞基础条件好的地点建设电竞场馆。电竞基础设施的范围还应该包括各类电竞企业的办公和生产需求,各类企业包括赛事制作及运营公司、俱乐部及战队、艺人经纪公司、教育培训机构等。

由于电子竞技产业是新兴的产业,符合电竞赛事使用要求的电竞场馆十分稀少。在建设新场馆或改造旧场馆时,要充分考虑电子竞技赛事的特殊性,不能简单参考建设传统体育场馆的标准来建设电竞场馆。目前,电竞发展先进的地区正在制定电子竞技场馆的建设标准。在发展电竞产业和建设电竞场馆时,各地区不仅要充分学习建设标准和参考成功案例,还要充分分析当地的人口情况和经济发展水平,建设适当标准的电竞场馆。电子竞技场馆的建设可以适度超前,留出未来一定的发展空间,但不必要强行按照最高标准建设和投入。

11.8.3　电竞产业基础设施建设与地区发展

对电竞产业基础设施的投入应当适应该地区的发展,重点需要考虑如下几个问题。

首先,需要考虑城市或区域电子竞技发展的定位、计划和市场份额。各城市和区域的基础条件和特色都不相同,应当充分考虑未来电子竞技的发展前景和承载能力,切勿生搬照抄其他地区的成功经验,跟风式大干特干。即使是同样规模的城市,在区域中的定位和电竞基础条件也并不相同,电子竞技发展和基础设施投入要因地制宜,具体问题具体分析。

其次,要综合投入,建设完整的电竞基础设施,不能只针对电子竞技场馆进行投入。电子竞技是综合性很强的融合产业,单独投入某个方面,而忽视其他方面,电子竞技产业的发展依然会受到阻碍。例如，在建设电竞场馆的同时，也要改造场馆的电力和网络。场馆建设的标准很高，但网络速度不达标，依然无法开展电竞比赛。可以针对某个层级比赛的定位来综合投入，将基础设施投入的目标明确为支持某个层级的电子竞技比赛。基础设施的各方面投入都以满足这个层级赛事的需求为参考，切勿各方面投入和建设的标准有高有低，避免"高的用不上，低的不够用"的窘境。

最后，基础设施的投入节奏要与电子竞技的发展计划相匹配。发展电竞产业要实现电竞基础设施建设、赛事引入举办、电竞产业生态打造协调一致；要提前构建电竞赛事引入的承载能力和消化能力；要以产业发展的综合思路来协调各项工作的顺序和步骤。同时，发展电竞产业也要充分考虑不同电竞赛事的人流拉动能力和人流聚集效应，选择引入和举办合适的电竞赛事。最好能够有效避免举办赛事太多、基础设施支持不够或者举办赛事太少、基础设施大量闲置等问题。

第12章 电子竞技衍生产业

12.1 合作共赢是社会化电竞发展的必由之路

本书第2章提出,按照电子竞技发展的社会驱动力变化来划分,电子竞技的发展阶段可以分为爱好者自发时期、游戏厂商主导时期和社会化电竞时期。在社会化电竞时期,电子竞技的主要投入方是各种社会力量,包括游戏厂商、赞助商、版权平台、俱乐部、经纪公司、房地产商及各级政府等。电子竞技将受到大众和社会资源的普遍认可,成为有影响力的主流行业,并且与其他行业达成更加深度的合作,共同创造价值。

社会化电竞的最终实现是产业发展的必然结果。游戏和电子竞技产业不断发展壮大,在完成本行业的发展之后,会不断寻找其他的突破口。跨行业的合作将会成为游戏和电竞拓展的重点。本行业的残酷竞争也会迫使一些电竞项目寻找外部资源,实现新的突破。同时,游戏和电竞本质上是内容型产品,让更多的人参与和观赏,增强IP的品牌影响力是这类产品的天然特性。通过跨领域合作,游戏和电竞能够增加收入,增强品牌影响力。最终社会化电竞会在众多电竞产品的出圈尝试中逐步实现。

社会化电竞发展更重要的作用是,作为未来的主流行业,电竞在增强品牌影响力的同时,肩负起了行业间普惠共赢的社会责任。电竞行业与其他行业的相融相通,创新开拓了惠及多个行业的"电竞+"合作新模式。在为其他行业创造价值、增加就业和繁荣经济的同时,电竞也改变了在一些人心中小众孤立的形象,获得了进一步发展所需的良好氛围和社会资源。

在社会化电竞发展的过程中,电竞需要与各个行业建立和完善整合资源、合作共赢的协作模式,充分发挥游戏和电竞IP的发动机引领作用,聚集更多的社会资源,不断壮大自身。在自身发展的同时,电竞也愿意成为其他行业的重要资源,为其他行业的发展提供新的机遇。这种合作模式要长期坚持和不断修正,不能因短期的得失而改变方向。

电竞未来获得社会化巨大成功的方式,一定不是只在本行业内获得成功,而是帮助更多的行业获得与电竞合作的成功。这是和"得道多助，失道寡助"类似的道理。世界万事万物都是普遍联系和永恒发展的，帮助别人发展就是帮助自己发展，电竞与其他产业的关系也是如此。

12.2 电子竞技衍生产业概述

12.2.1 电子竞技衍生产业的定义

产业融合是指不同产业或同一产业不同行业相互渗透、相互交叉，最终融合为一体，逐步形成新产业的动态发展过程。产业融合是在经济全球化、高新技术迅速发展的大背景下，产业提高生产率和竞争力的一种发展模式和产业组织形式。

电子竞技衍生产业指电子竞技产业与其他产业融合而形成的新产业，也可以称为"电竞+"产业。电子竞技产业既是体育产业，也是文化创意产业。电子竞技产业在发展的过程中，不断与影视产业、教育产业、旅游产业、房地产业等产业进行交叉渗透，以"电竞+"的形式与其他产业深度结合，逐渐发展出电竞地产、电竞教育等新的电子竞技衍生产业。

图 12-1 展示了电子竞技衍生产业在电子竞技产业架构图中的位置。

电子竞技衍生产业的出现，是因为电子竞技的迅猛发展为与其相关联的传统产业注入了新的活力，促进了传统产业的发展。在中国，电子竞技用户已经超过 4 亿，是一个相当庞大的用户群体。这意味着每一个"电竞+"产业，都拥有 4 亿多潜在消费人群。电子竞技用户除了有电子竞技与游戏的需求外，同样也拥有着旅游、音乐、影视等其他需求。将旅游、音乐、影视等产业与电子竞技结合起来，推出以电子竞技为主题的全新产品，会激发出电子竞技用户群体的消费潜力。电子竞技衍生产业的诞生，迎合了电子竞技用户独特的内容需求和娱乐需求，是产业发展的必然趋势，也是产业发展的现实选择。

12.2.2 电子竞技衍生产业的分类

电子竞技衍生产业可以分为电竞与实体及电子商业、电竞旅游、电竞影视文学动漫、电竞综艺娱乐、电竞教育、电竞地产、电竞互联网应用、电竞体育彩票等。

电竞与实体及电子商业是电子竞技产业与实体商业及电子商业融合而产生的衍生产业，包括电竞 IP 产品的电商销售、电竞场馆及主题场馆的运营等。电子竞技用户有着巨大的消费潜力，"电竞+商业"还有待开发更多的商业模式。

电竞旅游是电子竞技产业与旅游产业融合而产生的衍生产业。重大电子竞技赛事及活

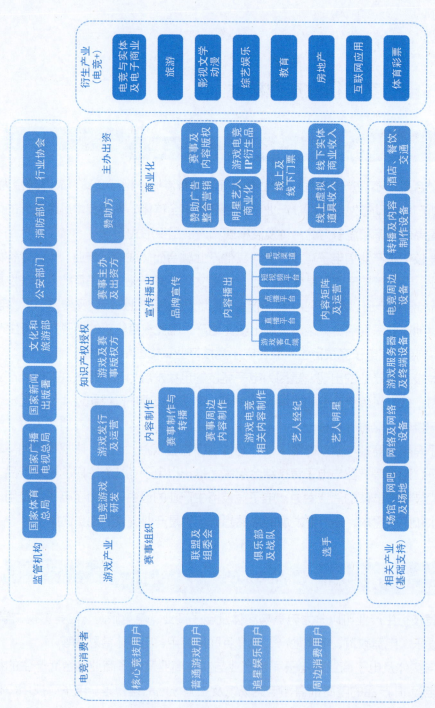

图 12-1　电子竞技衍生产业在电子竞技产业架构图中的位置

动的举办，往往会吸引用户异地观赛及参与活动，在观赛的同时用户往往会在赛事举办地进行旅游，由此催生了电竞旅游。

电竞影视是电子竞技产业与影视产业融合而产生的衍生产业。同样与电竞融合的文化创作行业还有文学、动漫等行业。

电竞综艺娱乐是电子竞技产业与综艺娱乐产业融合而产生的衍生产业。电子竞技为发展成熟的综艺市场注入了新的活力，电竞＋综艺的新形式，在保证娱乐性的前提下融入电竞元素，既能够吸引电子竞技用户，又能够吸引传统综艺娱乐用户，是一个具有发展潜力的综艺类型。

电竞教育是电子竞技产业与教育产业融合而产生的电子竞技衍生产业。以培养行业亟需的电竞人才为目的，电子竞技学历教育和职业教育逐渐发展起来。中国传媒大学开设了全国211重点高校第一个电子竞技本科专业——艺术与科技（数字娱乐方向），随后，四川电影学院、四川电影电视学院等本科院校也开设了电子竞技相关专业，全国各地高职、中专院校也相继开设电子竞技运动与管理专业。

电竞地产是指电子竞技产业与房地产业融合而产生的电子竞技衍生产业。电竞地产是以电子竞技为核心主题开发的地产项目，围绕电子竞技产业打造产业园、以电子竞技场馆为核心打造商圈、以电子竞技为核心打造旅游特色小镇等，都属于电竞地产。

电竞互联网应用是电子竞技产业与互联网产业融合而产生的，电子竞技用户的各种需求催生了各种各样的互联网应用，例如语音连麦、数据服务、信息咨询等。

电竞体育彩票是参照目前传统体育的体育彩票产业，在未来可能发展出的一项新衍生产业。

其中，电竞商业、电竞教育和电竞地产是所有电子竞技衍生产业当中发展规模较大、相对更加成熟的3个衍生产业，后面的章节将对其进行详细讲解。相比之下，电竞旅游、电竞影视等其他电子竞技衍生产业目前发展规模相对较小，尚未形成成熟的产业模式。

12.3 电竞与实体及电子商业

12.3.1 电竞与电子商业

中国电子竞技发展的早期，电子商业模式曾经创造了很高的收益。2009、海涛、Miss、小苍等一批成名较早的电竞主播率先开创了电竞＋淘宝店的商业模式。电竞主播们在通过直播积累了一定的人气后，便开设淘宝店铺售卖鼠标、键盘、鼠标垫等电竞外设产品，以及肉松饼、牛肉粒等零食，取得了非常优秀的销售成绩。人气极高的电竞主播，其淘宝店铺年销售额最多能够达到几千万元，有效地将电竞流量转化为了商业价值。"电竞直播+淘宝店"的商业模式持续了几年后，由于产品品控不到位以及运营不专业等种种不利因素而逐渐地衰落下去，销售额渐渐地减少。虽然这种商业模式没能持续下去，但不失为一种有益的探索，电竞主播在直播中推广商品可以视为直播带货的先驱。

随着直播带货这种新兴商业模式的兴起，选品严格、对商品非常了解、为给用户提供全面介绍与试用体验的带货主播迅速地积累了人气，李佳琦等影响力巨大的带货主播应运而生。目前电竞主播也在尝试直播带货这种更为专业的电子商业模式，知名英雄联盟解说管泽元、wAwa直播带货的销售额都非常可观。未来，直播带货与电子竞技的结合或许会更加紧密，作为电子竞技商业化的成熟方式之一为电子竞技产业创造更多的营收。

12.3.2　电竞与实体商业

电子商业全方位的兴起对实体商业造成了一定冲击。例如，由于网络购书价格便宜且能够送货上门，线下书店的销量越来越少，很多实体书店纷纷关闭。线上超市、线上生鲜采购等电子商业服务，对实体超市、便利店、蔬菜店、水果店等也产生了一定程度的影响。送货上门、选择丰富、价格相对优惠的线上购物形式被越来越多的人所选择。

在这种情况下，电竞有望成为带动实体商业体线下流量的一种新的形式。例如，某些餐厅会根据顾客在某个游戏的游戏水平而给予用户相应的折扣。在某些商业区，例如成都太古里、西安量子晨，电子竞技场馆成为商业区核心引流场所，多样化的电子竞技赛事和电子竞技活动吸引不同人群来到商业体进行购物和消费。电子竞技主场场馆、提供专业电子竞技设备的电竞馆、售卖电子竞技周边的电竞IP线下商店等越来越多的电子竞技相关线下商业体，都具有很大的发展潜力，有望为电子竞技产业创造更多的营收。

12.4　电竞教育

12.4.1　电竞教育的背景

随着电子竞技的高速发展，以及电子竞技文化在全球范围内的大规模流行，电子竞技产业链也越来越完善，电子竞技产业链各个环节的分工更加精细，提供了许多新的岗位。由于电子竞技产业是短时间内高速爆发的新兴产业，国内外教育体系中都还没有针对电子竞技产业所需专业人才的培养方案，因此，电子竞技行业内产生了巨大的就业缺口。根据中华人民共和国人力资源和保障部发布的两项报告《新职业——电子竞技运营师就业景气现状分析报告》《新职业——电子竞技员就业景气现状分析报告》，未来 5 年，电子竞技行业人才缺口将达到 350 万。

2019 年 4 月，中华人民共和国人力资源和保障部、市场监管总局、统计局联合发布了 13 项新职业信息，其中包括"电子竞技运营师"和"电子竞技员"两项与电竞相关的新职业。这是自 2015 年版国家职业分类大典颁布以来发布的首批新职业。近几年，在国际赛事的推动下，基于计算机的竞技项目发展迅猛，电子竞技已成为巨大的新兴产业，电子竞技运营师和电子竞技员职业化势在必行。

人社部对电子竞技员的职业定义为：从事不同类型电子竞技项目比赛、陪练、体验及活动表演的人员。电子竞技员主要工作任务为：参加电子竞技项目比赛；进行专业化的电子竞技项目训练活动；收集和研究电竞战队动态、电竞游戏内容，提供专业的电竞数据分析；参与电竞游戏的设计和策划，体验电竞游戏并提出建议；参与电竞活动的表演。

人社部对电子竞技运营师的职业定义为：在电竞产业从事活动组织及内容运营的人员。电子竞技运营师的主要工作任务如下：进行电竞活动的整体策划和概念规划，设计并制定活动方案；维护线上、线下媒体渠道关系，对电竞活动的主题、品牌进行宣传、推广、协调及监督；分析评估电竞活动商业价值，确定活动赞助权益，并拓展与赞助商、承办商的合作；协调电竞活动的各项资源，组织电竞活动；制作和发布电竞活动的音视频内容，并评估发布效果；对电竞活动进行总结报告，对相关档案进行管理。

2019 年 6 月 21 日，腾讯电竞与腾竞体育联合发布了一份《中国电子竞技产业岗位调研信息图表》，内容包括了目前电子竞技产业链中深度参与的各个细分领域所涉及的岗位类型。其中提到，目前电子竞技产业的岗位类型已经超过 100 种，相比于万中难以挑一的选手及教练岗位，背后产业相关岗位类型则拥有更广阔的就业前景。

12.4.2 电竞教育的现状

电子竞技的高速发展带来了企业对电子竞技人才的巨大需求，人才培养体系缺乏、行业人才积累不足、人才稀缺成为电竞这一新兴产业面临的发展瓶颈。为加快培养电竞专业技能型人才的进度，2016 年 9 月，教育部颁布《关于做好 2017 年高等职业学校拟招生专业申报工作的通知》（教职成司函〔2016〕114 号），将"电子竞技运动与管理"作为全国《普通高等学校高等职业教育（专科）专业目录》中 2016 年增补专业，2017 年正式执行。

教育部文件一出台，各高校纷纷关注并积极申报相关专业，在近几年陆续增设电竞专业，如表 12-1~ 表 12-3 所示。电子竞技运动与管理专业的开设为我国电子竞技专业人才的培养提供了有力的支持。

表 12-1　中国高校电竞相关专业开设情况（部分）

序号	学校名称	类型	专业名称
1	中国传媒大学	公立大学	艺术与科技（数字娱乐方向）
2	南京传媒学院（原中国传媒大学南广学院）	民办	艺术与科技（电子竞技分析方向）
3	南昌工学院	民办	电子竞技运动与管理
4	四川电影电视学院	省属本科院校	电子竞技运动与管理
5	四川传媒学院	民办	电子竞技运动与管理
6	北京吉利学院	民办	电子竞技运动与管理

表 12-2　已设立电竞专业的高职院校名单（部分）

序号	学校名称	专业名称
1	北京京北职业技术学院	电子竞技运动与管理
2	昆明艺术职业学院	电子竞技运动与管理
3	西安汽车科技职业学院	电子竞技运动与管理
4	河北软件职业技术学院	电子竞技运动与管理
5	石家庄财经职业学院	电子竞技运动与管理
6	山西信息职业技术学院	电子竞技运动与管理
7	山西体育职业学院	电子竞技运动与管理
8	兴安职业技术学院	电子竞技运动与管理
9	锡林郭勒职业学院	电子竞技运动与管理
10	长春健康职业学院	电子竞技运动与管理
11	黑龙江商业职业学院	电子竞技运动与管理
12	哈尔滨科学技术职业学院	电子竞技运动与管理
13	常州纺织服装职业技术学院	电子竞技运动与管理
14	苏州工业园区职业技术学院	电子竞技运动与管理
15	安徽体育运动职业技术学院	电子竞技运动与管理
16	合肥信息技术职业学院	电子竞技运动与管理
17	三明医学科技职业学院	电子竞技运动与管理
18	厦门安防科技职业学院	电子竞技运动与管理
19	江西工程学院	电子竞技运动与管理
20	南昌工学院	电子竞技运动与管理
21	信阳涉外职业技术学院	电子竞技运动与管理
22	湖南体育职业学院	电子竞技运动与管理
23	四川传媒学院	电子竞技运动与管理

表 12-3　已设立电竞专业的中职院校名单（部分）

序号	学校名称	专业名称
1	北京市求实职业学校	电子竞技运动与管理
2	保定华中技工学校	电子竞技运动与管理
3	九江市理工职业技术学校	电子竞技运动与管理
4	长沙银河职业学校	电子竞技运动与管理
5	南京金陵中等专业学校	电子竞技运动与管理

续表

序　号	学　校　名　称	专　业　名　称
6	江苏省涟水中等专业学校	电子竞技运动与管理
7	江苏省淮阴商业学校	电子竞技运动与管理
8	江苏省南京工程高等职业学校	电子竞技运动与管理
9	西安现代电子职业学校	电子竞技运动与管理

目前，开设电子竞技相关专业的院校大部分是高职、中职院校，水平更高、能力更加全面的高层次电竞人才培养环境仍然缺乏。

中国传媒大学是国内首个开设电子竞技相关本科专业的211重点院校。中国传媒大学很早就注意到了电竞行业对专业人才的需求。在经过充分的调研和多次讨论之后，中国传媒大学决定布局建设电竞相关新专业方向，率先承担起专业电竞人才培养的教育使命。2017年，中国传媒大学动画与数字艺术学院与电竞行业领先企业英雄体育VSPN进行校企合作，联合建设了电子竞技专业——艺术与科技（数字娱乐方向），以知行合一为教育理念，以培养社会需要的实用性人才为教学目标，专门培养高层次电竞专业人才。中国传媒大学发挥学科建设、理论研究方面的优势；英雄体育VSPN发挥课程实用性、实践指导方面的优势，强强联合，共同开发了一系列电竞类本科前沿课程，包括理论类课程《电子竞技概论》《电竞赛事策划与制作》《电竞赛事运营与管理》，以及实践类课程《电竞赛事转播与执行》。中国传媒大学动画与数字艺术学院聘请具有多年电竞从业经验的英雄体育VSPN讲师作为客座教授和客座讲师，为学生授课。为锻炼学生实践能力，学校还建立了电竞实验室，配备前沿电竞设备，帮助学生进行电竞项目运营实战演练。

经过几年的探索，艺术与科技（数字娱乐方向）专业取得了突出的教学成果，已经成为电竞教育领域的标杆。

澳门科技大学也开始发力电子竞技教育。2019年，澳门科技大学开始招收电子竞技特长生。在澳门科技大学官网招生简章的体育特长生招收类别中，电子竞技项目得以入选。电子竞技体育特长生要求《英雄联盟》国服一区达到钻二段位以上，或《王者荣耀》王者段位以上，参加过电子竞技战队或团体比赛者优先。2021年，澳门科技大学还开设了电子竞技相关的数字媒体博士专业，以及电子竞技相关硕士课程《游戏项目管理》。

总体来说，中国的电竞教育还处于起步阶段，完善的电竞教育体系、优良的师资体系以及兼具学术性和实践性的教材体系还需要经过一定时间的积累才能形成。

12.5　电竞地产

电竞地产是电子竞技产业与房地产业融合而形成的电子竞技衍生产业。电竞地产以电子竞技为核心进行房地产项目开发，其主要形式有电竞产业园、电竞商圈、电竞小镇等。

12.5.1 电竞产业园

特定产业在发展过程中，由于分工和专业化，往往导致某个地域空间的产业规模扩大和效率提升，同一产业在空间上集中分布，形成产业园、产业区等，这种现象被称为"产业聚集"。

产业聚集能够带来可观的经济效益和品牌效益。在经济效益方面，产业聚集可以提高劳动生产率，集群内企业为提高协作效率，对生产链分工细化，有助于推动企业群劳动生产率的提高。产业聚集能够促进行业在区域内的分工与合作，使整个产业聚集区产出提供配套的产品和服务。产业聚集后，各个企业都能以较低的代价从政府及其他公共机构处获得公共物品或服务。在品牌效益方面，产业聚集能够形成区域品牌，对集群内企业或产品产生声誉倍增效应，例如潍坊风筝、义乌小商品等。区域品牌的形成，可吸引更多投资者、人才和消费者涌入该地区。

电竞产业园就是一种产业聚集的现象，电子竞技产业各环节上的不同企业聚集到同一区域，提高协作效率，实现资源高效配置。

产业园是指由政府或企业为实现产业发展目标而创立的特殊区位环境。它的类型十分丰富，包括高新技术开发区、经济技术开发区、科技园、工业区、金融后台、文化创意产业园区等。电竞产业园是近几年新发展出的以促进电竞产业发展为目标的产业园模式。在国际电竞之都上海，电竞产业园对于电子竞技的发展起到了良好的推动作用。上海的灵石路被称为"宇宙电竞中心"，这里的珠江创意中心和709媒体园汇聚了大量电子竞技相关企业，包括电子竞技俱乐部、电竞赛事运营商、电竞内容制作商、直播平台、社区运营商、主播经纪公司等。珠江创意中心入驻的电竞类企业包括EDG俱乐部、Snake俱乐部、超竞集团、七煌、香蕉计划等；紧邻珠江创意中心的709媒体园，则入驻有亚洲最大电竞赛事运营商英雄体育VSPN、电竞赛事运营商Imba TV以及电竞艺人经纪公司综皇文化等。

灵石路电竞产业聚集区汇集了电子竞技核心产业中赛事组织、内容制作、宣传播出、商业化各模块的企业，具备高质量的赛事及内容制作能力，兼具有影响力的电竞内容传播能力。灵石路电竞产业区通过产业聚集产生了极大的经济效益和品牌效益，助力上海承办各项高规格职业赛事，以及英雄联盟全球总决赛、DOTA2国际邀请赛等国际顶级赛事。近几年，英雄体育VSPN还在灵石路建设了大型电子竞技内容制作中心——量子光电竞中心。量子光电竞中心配套设施完善，顶尖配置的演播室、导播间、功能间、媒体区一应俱全，包含电竞场馆、未来游戏及科技体验馆、电竞培训场、产业办公空间、线下泛游戏周边商店等。电竞中心建筑面积整体达26 000平方米，拥有中国首辆12信道4K Ready电竞转播车，曾承办过KPL、QQ飞车手游S联赛、皇室战争职业联赛、PUBG系列电竞赛、狼人杀节目 *God Lie* 等各类赛事节目，已成为灵石路著名电竞园区。

12.5.2 电竞商圈

按照功能的不同,商圈可以分为传统商圈和主题概念商圈。传统商圈就是集购物、餐饮、娱乐为一体的大型商业广场,例如北京王府井商圈等。而主题概念商圈则围绕某一个特色主题来构建商圈的商业形象,以主题概念为核心来选择相应的商铺入驻,吸引某一特定消费群体,例如,电子城就是电子产品主题商圈。

电竞商圈是以电竞场馆为核心打造的,集购物、餐饮、娱乐为一体的商业综合体。电竞商圈是以电竞为主题而构建的特色商圈,其核心特色是提供电子竞技赛事线下观看体验,提供丰富多彩的电子竞技主题活动,汇集电子竞技游戏 IP 商店、电子竞技赛事 IP 商店、俱乐部 IP 衍生商品商店、电子竞技设备商店等。与此同时,电竞商圈还具有传统商圈所具有的购物、餐饮、其他娱乐体验,电竞主题与传统商圈进行融合,顾客在体验电子竞技娱乐活动的同时,也能够进行购物、就餐等活动,这样的商圈显然同时拉动了电子竞技消费和传统购物消费。

目前具有代表性的电竞商圈有成都太古里和西安量子晨。

成都太古里是一个开放式的商业街区,根据中国购物中心等级评价标准,太古里在 2019 年被评定为国家五星购物中心,是西南地区顶级商圈之一。太古里在兼具传统商圈功能的同时,也以电子竞技为主题,在商业区内引进了 VSPN 量子光电竞中心。量子光电竞中心配套多功能场馆、共享办公空间、滑板公园等设施,于 2018 年开业。项目以电竞赛事 S 级场馆标准(最高标准),打造 15 米超高、2000 平方米无柱专业电竞场馆。2018 年开始,量子光电竞中心成为王者荣耀职业联赛 KPL 西部赛区主赛场,每年承办超过 220 场专业电竞赛事。同时,量子光电竞中心还融合了极限运动、特色餐饮、潮流科技等业态,成为成都新兴的潮流文化地标。2019 年,量子光电竞中心引入荣耀全国首家 Life 旗舰店,Life 旗舰店以潮流科技为主打元素,强调场景化体验与开放互动的社区概念,覆盖工作、运动、娱乐休闲、家居四大场景,为客户提供场景化的科技体验同时也满足其娱乐社交需求。量子光电竞中心是爱电竞、爱科技、爱运动的潮流运动达人的聚集地,量子光独特亮眼的建筑外形也成为荣耀 Life 将全国首店选址于此的原因之一。

西安量子晨位于曲江新区西影路与曲江大道十字西南角 466 号,在太阳锅巴厂原址上对 20 世纪 90 年代的老厂房进行了复原优化,同时根据现代商业的需求新增部分关联性特色建筑,打造以电竞与共享办公作为双驱动力,结合国际电音、设计酒店、世界美食、潮流购物、运动健身、音乐现场、滑板公园等多元化业态打造极享娱乐综合商业街区。入驻西安量子晨的品牌有 VSPN 职业电竞赛事场馆、KWORK 共享办公、PLAY HOUSE 电音俱乐部、ZMAX Hotels 腔调酒店、理想汽车零售中心、K-GUAN KTV、未来星球 livehouse、SEE SEE 艺术空间、名将搏击俱乐部、Three in one 健身俱乐部、颂拓、漫威、华为、OPPO、vivo、好利来、InHair 美发沙龙等百余家品牌。

西安量子晨以大型专业电竞场馆（和平精英职业联赛 PEL 赛事场地）和大型电音剧场形成"电竞 + 电音"双核主力店，同时融合了年轻潮流零售、特色餐饮、时尚酒吧等业态，是西安集科技体验、潮流消费、数字娱乐为一体的新兴消费热点区域。

目前，新的消费主体年龄层下沉，他们的兴趣爱好也决定了商业消费升级的焦点。得益于电竞赛事商业化和社会认知正面化，备受年轻群体喜爱的电竞生态正高速扩张。电竞生态的扩张速度和潜在市场规模，使得商圈品牌积极联合电竞产业相关品牌及客户群体，挖掘更多合作可能。

12.5.3 电竞小镇

电竞小镇是近几年兴起的一种电竞地产的开发模式，以电竞赛事和场馆为核心，聚集电竞数娱上下游企业，打造观赛、娱乐、产业发展为一体的大型电竞经济生态圈。浙江杭州、江苏太仓、安徽芜湖、重庆忠县、河南孟州都先后提出了建设电竞小镇的规划。

目前已经建成且形成一定规模的代表性电竞小镇有江苏太仓天镜湖电竞小镇和浙江杭州电竞数娱小镇。

江苏太仓天镜湖电竞小镇坐落于太仓市天镜湖畔，地理位置优越，距离上海仅 50 千米，国际电竞之都上海的电竞资源能够有效辐射到太仓小镇。2017 年 2 月，太仓市向省发改委正式申报了创建"太仓天镜湖电子竞技小镇"的计划，并将其写入了"十三五"发展规划，依托科教新城大力培育发展电竞及相关配套产业。小镇规划面积 3.55 平方千米，以海运堤为核心区，按照"一轴两核三区多点"空间格局，着力打造海运堤游戏综合体验区、天镜湖电竞文化展示综合区、大学科技园电竞创意综合产业区三大功能区域。太仓电竞小镇入驻电竞相关企业多达 120 家，包括直播平台、电竞经纪公司、电竞俱乐部等，英雄体育 VSPN 太仓分公司也落户小镇。小镇入驻电竞俱乐部 8 家，下属战队近 30 支。

除了入驻大量电竞企业外，小镇也拥有丰富的赛事资源。

腾讯电竞运动会（Tencent Global eSports Arena，TGA）是腾讯电竞旗下的综合性赛事平台，是普通玩家可以参与的最高级别的腾讯系游戏赛事，也是他们通往职业赛场的一个重要渠道，很多职业战队都会密切关注 TGA 赛事，以期从中选出优秀的队员来补充自己战队的实力。从 2013 年起，TGA 赛事连续多年落户太仓，为太仓培养出了非常好的电竞气氛。

穿越火线双端职业联赛 CFPL、CFML 也连续多年落户太仓。《穿越火线》从 2007 年起便开始风靡，用户群体庞大，至今仍是深受众多玩家热爱的经典电子竞技游戏之一。穿越火线职业联赛是中国最早的规范化职业联赛，在中国电子竞技发展的历史上起到了重要的作用。穿越火线职业赛事落户太仓，也使得大量的电子竞技俱乐部、电竞选手聚集在此，使太仓的电竞氛围愈加浓厚。

杭州电竞数娱小镇是杭州市下城区产业布局改造提升的重头项目,政府正式推出"十六项政策",并且设立促进电竞数娱小镇产业发展专项资金 1 亿元。2018 年,为加快打造电竞数娱小镇,推动电竞数娱产业集聚发展,杭州市下城区人民政府发布关于打造电竞数娱小镇促进产业集聚发展的实施意见。以电竞产业发展为引领,以电竞数娱全产业链发展为目标,以"电竞 + 影视""电竞 + 旅游""电竞 + 娱乐""电竞 + 文创""电竞 + 教育"等各产业结合为发展路径,构造电竞数娱综合生态圈。

国内知名电子竞技俱乐部 LGD 主场场馆便坐落于杭州电竞数娱小镇,电竞场馆与 LGD 电子竞技俱乐部基地加起来,总占地面积超过 5000 平方米。整个场馆的面积为 4000 平方米,包含五大功能区:展示区、活动区、舞台区、后台区和工作区。其中,观众和舞台区达到了 1200 平方米,观众能够在这里享受电子竞技比赛的视听盛宴。场馆内 LED 屏幕遍布各处,配备全套立体环绕音响和千万余直转播设备,专业的团队将赛事以完美的形式展现在观众面前。顶级的影音设备 + 可拆卸的电脑对站台,可以满足所有电竞项目的需求。场馆的展示区包括 LGD 周边产品售卖旗舰店,俱乐部的奖杯与历史也展示其中。

目前,已签约、入驻杭州电竞数娱小镇的企业包括多家电子竞技俱乐部、影视制作公司、网络科技公司、游戏制作公司、App 开发公司、新媒体公司,小镇配有餐饮、超市便利店、银行和独栋单身公寓,为小镇企业提供了诸多便利条件。

12.6　其他电竞衍生产业

12.6.1　电竞旅游

电竞旅游是电竞爱好者离开所在地,以前往某一目的地参与或观看电竞活动为主要内容的主题旅游形式。

随着电子竞技的蓬勃发展,线下赛事的观赏性越来越高,为了在现场感受电子竞技的氛围、见到喜欢的职业选手,前往线下场馆观看电竞赛事已经成为越来越多电竞用户的一种娱乐方式。大型电竞比赛通常每年落户在全球不同城市,异地观赛已经是大多数赛事忠实观众的迫切需求,而电竞旅游的诞生正是源于异地观赛的需求。在前往一个陌生城市观赛时,人们往往会顺便在当地进行旅游,产生交通、住宿、饮食以及观光的需求。

针对异地观赛的电竞用户,部分旅行平台推出了电竞观赛游套餐,在重大赛事来临之际,在电竞观赛游套餐里一次性为用户提供赛事门票、交通、住宿以及旅游路线规划,异国观赛套餐还为用户提供快捷签证办理的服务。例如,马蜂窝与英雄联盟赛事进行深度合作，在英雄联盟全球总决赛、英雄联盟季中冠军赛等重大赛事期间，推出观赛套餐，如图 12-2 和图 12-3 所示。

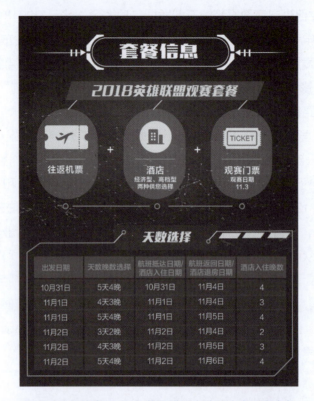

• 图 12-2　马蜂窝 2018 年英雄联盟全球总决赛观赛套餐 •

• 图 12-3　马蜂窝 2019 英雄联盟季中冠军赛观赛套餐 •

马蜂窝与 2019 英雄联盟季中赛合作发布的《英雄联盟电竞旅行数据报告》显示：84% 的英雄联盟玩家有意愿前往异地进行电竞旅游；12% 的人已经有过电竞旅游的经历；观赛旅游人群中，年纪最大的玩家已经 54 岁，而年纪最小的，则是在家长带领下的 14 岁小朋友；前往比赛城市观赛、旅游的人群中，有 41% 的女性玩家，其中有一大部分来自川渝地区；愿意前往异地观赛旅游的原因中，排名第一的是"和朋友一起"，而非"有喜欢的选手"；有 76% 的人认为，结伴观赛旅游能够有效提升朋友间的亲密度；有 47% 的人认为，比起在现场支持自己喜欢的队伍，感受现场的气氛更是促使他们前往现场的决定因素。

目前英雄联盟职业联赛 LPL、王者荣耀职业联赛 KPL 等职业电竞联赛都在推进主客场制，随着越来越多的战队落户不同城市，高品质的线下电竞赛事将会在全国各地落地，成为城市娱乐体验中心的一部分，随之而来的是越来越多的电竞旅游需求。以往，职业赛事、重大电竞赛事都集中在上海、成都、武汉等几个电子竞技发展较为成熟的城市当中，当主客场制在电子竞技赛事中广泛推广后，每个城市都将拥有一个或多个主场战队，吸引全国各地的观众前来观赛并旅游，电竞旅游的市场潜力有待进一步开发。

12.6.2　电竞文学

电竞作为文学的一个题材，近年来也吸引了越来越多的受众。

早在 2008 年，顾漫创作的电竞题材小说《微微一笑很倾城》就风靡一时，其后，顾漫创作的另一电竞题材小说《你是我的荣耀》也取得了巨大成功。两部小说均被改编成电视剧播出，获得了不俗的收视率，引发了很多讨论。

2011 年，蝴蝶蓝开始连载电竞题材小说《全职高手》，这部小说一举成为现象级电竞题材 IP。2017 年 7 月 12 日，《2017 猫片胡润原创文学 IP 价值榜》发布，《全职高手》排名第 13 位。2018 年 12 月 20 日，《2018 猫片胡润原创文学 IP 价值榜》发布，《全职高手》排名第 4 位。

2014 年，墨宝非宝创作的电竞题材小说《蜜汁炖鱿鱼》大受欢迎，该作品改编而成的电视剧《亲爱的，热爱的》成为轰动一时的现象级电竞甜宠剧，风靡海内外。

其后，以英雄联盟电竞为背景的电竞小说《英雄联盟：我的时代》、以王者荣耀电竞为背景的电竞小说《王者时刻》也都受到了读者的热烈欢迎。

电竞作为一个热门题材，具有独特的吸引力，产生了许多优质的电竞文学 IP，在未来也将继续产生更多热门 IP。

12.6.3　电竞影视

随着电竞的出圈和大众普及，电竞的商业价值和市场潜力不断凸显，影视行业也开始进行电竞 IP 的影视制作。影视剧、综艺的观众以女性用户为主，而在电子竞技用户中，女性用户的比例也在不断上升达到将近一半，这意味着电竞题材影视有着庞大的潜在受众。

2019 年暑期，由电竞小说《全职高手》改编的同名电视剧正式播出，取得了优异的收视成绩。《全职高手》以绚丽的 CG 特效来表现酣畅淋漓的电竞比赛场景，成功塑造了虚拟和现实两个世界。《全职高手》是国内第一部采用引擎拍摄技术的电视剧，电视剧中虚拟世界和现实世界的切换非常流畅，剧情触动人心，引起了观众对电竞的强烈共鸣。

《全职高手》电视剧播出结束时，豆瓣评分高达 7.4，全网播放量 27 亿，在抖音、快手、微博、b 站各大平台都具有较高热度，在权威榜单 Vlinkage、骨朵热度指数排行榜、德塔文电视剧景气指数排行榜都多次居榜首。《全职高手》剧情相关热搜在各大平台累计时长超过 400 小时，电视剧相关微博话题接连上榜，微博话题累计阅读量高达 120 亿，电视剧相关短视频挑战赛投稿视频超过 6000 万条，电视剧播出期间演员微博粉丝累计增加超过 700 万。

《全职高手》的剧情以主人公叶修的电竞生涯为主线，更多讲述电子竞技本身以及电竞选手之间的故事，以电竞元素为主。而同样在 2019 年暑期播出的电竞题材电视剧《亲爱的，热爱的》，在融入电竞元素的同时加入了更多恋爱元素，收获了更多女性观众的喜爱，也获得了更加优异的收视成绩，将电竞文化带到了更加广阔的人群当中。

《亲爱的，热爱的》在东方卫视和浙江卫视双台播出，播出期间牢牢占据收视率榜单前三，电视剧单周的微博话题讨论量高达 112 亿。《亲爱的，热爱的》的人气从国内延续到海外，在社交平台引发各国剧迷讨论，在 Viki、MyDramaList 等视频网站均获得了较高评分，并引起了国家广播电视总局的重视，在官网发布工作动态肯定了《亲爱的，热爱的》的成绩，如图 12-4 所示。

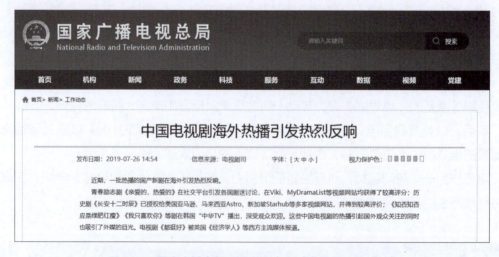

• 图 12-4　国家广播电视总局发文肯定《亲爱的，热爱的》•

2019 年，电竞题材电视剧取得了优异的成绩，电竞文化也通过电视剧得到了更加广泛的传播。许多未曾接触过电子竞技的观众受到剧情中电竞文化、电竞精神的感染，也开始关注电子竞技。

电竞题材影视剧的火爆，使得游戏厂商开始思索电竞游戏影视化的道路，最先迈出这一步的是《穿越火线》。

2020 年，经典电竞游戏《穿越火线》同名电视剧播出，由人气演员鹿晗、吴磊主演。该剧由游戏官方与影视公司共同合作制作，电视剧描绘了 2008 年、2019 年两代电竞人克服种种困难、化解种种偏见，终于赢得电子竞技最高荣誉、在国际舞台为国争光的故事。电视剧剧情取材于真实的电竞历史和《穿越火线》赛事发展史，情节真实感人，让无数《穿越火线》玩家、职业选手和电竞从业者感同身受，也打动了许多不了解电子竞技的观众。《穿越火线》电视剧为了最大程度真实再现电竞情节，邀请英雄体育 VSPN 加入进行电竞部分指导与制作。英雄体育 VSPN 团队从第一届穿越火线职业联赛开始就一直承办赛事，将真实的穿越火线赛事舞台、专业的赛事转播流程和专业的赛事解说在剧情中完美呈现，剧中的穿越火线比赛与现实中的比赛相差无几，精彩纷呈。

《穿越火线》电视剧播出后收获了广泛好评，在豆瓣获得了 8.1 分的高分，得到了广大玩家、电竞用户和其他观众的肯定。在《穿越火线》的成功之后，腾讯也发布了《英雄联盟》影视化的消息，《英雄联盟》电视剧将以英雄联盟职业联赛的发展历程和职业选手的真实经历为主要内容。

2021 年，与《王者荣耀》游戏及电竞深度结合的影视剧《你是我的荣耀》播出，该剧讲述了人气女星乔晶晶与高中时单恋的学神于途在阔别十年后，于《王者荣耀》游戏中再度重逢，开启了一段浪漫治愈的暖爱之旅。时光匆匆，此时于途已成为心怀梦想的航天设计师，乔晶晶也成为星光闪耀的当红女演员，二人在追梦路上努力坚守，在浪漫奇遇中相互鼓励，终成彼此荣耀。

该剧的一大亮点就是高还原度的《王者荣耀》实时对战场面，以及紧张激烈的电竞娱乐赛事，这赢得了游戏玩家的高度认可和观剧群的强烈兴趣。在电视剧《你是我的荣耀》制作中，王者荣耀项目团队与剧组共同进行了游戏视觉内容的创意策划，同时还对所有游戏内容进行了细致的监修，以保证剧中游戏内容的专业性，游戏呈现的精彩度和高标准高品质。与此同时，王者荣耀职业联赛的承办方英雄体育 VSPN 也深度参与了电视剧的制作。在制作前期，英雄体育 VSPN 凭借丰富的电竞行业经验，在挑选 IP 上帮助排雷、给予推荐建议，规避原著作品本身所带来的风险，同时，为剧中游戏知识专业性提供保障，做到细节处不被诟病。在制作上追求精益求精，为了呈现出最完美、最自然的游戏效果，在拍摄中，重复录制次数最多的游戏录屏足足经历了上百次的打磨。

剧中的游戏电竞比赛以王者荣耀职业赛事真实直播为标准进行影视化升级，不仅做到了比赛画面真实，转播、数据逻辑准确，解说到位，并以此为基础进行了影视表达手法的突破，甚至未来可能会被现实电竞赛事作为直播技术参考。剧集对电竞赛事的深度还原，让其他非电竞粉圈层的受众也感受到了真实的赛事氛围,更加有利于电竞赛事的出圈和纳新关注。

《你是我的荣耀》一经播出便受到了观众的欢迎,全网播放量超过 32 亿,集均播放量 1 亿,单日最高播放量 3.3 亿,全网热搜 976 个,微博热搜 315 个,单日全网热搜超过 100 个。《你是我的荣耀》的成绩再一次印证了电竞与影视的成功结合能够获得观众和市场的认可。

12.6.4　电竞综艺娱乐

除了电竞题材影视剧,近几年综艺节目的制作也融入了电竞元素,以电竞为主题制作的电竞综艺,满足了许多观众的收视需求。

早在 2014 年,电竞综艺的概念就已经被提出并实践。游戏风云与完美世界联手打造了全国首档电子竞技真人秀节目《加油!DOTA》,游戏风云集合了《中国好声音》导演组和《中国梦之声》的执行团队精心打造这档节目。4 位明星导师在节目中引领 4 支战队,召集 20 位 DOTA2 顶尖学员,以全新的概念来诠释电子竞技,呈献给观众具有观赏性、互动性的电竞盛宴。《加油!DOTA》在电竞用户中收获了强烈的反响,但是由于当时电竞文化并未大规模普及,电竞综艺的受众群体局限于小部分游戏玩家和电竞用户,在此之后,电竞综艺也沉寂多年。

随着近几年电竞文化的流行、电竞商业价值的提升以及电竞用户的爆发式增长,电竞题材综艺再一次回归。不同形式的电竞综艺节目纷纷涌现,电竞真人秀有《超越吧!英雄》《终极高手》《荣耀美少女》《稳住姐来 C》等,真人实景对抗综艺有《王者出击》,电竞公开课有《竞然如此》。多样化的电竞综艺节目,取得了良好的口碑和观众的认可。

《超越吧!英雄》是一档以英雄联盟游戏竞技为主题的电竞真人秀节目。节目从全国遴选了 101 位电竞爱好者,在明星队长与战队经理人的带领下,通过多轮竞技组建 3 支战队。过程中,队长将携手各自队员深入体验英雄联盟电竞生态圈,完成主题直播、俱乐部试训等任务,并经历转职、淘汰、并组等重重考核,最终竞逐"明星召唤师战队"的冠军荣耀。

《超越吧!英雄》以《英雄联盟》生态圈为视角切口,讲述了一个立体的电竞群像故事。节目不仅能支撑起高玩受众在专业性与技术性上的难度诉求,又能依靠真人秀剪辑节奏引流普通观众,是一次综艺人向电竞文化致敬的诚意表达。

《终极高手》是由腾讯视频联合王者荣耀及王者荣耀职业联赛 KPL 一同打造的职业电竞真人秀,目前已经推出两季。节目邀请明星作为经理人,明星经理人从众多选手中筛选出最优秀的选手成立战队,使用国家队教练团队设计的科学训练体系方法训练,辅以电子竞技职业联赛现役优秀教练的帮助,最终的获胜者将登上 KPL 职业联赛舞台挑战巅峰。

在节目录制的两个月内，4 位明星经理人和参加节目的电子竞技爱好者也按照职业体育运动员的要求改变自身生活习惯，磨炼专业技术，提高团队协作精神，经历在胜败中磨砺意志品质的过程。

《终极高手》第一季播出期间，在网络综艺播放量排行榜中长期位居第二，仅次于超级火爆的综艺《明星大侦探》第四季，收视量可观。

《稳住姐来 C》是由王者荣耀全民电竞官方授权，英雄体育 VSPN 出品，KPL 王者荣耀职业电竞联盟联合制作的中国首档女性电竞职业选手养成记录式真人秀。经过全国万人海选赛和层层考验，24 名怀抱着职业女子电竞梦想的入选学员们在训练营接受了为期 21 天的专业训练，在提升技能的同时也为自己赢得了一个征战 2021 年王者荣耀 KPL 春季赛的机会。《稳住姐来 C》突破性地采用记录加综艺的形式将电竞的真实选拔生态完整地展示在荧幕前，让更多的人注意到女子职业电竞的生态环境。

职业选手选拔类真人秀取得优异成绩的同时，为了推广和普及电竞文化，腾讯电竞推出了国内首档原创电竞公开课《竞然如此》。节目集结了电竞从业者、运动员、跨界新知和文体大咖等不同类型嘉宾，分别以"坚持""突破""担当"与"未来"为主题讲述自己与电竞的故事。节目现场，17 位嘉宾将讲述自己与电竞共成长的经历，与 200 位含在校大学生、行业媒体等在内的现场观众互相交流彼此对电竞的思考与认知，分享他们对电竞的坚持与热爱，共同感受中国电竞在发展过程中的脉搏。《竞然如此》第二季节目由知名主持人杨澜作为联合发起人，共分为 6 期，共计邀请了 12 位嘉宾（6 位电竞大咖 +6 位体育界超级来宾）。节目以"独立演讲""杨澜深度访谈""现场互动""观众提问"的全新形式，为社会大众搭建起了解电竞的一个平台。

《你我皆王者》是《王者荣耀》游戏的一档衍生综艺节目。在节目中，30 位明星凭借对《王者荣耀》游戏的喜爱，参加中国首届王者荣耀全明星大赛，通过 1v1 battle、5v5 组队、BO1、BO3 等赛制，深入职业俱乐部进行集训成长、真实体验，与职业大神一起并肩成长、作战，强强联手，争夺最强，最终组建中国最强全明星战队，赢得全明星赛道绝对 TOP 的称号。

综艺节目是电子竞技与社会大众之间的一座桥梁，将电子竞技精神与有趣的、有深度的节目内容相结合，让观众在获得娱乐体验的同时也能感受到电子竞技的魅力，对电子竞技文化的普及起到了十分积极的作用。

12.6.5 电竞动漫

电竞题材的动漫以其独特的呈现方式吸引着许多喜欢动漫和电竞的观众。

电竞小说《全职高手》的动漫化获得了巨大的成功，2017 年《全职高手》改编动画开始播出，收视火爆，并且在 2019 年获得"年度十大最具商业价值动漫 IP"奖项。

2018 年，腾讯动漫携《未来重启》《野区老祖》和《贩卖大师》3 部电竞题材动漫作品参与第 5 届中国（北京）国际服务贸易交易会，首次将动漫元素带入京交会电竞展区。腾讯动漫将动漫与电竞产业相结合，为动漫产业找到新的市场增量，也探索电竞内容题材更多的可能。

动漫产业与电竞产业的市场规模非常庞大，电竞动漫作为两大产业融合的一个结合点，能够进一步深化 ACG 产业，为动漫市场注入全新的活力。

12.6.6　电竞互联网应用

随着科技的进步，互联网应用在人们的生活中占据了越来越重要的地位，其应用覆盖了衣、食、住、行、娱乐等生活的方方面面。如今，电子竞技也影响了越来越多的人群，我们可以推测，在未来，"电竞＋互联网"应用也将会有着广阔的应用前景，形成规模可观的衍生产业。

稳步成长的游戏电竞直播行业，从本质上来说，其实是直播这种互联网应用与电竞结合而诞生的"电竞＋互联网"应用。直播的内容可以包罗万象，二次元、美食、户外探险、唱歌、跳舞等都可以是直播的内容，从 2012 年开始，斗鱼、虎牙等一批主要提供游戏电竞直播内容的直播平台依靠优质的游戏主播和海量的电竞赛事直播资源，吸引了大批用户，成长为直播领域的龙头企业。彼时，中国的电竞赛事播出渠道有限，直播平台的出现弥补了这一缺陷，迅速成长为电竞赛事的主要播出渠道，聚集了大量电竞用户，这充分说明了，能够满足大量用户需求的电竞＋互联网应用的发展前景是具有很大潜力的。可以说，直播平台是电子竞技和互联网应用结合的成功代表。

语音通信类互联网应用 YY 语音、TT 语音等是满足用户组队"开黑"的需求而诞生的。为了实现队友之间的高效协同和沟通，取得更加优秀的战绩，组队进行游戏的用户往往会使用语音通信类互联网应用进行语音连麦，实时沟通。这类互联网应用，无论是在电竞用户的日常游戏中，还是电竞选手比赛时，都发挥着无可替代的作用。

未来，随着科学技术的进一步发展，电子竞技的形态也将发生变化，电竞的需求也会不断增加，这将会催生越来越多的互联网应用场景，届时丰富多样的"电竞＋互联网"应用也将有可能形成规模产业。

12.7　不断拓展的电竞产业生态圈

了解电子竞技发展的朋友一定会有这样的感受：电子竞技的人群不断扩大，类型不断丰富，从最早的核心竞技用户群体已经拓展为多种需求、多年龄层的不同群体。在电竞用户群体扩大的同时,电子竞技产业链不断延长,产业生态圈不断扩展。电子竞技已经从最开始的"小孩子打游戏"上升为一个真正的产业,而且这个产业的范围不断扩大,新的业务形态和商业模式不断涌现。电子竞技不再是人们最开始预想的那样,很多新的跨界合作不断涌现,使人们对电竞的未来产生了更多的想象和期望。

12.7.1 电竞商业化、相关产业与衍生产业的关系

本书用3章的篇幅分别介绍了电竞商业化、电竞相关产业与电竞衍生产业。这3部分都是电子竞技产业架构的重要组成部分,都与商业收入和创造价值相关。但是,它们之间还是存在一些差异的。

电竞商业化是电子竞技产业本身创造的商业价值,使用的都是电竞本身的资源。例如,电子竞技赛事和运动会产生大量的品牌IP和内容。这些品牌IP和内容的直接商业化形式就是商业赞助和内容版权。电竞艺人明星商业化、门票及衍生品、线上的虚拟道具和线下的实体商业也都是利用电竞本身创造的资源直接进行商业化。

电竞相关产业是电子竞技产业的基础支持产业,它们在支持电子竞技赛事组织及制作转播的过程中实现商业化收入,是电子竞技对其他产业的直接拉动。电竞相关产业是电子竞技产业的基础支持产业,与电子竞技产业关联最深,如果没有这些产业,电子竞技无法有效地运转。

电竞衍生产业是电子竞技与其他成熟产业融合而形成的具有双赢特点的新产业。这些产业在与电竞产业融合前本身已经拥有完整的商业模式,是很成熟的产业。电子竞技是衍生产业的一个新题材,也提供了新的发展契机。同时,衍生产业也为电子竞技提供了出圈的机遇和超越自身的影响力。

电竞商业化、电竞相关产业、电竞衍生产业与电子竞技的关联是由近及远的。它们是电子竞技产业影响力及商业价值不断拓展的重要体现,也是电子竞技产业升级,与其他产业相融相通、共同发展的方式,也是社会化电竞逐步实现的方式。

12.7.2 泛娱乐与新文创

在电子竞技衍生产业中,我们将影视、文学、动漫归于一类。这些文化产业已经有了成熟的商业模式和广阔的市场空间。电子竞技为这些文化产业提供了新的题材,同时电竞也通过与这些产业的结合吸引了更多的用户关注。彼此独立,但合作能够形成双赢的结果是电竞衍生产业的突出特征。

目前,这些产业与电竞结合形成的新品类,其市场规模不是十分大,但在未来存在很大提升的空间。未来,可能还会有其他类似的文化产业与电竞结合,形成新的电竞衍生产业。

这些产业的相同点就是以创作 IP 为核心，同时不同领域的 IP 又可以跨界协同，创造出新的影响力和商业价值。例如，电竞的题材可以写成小说，也可以拍成电影。同一 IP 在不同领域跨界应用，并产生巨大的商业价值。这种现象和经营思路就是"泛娱乐"和"新文创"。

"泛娱乐"这一概念是腾讯集团副总裁、阅文集团首席执行官、腾讯影业首席执行官程武最早提出的，指的是基于互联网与移动互联网的多领域共生，打造明星 IP 的粉丝经济，其核心是 IP，可以是一个故事、一个角色或者其他任何大量用户喜爱的事物。如今，泛娱乐已经成为互联网的发展趋势之一。

2012 年的 UP 2012 腾讯游戏年度发布会上，程武正式宣布推出泛娱乐战略，以 IP 授权为轴心，以游戏运营和网络平台为基础的跨领域、多平台商业拓展模式，将旗下的游戏、动漫、文学、影视 4 个业务部门整合为今天的"腾讯互娱"。时至今日，腾讯所致力构建的泛娱乐生态已颇具规模、成果丰富。IP 概念得以普及，产业跨界协同也已成为行业共识，一个基于互联网的新型创作生态雏形初现。

在 UP 2018 腾讯新文创生态大会上，程武提出："我们的战略理念，要从泛娱乐升级为新文创"。新文创是文化价值与产业价值双向赋能，其实现的关键点有 3 个：关注"产业 + 文化"的二元价值，树立 IP 的新标准；建立"新的协作共同体"，不再局限于商业主体，更多与故宫博物院等机构合作；从内容升级到"内容 + 形式"。因此，腾讯互娱将运用文学、动漫、影视、音乐和游戏等形态，在引入版权和进行版权合作时，倾向于全版权引入。

从泛娱乐到新文创的战略升级，标志着娱乐文化产业的进一步深度融合，而电竞产业作为其中的一环，也将在新文创事业中发挥出独特的价值，与文化产业、动漫产业、文学产业、影视产业等进行深度融合，创造出更多优质 IP 和高品质内容。

12.7.3　线上线下超级数字场景

电子竞技从小众发展为大众、从游戏产业扩展到其他各个领域的核心原因，是电子竞技创造了一个新的线上线下超级数字场景。一个新的应用场景或消费场景往往意味着新的用户需求，新的用户需求促进了原有产业的升级和革命性新产业的诞生。电子竞技从无到有，不断发展的过程是一个充分的例证。

电子竞技诞生于游戏，游戏本身是一个超级数字场景。在游戏的场景中，用户可以体验游戏，产生互动和连接。有影响力的游戏会产生非常强的聚集效应，同时游戏产品和游戏中的各个角色和元素又形成了著名的 IP。这些 IP 拥有广泛的识别度和极高的影响力。游戏中的数字场景为电子竞技的发展提供了良好的用户基础、技术基础、IP 基础，这些是电子竞技影响力的充分保障。

在电子竞技游戏中，因为游戏竞技属性的加强，玩家普遍存在提升技术、获得胜利的渴望，游戏水平高的玩家自然受到了其他玩家的尊重和崇拜。玩家间的关系从普通的社交互动关系逐步转变为技能崇拜和意见引领的关系。在这种关系链中，高水平玩家也会形成自己的明星 IP，对其他玩家产生巨大的影响。这些明星选手在赛场上的精彩对战是欣赏性极高的优质内容，用户体验从自己玩游戏的游戏体验拓展为欣赏别人玩游戏的观看体验。

电子竞技天生具有线上属性。电子竞技可以举办线上比赛，实现选手异地开赛的事实充分证明了这一点。但电竞用户的需求不仅局限于线上观赛，也需要在线下观看明星战队的激烈对决、为自己喜欢的选手呐喊助威、见证冠军诞生的历史时刻。用户这些与线上游戏和观赛不同体验的需求导致了电子竞技从线上走向线下，走上了类似传统体育的发展道路。观看高水平对战的持续需求促成了电竞赛事向联盟化发展，战队运营、选手训练向专业化发展。而线上业务发展为线下业务的客观需求又促进了众多支持性相关产业的发展。由于游戏和电竞 IP 的影响力不断提升及更多文化娱乐需求诞生，众多的衍生行业也应运而生。同时，由于电竞影响力不断扩大，一些产业也在探索如何与电竞产业结合。电子竞技走出去，其他产业走进来，在这种双向融合的作用下，电竞衍生产业的新模式不断涌现和发展。

电子竞技从游戏的线上体验出发，创造出了超越游戏本身的各类 IP，逐步走上了线上线下共同发展的模式，创造了一个又一个拥有巨大消费需求的场景。通过这些场景，电子竞技实现了更多人与人的连接、产业与产业的连接，电竞产业生态圈不断扩展。

12.7.4　强强联合、深度融合是衍生行业发展的基础

电子竞技通过"电竞+"的合作模式与其他产业结合，发展出了众多衍生产业。电竞衍生产业不仅扩大了电子竞技的产业空间，也为其他行业开辟出了与电子竞技合作的更多可能。电竞主题餐厅、电竞酒店、电竞教育、电竞地产等衍生产业得到了快速的发展，也受到了社会的关注和资本的青睐。

在抓住"电竞+"的机会、开拓新的商业合作模式的同时，我们也需要时刻注意电竞衍生行业的风险。很多电竞衍生行业的案例都是不成功的，失败的原因并不是衍生行业方向的错误，而是落实和执行层面的先天不足。

电竞衍生行业的开拓并不是抓住风口，一飞冲天，"任何经营与电竞结合都能够另辟蹊径、获得成功"的想法是大错特错的。最近的电竞综艺、电竞影视中有很多失败的案例，仔细分析这些案例就会发现，它们只提出了电竞概念来博得眼球，但实际上内容粗制滥造，甚至违反电竞的常识。这样的作品自然是不受观众欢迎的。

其他产业与电竞有机结合达到双赢的效果需要做到两点：强强联合与深度融合。

在电竞行业中选择与优秀的 IP、优秀的团队合作，在其他领域也选择与最优秀的产品和优秀团队合作。任何商业模式都不能脱离本质的业务逻辑，与电竞的合作一定要建立在原有行业的优秀基础之上。例如，一家口味极差的餐厅无论怎么与电竞结合，打造电竞主

题餐厅都无济于事。开拓新的合作模式并不简单，与行业内优秀的团队合作，能够提升创新成功的概率。

任何消费行为都存在于一定的消费场景，并受到当时消费者情绪的影响。两个行业不假思索地简单组合，容易破坏原有的消费场景，引发用户的反感，陷入两头都不沾的尴尬境地。而精心设计的深度融合会给消费者带来新奇的消费体验，从而获得消费者的高度认同。

综上所述，电竞衍生产业绝对不是主力业务失败时无意间发现的世外桃源，而是强强联合、深度融合才能开辟出的新战场。

第13章 电子竞技的未来

13.1 科技进步与人本精神

电子竞技未来会发展成什么样子？我们可以大胆地畅想一下。更多高科技技术，包括VR、AR、AI等技术会大规模地应用到电竞中去。软件与硬件的结合，虚拟和现实的结合，甚至脑机接口带来的人机结合也会不断改变电子竞技的形态。可以肯定的是，电子竞技的未来一定会发生巨大的变化，某些变化有可能会超出我们现在的想象。

由于科技的不断进步，准确预测电竞的未来是很困难的。在未来巨大的变化中，电竞的一些特点是否会始终保持，不因形式的变化而改变？找到并分析这些特点将对深入研究电子竞技的理论和发展方向起到巨大的作用。对现阶段电子竞技仔细研究就会发现，科技进步带来的发展变化和公平竞技体现出的人本精神是电子竞技最重要的特点。电竞的其他特点都是这两个特点在不同情况下的衍生和体现。用科技进步的手段促进公平竞技的精神是电子竞技对体育精神的继承和发扬。

韩国《魔兽争霸3》职业选手Space的事迹可以很好地证明上述论点。Space是电竞史上的一名传奇选手，他从小就患有肌肉失调症，疾病导致肌肉萎缩，致使他全身只有手指和脖子可以活动，医生曾判断他活不过20岁。但是Space通过自己的努力，与其他健康选手同场竞技，拿下了很多次冠军。他在游戏中使用亡灵族，被玩家尊称为"意志亡灵""不屈亡灵"。Space于2013年5月6日凌晨逝世，年仅23岁。他的一生是挑战不可能、创造奇迹的一生。

在其他竞技体育项目中，Space这类残疾人很难与正常人一样同场竞技。通常情况下，残疾人与正常人站在同一赛场上本身就是不公平的。但电子竞技为Space创造了一个相对公平的、可以与正常人竞技的赛场。在电子竞技的舞台上，Space用他仅能活动的手指操控亡灵大军与其他顶级选手对战，体现出的竞技精神赢得了所有人的尊敬。

"不忘其所始，不求其所终"。科技进步和人本精神相互作用构成了电子竞技的本源。

我们无法推测和判断电竞未来的发展方向和表现形式，也不需要十分苛求，只是希望电子竞技能够对公平竞技的体育精神以科技发展的新方式进行新的诠释。

13.2 电子竞技的社会责任

电子竞技是现代体育的一部分，也是一项文化创意产业，不仅是一种个人休闲娱乐的一种方式，也是一项具有许多益处的群体性活动。随着电子竞技在个人生活、国民经济、社会文化建设中的参与度不断提升，社会发展对电子竞技的要求也在逐步提升，电子竞技应当发挥自己独特的优势，承担更多的社会责任，为社会的和谐发展贡献出积极力量。

电子竞技的社会责任主要有 5 点：促进思维发展，维护身心健康；形成规模产业，促进国民经济发展；参与文化建设，增强民族文化自信；提供新的应用场景，促进科技发展；搭建新的竞技平台，弘扬公平竞技的精神。

13.2.1 促进思维发展，维护身心健康

随着科技的发展，电子游戏的形态也在不断升级更新，增强现实技术和虚拟现实技术在游戏中的应用更将真实物理世界与虚拟世界进行有机结合，让用户体验前所未有的挑战。例如，曾经风靡全球的体感健身游戏《健身环大冒险》就是通过电子技术将健身环设备与虚拟游戏结合，让用户以全身动作游玩的健身冒险游戏。游戏时，玩家手持健身环并在大腿上绑紧感应带，以识别自己的动作，一边健身一边在游戏中冒险。在游戏中可实现 60 种健身模式，并且可将记录上传，与世界范围内的玩家竞争。通过《健身环大冒险》，玩家足不出户就可以在家里健身，不必受制于天气、场地、时间等因素。全世界许多玩家通过这款游养成了坚持体育锻炼的好习惯，实现了减脂、增肌、增强体质的目标，在游玩的同时也收获了强健的体魄。

电子竞技游戏强调对抗性和竞技性，参与电子竞技游戏，更有助于培养青少年不懈努力、不断拼搏、不服输的进取精神。前文提到的 Space 的案例就是进取精神最好的证明。

正确利用电子竞技运动引导青少年培养拼搏进取的精神，促进青少年身心健康发展，是电子竞技应当承担的社会责任。

13.2.2 形成规模产业，促进国民经济发展

电子竞技是一个年轻的文化创意产业，近几年迅猛发展，逐渐形成规模，产生了可观的社会效益和经济效益。据前瞻产业研究院报告数据统计，2018 年我国热门电竞赛事超

过 500 项，正在运营的电竞战队超 5000 个，国内电竞用户规模超 5 亿，市场规模超千亿元。2019 年上半年，中国电竞市场收入达 513.2 亿元，同比增长 22.8%，电竞从业者超过 44 万人。中国已成为世界上最有影响力、最具潜力的电子竞技市场。在政策的鼓励和经济效益的吸引下，许多地方政府也开始引进电竞企业，将发展电竞产业作为拉动地方经济发展的新方式。

四川省很早就开始发展电竞产业，引进电竞企业、电竞赛事，建立电子竞技运动协会、完善电子竞技行业标准，不仅将成都打造为国内知名电竞城市，也在全省范围内深度布局电竞产业，提升了地方经济实力。

未来，电竞产业将能够继续以稳步发展的态势，成为更多地区的特色经济产业，带动当地经济发展和促进就业。

13.2.3　参与文化建设，增强民族文化自信

电子竞技是文化传播的有效载体，以电竞赛事为纽带，电子竞技游戏中蕴含的中国文化能够有效地触达海外用户，通过促进中外文化交流，增强民族文化自信。

《王者荣耀》自 2016 年发行至今，用户规模不断扩大，已经成为深受大众喜爱、家喻户晓的国民游戏。《王者荣耀》自上线之初便不断完善电竞体系，创办 KPL 职业赛事体系，举办城市赛、高校联赛等多种大众赛事，形成以职业电竞、大众电竞、全民赛事、电竞衍生内容为核心的 4 大电竞模块，让更多人参与电竞生态共建。以中国古典文化为背景的《王者荣耀》，在游戏运营和电竞化运营时，通过与敦煌研究院、非物质文化遗产传承人、著名文史学者等进行一系列文化合作，持续向大众传递中国古典文化。

在海外，《王者荣耀》以电竞为桥梁，推动中国文化随电竞比赛走出国门，让不同国籍、不同文化背景的玩家们都能通过电竞实现交流与沟通。2019 年 6 月，《王者荣耀》在中国文化娱乐行业协会的指导下，举办了覆盖丝绸之路国家和地区的丝路电竞锦标赛；9 月，《王者荣耀》跟随国家海上丝绸之路的文化交流，在吉隆坡举办电竞文化交流展，并举办电竞表演赛；王者荣耀世界冠军杯也在 2019 年首次落地海外，淘汰赛落地吉隆坡，以电子竞技为载体，促进国际青年交流，助力中国文化走出国门，成为了中华文化"走出去"的使者之一。

目前，我国还缺少在国际上具有高度影响力的 IP。在一些世界范围内具有广泛影响力的文化领域，例如影视、音乐、游戏、动漫等，我国还是版权内容的净输入国。文化产品的原创能力决定着我国文化产业的国际竞争力，电子竞技作为文化产业，也肩负着打造具有国际影响力的原创文化产品的使命。打造优质的电竞游戏 IP、电子竞技赛事 IP，能够将中国文化向世界传递。

13.2.4 提供新的应用场景，促进科技发展

电子竞技运动是依靠高科技软硬件设备而开展的体育运动，电子竞技赛事制作与转播也是在广播电视技术、互联网技术和信息技术等科学技术的支持下进行的。因此，电子竞技天然具有技术的基因，技术的迭代也多次推动了电子竞技的变革，反过来说，电子竞技也能够为新的科学技术提供重要的应用场景。

随着游戏制作技术、互联网技术和通信技术的发展，电子竞技的形式从局域网竞技对战、网络实时匹配竞技对战发展到了移动电竞阶段，如今 VR 电竞也正在逐渐发展当中。而电子竞技赛事的转播也从一开始的网吧比赛文字传播演变为在直播平台、IPTV 等不同平台转播，赛事转播综合应用 AI、VR、AR 等高科技技术，使得观众可以在不同类型的设备上观看比赛。

每一次技术升级都重塑着电子竞技的面貌。目前，5G 技术正在逐渐广泛地应用到生产和生活当中，5G 技术与 AI、VR、AR 等技术结合应用，也将在电子竞技领域再次掀起技术变革。5G 技术将重构电子竞技的面貌，也能够打开电子竞技产业更多的可能性。

在 2020 全球电竞运动领袖峰会暨腾讯电竞年度发布会上，专注 5G 网络智能化的中国联通中讯邮电咨询设计院有限公司执行董事、总经理张涌做了《技术变革中见电竞新格局》的报告。张涌认为，5G "大带宽、低延时、多连接" 的特点将对大众的生活产生极大的影响，也将更大幅度地改变与通信技术相伴相生的电子竞技产业。4G 的出现让《王者荣耀》这样的国民级移动游戏得以广泛普及，电竞直播快速繁荣，直接促进了电竞产业的崛起，5G 的到来将为电竞带来令人惊叹的表现形式和产业空间。自 2019 年加入腾讯电竞技术联盟以来，中国联通利用 5G 网络优势，与腾讯电竞联合推出了 "赛事专网保障" "多视角直播" "远程直播与解说" 等解决方案，优化了观赛体验，助力电竞产业在各级区域的普及发展，给电竞产业带来一次全新的革命。

电子竞技产业在全面应用新技术的同时，也创造着越来越多的使用场景，反过来推动技术的发展和进步。

13.2.5 搭建新的竞技平台，弘扬公平竞技的精神

发展成熟的传统竞技体育，通过搭建成熟的职业赛事平台和非职业赛事平台，不断向大众传递着健康运动、积极进取的正面精神，鼓励大众参与到体育运动中，提升身体素质、促进身体健康。

电子竞技在体育竞技的新兴领域中，为人类搭建了一个更加平等的竞技平台。由于电子竞技的特殊性，残疾选手和健康选手可以同场竞技。电子竞技也打破了性别的限制，男

性选手和女性选手能够在公平的条件下同场竞技,女选手也能够在比赛中击败众多男选手取得冠军。电子竞技让身体条件不同、性别不同的人有机会同场竞技,提供了一个更加平等、受众更加广泛的竞技平台。

未来,随着 VR 技术以及体感技术的不断发展和成熟,人们可以在新技术构建的虚拟世界中,以接近物理世界真实体验的方式去参加那些在现实生活中具有一定危险性的极限挑战运动或体育运动,例如徒手攀岩、跳伞、快艇、赛车、驾驶飞机等。人们在参与这些运动和比赛时不必担心受伤,却能获得与客观世界几乎相同的体验。

电子竞技凭借自身的特殊性,更加深入地贯彻了公平竞技的精神。

13.3 电子竞技的体育化

虽然电子竞技早已被认定为体育项目,但是许多人依然不知道电子竞技是体育项目,或者将电子竞技和游戏娱乐混为一谈,在重要的综合性国际体育赛事中,也没有电子竞技的身影。因此,长久以来,在社会认知中,电子竞技始终是有别于其他体育项目的存在。

电子竞技在发展的过程中,一直以打造规范化、职业化的体育产业为目标而不断努力。

13.3.1 早期电子竞技的体育历程

从 2007 年开始,电子竞技项目就已经登上国际综合性体育赛事——亚洲室内运动会的舞台。亚洲室内运动会与亚运会、亚冬会及亚洲沙滩运动会并列为亚洲 4 大综合体育赛事,是亚洲范围内极具影响力的体育赛事。

2007 年 10 月,第 2 届亚洲室内运动会在澳门举办,竞赛项目包括了电子竞技项目,这是电子竞技运动第一次被纳入国际综合性体育运动会。2009 年,第 3 届亚洲室内运动会在越南举办,本次室内运动会电子竞技项目包括《魔兽争霸》《反恐精英》《FIFA 足球》《星际争霸》《极品飞车》《NBA 篮球》6 个项目。

从 2007 年到 2017 年,电子竞技项目在亚洲室内运动会的舞台上一直绽放着属于自己的光彩。

13.3.2 电子竞技正式入亚

电子竞技加入 2018 雅加达亚运会的背后,有着中国电竞人不懈的努力和推动。

2017 年,腾讯电竞部门与亚洲电子体育联合会(AESF)辗转建立了沟通渠道,推动电竞入亚。曾任中国奥委会秘书长 12 年的魏纪中先生、AESF 会长霍启刚先生都与腾讯电竞团队进行了充分探讨，提出了许多有关电竞入亚的珍贵意见。2017 年底，亚奥理事会正式接受了电竞入亚申请的材料，进入了亚洲 45 个国家组成的奥委会投票程序。2018 年 5 月 4 日，亚洲奥委会正式宣布，《王者荣耀国际版（AOV）》《英雄联盟》《皇室战争》《炉石传说》《星际争霸 2》《实况足球 2018》6 个项目被纳入 2018 雅加达 - 巨港亚运会电竞表演赛。

2020 年 12 月，第 38 届亚洲奥林匹克理事会全体大会在阿曼苏丹国马斯喀特市召开，宣布电子竞技成为 2022 年杭州亚运会正式项目。这是电子竞技第一次成为重量级国际体育赛事的正式项目，是电子竞技发展史上的重要里程碑。

13.3.3　电竞入奥第一步：成立 GEF

加入亚运会，意味着电子竞技得到了国际体育组织的认可，电子竞技的下一个目标是加入奥运会。

实际上，在电子竞技迅猛发展的同时，国际奥委会也对电子竞技这项新兴体育运动保持着关注。2018 年 7 月，在瑞士洛桑举办的电竞论坛上，国际奥委会和国际单项体育联合会宣布将成立一个新的电子竞技联络小组；2019 年，在洛桑举办的第 8 届奥林匹克峰会上，电子竞技也被列入了议题；2019 年 11 月，国际奥委会在洛桑召开电子竞技联络小组会议，讨论了电子竞技的相关议题。

2019 年 12 月 16 日，国际电子竞技联合会（Global Esports Federation，GEF）在新加坡正式成立，它是第一个全球范围的国际电子竞技单项组织，它的成立对于电竞运动在全球的推广、发展和普及都具有划时代的意义。

单项体育运动要成为奥运会正式项目，有 3 个关键步骤：积攒全球群众基础；设立一个代表这项运动的国际协会，并成功举办世界性综合比赛；国际奥委会认可这一协会成为国际体育单项协会之一，该协会申请项目加入奥运会。

GEF 的成立意味着电子竞技向着加入奥运会的目标而迈出重要一步。GEF 由曾成兴（新加坡全国奥理会秘书长）担任主席，魏纪中（亚奥理事会终身名誉副主席）、查梅因·克鲁克斯（加拿大奥委会委员）、程武（腾讯集团副总裁）担任副主席。腾讯成为 GEF 全球首席创始合作伙伴，中国电竞人为电子竞技的全球化贡献着积极的力量。

未来，GEF 将会为电子竞技在全球的普及而努力，电子竞技也有望加入奥运会，真正成为具世界影响力的重要体育项目。

13.3.4　电子竞技的大众化

电子竞技经过 20 多年的发展，已经有了几亿用户，社会大众对其的认知也有所转变。电子竞技在满足游戏电竞用户的竞技观赛需求、休闲娱乐需求，创造了一定的经济价值和文化价值之后，还应当进一步创造更高的社会价值。

"十四五"时期我国进入新发展阶段，社会主要矛盾已经转化为人民日益增长的美好生活需要和不平衡不充分的发展之间的矛盾。要解决新发展阶段的新矛盾，就必须依靠高质量发展，解决发展中的城乡、区域、产业、供需等之间的不平衡，加快解决经济、社会、文化等领域存在的不充分和各种发展的短板问题。

大众体育或许能够在这些方面做出一定的贡献。以足球运动为例，英国的顶级足球联赛英超聚焦了全世界许多球迷的关注，创造了极高的经济社会价值，与此同时，大众足球也为英国的国民经济和社会文化做出了很大的贡献。英足总 2019 年 7 月发布的《英国成年草根足球社会与经济效益》称，英国每年有 1200 万人参与草根足球，产生的直接经济效益就达到 20 亿英镑。更为重要的是，社会各阶层的参与者都展现出了更高的幸福感、信心与信任感，较低收入群体生活质量明显提高，草根足球对于居民生活质量的贡献可折算成 87 亿英镑。不仅足球，2016 年欧盟专家小组发布的一份名为《草根运动塑造欧洲》的报告显示，在经济与健康效益之外，草根体育项目会带来更好的社会包容度、非正式的学习和技能发展机会等益处。

电子竞技赛事的大众化上，《王者荣耀》作为世界首个日均活跃用户突破 1 亿的游戏，已经成为全民热爱的电竞项目，具备发展大众体育的基础。2021 年 1 月 23 日，《王者荣耀》率先提出了"全民电竞"的口号。目前《王者荣耀》的全民电竞体系包括世冠、冬冠、KPL、K 甲、全国大赛、高校联赛，以及各类授权和合作赛事。为推动全民电竞发展，吸引更多电竞爱好者同场竞技，2021 年王者荣耀电竞赛事投入 10 亿元的生态费用来建设全民电竞生态，核心聚焦在赛事奖金、俱乐部扶持、全民参赛、内容生态和赛事制作这 5 个维度，其中，全国大赛奖金及用户激励资金将得到明显提升。同时，KPL 已经完成全面地域化冠名，目前 16 支 KPL 战队全部完成了城市主场冠名。围绕俱乐部主场打造的电竞生活圈，将更好地让电竞融入各个地区，激活商圈经济。此外，2021 年上半年，王者荣耀还推出了全新的自办赛事工具，让办赛方能够更方便地组织赛事，让参赛用户能够更便捷地找到适合自己的比赛，将大量线下赛点覆盖全国各地。王者荣耀职业联赛将联动 8 大版权平台，覆盖多人群、多场景，共同建立更好的内容生态，满足不同类型的用户需求，为大众带来一个更好的全民电竞时代。

"全民电竞"的电竞规划，让更多普通人参与到电子竞技这项运动中来，让电子竞技运动给越来越多的人带去满足感和幸福感，这是未来电子竞技大众化发展的目标，也是电子竞技运动应当发挥的社会价值。

13.3.5　电子竞技的标准化

与传统体育相比，由于发展的时间短、项目变化更迭快，电子竞技缺少统一的、全行业认可的技术标准和行业标准。行业标准的缺失不利于电子竞技赛事举办的复制和电竞运动普及，不利于电子竞技产业的未来发展。

尽快制定行业标准促进电竞产业健康发展，逐渐成为行业的共识。2017年底，腾讯电竞正式发布《腾讯2018电子竞技运动标准》。该标准主要包括赛事领域、教育领域及产业园领域的标准，其中优先发布的是赛事领域标准。赛事领域标准又包括电竞赛事标准、电竞赛事战队及选手标准、电竞赛事场馆标准、电竞赛事直转播标准、电竞赛事商业合作标准、电竞赛事版权及最终解释权标准等。

该标准由腾讯电竞发起主编，涉及内容广泛，耗时半年完成，旨在全方位支持电子竞技赛事的健康标准化发展。该标准的编写依托腾讯电竞在其产品电竞赛事上的成功实践。虽然标准仍需要不断完善，但对于其他电竞项目仍具有借鉴意义和参考价值。相信在电子竞技体育化发展的进程中会有越来越多的电竞标准被制定出来，电子竞技的发展也会逐渐趋于规范化和标准化。

13.4 电子竞技的产业趋势

相比于其他成熟产业，电竞产业还有着很大的成长空间和发展潜力。根据电竞产业目前呈现出的特征可以推测，未来电竞产业的发展趋势是赛事组织全球化、产业资本化以及跨行业融合化。

13.4.1 赛事组织全球化

在交通与通信科技的巨大进步下，全球贸易业和通信业蓬勃发展，经济全球化进一步深化，各地区电竞文化交流更加方便，电竞全球化成为趋势。电竞全球化的主要表现有：电竞产业生产要素以利润最大化为目的进行全球配置；电竞资源全球化配置；电竞组织全球化推广；大型电竞公司跨国经营。

我们可以看到，传统体育产业的发展也有着全球化的特点，在足球、篮球等领域，许多具有广泛世界影响力的国际体育赛事，NBA、英超、西甲等也在全球范围内开展商业化活动。电竞产业的全球化也需要建立具有全球性影响力的国际电竞赛事品牌，以顶级赛事IP为核心布局全球化产业链。

英雄联盟赛事通过建立全球化赛事体系，已经成功打造出具有国际影响力的赛事品牌，在电子竞技的全球化道路率先迈出一步。除了地区性职业联赛，英雄联盟经过10年的探索，建立了3个全球性赛事——季中冠军赛、全明星赛、全球总决赛。英雄联盟打通了地区性职业联赛和全球性职业赛事的渠道，将全球的战队和选手有效地组织起来，选手、教练可以在全球范围内转会和流动。LPL 中国赛区从 2014 年开始，就开始引入其他赛区的 LPL 选手和教练，例如来自韩国的 Peanut、Scout、Mystic、The Shy、Rookie、Doinb 等选手和孙大永、金晶洙、红米、Nofe、Mafa 等教练。2020 年 LPL 冬季转会期，在 S10 赢得亚军的 SN 战队选手 SwordArT 从 LPL 赛区转会到北美 LCS 赛区 TSM 战队。随着电子竞技全球化的推进，全球性的选手流动情况将更为普遍，促进全世界电竞生态的良性发展。

王者荣耀赛事也一直在进行全球化布局探索。2016 年，王者荣耀最高规格职业联赛 KPL 建立，KPL 赛事运营取得了巨大的成功。2018 年 9 月 28 日，KPL 联盟与 FEG 电竞在韩国首尔共同宣布，王者荣耀开启首个国际赛区 KRKPL 王者荣耀职业联赛，2018 年 10 月 22 日在韩国正式开赛。KRKPL 是王者荣耀官方在韩国最高规格的职业赛事。参赛选手为韩国知名的电子竞技俱乐部组建的 8 支战队，逐赛季递增。KRKPL 赛区的建立，标志着王者荣耀电竞赛事在亚洲范围内已经作为一项体育活动逐渐被大众认可。2020 年 1 月，王者荣耀 KRKPL 赛区更名为 KPLGT（王者荣耀职业联赛国际巡回赛），落地马来西亚吉隆坡。KPLGT 改变了之前 KRKPL 的赛制，共分为 4 个阶段，在保留了原 KRKPL 队伍的 10 支固定席位的同时，增加了至少 12 支非固定席位（当地俱乐部）。这一赛区改革给了更多队伍机会，也给 KPLGT 联盟注入了新鲜血液。根据 KPLGT 联赛排名，优胜队伍有机会直接晋级王者荣耀冠军杯。2020 年 8 月，KPLGT 正式更名并入 KGL，成为连接职业联赛和大众赛事的次级联赛，给每一个有职业电竞梦想的人提供进入职业电竞领域的机会。王者荣耀赛事的全球化探索，是中国移动电竞全球化布局的一个有益尝试，未来，在电子竞技的全球化方面，还需要更多尝试和探索。

13.4.2　产业资本化

随着电子竞技的影响力和商业价值逐步攀升，越来越多的资本进入电竞产业，联盟、俱乐部、电竞场馆等将会向资本化运营的大方向发展。

国外电子竞技俱乐部在资本化运营方面已经较为成熟。美国商业杂志《福布斯》评选出了 2020 年最有价值的 10 个电子竞技俱乐部，如表 13-1 所示，分别是 Team SoloMid、Cloud9、Team Liquid、FaZe Clan、100 Thieves、Gen.G、Enthusiast Gaming、G2 Esports、NRG Esports、T1。

表 13-1　2020 年全球最具价值的电竞公司榜单

电子竞技俱乐部	国　　家	俱乐部价值（亿美元）	一年来的价值变化	预计营收（万美元）	电竞方面收入占比
Team SoloMid	美国	4.1	3%	4500	50%
Cloud9	美国	3.5	−13%	3000	70%
Team Liquid	美国	3.1	−3%	2800	89%

续表

电子竞技俱乐部	国家	俱乐部价值（亿美元）	一年来的价值变化	预计营收（万美元）	电竞方面收入占比
FaZe Clan	美国	3.05	27%	4000	20%
100 Thieves	美国	1.9	19%	1600	35%
Gen.G	韩国	1.85	0%	1400	75%
Enthusiast Gaming	加拿大	1.8	新上榜	9500	6%
G2 Esports	西班牙	1.75	6%	1900	80%
NRG Esports	美国	1.55	3%	2000	25%
T1	韩国	1.5	新上榜	1500	60%

可以看到，这些电子竞技俱乐部的商业价值都在1.5亿美元以上，营收在1900万美元至9500万美元之间，背后都有着实力雄厚的大股东。上榜的10个电子竞技俱乐部中，6个的电竞收入占比在50%以上，彰显了电子竞技可靠的营收能力。一年来，大部分电子竞技俱乐部的价值都有了增长，反映了电子竞技市场积极稳健的增长态势。

2019年，电竞俱乐部Astralis Group登陆纳斯达克上市第一北市（Nasdaq First North）哥本哈根市场，其成为全球范围内第一家上市的电竞战队公司，市值7500万美元。Astralis Group的上市为电子竞技俱乐部资本化探索出了一条可能的道路，但是其连年亏损的状况也反映出，电子竞技俱乐部企业面临着经营范围较小、营收来源较少的困境。电子竞技俱乐部在资本化的同时，应当注重多样化运营，开辟更多商业化道路，使营收来源趋于稳定，具有更强的抗风险性。

随着电子竞技的市场不断扩大，中国电子竞技的投资者也从热爱电竞的"富二代"演变为实力雄厚的资本。在电子竞技火爆的背景下，资本进入电竞市场进行深度布局。2017年，电商、视频网站、游戏公司等资本纷纷开始注入电竞俱乐部，例如苏宁收购了SNG战队并更名为SN战队，京东投资JDG战队，滔搏运动投资TOP战队等。资本在赛事不断提升热度的同时开展自身的品牌营销，平台、电商、快消、汽车等不同诉求的品牌同时走到了电竞赛场上，通过赞助、投资赛事和战队扩大品牌影响力。

电子竞技的市场规模正在逐渐扩大，接近传统体育产业的规模。电子竞技拥有的庞大的用户群体和市场规模进一步推动了国内电竞产业向垂直细分领域的发展，电子竞技已成为年轻人的一种文化标志和娱乐选择。未来，越来越多的资本还将涌向电竞市场，促使电子竞技向成熟产业进行转变。

13.4.3　跨行业融合化

目前，电子竞技衍生产业还处于起步阶段，尽管许多"电竞+"商业模式已经取得了一定范围内的成功，但距离形成成熟的电子竞技衍生产业还有一定的距离。第12章中介绍的电子竞技衍生产业，是目前进行过较多探索的产业融合情况，它们是电竞产业和其他产业尝试融合而诞生的新型商业模式。如何将这种融合化的商业模式发展成为成熟的产业，是需要进一步深思的课题。

电竞产业作为一个年轻的新兴产业，其本身的商业化模式还有待探索，其产业规模也有待扩大，这也势必会促进其他产业与电竞产业的进一步融合。

13.5　电子竞技与未来科技发展

第 1 章中提到，电子竞技的核心属性之一是科技进步性，电子竞技的形态随着科技的进步而发展升级。从 PC 电竞到移动电竞，再到 VR 电竞，科技发展的每一个阶段都能在电子竞技中找到缩影。随着科技的发展，电子竞技的形态也将随之发生改变。下面从游戏科技、电竞赛事组织方式、电竞转播科技以及人工智能 4 方面来阐述未来科技发展对电子竞技的影响。

13.5.1　游戏科技的发展

未来，随着虚拟现实技术（VR）、增强现实技术（AR）、5G 技术的全面发展和应用，游戏的形式和体验也将发生翻天覆地的改变。

1. VR 游戏

VR 游戏在未来将会进一步发展，VR 技术和智能交互游戏设备搭配，给人带来逼真的沉浸感，游戏的发展逻辑和脉络将无限逼近真实生活。电影《头号玩家》中的"绿洲"游戏，一定程度上反映了 VR 游戏的未来。"绿洲"游戏创建了一个宏大逼真的 VR 世界，当玩家佩戴 VR 眼镜和其他设备进入"绿洲"游戏后，可以任意改变自己的外观，去任何自己想去的地方，做任何自己想做的事情，而且还能成为自己想成为的任何人。"绿洲"游戏高度虚拟还原了视觉、听觉、嗅觉、味觉和触觉这 5 个基本感觉，在游戏中被别人打了以后会感觉到痛，每个人脸上的表情都和真人一样细致入微，坠落时会有失重的感觉，身处游戏中的人们常常会感受不到虚拟和现实的区别。

智能游戏设备是体验"绿洲"游戏魅力的重要工具。"绿洲"游戏使用的游戏设备有 VR 头盔、触感设备与万向跑步机。头号玩家里使用的 VR 头盔 RLR-78000 外观像一个滑雪护目镜，它的内部是一整块的全息显示屏，看起来非常轻巧方便，并且是无线连接的。RLR-78000 拥有一块视网膜屏幕，能够将"绿洲"的世界直接投射到人眼的视网膜上。玩家在"绿洲"游戏中使用的触感设备是 X1 套装。X1 覆盖了脖子以下的全部身体，在衣服上装设了一层精密感应器,可以感受并传输人的动作,辅助玩家在"绿洲"里更好地行动。X1 套装如同人体的第二皮肤,可以令 VR 用户感同身受。另外,还有与此配套的触觉手套,通过传感器能增强手掌在现实生活的感知力,让人能感觉到现实世界中不存在的东西。《头号玩家》中的游戏玩家可以在"绿洲"中随意移动,这是通过配套的万向跑步机完成的。它可以让玩家朝任意方向无限奔跑,并让玩家始终保持在平台最中央,还可以模拟上台阶和走斜坡的情况。

"绿洲"主机配备了超大硬盘,足以将这个世界上存在的所有数据都备份 3 遍。不仅如此,"绿洲"中的交互、面部实时识别转换、超高的分辨率和画质等,都需要超级高速的网络和数据传输来支持。而这些,现有的 5G 网络恐怕都很难支持。

目前,VR 眼镜、触感设备和万向跑步机已经面世,但是其性能与《头号玩家》中的设备相比还差得很远。VR 受制于网络带宽和速率的限制,硬件技术不够成熟,以及内容应用的匮乏,发展一度陷入瓶颈。未来,5G 技术的成熟应用以及网络技术的进一步发展将会促进 VR 技术的应用发展,或许能够产生像《头号玩家》中的"绿洲"那样的游戏。

2. 云游戏

云游戏也是未来游戏发展的一个重要方向。云计算是一种基于互联网的计算方式,通过这种方式,共享的软硬件资源和信息可以按需提供给计算机和其他设备。提供资源的网络被称为"云"。云游戏是以云计算为基础的游戏方式,在云游戏的运行模式下,所有游戏都在服务器端运行,并将渲染完毕后的游戏画面压缩后通过网络传送给用户。在客户端,用户的游戏设备不需要任何高端处理器和显卡,只需要基本的视频解压能力就可以了。云游戏的优点之一是,用户不用购买硬件和软件,只须为服务付费。用户想玩老游戏也不用把以前的老游戏机搬出来,不用担心硬件故障和时空的变化,只要网络存在,并配备简单的输入输出设备,理论上就可以随时随地进行游戏。对于服务提供商来说,他们再也不用为物流的费用发愁,也不用害怕商品囤积带来损失,有利于维护商业机密和知识产权。

云游戏使用的主要技术除了在云端完成游戏运行与画面渲染的云计算技术,还有玩家终端与云间的流媒体传输技术,对于网络要求非常高,以目前的网络技术来说,要实现高品质的云游戏体验还较为困难。目前,多家游戏厂商都已经开始了云游戏的布局,相信在未来,当网络速度大幅提升时,云游戏也将会普及开来。

13.5.2 电竞赛事组织方式的发展

科学技术的进步对电竞赛事组织形式和展现方式也会产生深刻的影响。

目前电竞赛事的组织形式主要还是选手线下集中比赛,观众线上、线下集中观赛。之所以采取线下的赛事组织形式，主要有以下几个原因：选手身份需要确认；防止选手作弊；让所有选手在统一网络条件下比赛；满足赛事转播制作的需要；满足观众线下观赛的需求。

选手身份确认在电竞赛事中是非常重要的流程。因为比赛是在游戏中进行的，所有选手都使用游戏角色在虚拟世界中竞技，比赛开始之后能区分选手身份的只有游戏 ID，其他人使用选手 ID 代打的行为很难完全规避。采取线下赛事的组织形式，所有选手坐在同一个场馆进行比赛，可以从根源上杜绝冒名参赛的行为，保障赛事的真实性和公平性。

线下赛事能够有效杜绝作弊行为，最大限度地保障了赛事公平。选手使用赛事主办方提供的统一设备进行比赛，不允许携带电子设备进入场馆，因此选手基本上没有机会作弊。

让选手在统一网络下比赛也是保障赛事公平的必备条件。网络情况对游戏操作有很大的影响，如果网络速度慢、网络延迟高，选手在游戏内进行操作后，可能晚一定时间对应的动作才能被执行。在电竞赛场上，每一个微小的游戏操作都有可能改变比赛结果。网络延迟低的选手和网络延迟高的选手一起比赛，对延迟高的选手来说是不公平的。线下赛事能够让所有选手在同样的网络条件下比赛，防止网络延迟影响选手发挥其真实水平。

线下比赛能够提高电竞赛事转播制作的效率，在目前的技术条件下，这种组织形式能够给观众呈现较为优秀的视听效果。对许多观众来说，前往线下场馆观看电竞赛事也是生活中不可或缺的娱乐休闲方式，观众需要在场馆身临其境地感受电竞赛事震撼的视听效果。

随着科学技术的进步，电竞赛事的组织方式也将由线下赛事向云制作、云观赛的方向转变。

在先进的网络技术和转播技术的支持下，电竞赛事的远程制作大大提高了赛事转播的效率。2020 年新冠肺炎疫情期间，线下体育赛事纷纷停摆，唯有电竞赛事以线上赛的组织形式，如约为观众带来赛事内容。2020 年 KPL 春季赛采取线上赛的组织形式，在遵守防疫要求的情况下对赛事进行异地远程转播制作，以极高的技术水平为观众呈现与线下赛同样精彩的电竞赛事。赛事主办方派遣技术人员和裁判前往各个俱乐部，比赛开始前技术人员在各个俱乐部进行技术调试、网络架设和设备安装，确保各俱乐部能够在相同的软硬件条件下进行比赛。比赛开始后，线下裁判在俱乐部监督选手比赛，安装在俱乐部的摄像头也能全程展示比赛实况。从各个俱乐部发出的赛事现场信号通过网络传输到赛事制作中心，由赛事制作团队进行统一制作后再传输给各转播平台。

赛事远程组织将成为未来电竞赛事的发展方向，它能够大大提高跨国比赛的组织效率。在传统体育领域，跳绳、跳远等运动是能够通过远程组织的方式进行比赛的，运动员在不同地区分别进行比赛，3D 高清全景画面通过高速网络传输给裁判，即可进行远程裁判。如果赛事远程组织能够实现，未来再遇到新冠肺炎疫情全球肆虐的极端情况，奥运会这样的国际赛事就不必再延期举办，运动员不出远门即可在当地参赛。电竞赛事的远程组织，则可以在不同地区建立标准化的比赛场馆，为场馆配备统一的软硬件设施。在组织跨地区、跨国的比赛时，选手只须去当地比赛场馆参加比赛，大大提高了比赛效率。

在 5G 网络和 AR、VR 等技术的支持下，云观赛将为观众带来比现场更加震撼的观赛体验。在高速网络的支持下，整个赛场的现场实况都将在几乎没有延迟的情况下展示在观众面前。观众佩戴智能设备后，将能够看到 360°全景展示的电竞赛场，能够随时调整角度和距离，观察赛场的任何一个地方。进入比赛后，观众的视角也能随之进入 3D 立体的游戏内场景，身临虚拟世界观看比赛。云观赛还能给观众带来更多个性化的选择，例如，观众能选择不同的界面模式和配色，随意切换到自己喜欢的选手和战队视角观看比赛。

13.5.3 电竞转播科技的发展

在科技全面发展的未来，电竞转播科技也将有巨大的变化。随着通信技术的高速发展，5G 将全面应用，超越 5G 的通信技术或许也将在不久后诞生。超高速的传输速度将会给电竞转播提供无限的创作空间，VR、AR、AI 等技术能够在电竞转播中大规模应用，为观众带来更加精彩的观赛体验。

在电竞赛事转播中，VR 直播已经有了应用。成立于 2015 年 9 月的 Sliver.tv 是一家拥有 360° VR 直播技术的电子竞技娱乐平台和直播平台，Sliver.tv 与几大国际顶级电竞赛事主办方，包括 ESL、英特尔极限大师赛、DreamHacks 在内的三大赛事签署了独家 VR 直播协议。以往在观看电子竞技赛事直播时，观众没法知道镜头外发生的事情，要查看整个地图中多个地点的比赛情况，只能用多个窗口显示来解决。

以 CS:GO 的转播为例，在其电竞赛事中，观众通过赛事主办方来回切换不同参赛选手的视角并配合解说来展现整场比赛的全貌，而 Sliver.tv 技术的引入使得观众能够以"上帝视角"俯瞰整个赛事，并实现 360°的视频回放，获得沉浸式观赛体验，如图 13-1 所示。

· 图 13-1　CS:GO 赛事 VR 直播 ·

这项技术基于计算机视觉算法，自动选择虚拟相机的最优位置，使虚拟相机捕捉的第三视角和第一视角相匹配。除此之外，团队还在赛事画面内加了一个虚拟 LED 大屏，投影传统第一视角 2D 的直播视频流做补充。这项功能不仅能提升观众的观赛体验，还能对职业战队进行战术策略研究与复盘有很大的帮助。

《英雄联盟》是一款 2.5D"上帝视角"的 MOBA 游戏，无论是玩家还是选手，都可以通过常规视角和小地图去了解整个赛事的状况。但 Sliver.tv 认为这样的体验对于观众而言是远远不够的，神秘的召唤师峡谷有太多细节值得观众去挖掘。于是 Sliver.tv 推出了 Battleground Zoom In 的视角，以接近英雄角色第一视角的体验还原了峡谷里发生的真实战斗，重点是能够随时回放比赛内容，如图 13-2 所示。

· 图 13-2　英雄联盟赛事 VR 直播 ·

在全球电竞市场飞速增长的环境下，VR 作为一种革命性的视觉体验，能够满足电竞对娱乐性与交互体验的双重要求，能带给用户 360°的沉浸式体验，未来或许将成为市场主流。

综合运用 5G 技术和 VR 技术的 VR 赛事转播，能够给观众带来沉浸式的体验。在传统体育赛事转播如中超、CBA 等赛事中，5G+VR 转播已经有了良好的应用实践。

2019 年 5 月 12 日，在中超上海上港对山东鲁能的比赛中，中超首次进行了"5G+VR+真 4K"模式的赛事直播，即利用 5G 对 4K 超高清和 VR 两种赛事信号同时进行传送，并在咪咕平台进行直播。依托中国移动 5G 高速网络环境，真 4K 超高清画面及 VR 全方位观赛视角全面刷新观赛体验，完美实现"原画临境"，感受清晰度、流畅度、逼真度的三重体验升级。5G 网络具有超高网速、超低时延、超大连接三大特点。而通过 5G 网络保障下的 4K 超高清直播，更是完美实现了无卡顿、无延迟的传输，直播画面如行云流水，每一帧动态画面截屏都是一张高清摄影作品，即使不能亲临现场，球迷也可以饱览这一场巅峰对决。VR 全景直播的引入，突破了场景的限制。为完美呈现 VR 全景直播的沉浸式观感，现场架设的机位除了覆盖传统的足球场边、教练席、替补席等位置外，还引入了三维索道摄像系统、轨道摄像系统等运动机位进行超广角拍摄，通过现场合成，呈现出了覆盖整个视野的180°全景画面。球迷可根据自身喜好自由切换观赛视角，打破空间限制，畅享VR带来的全场景沉浸式参与感。

随着5G技术的逐渐成熟，高带宽低时延的全新赛事转播制作手段和观赛体验将得到全方位的升级，并得以应用在各类电子竞技项目中。

AI技术也可以与电子竞技进行结合，例如用AI技术构建"电竞虚拟人"，使之成为电竞大军的一员并服务不同的用户，在电竞转播中发挥解说、摄像、导播等功能，大幅提高电竞转播的工作效率和用户体验。

在2019年6月举办的"2019全球电竞运动领袖峰会暨腾讯电竞年度发布会"上，腾讯AI Lab正式发布了首个电竞虚拟人，基于前沿多模态研究，未来将具备个性、成长性、主动性甚至创造性。这位虚拟人代号T.E.G，被科学家们亲切称为"天鹅静"。电竞虚拟人可以帮助玩家磨练电竞技巧，也能提供赛事个性化解说，定制解说，解读当下情境。电竞虚拟人也能成为职业选手的教练、数据分析师、闲聊好友，通过专业分析让选手能走得更远。"电竞虚拟人"在未来很可能会突破电竞领域，走向各行各业，创造无限的可能。

电竞转播与AI技术结合的应用也包括"无人演播室"技术。MRMC公司推出的Polycam解决方案可以完成日常的新闻演播室或谈话性节目拍摄，它能借助人脸检测与肢体识别，自动保持对主持人或嘉宾的构图和拍摄，哪怕对象走来走去也不会出画。而且AI摄像师"不知疲倦""不会走神""没有情绪"，只依靠脸部和肢体识别技术实现拍人。

Mobile Viewpoint公司已经开发出NewsPilot的AI演播室解决方案，打造了完全AI驱动的全自动无人演播室。NewsPilot系统的核心则是一套基于AI算法的全自动软件，它可以通过自己的3D传感器来感知演播室当前的状态，并通过对3D视频图像和音频信号的分析自动控制摄像机拍摄，并实现自动的画面切换和内容存储。也就是说，摄像和导播是一体的，AI导播可以直接指挥和控制摄像机拍摄到自己想要的画面并瞬间切出，不需要像人类那样产生沟通成本，也不会有任何延迟。

Mobile Viewpoint的AI技术为体育赛事的直播提供了IQ Sports Producer解决方案。这个解决方案只需一台摄像机，这台特殊的摄像机拥有4个镜头，总像素为2400万，视角为180°，覆盖整个球场。AI则会根据比赛的现场情况自动选择180°画面中的某个区域，并通过自动的画面矫正功能去除原素材画面的变形和接缝，加上重放、记分牌和直播等附加功能，实现专业的赛事直播功能。IQ Sports Producer面向各类专业或民间的体育俱乐部，让他们能够轻松而经济地进行赛事直播，同样无须摄像、无须导播。

由于电子竞技游戏是数字化的内容产品，与传统体育相比，在与人工智能、虚拟现实、多角度画面渲染等技术结合方面有着天然的优势。在未来的电竞赛事转播中，观众可以在真实画面和游戏内虚拟画面间自由切换，深入游戏环境；可以享受到 AI 导播选取的更加精准的视角和带有故事情节的回放，在游戏中实现电影级别的观赏效果；与赛事产生更多互动，根据自己的喜好来观看赛事；根据喜欢的画面自己制订个性化的 AI 解说。

13.5.4　AI 电子竞技选手

AI 电子竞技选手是 AI 技术结合电竞的最引人注目的一项应用。

2021 年 7 月，在上海举办的人工智能大会上，王者荣耀与腾讯 AI Lab 联合推出的人工智能产品"王者绝悟"亮相现场，5 位 AI 选手与 5 位电竞选手组成两队，为观众带来了一场精彩的 AI 电竞赛。

"王者绝悟"AI 背后的技术主要涉及监督学习和强化学习两大领域。监督学习通过海量有标记的训练数据为基础，推导出行为预测函数。这个方法的优点在于能够模拟不同级别的目标行为，做到很好的拟人化；缺点在于过度依赖数据，特别是标注数据的质量。强化学习通过构建奖励和惩罚刺激环境的角度出发，优化 AI 行为逻辑。这个方法的优点在于不依赖已有数据并且能够探索出新的策略，甚至于超越当前人类的认知。

历经多次迭代，在本次亮相的完全体版本中，"王者绝悟"进一步引入了多轮组合博弈和层次化的强化学习算法，即在竞技比赛的局前和局内都做了针对性优化，提升整体能力和战术对抗水平。

腾讯 AI Lab 还同步推进了多类"AI+ 游戏"研究。棋牌类 AI"绝艺"曾 4 次获得围棋 AI 世界冠军、担任中国国家围棋队专用 AI，并进一步探索棋力极限，让职业棋手 2 子取得 200 连胜。"绝艺"在不完全信息博弈的棋牌类研究亦取得阶段性进展，获得 IJCAI 2020 麻将 AI 比赛冠军。

策略协作型 AI"绝悟"也正从王者峡谷走向更多类型游戏。在足球游戏中，"绝悟"Wekick 版本获谷歌 Kaggle 11v11 足球 AI 竞赛世界冠军；在 RTS 游戏中，"绝悟"在《星际争霸 2》中打败"开挂"内置 AI 的智能体；在 FPS 射击类游戏中，"绝悟"着力解决 3D 环境建模、感知实现视角的转换和移动寻人等难题，先是夺得了 VizDoom AI 竞赛历史上首个中国区冠军，后在 FPS AI 上线手游《穿越火线：枪战王者（CFM）》中广获好评。

长远来看，"AI+ 游戏"研究将是攻克 AI 终极研究难题——通用人工智能（AGI）的关键一步。AGI 代表研发能在通用系统中执行多种复杂命令，不断让 AI 从 0 到 1 去学习进化，并发展出一套合理的行为模式，其中的经验、方法与结论，长期来看，有望为医疗、制造、无人驾驶、农业、智慧城市管理等领域带来更深远的影响。

13.6 电子竞技融入未来生产和生活

13.6.1 电竞虚拟场景融入生活

游戏和电子竞技创造的虚拟场景，未来有可能是人类生产生活的一部分。这种虚拟与现实的结合是未来数字经济发展的新方向，可以用源于科幻小说的概念元宇宙（Metaverse）来概括。Metaverse 一词由 Meta 和 verse 组成，Meta 表示超越，verse 是宇宙 universe 的缩写，合起来通常表示，互联网的下一个阶段，由 AR、VR、3D 等技术支持的虚拟现实的网络世界。

元宇宙是一个无限期持续的虚拟现实网络世界，持久化是它的特性之一，它不会暂停或者结束，就如同真实世界一样。元宇宙也是一种实时的生活体验，元宇宙中每个人都是实时存在的，虚拟社交与现实社交的距离被无限拉近。元宇宙跨越了数字和物理世界，提供了私有和公共网络体验以及开放式和封闭式的平台体验。元宇宙也可以视为一个闭环的经济体，个人或者机构能够在元宇宙中创造价值、投资、出售物品等并获得回报，也会因为提供了价值而得到他人的认可。元宇宙能够构建一个机会更多的虚拟现实世界，在这个世界中出现的公司、产品、服务也将实实在在地影响人们的实际生活。也可以说，元宇宙将会改变人们分配货币和现代资源的方式。

电影《头号玩家》中的"绿洲"游戏世界其实在一定程度上反映了元宇宙的形态。但未来的电竞虚拟场景将不仅能为人们提供娱乐休闲体验，而是深刻地参与到人们生活的各个方面。

13.6.2 电竞在社会中的应用

与传统体育类似，体育运动的很多内容都来源于社会劳动。早期的很多体育竞技与生产生活直接相关。随着科技的发展产生了电子竞技，电竞需要的技能也和现阶段的生产生活直接相关。操作智能设备已经是现代人必须掌握的技能，电子竞技一定程度上是这种技能的体育化表现形式。电子竞技相关的某些训练可以提升生产生活所需的操作能力，有些技能和训练甚至可以用于未来的无人战争等国防领域。

例如，1994 年，美国海军陆战队成立了世界上第一个游戏军事训练机构。1995 年，美国空军和陆军紧随其后，将游戏作为军队训练的一种辅助手段。利用电脑游戏辅助军事训练一方面可以激发军官与士兵的训练热情、提高战术素养，另一方面还可节省训练经费。

最重要的是，这是一种安全的方式，可以避免士兵在训练中受伤。

如今，游戏与电竞在医疗卫生方面的应用主要包括利用电脑游戏来治疗各种心理障碍。美国圣地亚哥科技园的虚拟现实医学中心如今正在做着这方面的试验和探索，例如运用高级三维虚拟现实技术和设备（数据目镜、数据手套等）来治疗恐高、恐飞、恐车、演讲障碍等心理疾病。具有虚拟现实元素的电脑游戏无疑给这类疾病的治疗带来新的契机。这种技术在治疗外伤导致的精神压抑、成瘾行为等疾病方面也具有广阔的前景，能在一些会引起病人痛苦的治疗手段中起到分散病人注意力的作用，如牙科治疗、理疗、化疗等。另外，结合虚拟现实交互设备的严肃游戏还可以对医疗手术中的仪器操作等进行训练。

未来，在教育、军事培训、企业培训、健康护理等方面，游戏与电子竞技将会发挥越来越重要的作用。

13.6.3　电子竞技助力体育强国

随着社会经济的高速发展、体育运动职业化发展的进程不断加快，新时期我国体育工作改革和发展的目标与任务确立为"体育强国"。

2019年9月2日，国务院办公厅印发《体育强国建设纲要》（以下简称《纲要》），《纲要》提出：到2035年，参加体育锻炼人数达到45%以上，人均体育场地面积达到2.5平方米，《国民体质测定标准》合格率超过92%。《纲要》针对体育强国建设提出了5个方面战略任务：①从完善全民健身公共服务体系、推进全民健身智慧化发展等方面，落实全民健身国家战略，助力健康中国建设；②从建立中国特色现代化竞赛体系、推进职业体育发展等方面，提升竞技体育综合实力，增强为国争光能力；③从激发市场主体活力、加强体育市场监管等方面，加快发展体育产业，培育经济转型新动能；④从推动运动项目文化建设、丰富体育文化产品等方面，促进体育文化繁荣发展，弘扬中华体育精神；⑤从构建体育对外交往新格局、提升中国体育国际影响力等方面，加强对外和对港澳台体育交流，服务大国特色外交和"一国两制"事业。

电子竞技运动是基于高科技软硬件的新兴体育运动。目前的电子竞技运动主要是手脑眼协调的小肌肉运动，对于提升协调反应能力、团体配合能力、社交能力都有积极的作用。随着科技的发展，融合虚拟与现实的新型电子竞技项目将能够同时锻炼人的协调反应能力和身体机能。例如，跳舞类体感游戏《舞力全开》系列，模拟搏击运动的体感游戏《有氧拳击》等，玩家佩戴可穿戴设备进行跳舞、拳击等锻炼达成游戏目标，还可以与其他玩家在游戏里进行运动竞技，既能够锻炼身体又能够享受竞技活动的快乐，大大节省了运动空间和运动成本。

电子竞技运动在职业体育化相对成熟完善的现状下，已经提出了大众电竞、全民电竞的概念，大力建设非职业电子竞技赛事体系，让越来越多的普通人参与到电子竞技活动中，这也与体育强国的目标相契合。利用好电子竞技运动的优势，为体育强国做出自己的一份贡献，是电子竞技未来发展的重点方向。

13.7 争议中的电竞产业的未来

关于游戏和电竞的争议和质疑很难消除，甚至会永远存在。一些人认为这些争议和质疑是事物发展的正常现象，因势利导，扬长避短就好；一些人则认为游戏和电竞是不健康的，希望取缔整个行业，避免更多的人受到毒害。

在这种社会舆论环境下，电子竞技存在且不断发展，争议和质疑是伴随电竞发展的常见现象，电子竞技的未来恐怕也只能在争议中了。本节主要讨论两个问题：第一，这些争议是否会导致社会对电竞的绝对否定，进而导致整个行业的消亡；第二，在始终存在争议的环境下，电子竞技如何健康可持续发展，其发展会受到哪些方面的影响。

1. 电竞在争议中存在和发展的原因

在充满争议的情况下，游戏和电竞没有被依法完全取缔的原因值得分析。有些人认为游戏和电竞的危害没有毒品那么大，不用完全取缔；有些人认为游戏和电竞涉及很多行业和公司的利益，且形成了一定的规模，所以不容易被彻底打击。这些推论似乎有些道理，但仔细研究就会发现逻辑漏洞。如果游戏和电竞是有百害而无一利的，即使是危害程度较低，也会被完全取缔，避免它们未来对社会造成更大的危害。

在游戏和电竞发展过程中存在一些更深层次的因素，这些因素形成了一些宏观的趋势，在社会层面上影响整个产业的发展。正是由于这些因素的存在，电子竞技才能在不利的舆论环境中不断成长，而没有夭折。

电竞能够在争议中存在和发展的深层次原因主要有3个。

（1）公平竞技的人本精神。这是电子竞技存在的精神基础，公平竞技是人类共识的信念和永恒的美好追求。

（2）科技发展的宏观趋势。科技发展是电竞产生的物质基础，开展电子竞技运动使用的技术和设备代表了先进的生产力，而且电子竞技也促进了技术和设备的发展。

（3）电竞类科技应用场景逐渐广泛普及。一些高科技因为应用场景的狭窄而注定变得小众，但电子竞技代表的对电子设备的操作已经融入人们日常的生产生活中，深度使用电子设备已经是现代社会不可逆转的趋势。人们用电子设备工作，用电子设备来竞技娱乐也顺理成章。

以上3点原因构成了电子竞技未来发展的宏观趋势，也是电子竞技进一步发展的驱动力，使得电子竞技能够在争议中不断前行。如果失去了这些核心的正向驱动力，电子竞技产业也许早就不存在了。

2. 电竞产业的健康可持续发展

每次针对游戏和电竞产业政策的出台，都会对电子竞技产业产生深远的影响。任何政策的出台都与当时所处的社会环境、大众认知水平和所要解决的主要矛盾息息相关，都是为了保护绝大多数的社会群体。自电子游戏出现至今，国家发布了多项相关的政策和规范。这些政策和规范都是为了解决社会上的问题，特别是为了保护广大未成年人，防止未成年人由于自身行为能力和自我管理能力的不足，陷入游戏沉迷的误区。

有些人将这些政策和规范视为对游戏和电竞行业的打击，这种理解是片面和错误的。制定政策和规范不应该视为对于行业的打击，应该视为对于行业发展的规范和期望。政策和规范是为了净化行业，明确产业发展的边界，指明发展的方向和契机，进而使负责任的企业能够健康可持续的发展。2021年8月，《关于进一步严格管理切实防止未成年人沉迷网络游戏的通知》得到了众多游戏公司的积极响应，各游戏公司纷纷根据《通知》的要求制定和实施了关于加强未成年人保护的多项措施。

电竞从业者和社会大众对于电竞行业的思考，应该更多聚焦在社会需要什么样的电竞行业，以及电竞行业应该如何健康发展等关键问题上。站在长远发展的角度来看，游戏和电竞行业应当接受适当的批评和不同观点，并且全力解决掉发展中存在的问题。关于电子竞技的"争论"不是太多了，而是太少了。关于电子竞技客观的分析太少，深度的讨论也太少。真理越辩越明，不只是电子竞技行业，任何行业的发展都离不开批判性思维和螺旋式上升。

有效的争议和理性讨论能够使大众更加全面地了解电子竞技，更加明确电子竞技的定位和作用，也能够充分发挥电子竞技的优势，有效避免和改正发展中存在的问题，使电竞能够更好地为社会服务。

第 14 章 后记

14.1 电子竞技研究的未来方向

本书是作者从 2012 年进入电竞行业开始，对于电子竞技近 10 年观察和研究的心得。在这 10 年中，电子竞技行业经历了巨大的变化，电竞的影响力不断增强，新的商业模式不断涌现。通过对这些电竞现象和趋势变化的分析，在之前研究的基础上，本书进一步延展和提出了电子竞技的定义、电子竞技的特点、中国电子竞技的产业结构等内容，并对一些电竞行业中的新兴现象进行了解释。

但作者深知本书还有很多尚未完善的方面，电子竞技的理论和学术研究也还处于起步阶段，因此直白地列出未来希望研究的方向。作者希望本书能够起到抛砖引玉的作用，引起更多有志于电子竞技领域研究的专家和学者的研究兴趣。

14.1.1 电竞选手独特能力和天赋的生物学证明

社会上对于电子竞技的矛盾和争论十分尖锐，同时缺少化解的方法，矛盾有逐步升级的趋势。作者认为要解决矛盾，必须通过像对于传统体育那样深入的学习和研究，弄清电子竞技运动的本质和核心属性与传统体育不同，对于电子竞技所需要的天赋和能力，众多家长是茫然和一无所知的。电子竞技需要的基础天赋是手脑眼的协调能力，思维敏锐和瞬间判断战局的能力，简单概括就是反应能力。这些天赋和能力更接近于大脑和神经系统的天赋和能力，从身体外表上很难直接判断。同时，又因为大多数家长在青少年时期没有体验过游戏和电竞，更加大了对于孩子电竞天赋判断的难度。以 PC 电竞为例，评价职业选手可以使用 APM 指标，即每分钟点击鼠标和键盘的次数，顶级职业选手能够达到平均每分钟 300 次。如果家长们亲眼见到了一些顶级职业选手的操作，同样也会对这种灵活性和快速反应能力感到惊叹。

对于没有完全认知能力的孩子，他们可能觉得自己在周围朋友中或学校里游戏打得很好，所以就想成为职业选手，从事电竞行业。这就像在学校里篮球打得很好的小孩立志要去参加 NBA。电子竞技的世界冠军和传统体育的世界冠军，只是方向不同，本质上没有太大区别，都需要超越常人的天赋和极端刻苦的训练。因为家长和孩子都缺少对于职业选手天赋的认知，所以对于很多自己觉得游戏玩得很好，吵着闹着要当电竞选手的小孩，不专业的家长怎么劝说都没有用。但如果这些孩子去职业战队体验一次，发现游戏天赋的巨大差距后，大部分都会主动放弃成为电竞选手的想法。解铃还须系铃人，只有电竞的专业性能够消除人们对电竞的误解。

对于职业选手的手脑眼协调能力和反应力的天赋，目前并没有准确的生物学指标证明。如果像传统体育那样，能够在生物学角度明确职业选手天赋和能力的各项指标，找出电竞选手拥有超越常人反应能力的基础生理原因，就可以通过各类指标测试来初选电竞选手。这些特性和指标可能与大脑和神经系统的某些特性有关联，因此，相关的探索和研究甚至可能对人类治疗某些大脑和神经系统的疾病有帮助。职业电竞选手可能是人类与机械及智能设备操作配合最协调和迅速的一群人。这类职业电竞选手在未来操作更为复杂智能的设备和机械上也应该具备很强的天赋。

目前，因为缺少深入的研究和明确的生理学证明，为了对比传统体育和电子竞技，只能将传统体育概括为全身肌肉和骨骼协调的"大肌肉运动"，而将电子竞技概括为手脑眼协调的"小肌肉运动"，这也实属是无奈之举。未来希望有更多的专家和学者能够针对职业电竞选手的独特天赋进行更为深入的研究。

14.1.2 女性电竞的案例研究

本书绝大多数的论述都是基于对男性电竞情况的观察和研究，是因为现阶段女性电竞的案例太少。女性电竞案例稀少而且没有形成明确的发展路线是目前电子竞技发展的一个缺失和遗憾。作者尊重男女平等理念，希望在未来的电竞赛场上能够有更多女子选手赛出好成绩，追求电竞梦想。

然而目前，以比赛的表现和成绩来看，女子电竞确实比男子电竞落后很多。未来女子电竞是否能够真正的发展起来和发展的前景尚未可知。女子电子竞技未来可能有两个发展方向：一个是单独的女子比赛；另一个是男女同台竞技。

电子竞技是一项体育运动，像现有的传统体育那样，未来产生单独女子电竞比赛是最简单的推断。在电竞发展过程中，也曾出现过一些女子联赛。但这些女子联赛都没有坚持下去，原因可能是缺少赛事体系的规划，而且组织女子比赛的性价比不高。

绝大多数传统体育项目也都采取男女分开比赛的形式。在传统体育中，因为男女生理特点的不同，很多项目男女无法同场竞技，生理条件的差异对于女性选手太不公平。电子竞技不是调动全身大肌肉群的运动，而是手脑眼协调的小肌肉群运动。理论上，电子竞技有可能突破传统体育男女分开竞赛的客观限制。目前，男女生理差异对电子竞技这种偏向于智力对抗和小肌肉群运动体育项目的影响并没有详细的研究。在某些电子竞技项目中，涌现出一些表现突出的女子电竞选手。中国电竞女子选手 VKLiooon 夺得了 2019 年度《炉石传说》特级大师赛全球总决赛冠军。这是一个最佳的证明，让一些电竞爱好者对女子电竞的未来充满信心。

反对的观点是，与某些电竞项目相比，《炉石传说》比赛对于选手操作的复杂度要求不高，而且是单人项目，所以女性能够取得一些好的成绩。而对于 FPS、MOBA 这些操作要求高且需要团队配合的项目，女性选手的成绩不佳，无法与男性选手同场竞技。目前的事实也是如此。英雄联盟独联体赛区 Vaevictis 女队因成绩不佳被取消资格。很多人更是认同"女子战队不能真正打比赛，只能走娱乐化道路"的观点。

目前的事实并不能证明女子电竞水平比男子水平低，最多只能反映当前女子电竞不受支持和没有系统体系化训练的结果。如果具备了男子电竞同样的选拔和赛训体系，而且给予充分的积累时间，再观察女子电竞的成绩及表现，才能得出初步的结论。

女子电竞目前成绩不佳，除了受到赛训体系不足和发展时间较短的影响外，还可能受到社会普遍观念的影响。社会上已经部分形成了女子不太适合玩游戏的观念，这些观念可能形成非常广泛的社会心理暗示，从而进一步影响到女子电竞的发展。如果一个女子电竞选手因为对游戏不熟悉和训练量不够而未达到很高的操作水平，想到社会上的舆论和观念可能就此放弃训练，从而进一步加强了这种社会心理暗示。而男子电竞选手则没有受到这种社会观念暗示的影响，能够坚持不断地训练，最终获得成功。

没有经过仔细辩证思考就做出"女子电竞不行"这个判断的人，就好像在说，"我确定土豆的味道是辣的，因为我从麻辣火锅中吃到的土豆就是辣的"。男性和女性都有追求电竞梦想的权利，但我们所处的社会像一个麻辣火锅，可能会对女子电竞的成绩产生巨大的影响。

未来男性和女性可能打破性别差异，在电子竞技舞台上同场竞技，这是由电子竞技项目的特点决定的。电子竞技项目借助高科技软硬件，主要比拼的是手脑眼协调的小肌肉运动和对于战局的分析和决策能力。目前，没有任何研究能够明确证明男性和女性在这些方面具有天然的差异。这就像在奥运会马术比赛中，男性和女性可以同场竞技一样。马术比拼的是人与马的配合，而在双方配合完成各种动作的过程中，马的力量和速度占据了很大比例的影响因素。

14.1.3　从有限的学术资料中总结出结论和规律

在本书写作和论述的过程中，作者遇到了两个主要问题。

第一，电竞发展时间短，缺少学术研究资料的参考。虽然电子竞技的影响力与日俱增，但是针对电子竞技的学术研究严重落后。在本书写作过程中，很难找到系统性的、有广泛影响力的观点和资料来参考。本书的很多引用都是电竞行业内的新闻报道，而非学术研究。

第二，电子竞技不仅发展时间短，而且变化迅速。这无疑为电竞学术研究增加了难度。本书的第2章提到了"令人应接不暇的电子竞技发展"，并且说明了在一个电竞问题还没有被论述清楚时，行业的快速发展导致这个问题本身已经不再重要的奇特现象。而且新的发展现象还有可能推翻之前的行业共识和结论。目前，电子竞技的学术研究脉络就像由一系列没有被深入研究、论证清晰的点组成的一条模糊的线。

由于以上两个客观原因，以及作者研究水平和研究方法的局限，本书对于电子竞技的研究和得出的结论主要基于对目前电子竞技发展的观察和思考。放眼未来，这些思考难免有些局限，甚至被颠覆。本书的许多观点也需要经过更长时间发展实践的验证。

科技进步性是电子竞技的核心特点之一。电子竞技相关的科技进步，以及更广泛的社会其他领域的科技进步，都会影响到电子竞技的发展进程。为了描述电竞发展的未来趋势，本书大胆地提出了"用户是电竞产业增长40年的决定力量"这样建立在宏观用户人群发展的角度上的观点。即使是基于用户人群年龄自然增长的时间角度，电竞也可能会受到科技进步的影响。这个观点可能被科技进步加速，无须等待40年即可提前实现；也可能被科技进步淘汰，科技发展或许会创造出更先进的竞技方式将电子竞技替代。

本书的核心观点是，电子竞技是科学技术介入竞技体育发展的新阶段，目前的电子竞技形式只是电子竞技的起点。本书的所有观点基于对电竞发展早期情况的观察，进一步推测未来科技汇入体育发展大潮的趋势。目前，电子竞技在未来体育发展的大潮中仅仅是一朵浪花，可能有幸发展为未来的大趋势，也可能只会阶段性存在，未来便隐没在更广阔的浪潮中。

14.2　电子竞技研究的新思考

作者研究电子竞技多年，在撰写此书的过程中，重新整合了电子竞技相关的思维，更新了对于事物的认知，也引发了许多新的思考。在这里与读者分享三点新思考，希望读者批评指正。第一，如何更加客观地看待电子竞技这一新生事物，尤其是在这项新生事物已经在社会上造成了一些负面影响和误解的情况下。第二，如何从更加宏观的层面上应对科技进步给人类带来的各种变化，以及人类应该如何适应和把握这种变化。科技发展影响的范围很大，电子竞技只是科技发展带来影响的一个缩影。第三，如何将电子竞技存在的基础——公平竞技的竞技精神和挑战极限的竞技梦想在电子竞技领域里更好地体现。

14.2.1 突破思考局限，力求理性客观

自作者进入电竞行业，一晃已经近十年时间。这十年间，世界见证了电子竞技巨大的变化和进步，作者也完成了从外行观察者到电竞从业者、教学研究者的身份转变。同时，电竞引发的争论也始终不断。新兴事物引发一些争论是很正常的现象，但这些争论没有升级为仔细研究和论述，而在大多数情况下陷入表面的争吵，这是一个巨大的遗憾。

为什么对于电子竞技的认知需要如此长的时间，并且历经一个必不可少的艰难过程？本书的第1章点明了电子竞技作为新生事物的特点和属性。这些特点和属性导致人们区别看待电子竞技。作者本人早年对于电子竞技的理解也有些片面。对于那些与传统体育类似的新兴体育项目，社会大众则更加包容。

对电子竞技的研究使作者对电竞的属性有了更加深入的了解，但更重要的收获是学会如何跳出现有思维方式的局限，更加理性和客观地看待新生事物。目前，对电子竞技做出的判断大部分基于传统体育的理论和思维基础，这对于新生的电子竞技本身就不够客观和公正。例如，因为科技发展的客观原因，电子竞技项目的生命周期与传统体育相比很短暂。生命周期短成为传统体育质疑电子竞技的一个方面，但这正是电子竞技的独特属性。电子竞技是新生事物，对它的深度研究可以参考和借鉴传统体育，但因为电竞本身具有与传统体育不同的特点，所以需要用自己的定义和理论体系来解释说明某些独特的现象。目前，社会产生了很多关于电子竞技的争论，其原因大多是以传统体育的标准来衡量电子竞技，而不同电子竞技项目间又具有一些与生俱来的差异，导致电子竞技很难融入传统体育现有的理论体系和运作体系。

对电子竞技的研究与思辨使作者认识到，所有的理论和判断都是基于某些前提条件和基础得出的理性客观的思考。这些前提条件和基础既是我们思考的基石，也有可能成为我们进一步思考的制约。面对新的事物，可能要突破思考的局限，也就是突破原有的前提和基础的束缚，在更加广阔的范围内开始理性客观的新思考。

所有的思考可能会受到3方面的影响。首先，是物理环境带来的影响，这种影响的突出表现就是达尔文的进化论。其次，是科技发展带来的影响，人类发明了科技，科技也反过来影响人类。例如，人类发明了汽车，汽车反过来影响人类将驾驶作为重要技能。最后，是人类社会带来的影响。人是社会属性的族群，不可避免地会受到周边人群的影响。电子竞技的发展就受到了年龄、性别、社会权力、社会观念等多重因素的影响。

14.2.2 科技进步对人类的影响

从发明创造主体的角度来看，人类已经实现了很多伟大的发明，促进了科技的不断进

步和发展，也享受着科技发展带来的文明成果。但另一个角度来看，科技被发明之后又会反作用于人类，迫使人类学习和掌握这项科技。就像进化论中自然环境会对生物产生巨大的影响，科技进步也会对人类产生深远的影响。没有详尽的研究，只从延展人类能力的角度，或许可以宏观地将人类的发明创造和科技的发展分为下面5个阶段。

（1）语言阶段。人类和动物的重要差异就是人类拥有复杂的语言，庞大的语言体系可以帮助人类形成更为复杂的分工协作关系。人类创造了语言之后，正常的人类都要不断地去学习语言。而且，学习语言的过程也只能在人类社会当中，人类在很小的年龄阶段便开始学习第一门语言。历史上也记载了一些"狼孩"的故事，狼孩虽然身体上是人类，但从小和狼群生活在一起，错过了学习语言的黄金期，因此很难再学会人类的语言。

（2）文字阶段。文字可以使人类的思想、信息和知识跨越空间和时间，进行存储和传播。现代文明几乎是建立在文字系统上的，如果不学习文字，则很难享受现代文明的各项成果。人类发明了文字，文字也反作用于人类，迫使人类必须学习文字。之前，社会上定义的文盲也是指没有掌握文字这项科技成果的人们。

（3）动力和机械阶段。制造和使用工具是人类的一个突出特点。但在工业革命和机械化大生产之前，人类只能制造相对简单的工具，或者使用风能等简单能源。蒸汽机代表的机械文明的出现使人类逐渐突破了自身力量和速度限制，动力和机械使人类的各项物理能力得到了充分的延展和突破。蒸汽机、电力这些科技的发展和与之配套的机械设备，本质上都从物理上延展了人类的体能。汽车、飞机、轮船等交通工具的发明使人类的移动速度得到了极大的改善。在人类享用机械文明带来的成果的同时，机械也使人类必须学习和使用它们。在这个阶段，人类能够完全掌控自己发明的机械。面对一个体型庞大的吊车，人们通常没有任何恐惧，因为人们知道没有钥匙这个吊车是无法启动的，而且启动后，它也要按照人类的控制来工作。

（4）信息技术阶段。计算机软硬件、互联网、移动互联网的发明，在思想和智力方面延展了人类的大脑和思维能力。人类首次发明了能够在决策和智力上与人类完成一定程度对话和反馈的设备。这类有一定类似智能的属性的设备称为智能设备，它们能够辅助人类进行分析和决策，并且可以独自处理一些结构化问题的。这一阶段，人类首次发明了一件可能脱离人类完全掌控的工具。同时，与智能设备的交互也成为了人类必须掌握的技能之一。有一个奇怪的现象，一些充分掌握了文字和机械的老年人，在学习和掌握计算机等智能设备时，可能会比一些小孩子的学习速度慢。而这些老年人的智力水平要远远高于小孩子。学习智能设备对于一些朋友来说，就像要学习一种新的语言和文字一样，而对于小孩子来说则像是天生就应该学习的技能。电子竞技就产生于这个阶段，因此受到了很多的挑战和质疑。

（5）人工智能、人机结合阶段。人工智能的充分发展使智能设备可以像人类一样思考问题，并且给出非结构化复杂问题的解决方案。同时，伴随着其他技术的全面进步，如机器人、生物科学等，科技将对人类社会产生前所未有的影响和冲击。这个阶段可能会使某些人感到恐惧，但它是未来人类发展必须面对和解决的问题。未来，随着人机互动的逐渐成熟，人机结合也有可能达到人机共生的程度，未来的人类可以同时拥有和使用两项能力，即人类的创造力与人本精神和机器的计算力与准确的执行力。

在未来社会中，如果没有充分掌握和应用新科技的普遍本领，没有达到社会的平均应用水平，也可能会成为另外一种形式的"文盲"。

14.2.3 真正可贵的竞技精神

世界是不断变化和永恒发展的，很多历史的丰碑和古代的奇迹都已经残缺不全，或销声匿迹。人类在深感遗憾的同时，也不得不承认这是事物的发展规律。古希腊奥林匹克运动有文字记载的历史可以追溯到公元前776年，一直到公元394年共举行了293届。随后奥林匹克运动消失了大约1500年。1896年，法国教育家顾拜旦恢复奥运会是一个壮举和奇迹。一项消失了约1500年的运动会赛事能够恢复，并且逐步获得了全世界的认可，这个奇迹反映了竞技精神的传承。

一项事物要想得到长期的发展和延续，一定要拥有受到广泛认可的、代表人类美好发展方向的精神追求。正如《奥林匹克宪章》的精神体现的，奥林匹克运动不仅是一项单纯的体育活动，其最高目标是要通过体育活动的手段，把世界上不同国家、不同种族、不同语言、不同宗教信仰的人凝聚在一起，使大家相互交往，增进了解和友谊，进而达到世界团结、和平、进步的目的。很多次奥运会上，一些正在经历战乱的国家也会派出它们的运动员代表来参加奥运会。虽然很多运动员因为训练条件等诸多原因，没有能够取得很好的成绩，但这种参与和追求的精神却是可贵的，令人尊敬的。

目前，电子竞技已经在全球的范围内获得了巨大的影响力，而且电竞赛场上也已经体现出了公平竞技和追求极限的竞技精神。电子竞技的长期发展肯定需要像传统体育一样创造出超越竞技本身的社会价值，尤其是在未来，当思维和操控变为主要生产模式时，新型竞技方式的产生是历史发展的必然。电子竞技需要思考的是如何继承和发扬竞技精神，接过传统体育精神的接力棒，在科技发展开辟的新赛道上跑得更好。

参考文献

[1] 西门孟. 游戏产业概论 [M]. 上海：学林出版社，2008.

[2] 国际奥林匹克委员会，詹雷. 奥林匹克宪章 [M]. 北京：奥林匹克出版社，1993.

[3] MCLUHAN M. 理解媒介：论人的延伸 [M]. 何道宽，译. 北京：商务印书馆，2000.

[4] 中国法制出版社. 中华人民共和国著作权法 [M]. 北京：中国法制出版社，2010.

[5] 高欢，张文松. 基于知识产权的开放式商业模式设计 [J]. 经济研究导刊，2012（31）：176-178.

[6] 周宏. 直播平台对电子竞技发展影响研究 [D]. 西安：西安体育学院，2018.

[7] 勾俊伟. 新媒体运营 [M]. 北京：人民邮电出版社，2018.

[8] 佚名. 娱乐经济的两翼："粉丝经济"和"明星经济" [J]. 经济展望，2012（08）：182-182.

[9] 郑芳，杨升平. 体育产业经济学 [M]. 北京：高等教育出版社，2017.

[10] 莫然，李世国. 云游戏——基于云计算技术的互动娱乐形式 [J]. 艺术与设计（理论），2011，2（08）：109-111.

补充参考文献